本书得到云南省优势特色重点学科建设项目经费资助

中华法系的新探索
—— 少数民族法制史研究

方 慧 ◎ 著

中国社会科学出版社

图书在版编目(CIP)数据

中华法系的新探索：少数民族法制史研究 / 方慧著. —北京：中国社会科学出版社，2016.12
ISBN 978－7－5203－0174－9

Ⅰ.①中… Ⅱ.①方… Ⅲ.①少数民族－法制史－研究－中国 Ⅳ.①D929

中国版本图书馆 CIP 数据核字(2017)第 080873 号

出 版 人	赵剑英
责任编辑	任　明
特约编辑	乔继堂
责任校对	郝阳洋
责任印制	李寡寡

出　　版	中国社会科学出版社
社　　址	北京鼓楼西大街甲 158 号
邮　　编	100720
网　　址	http://www.csspw.cn
发 行 部	010－84083685
门 市 部	010－84029450
经　　销	新华书店及其他书店

印刷装订	北京市兴怀印刷厂
版　　次	2016 年 12 月第 1 版
印　　次	2016 年 12 月第 1 次印刷

开　　本	710×1000　1/16
印　　张	25.25
插　　页	2
字　　数	416 千字
定　　价	98.00 元

凡购买中国社会科学出版社图书，如有质量问题请与本社营销中心联系调换
电话：010－84083683
版权所有　侵权必究

自　序

　　斗转星移，自己都不敢相信，转眼已快要到古稀之年。到了这个年纪，自然经常会想，我在这个世界这么长时间，究竟做了些什么。

　　这一辈子，我在事业上主要做的事情只有一件——从事民族研究工作。我出生于教师之家，父亲教历史，母亲教生物。在这样的家庭环境中，无忧无虑的童年主要是与书为伴。家里四壁都是大书架，各种各样的书籍使我能在书的海洋中任意遨游。"文化大革命"之前，思想非常简单，就是要好好学习，考上好的大学深造。谁知命运和我开了一个玩笑，1966年正好高三毕业，准备高考冲刺之时，轰轰烈烈的"文化大革命"开始了，在一片"造反有理"的口号声中，一切都在瞬间改变了模样。父亲成了反动学术权威，我梦寐以求的大学已被砸烂，高考已经停止，我们家三个孩子在"知识青年到农村去"的号令下，1969年都加入浩浩荡荡的上山下乡大军，到了祖国的边陲——云南省瑞丽县插队落户。我去的是一个傣族村寨，我们成了村里的"少数民族"，因为寨子里的傣族乡亲都不懂汉话，只有我们这些"少数民族"学习傣语，否则无法沟通交流，真是寸步难行。三年的时间过得很快，随着我们学习傣语的进步，我们和傣族乡亲的交流和了解日益加深。白天和傣族乡亲一同在田里劳动，晚上则在他们的竹楼上，在火塘边烤火聊天。虽然生活和劳动对我们这些没有到过农村、干过农活的学生来说真是困难重重，但心情却是异常平静，已经断了上大学和回昆明的念头，在这里见到了只在电影上、书本里见过的民族风光，别具特色的各民族风情深深吸引了我，而随着时间的推移，少数民族的淳朴和善良，比起内地"文革"期间尔虞我诈、钩心斗角被扭曲的人际关系，更是让我感到温暖和可贵。我和这些寨子里的乡亲们建立了深厚的感情，回城后还一直保持着密切的联系至今。我多次回到第二故乡，有的时候是去做社会调查，也有的时候是专门去看望乡亲们。他们到昆明时也会来看我。算来下乡已经快要50年了，这么长的时间各人的生活都发生了巨大的变化，但插队时和傣族乡亲们朝夕相处的日子仿佛就在昨天，感情仍是那么诚挚和纯真，这就是我决定终身从事民族史研究最主要的原因。

1972年我招工回城后，在昆钢子弟学校教书，和广大知青一样结婚生子，过着平静的生活。直到1977年的一天，母亲突然到昆钢找我，告知我恢复高考的消息，我当时觉得这件事与我无关，我早已死了上大学的心，我已经快30岁了，孩子两岁，全家过着幸福的小日子。母亲说，你从前这么爱学习，现在有机会怎么不去试试？这句话打动了我，于是在上课之余，又重新捡起书本，开始温习早已忘记的课程。经过几个月的准备，考上了昆明师范学院历史系。成了恢复高考后的第一批大学生。记得我们班一共有61个同学，年纪相差十多岁，有十个是老三届，其中带着孩子读书的女生只有我一个。这些老学生自然倍加珍惜这个来之不易的学习机会，抓紧时间学习。我每天早上先把孩子背到幼儿园，然后自己到学校上课。下午放学后又把孩子接回来。晚上复习功课。当时非常羡慕班上那些年纪小的同学，他们中学学的是英语，基础好，现在学习英语轻车熟路，可以有时间干其他事情。而我们这些老学生中学学的是俄语，现在从字母开始学，自然倍感吃力，只有笨鸟先飞，多下工夫了。买了称斤卖的最便宜的白纸书写英语单词，第一遍用铅笔，第二遍用水笔，便可节约纸张。经过四年的努力，英语的读写能力赶上了同班的小同学，但口语始终不行，改不了俄语腔。大学四年，转眼就各奔东西，我的工作何去何从也摆在眼前，我工作过的昆钢中学和昆明市的一所中学都欢迎我去工作，但我内心还是想进一步深造，学习民族史专业。1982年，云南省文科只有一个导师招两名研究生，这个导师就是我的恩师云南大学的江应樑教授，专业就是中国民族史，我最喜欢的专业，便决定试试，但难度很大，只招两人却有十多人报名，考的一些课程师大历史系没有学过，只有开始自学。经过几个月的准备，我以专业第一名的成绩考上了云南大学历史系民族史专业的研究生，成了昆明师范学院历史系考上云南大学历史系研究生的第一人，也是云大历史系招收的第一名女研究生（何况还带着孩子）。我自知机会来之不易，要更加努力学习。我最感谢的人是恩师江应樑教授，是他把我领进民族史研究的殿堂。先生虽然已经七十多岁了，仍坚持亲自给我们上课，指导研究工作，在江先生的耳提面授和严格的要求下，我受到了正规的科研训练，研究水平有了很大提高。攻读硕士学位三年，除了到导师家上课，就是在图书馆查阅资料和到民族地区调查，很少到其他地方，被传为笑话的是，我在云大历史系学习三年，连系上的老师都不完全认识。学完应修课程，在硕士论文选题的时候，我又想起了瑞丽的傣族乡亲们，和导师商量，把论文题目选在德宏，题目是"从蒲人到德昂族的历史演变——论明末清初德昂族的形成"。我先后两次回德宏进行社会调查，调查中得到当地傣族、德昂族、景颇族等各民族乡亲的大力支持，让我终生难忘，当知青时学会的傣语在调查中也派上了用场。当年插队的滇弄寨，在多人的帮助调查下，我们搞清了这个寨子的历史，原来这是一个由德昂族和傣族融合而成的寨子。这个案例对我论文中的观点是一个很大的支持。由于通过调查，收集到大量可靠扎实的第一手资料，论文答辩得到专家的一致好评，评为优秀论文。1985年硕士毕业后，接着又考上了恩师的博士研究生，继续深造。博士论文是根据大理出土的新元碑和文献资料进行综合研究，写成"元代大理总管段氏世次年历及与蒙元关系研究"论文，对传统的11个大理总管之说提出新的看法，认为只有九总管，在这个问题的研究中独成一家之说。由于这个选题比较专业、冷僻，一般人不大熟悉，但答辩时专家都给予了很高评价，在社会上引起较大反响。1987年9月通过答辩，顺利毕业，取得博士学位，成为云南省培养的第一个女博士。我自己根本没想到，30岁上大学后又读了十年书。我博士毕业，孩子已上中学。博士毕业后留校，在学报《思想战线》任编辑，负责民族史方面的稿件。1995年调到云南大学法学院，从事教学和科研工作。1996年提前晋升教授。在法学院工作期间，主要从事民族法学的教学和研究工作。在中国法制史的教学中，发现中国法制史的教学和研究中少数民族法制史研究的欠缺。在某种程度上，由汉族王朝法制史代替了中华法系，我认为无论从政治的角度或是学术的角度，这种状况都必须改变。在民族史和法制史研究的全国会议上，我都提出呼吁，必须重视少数民族法制史的研究工作。现在这个建议已得到大家的共识。少数民族法制史的研究工作有了长足的进步。为了给同行的研究工作提供方便，我用了七年时间从二十五史中把有关少数民族法制史的史料逐一辑出，共150万字，2004年由民族出版社出版。中央电视台"新闻早八点"和其他多家媒体都对这本书的出版做了介绍。2001年被云南大学批准为博士生导师，成为云南大学第一批女博士生导师。在民族法学博士点招收中国少数民族法制史方向的博士研究生。目前，已有17人顺利毕业，取得博士学位。在云南大学法学院工作期间，带领学生到云南省通海县兴蒙蒙古族乡进行社会调查，编著《云南省二十五个少数民族村寨调查——蒙古族》，带领学生两次到红河哈尼族彝族自治州金平苗族瑶族傣族自治县进行少数民族地区风俗与法律调适的专题调查，与金平县政法委合作，出版《少数民族地区习俗与法律的调适——以云南省金平苗族瑶族傣族自治县为中心的案例研究》一书，书中提供了鲜活可靠的案例100多个，受到相关专家的一致好评。

本人主要侧重于少数民族法制史的研究工作。这个领域无论在法制史或是民族史研究中都是一个薄弱环节，很少有人问津。我参加了张晋藩教授任总主编的《中国少数民族法制通史》的撰写工作，组织我指导的博士研究生经过几年努力，完成了云南两卷的撰写，该书即将由陕西人民出版社出版。直到20世纪末，全国除了上海以外，没有一本地方法制史，我在这方面进行了一些探索。由于上海的情况和云南的情况有较大差异，几乎没有现成的东西可以借鉴。我带领指导的博士生边摸索边动手，经过几年努力，写出《云南法制史》一书，这是我国少数民族地区的第一本地方法制史，获第三届郭沫若历史学三等奖，这是当年除了中国社会科学院外，历史学奖唯一一本获奖的地方书籍。

正在法学院干得火热的时候，云南实行了女同志一律55岁退休的政策，很多工作还没来得及做，有的事情刚做了一半，真是有很多的无奈和遗憾。还没有办理退休手续就到云南大学滇池学院工作至今，出任法学院院长，开始了另外一种生活和工作方式。从天天在家爬格子到每天到学校上班，主要是搞行政了。虽然工作性质发生了变化，但对事业的执着和对工作的认真是一样的。目前已在滇池学院工作十年。十年间，已有上千学生从法学院毕业，200多人考上了研究生，得到了进一步深造的机会，我心中甚为欣慰。所在的滇池学院法学专业成为"十二五"规划期间云南省独立学院中唯一获批省级重点学科的专业。但甚为遗憾的是，到滇池学院后行政事务太多，搞科研的时间少了。

这就是我自1972年当教师以来40余年的经历。虽然我只是一个普通的教师，做了自己本分的工作，但党和人民给了我很高的荣誉：2001年被国家教育部表彰为全国优秀教师；2006年被全国总工会和国家教育部授予"全国师风师德标兵"荣誉称号，同年被云南省总工会和云南省教育厅授予云南省"十大师风师德标兵"称号。总结自己几十年的工作和生活，最喜欢的事业还是自己选择的民族研究工作，这已成为我生活中不可缺少的一个部分。至今共主持国家社科基金项目2项，省级社科规划项目4项，均已顺利结题，编著相关学术著作11部，发表相关论文70余篇。我从这些论文中选出自己比较满意的30余篇，还有《中国历代民族法律典籍——二十五史中的少数民族法律史料辑要》一书的前言和每一篇的概说，集成此书，主要是给自己40余年的工作做一个总结和交代。在编辑的过程中，为了保持文章的原貌，除了一些明显的讹误外，基本上未作改动，因此文章中引用的统计数字有的与现在的数字不完全相符。文章中所引用的注释，都重新做了核对。现在看来，文章中一些观点还显得有些肤浅，但从中可以看出40余年来我在民族史，特别是少数民族法制史方向不断探索的轨迹。由于我研究的领域大多为比较冷僻，少有人问津，所以希望这本书的出版能对关注这个领域的同行们有所帮助。我感到十分欣慰的是，当年生僻的处女地，现在已经引起了学术界越来越多人的重视，研究工作在深度和广度方面都有了长足的进步。这本书的问世，只是在研究工作中不断求索的一个见证而已。

我自知在各方面的欠缺和不足，因此，也希望这本书中的观点、论证能得到大方之家的批评、指正。

方慧
2016年8月于昆明

目 录

一、总论

历代少数民族法制史研究中应注意的问题 …………………………（3）
 一 先秦—汉时期 …………………………………………………（3）
 二 三国两晋南北朝时期 …………………………………………（4）
 三 隋唐五代时期 …………………………………………………（5）
 四 宋、辽、金、夏时期 …………………………………………（6）
 五 元、明、清时期 ………………………………………………（7）
《中国历代民族法律典籍——"二十五史"有关少数民族法律史料
 辑要》前言 …………………………………………………………（10）
少数民族传统美德与民族地区民主法制建设
  ——以云南省通海县兴蒙乡蒙古族为例 …………………（13）
 一 乡规民约与法律日趋接轨 ……………………………………（13）
 二 尊老爱幼与有关法律相辅相成 ………………………………（15）
 三 注重环境保护 …………………………………………………（16）
 四 化解纠纷，加强团结 …………………………………………（16）
云南省历史文化名城的法律保护刍议 ………………………………（19）
 一 云南省历史文化名城法律保护现状 …………………………（19）
 二 云南省历史文化名城保护方面存在的问题 …………………（23）
 三 搞好云南省历史文化名城法律保护的几点思考 ……………（24）
  （一）加强对历史文化名城法律保护重要性的认识 ………（24）
  （二）加大执法工作的力度 …………………………………（25）
  （三）处理好保护和建设，传统和发展的关系 ……………（25）

云南少数民族文物法律保护的问题与思考 (27)
一 云南少数民族文物的法律保护现状 (27)
二 存在的问题 (32)
（一）立法方面的问题 (32)
（二）执法方面的问题 (33)
三 加强少数民族文物法律保护的思考 (37)
（一）加强对少数民族传统文化法律保护重要性的认识 (37)
（二）立法工作有待加强 (38)
（三）加大执法工作的力度 (39)
（四）发挥少数民族传统文化自身的优势，进行综合治理 (39)

云南少数民族传统文化与生育健康 (41)
一 生育观 (41)
二 禁止近亲婚配和姑表亲 (43)
三 成年礼和择偶 (44)
四 生育 (45)
五 传统的医药保健 (48)

云南少数民族传统文化与生态环境关系刍议 (50)
一 几种不同生态环境下的生产方式 (50)
二 与生态环境相适应的生活文化 (57)

论清末民初宪政中民族观的变化 (61)
一 清末变法修律时期：民族平等思想的开端 (61)
（一）关于化除满汉畛域的讨论 (62)
（二）民族平等思想在制度层面的体现 (64)
二 南京临时政府时期：各民族共同执政思想的提出 (65)
（一）孙中山民族观的变化 (66)
（二）"五族共和"思想在法律层面的体现 (68)
三 北京政府时期：民族平等理念在立法层面上的继续 (69)
（一）各党派草拟宪法文件中体现的民族观 (69)
（二）北京政府处理西藏问题的态度 (70)
（三）民族平等理念在立法层面的继续 (71)
四 结论 (72)

二、综述

20世纪90年代以来我国民族法学研究的回顾与展望 …………(77)
 一 主要研究内容 ………………………………………(77)
  (一)关于民族法学的基本理论 ……………………(77)
  (二)关于民族区域自治法 …………………………(78)
  (三)关于加强民族地区的法制建设 ………………(79)
  (四)关于民族法律文化 ……………………………(79)
 二 研究特点 ……………………………………………(80)
 三 问题与展望 …………………………………………(81)

新中国成立以来德昂族史研究概述 ………………………(83)
 一 新中国成立以前研究状况 …………………………(83)
 二 新中国成立以后研究状况 …………………………(83)
  (一)族源问题 ………………………………………(84)
  (二)德昂族在历史上自身的发展演变 ……………(87)
  (三)新中国成立以来德昂族史的研究特点 ………(90)
 三 今后应加强研究的方面 ……………………………(91)

三、地方法制史研究

滇国法制初探 ………………………………………………(95)
 一 滇国法制的社会背景 ………………………………(95)
 二 滇国法制状况 ………………………………………(97)
  (一)镇压被统治阶级的工具 ………………………(97)
  (二)处理民族关系原则 ……………………………(98)
  (三)行政建置方面 …………………………………(100)
  (四)刑事方面 ………………………………………(102)
  (五)民事方面 ………………………………………(106)
  (六)诅盟 ……………………………………………(107)
 三 滇国法制的特点 ……………………………………(108)
  (一)滇国法律处于由氏族习惯向习惯法演变阶段 ……(108)

（二）独特的法律文化……………………………………（109）
略论元朝在云南的经济法制措施……………………………（111）
　一　经济法制措施…………………………………………（111）
　　（一）行政措施……………………………………………（111）
　　（二）农业生产……………………………………………（113）
　　（三）交通…………………………………………………（114）
　　（四）城镇…………………………………………………（115）
　　（五）商业…………………………………………………（115）
　　（六）赋税…………………………………………………（116）
　　（七）钞法…………………………………………………（117）
　二　几点思考………………………………………………（118）
　　（一）统一安定的政局是实施经济法制措施的保证………（118）
　　（二）因地制宜是元代在云南的经济法制措施取得
　　　　　成功的经验…………………………………………（120）
　　（三）余论…………………………………………………（120）
论元、明、清时期西南地区的文化…………………………（122）
　一……………………………………………………………（122）
　二……………………………………………………………（126）
　三……………………………………………………………（133）
从金石文契看元明及清初云南使用贝币的情况……………（137）
　一　元、明、清初金石文契中所见云南贝币使用的范围……（137）
　　（一）用于民间买卖，买卖的对象有房屋、田土、山地……（138）
　　（二）用于布施……………………………………………（140）
　　（三）用于借贷……………………………………………（141）
　　（四）用于典押……………………………………………（143）
　　（五）用于缴纳赋税………………………………………（143）
　二　贝银钱钞并行的情况…………………………………（144）
　三　贝与银、钞的比价……………………………………（146）
　四　贝币不断贬值，最后废贝行钱的原因…………………（148）
元、明、清时期进入西南地区的外来人口…………………（160）
　一……………………………………………………………（160）
　二……………………………………………………………（165）

三 ……………………………………………………… (168)

明代云南地区的水利工程 …………………………………… (174)
　　一　云南府 …………………………………………………… (174)
　　二　澄江府 …………………………………………………… (176)
　　三　大理府 …………………………………………………… (177)
　　四　临安府 …………………………………………………… (179)
　　五　永昌府 …………………………………………………… (180)
　　六　楚雄府 …………………………………………………… (181)
　　七　曲靖府 …………………………………………………… (181)

明代云南刑法原则和刑罚手段的变化 ……………………… (183)
　　一　明代云南的刑法原则 …………………………………… (184)
　　　（一）加重对危害封建国家犯罪行为的惩罚 …………… (184)
　　　（二）对少数民族恩威并重的治理 ……………………… (185)
　　二　明代云南的刑罚制度 …………………………………… (186)
　　　（一）死刑 ………………………………………………… (187)
　　　（二）充军 ………………………………………………… (187)
　　　（三）流刑 ………………………………………………… (188)
　　　（四）徒刑 ………………………………………………… (188)
　　　（五）杖刑和笞刑 ………………………………………… (189)
　　　（六）枷号 ………………………………………………… (189)
　　　（七）赎刑 ………………………………………………… (189)
　　三　明代云南刑法和刑罚产生变化的原因 ………………… (190)
　　　（一）明代中央王朝对云南治理的加强 ………………… (190)
　　　（二）云南与内地各方面差异的减小 …………………… (191)

清代前期西南边疆地区农业生产的发展 …………………… (192)
　　一　耕地面积的扩大 ………………………………………… (192)
　　二　水利的兴修 ……………………………………………… (194)
　　三　先进生产技术在边疆地区的推广 ……………………… (197)
　　四　边疆茶业的发展 ………………………………………… (200)
　　五　农作物产量的提高 ……………………………………… (201)

清代前期西南边疆地区商品经济的发展 …………………… (203)
　　一　与内地贸易往来的频繁 ………………………………… (203)

二　各种贸易中心城镇的形成 ………………………………（205）
　　三　农村集市的兴起 …………………………………………（207）
　　四　边贸的发展 ………………………………………………（209）
试论清代西南地区民族关系的新特点 ………………………（212）
　　一 ………………………………………………………………（212）
　　二 ………………………………………………………………（216）
略论清初西南少数民族地区的新变化 ………………………（222）
　　一　少数民族地区内地化的加深 ……………………………（222）
　　二　边疆地区的进一步开发 …………………………………（230）
　　结语 ……………………………………………………………（235）
清代前期西南地区边境贸易中的有关法规 …………………（236）
　　一　清政府对西南地区边境贸易的态度 ……………………（236）
　　二　西南地区对外贸易中的具体法规 ………………………（237）
　　　（一）贸易地点 ………………………………………………（237）
　　　（二）贸易时间 ………………………………………………（238）
　　　（三）贸易物品 ………………………………………………（238）
　　　（四）税收 ……………………………………………………（239）
　　　（五）管理 ……………………………………………………（240）
　　　（六）违法处理 ………………………………………………（241）
　　三　结语 ………………………………………………………（242）

四、民族法制史研究

夜郎国法制初探 ………………………………………………（247）
历史上我国南亚语系民族与周边民族的经济文化交流 ……（254）
　　一 ………………………………………………………………（255）
　　　（一）制茶业 …………………………………………………（255）
　　　（二）纺织业 …………………………………………………（257）
　　　（三）农业 ……………………………………………………（258）
　　　（四）畜牧业 …………………………………………………（259）
　　　（五）冶铁业 …………………………………………………（260）
　　　（六）采矿业 …………………………………………………（261）

（七）贸易 …………………………………………………… （262）
　二 ………………………………………………………………… （263）
德宏地区历史上傣族和蒲人关系刍议 ……………………………… （267）
　一　问题的提出 …………………………………………………… （267）
　二　德宏地区的古老居民 ………………………………………… （267）
　三　两族的先民在经济、文化方面的密切关系 ………………… （269）
　四　傣族和蒲人之间民族关系的变动 …………………………… （278）
　五　余论 …………………………………………………………… （280）
略论元、明、清时期的傣族法律 …………………………………… （281）
　一　元、明、清时期傣族法律的变化 …………………………… （281）
　　（一）元代傣族地区的法律 …………………………………… （281）
　　（二）明、清时期傣族法律的变化 …………………………… （283）
　二　明清时期傣族法律的特点 …………………………………… （286）
　　（一）成文法尚未公布，成文法与习惯法并行 ……………… （287）
　　（二）傣族封建法律深受佛教的影响 ………………………… （288）
　　（三）傣族成文法的结构是刑、民并重 ……………………… （289）
　　（四）傣族封建法规中体现出的民族关系 …………………… （290）
　　（五）傣族封建法规中保存了较多的奴隶制残余 …………… （291）
　　（六）傣族封建法规受内地和东南亚地区法律的影响 ……… （291）
　三　余论 …………………………………………………………… （292）
天历兵变中的大理总管段氏 ………………………………………… （293）
　一 ………………………………………………………………… （293）
　二 ………………………………………………………………… （294）
　三 ………………………………………………………………… （297）
天历兵变之后的段元关系 …………………………………………… （301）
　一　几条值得注意的信息 ………………………………………… （301）
　二　天历兵变中的段氏 …………………………………………… （303）
　三　梁王总揽大权，行省有名无实，段氏坐大一方 …………… （305）
　四　段功的被杀，段梁关系急转直下 …………………………… （308）
略论元明时期云南白族地区所有权的变化 ………………………… （312）
　一　元代的变化 …………………………………………………… （312）
　二　明代的变化 …………………………………………………… （315）

三　结论 …………………………………………………………（321）
试论八思巴 ………………………………………………………（323）
　　一　归向元朝，维护祖国统一 …………………………………（323）
　　二　八思巴在西藏的作为 ………………………………………（327）
　　三　促进了各民族之间的友好往来和经济、文化交流 ………（329）
从金石文契看明代大理白族地区民事法制状况 ………………（334）
　　一　明代大理地区民事法律状况 ………………………………（334）
　　　（一）户籍制度和民事主体 …………………………………（334）
　　　（二）有关所有权的法律制度 ………………………………（336）
　　　（三）债权法律制度的发展 …………………………………（340）
　　　（四）婚姻和继承方面的法律规定 …………………………（342）
　　　（五）其他方面的法律规定 …………………………………（344）
　　二　结论 …………………………………………………………（345）
论明末清初德昂族的形成 ………………………………………（347）
　　一　崩龙族族称探源 ……………………………………………（347）
　　二　德昂族形成单一民族的历史条件 …………………………（350）
　　　（一）共同地域的形成 ………………………………………（350）
　　　（二）共同语言的形成 ………………………………………（352）
　　　（三）共同经济生活的形成 …………………………………（353）
　　　（四）共同心理素质的形成 …………………………………（356）

五、相关考证

元代大理段氏总管世次年历考略 ………………………………（361）
　　一　段实 …………………………………………………………（361）
　　二　段忠 …………………………………………………………（365）
　　三　段正 …………………………………………………………（366）
　　四　段隆 …………………………………………………………（367）
　　五　段俊 …………………………………………………………（368）
　　六　段义 …………………………………………………………（369）
　　七　段功 …………………………………………………………（370）
　　八　段宝 …………………………………………………………（371）

九　段明（附段世） ……………………………………（372）

明代云南广邑州建置考
　　——蒲人历史新探之一 ………………………………（376）

后记 ……………………………………………………………（386）

一、总论

历代少数民族法制史研究中应注意的问题

一　先秦—汉时期

在广袤的中华大地上，自古就生活着众多的民族群体，从公元前21世纪夏朝的建立起，中国法制史的内容就既包括中原王朝对其管辖区域内各民族的治理，也包括各个民族群体自身的法律制度和法律文化。夏朝实行的"五服"制度，把其统治区内的各民族群体按照离王城距离的远近和生产力发展水平分为五类，采取不同的统治方式，对于边远地区，生产力发展水平低下的民族群体，采取"因其故俗而治之"的方法，只要其承认夏王朝的统治地位，缴纳一定的贡物即可，并不实行内地的法律制度，这可看作是我国最早的"民族法"。商、周也继承了"五服制"，在此基础上又有所发展。先秦时期的法律制度还可以看出，各民族群体之间、少数民族政权和华夏族政权之间的法律制度、文化是互相交融、影响的。战国时赵武灵王就认为，"法度制令各顺其宜，衣服器械各便其用"，为了战斗的需要，下令进行军事改革，改穿胡服，学习骑射。而处于西部，长期被认为是戎狄的秦国，却任用商鞅实行变法，一举打败六国，建立了我国历史上第一个统一的多民族的封建国家。

秦朝建立后，中原王朝对少数民族地区的治理发展到一个新的阶段：秦始皇北击匈奴、南取南越后，在上述地区设置诸郡，对部分西南夷地区也曾"置吏"进行管理。并迁徙一部分汉族人口到边疆少数民族地区。同时，秦国还制定了治理少数民族的《属邦律》，在国内设置典客官吏，管理少数民族事宜。唯《史记》对这方面情况的记载语焉不详，可参考《睡虎地秦墓竹简》中的有关资料进行综合研究。

汉承秦制，十分注意对少数民族地区的治理。从汉朝统治集团内部对治理少数民族策略的讨论中就可以看出，他们是把对少数民族的治理放在全国大局中加以考虑，是对全国总治理的法律制度的有机组成部分，因此治理策略是随着全国政局的消长而变化的。曾在少数民族地区分别设置郡县、属国、都护、中郎将、校尉、都尉等进行统治，以少数民族为主的县则称为"道"，采取特殊的治理方式，在中央设置大鸿胪，专门管理少数民族事宜。对于归顺的少数民族酋长，汉王朝封予官职，授予王印，令其就地按原来的方式进行统治。同时，汉王朝通过武力征服、和亲、屯田、互市、让少数民族酋长送质子到京、迁徙内地人口到边疆地区等多种措施，使汉朝对少数民族地区治理制度化、规范化，并且在一定程度上落实到实处。

先秦至汉的文献记载中还包括有各具特色的各少数民族习惯法，匈奴、西南夷、南越、西羌、西域诸族等由于人文地理环境以生产力发展水平等因素的差异而各自的习惯法也有很大的不同。这些习惯法在处理各少数民族内部维护正常的社会秩序以及对外交往方面也发挥了不可替代的作用。

二　三国两晋南北朝时期

这一时期是中国历史上各民族大混战、大迁徙、大同化、大融合的时期。这些特点也反映在当时的法律制度上。

三国时期，魏、蜀、吴三国为了扩大势力、巩固边疆，都十分重视对其境内少数民族地区的经营。魏在中央和北方设置了专门管理少数民族事务的机构对东北辽东、朝鲜半岛北部、西域等地的少数民族进行治理。"西和诸戎，南抚夷越"是蜀国治国方略中的一个重要组成部分，为了平定后方，为北伐作军事上和物质上的准备，诸葛亮亲自率兵征服西南夷，由于采取"攻心为上"的策略，取得了南征的胜利，对于尚处于"征巫鬼、好诅盟、投石结草"习惯法阶段的西南夷，诸葛亮针对当地实际情况制定了特殊的法律措施：在调整当地所设郡县，任命臣服的少数民族酋长进行统治的同时，并"为夷作图谱，先画天地、日月、君长、城府；次画神龙，龙生夷，及牛、马、羊；后画部主吏乘马幡盖，巡行安恤；又画（夷）牵牛负酒，赍金宝诣之之象，以赐夷。夷甚重之……又与瑞锦、铁券……"同时把反抗的大姓迁到成都，以便于监视。由于"抚和异俗，为之立法施教，轻重允当，夷晋安之"，实现了"纲纪初定，夷汉初安"

的局面，这方面的情况可参考《华阳国志》的有关内容进行研究。吴国对少数民族的治理主要体现在对山越的镇抚上，其通过各种手段，使大批山越定居平地，编为郡县编户，课税纳贡，这在对少数民族的治理、加速民族融合方面有其独到之处。两晋南北朝时期各政权也均对其境内的少数民族进行了有效的治理。

这一时期一个显著特点是政局动乱，政权的交替与相互兼并不断，少数民族第一次在中国历史上以黄河中下游地区为核心的北方地区占有了政治上的统治地位，各少数民族政权的法律制度既保留了本民族法律制度的一些特点，又体现吸收了汉族法律制度的精华，呈现出逐渐汉化，法律多元的趋势，在中国法制史上写下了浓墨重彩的一笔。最有代表性的是北魏的法律制度。北魏孝文帝采取了一系列有利于巩固北方统一，加强中央集权和民族融合的改革措施：迁都、改姓汉姓、易服、与中原士族通婚，在朝廷上禁讲鲜卑语，等等。在法律上从"礼俗纯朴，刑禁疏简""刻契记事，无图圄考讯之法"的习惯法阶段过渡到逐步汉化，又保留本民族特色的《北魏律》在中国法制史上占有重要地位。《北齐律》首次将严重危害封建统治及社会秩序的犯罪归为"重罪十条"入律；《北魏律》首次创"存留养亲制"，还有颁布的"均田令"，均对隋唐以降中原王朝的法律制度产生重大影响。

三 隋唐五代时期

隋、唐时期是我国封建社会发展的鼎盛时期，中原王朝对少数民族地区的治理和少数民族自身的法律制度都发展到一个新的阶段，呈现出新的特点。

首先，随着多民族国家的重新统一，如何处理好国内民族关系与周边少数民族政权的关系问题，已提高到唐王朝是否能稳定和发展的高度，因此，对治理少数民族的指导思想有了新的认识，唐太宗提出："自古皆贵中华，贱夷、狄，朕独爱之如一"，将少数民族和汉族同等对待，在中国法制史上还是第一次。在唐律和其他具有法律效力的令、式中，这方面都有具体规定。唐律在处理"化外人"的法律适用问题时有："诸化外人，同类自相犯者，各依本俗法，异类相犯者，以法律论。"① 在法律中明确

---

① 参见《唐律疏议·名例律》。

规定了对不同民族、不同国家的人在唐朝境内发生纠纷和相互侵犯案件的处理原则，既尊重了各民族的风俗习惯，又维护了国家法律的尊严。唐朝还利用法律手段与周边的少数民族政权吐蕃、南诏等会盟，确定双方的地界和友好关系，"约束各封界，无相侵掠"。在对唐朝内部少数民族的管理方面，也较之以前更为深入。其在统治的边疆少数民族地区实行羁縻府州制度，"以其首领为都督，刺史，皆得世袭，虽贡赋版籍，多不上户部，然声教所暨，皆边州都督，都护所领，著于令式"。这种制度并不改变少数民族的风俗习惯和社会制度，既使各民族在本民族行政领导和经济管理上拥有相应的权力，同时又保证了国家的统一和边疆和稳定，应该说，这些法律制度是符合当地少数民族的实际情况的。

这一时期，各少数民族的社会和经济发展也有了长足的进步，突厥、吐蕃、契丹等族都有了自己民族的文字，这些都为本民族法律制度的发展创造了条件。突厥、吐蕃、契丹、南诏等少数民族政权都先后进入奴隶社会，制定了自己的法律制度。这些法律制度既具有本民族的特色，又吸收了包括汉法律文化在内的外来法律文化的精华，包含刑事、民事、行政、婚姻家庭、继承等多方面的内容，比起前代，各民族调整本民族内部秩序和与其他民族关系的法律规范内容有所增加，规定也更为规范。很值得认真研究。

四　宋、辽、金、夏时期

这一时期由于契丹、女真、党项等族迅速发展壮大，汉族则处于相对较弱的状态，各民族通过竞争和经济、文化等方面的交流，出现了新的民族大混战、大同化、大融合。这种时代背景使这一时期宋朝处理其管辖区内和与其对峙的少数民族政权的法律和一些少数民族政权自身的法律制度，皆呈现出与以往以行为表现不同的特点。

其一，由于契丹族建立的辽、党项族建立的西夏和女真族建立的金，都是与宋对峙的独立政权，而且拥有相当的实力，因此宋与这些政权签订对双方具有法律约束力的盟约，比起唐代的会盟来有明显的区别，盟约的内容涉及边界的划定，军事上的合作，经济上的交往，甚至割地、输银等内容，但宋并不再是高高在上的强者，从与辽订立的"澶渊之盟"，与金订立的"海上之盟""绍兴和议""隆兴和议""嘉定和议"，以及与西夏订立的盟约，都可以看出宋朝经常是处于割地、输银，甚至称臣的弱方，这从另一个侧面也反映出这一时期民族关系的变化，表现了少数民族由于军事、政治、经济、文化等综合力量的增强而政治地位得以提高的态势。

其二，宋是我国封建社会商品经济相对发达的时期，这一特点也反映在宋朝对少数民族治理方面。除了对其辖区内的少数民族实行羁縻统治的规定较之前代更为具体周密外，为了解决国内的经济问题和向战争提供物质保证，宋朝十分注重与少数民族地区进行经济上的交流。其在与少数民族接界的地方设立茶马司，用茶叶换取少数民族的马匹，对这种交易活动作出了非常具体的规定，对其他与少数民族的互市也有具体规定，在私盐的贩卖、货税等方面都比汉族地区放宽管理，应该说，这些举措对加强各民族之间的经济文化交流是有好处的。同时，宋朝首次将少数民族的军队，称为"乡兵"由兵部管理，但主要任务是维护当地治安。

其三，这一时期随着少数民族政治经济文化的迅速进步，法律方面也有了明显的改进。《辽史》和《金史》中都有"刑法志"，专门记载契丹和女真族由没有文字的刻木之约发展到成文法的过程。这也是少数民族法制史中的一件大事，对研究者提供了比较翔实可靠的材料，从中可以看出这些少数民族政权在汉族法律制度、法律文化的影响下，制定出保持了本民族习惯和特点的法律制度，充实和发展了中华法律文化的内容和形式。

此外，这一时期西南和南方民族的法律制度也有了新的进步。

五　元、明、清时期

这一时期，以蒙古族和满族为代表的各少数民族取得迅速发展，走向强盛，蒙古族统一全国，建立元朝，后满族又一次统一全国，建立清朝，为统一的多民族国家的巩固和发展做出了重大贡献。这一格局的出现，也为少数民族法制史增添了新的内容。最引人注目的是，这一时期随着国家的统一，各民族的政治、经济、文化诸方面交流的加强，各少数民族的法律制度也呈现出法律多元，受中央王朝法律制度影响加大的情况，从"二十五史"中记载的材料来看，已很难区分哪些是中央王朝对少数民族地区的治理，哪些是当地少数民族的法律制度，所以这一篇除了中央总的治理状况外，只按地区或民族来划分。

这一时期中央王朝对少数民族地区的治理进入了一个新的阶段，手段更加成熟和周密。元朝在继承中国历代治国方略成功经验的同时，将金后期的行省制度推行于全国，在辽阳、岭北、甘肃、云南、湖广、四川等少数民族聚居区皆建立行省，"唐所谓羁縻之州，往往在是，今皆赋役之，比于内地"，大大加强了对少数民族地区的直接管理。同时，中央政权还针对各地少数民族的不同情况采取了不同的治理模式：南方地区，元朝在羁縻制的基础上实行土官土司制，加强了对各地少数民族酋长的控制，明朝又在元朝的基础上细化，完善了土官土司制的各项制度，"迨有明踵元故事，大为恢拓，分别司郡州县，额以赋役，听我驱调，而法始备矣"。明朝在一些条件成熟的地区，已开始"改土设流"，取消了土官的各种特权。清朝雍正年间则在西南地区大规模进行了改土归流，改由流官统治，这对巩固国家的统一，加强各民族间的交流合作，应该说是有进步意义的。元朝对西藏的情况进行了了解，支持西藏的萨迦教派在当地进行政教合一的统治，并由宣政院直接管辖，在藏区数次清查户口，建立驿站，征收赋税，行使了中央对其辖区内的主权，使西藏正式纳入中国版图。明朝对藏区则采用"广封众建"的策略，支持西藏的多个教派，以加强对西藏的控制。清朝对西藏问题也十分重视，先后颁布"西藏善后章程"和"钦定西藏章程"，对有关西藏的各项制度：驻藏大臣的职权和官吏应该遵守的制度、军事、对外交涉、财政、贸易、活佛转世等方面均作了具体规定，并用法律形式固定下来，成为有清一代的治藏法典，把中央王朝对西藏的治理，提高到一个全新的历史阶段。元朝在畏兀儿地区设立北庭都护府等机构进行管理，并建立驿站。在别失八里、哈喇火者、兀丹设立宣慰司，统辖天山南北的军政事务。明朝设置哈密卫，作为管理新疆的行政、军事机构，并册封归顺的当地民族酋长。清朝平定准噶尔贵族的叛乱和肃清了天山南路大小和卓的叛乱，重新统一新疆，并在新疆设立总统伊犁等处将军，作为最高行政军事长官。根据新疆各地不同的情况因地制宜进行管理。汉族聚居地区实行与内地相同的州、县、保、甲制，维吾尔族聚居区继续沿用原有的伯克制，但对伯克加强了管理和约束，还有的地区实行扎萨克制。

这一时期少数民族法制的另一特点，是中央王朝对少数民族地区的治理，除了立法方面大为加强外，在司法方面的管理也更加成熟，在刑事、民事诉讼方面都有具体规定，不再是一律随俗而治，而是既保持中央王朝司法原则的统一，又照顾各民族的不同情况。有效地维护祖国的统一和边疆的稳定。

（本文是《中国历代民族法律典籍——"二十五史"中的少数民族法律史料辑要》一书中各章的概说，标题是收入本书时加的）

《中国历代民族法律典籍——"二十五史"有关少数民族法律史料辑要》前言

我国自古就是一个多民族的国家，各族人民在历史发展的进程中，共同创造了中华民族光辉的历史和灿烂的文化。我国法制史的发展进程也是如此，由于各民族所处的自然环境和社会发展阶段不同，其法律制度和法律文化也各具特色，呈现出中华法律文化多元一体格局，因此，少数民族法制史是中国法制史的一个有机组成部分。但是由于诸多的原因，比起对汉族法制史的研究，对少数民族法制史的研究是非常不够的。20世纪90年代以前这种情况并无多大改观，在某种程度上，在中国法制史的研究中存在以汉族法制史、王朝法制史代替中国法制史的情况，对少数民族法制史的研究虽有一些成果，但都是局部的，或不够深入，或不够全面，缺乏统一的部署和计划进行全面系统研究。这种状况对整个中国法制史的研究来看应该说是一种缺憾。这种状况也引起了广大法学工作者和民族学工作者的关注。中国法律史学会在1999年重庆年会上，把加强少数民族法制史和地方法制史的研究工作作为21世纪中国法制史研究的方向之一，得到了大家的赞同。在2000年中国民族史学会西宁会议上，加强少数民族法制史研究的提议也得到了同行的肯定。加强少数民族法制史的研究，对丰富和拓宽中国法制史、中国民族史的研究内容，体现民族平等、各个民族都是中国历史的主人，都有极为重要的意义。同时，通过对少数民族法制史的研究，也对今天加快少数民族地区的民主法制进程、维护国家的稳定、加强各民族团结有积极的借鉴作用。

关于少数民族法制史研究的内容，经过一段时间的讨论切磋，学者们已基本达成共识，应包括历代中央王朝对少数民族地区的治理，调整其国内与少数民族关系的法律规范；历史上存在过的各少数民族政权的法律制度规范；历史上各少数民族群体调整本民族内部及与其他民族关系的法律规范等方面，涉及政治、经济、文化、对外关系等诸方面的内容。既有成文法，也有习惯法。但由于历史上对少数民族的歧视，在浩如烟海的文献资料中，专门记载少数民族法制状况的史料甚少，给研究工作造成一定困难。要进行少数民族法制史的研究，必须运用多种学科的研究方法进行综合研究，根据汉文文献、碑刻、地方志、家谱、考古资料、田野调查材料，少数民族的文献资料、口碑传说、实物、契约等多方面材料进行分析研究。但总的看来，少数民族法制史是属于史的范畴，所以必须用史料、事实说话，"论从史出"才能把研究工作引向深入。从这个角度上，"二十五史"仍是少数民族法制史研究中的资料重要来源之一。少数民族法制史可以说是交叉学科，既是中国法制史的分支，也属中国民族史的研究范畴，但是由于所属的专业不同，搞中国法制史的同志可能对历史上民族方面问题不是很了解；同样，搞民族史的同志也可能对历史上法制史方面的情况不大熟悉。为了给大家的研究工作提供一些方便，为少数民族法制史的研究做一些扎实的基础建设工作，我们试从"二十五史"中把有关少数民族法律方面的史料辑出来，给同行们的研究工作提供一些线索，所以做了这个课题。

在这本辑要中，我们依照以下原则：

一、按照中国历史上中央王朝对少数民族治理方式的重大改变和各少数民族政治、经济、文化发展的不同阶段，大体把"二十五史"中的有关记载按时间顺序分为先秦—汉、三国两晋南北朝、隋唐五代、宋辽金夏、元明清五个时期，在每个时期史料之前作了一个简要概述。

二、本书所收的内容，一是历代中央王朝对少数民族地区的治理，其中有武力镇压，也有怀柔和亲，涉及政治、经济、文化诸方面的统治，同时各代一些典型的治理思想也在其中，所以书名为"少数民族法律史料辑要"；二是各书中所载当时各少数民族政权及群体的法制状况，包括各个政权的法律制度，各少数民族的习惯法、法律文化，也包括各少数民族的政权组成，各项政治、经济制度和一些颇具特色的社会规范。由于本书的主旨是给研究者提供一些线索，因此在突出法制的同时，其他一些相关资料和制度也一并收入。

三、由于历史上我国的疆域和民族多有变动，民族史的研究对象是以历史上的民族为主或是以现实中的国内民族为主，是民族史学界有争论的问题，迄今尚未达成共识。本书采用以现在国内民族的历史为主要研究对象，同时兼顾历史上曾在我国疆域内活动的民族的做法，对历史上曾属我国，但后已脱离的一些现在还存在的民族，脱离之后的情况基本不再收入。但对历史上曾在我国疆域之内活动，现已消失的古代民族也属辑要范畴。

四、历史上的民族是处于不断的分化组合中，民族学界对一些民族的源流存在不同看法，有的甚至存在多种不同看法，本书的主旨是法律史料辑要，因此对民族源流问题多不涉及，一般不把古代民族与现代民族的族属挂钩（没有不同看法的除外），基本保留古代民族原有称谓，由研究者自行判断处理。

五、为了便于研究者的查找，本书在各代少数民族法制状况中基本上是按地区划分，因为我国古代的民族分布主要是大分散小聚居的杂居格局，一个地区往往有多个民族居住，但历史上地域多有变动，本书不多涉及，所以基本上按现在的地域划片。对于有些资料很明显是记载单一民族的，则分别列出。

六、为了保持原始资料的原貌，本书基本上对所辑史料未做任何改动，有些史实几种史料所记大致相同，少数记载不同，也一并辑出，供研究者比较参考。

七、在史料的处理上，各代少数民族建立的局部政权的法律，均放在少数民族法制状况之下，但对蒙古族所建立的元朝和满族建立的清朝这两个由少数民族建立的全国性政权，则把其对国内各民族的治理放在中央王朝对少数民族的治理之下，只把反映本民族法律文化的一些内容放入少数民族法制状况之中。

八、本书对原文中明显的错字、标点符号的错误作了个别修改，并对各书中的异体字作了统一。同时，为了便于研究者的查找，凡能看出时间的，我们都在括号内作了补充，最后注明所辑书的页码。为了方便研究者的理解，《史记》保留了张守节作的"正义"、司马贞作的"索隐"和裴骃作的"集解"。

最后，要说的是，由于这项工作涉及面广，工作量很大，又是处于探索之中，我们的能力难以胜任，在史料的辑要过程中挂一漏万在所难免，同时，我们在编辑和概说中也可能有不妥之处，衷心希望能得到同行、大方之家的批评指正。如果这本书能给研究少数民族法制史的同行提供一些帮助，我们就十分欣慰了。

少数民族传统美德与民族地区民主法制建设

——以云南省通海县兴蒙乡蒙古族为例

我国各族人民在漫长的历史岁月中，创造了光辉灿烂的物质文明和精神文明。少数民族传统文化中热爱祖国、关心集体、吃苦耐劳、尊老爱幼、诚实守信的传统美德，在加强民族凝聚力、调整民族内部关系和民族关系、保护生态环境、维护当地社会秩序的稳定、促进当地经济发展等方面，都起到了不可低估的作用。笔者对云南省通海县兴蒙乡蒙古族的传统道德作调查时，发现少数民族的传统道德与现代民主法制建设之间存在相辅相成的关系。

云南省通海县兴蒙蒙古族乡蒙古族人口占全乡总人口的98%，他们是元代从北方迁徙到云南的蒙古族后裔。解放前，在近700年的漫长岁月中，他们经历了从牧民到渔民，又从渔民到农民的演变过程。这样的发展历程造就了兴蒙乡蒙古族团结互助、尊老爱幼、勤劳诚实、疾恶如仇的美德，同时，也形成了该民族很强的凝聚力和热爱祖国、关心集体的良好风尚。解放后，兴蒙乡的蒙古族也和全国各族人民一道，翻身做了国家的主人。笔者在当地进行调查时深切地感受到，他们传统的伦理美德在社会主义制度下得到发扬光大，正成为加快当地民主法制进程的重要力量。下面试从四个方面进行论证。

一 乡规民约与法律日趋接轨

众所周知，解放以后制定的乡规民约是当地群众为了对自己的行为进行自律，根据法律和本民族的伦理道德制定的，在稳定当地社会秩序方面起着重要作用。兴蒙乡在不同时期制定了3个乡规民约：1995年《桃家嘴村六社村规民约》、1997年《兴蒙乡乡规民约》和2000年《兴蒙乡村规民约》。综合这3个乡规民约的内容看来，涉及面很广，包括了群众生产和生活诸方面的行为规范，其中既包含国家法律规范的内容，也包括蒙古族传统伦理道德规范的内容。

对3个不同时期的村规民约进行比较分析，可以看出，体现伦理道德观念的村规民约在实践中逐渐向现行法律靠近，村规民约中体现出的法制观念逐渐加强。例如，在1995年《桃家嘴村六社村规民约》中有"养狗户要管好自己的狗，若要养者，要实行关养，不准放养。违者，若发生咬伤人，养狗户不仅要负责医疗费、营养费、误工费，还要酌情处理"的规定。2000年《村规民约》则将其改为："村民饲养的动物、家禽对他人造成损害的，动物饲养人或管理人负经济责任；没有或限制行为能力的人，给他人造成损害的，监护人应负经济责任。"在社会治安方面，1997年的《乡规民约》对违反规定者的处罚具体规定为：凡在田间地头及村中查获偷盗粮食每公斤罚款10元，蔬菜每公斤5元，水果每公斤10元，青烟叶每公斤10元，秧苗类每次20—50元，家畜禽30—200元，情节严重的报交公安机关处理。出于泄愤故意损坏他人庄稼、果树等农作物和财物的，村社除有权令其赔偿损失外，可处以100—300元罚款，情节严重的送司法机关处理。凡打架者不论何情，首先动手打人的，村社有权罚款50元，不论何人在乡内公共场所无理取闹、打架斗殴者处30—100元罚款，其他伤残医药、误工等费用按责任大小承担，情节严重的交公安机关处理。不按规定办理私自容留的，处罚容留户20—50元，被留人员趁机作案，除对作案人员依法处理外，对容留户加处50—100元罚款。从这些规定中可以看出：对于违规者，一般是按村里的规定罚款。而对同样内容，2000年的《村规民约》则改为："对违反上述条款者，按以下办法处理：1. 触犯法律法规的，报由公安和司法机关处理；2. 未触犯刑律和治安处罚条例的，除由村民小组进行批评教育外，酌情罚款处理。"显然，当地村规民约与现行法律已逐渐接轨。

笔者在兴蒙乡对100户家庭作了问卷调查，还对多人进行了走访。问及当地的村规民约，绝大多数蒙古族群众（包括不识字的老人）都知道此事，并说自己的行为要有规范约束才行。"没有规矩，不成方圆"，如果没有乡规民约规范大家的行为，就形成胆子大的占便宜、老实人吃亏的情况。对于村规民约的内容，绝大多数群众认为符合法律和道德规范标准，表示赞成和理解。走访兴蒙乡主管政法的华丕和副书记、治保干事王汝昌（均为蒙古族）以及其他蒙古族群众，都认为村规民约的内容绝大多数人能自觉遵守，但也有群众反映执行力度不够、有的内容没有落到实处等。但总的看来，村规民约和国家制定的法律相辅相成，在维持当地正常的生产生活秩序、维护社会稳定和发展生产等方面起到了不小的作用。

二 尊老爱幼与有关法律相辅相成

尊老爱幼、团结互助是云南蒙古族突出的传统美德。而这些美德也使《老年人权益保障法》和《婚姻法》中关于保护老年人权益的内容在当地基本上能落到实处，尊老爱幼在当地蔚然成风。在调查中得知，兴蒙乡各村都有老协组织，乡政府非常支持老协的工作，即在每村开了一个小卖部，利润作为老协的活动经费。老协的活动主要是关心村里老年人的生活，组织老年人进行一些有利于身心健康的文体活动，外出参观，并在老年人生病时去探望，依照国家的有关法律法规维护老年人的合法权益。笔者在调查中参加了一次白阁村老协组织的"白阁村文艺节"，乡上的老人几乎全都来了，他们身着民族的节日盛装，欢庆自己的节日。有的做饭，有的表演文艺节目，还有从附近村寨请来的汉、彝、哈尼等族客人。老人们自己走上舞台表演形式多样的文艺节目，又唱又跳，虽然表演水平不是很高，但可以看出他们内心的喜悦。我们当场对20余位老人进行了有关其生活状况的调查，几乎所有的老人都对目前的生活感到十分满意或比较满意，他们都不约而同地说子女十分孝顺、家庭和睦。问及《老年人权益保障法》，绝大多数老人都知道而且对实施情况比较满意。兴蒙的蒙古族还有一种突出的美德就是家庭和邻里关系融洽，互相帮助，很少有打架斗殴和挑拨是非的现象。当地蒙古族现在还保留着许多能促进家庭和邻里关系和睦的"古规"。如"接柴"，即凡是有人外出挑柴，家中必须要有人去接。弟弟去挑，哥哥去接；妹妹去挑，姐姐去接；老人去挑，子女去接；家里的人有特殊情况不能接，亲友去接。不去接柴就往往被人们看成是一家人互不关心、不懂礼貌、不守古规的表现。再如特别重视对村里孤、寡、鳏、残者的扶助。遇到栽秧、割谷子等农忙季节，村里要组织人员帮助缺乏劳动力的人家，有时甚至是青年和妇女自发组织起来帮助他们干农活。这些帮助都属于义务性质，不计报酬。邻里之间互助还表现在农忙季节的换工。换工的对象除了邻居、朋友外，还有的是亲戚组成小组，互相帮忙。凡村里有人结婚时，不仅要请亲戚，而且全村人都要请，平时有什么事左邻右舍也会主动来帮忙。蒙古族的这些美德，对当地的政治稳定起到了很好的作用。和谐祥和的氛围，有利于法律在当地的实施和党的各项方针政策的执行，也加速了社区的民主管理进程。

三　注重环境保护

在当地调查时发现兴蒙蒙古族群众爱护树木的意识很强，全乡的绿化工作搞得很好。全乡除部分群众使用沼气和液化气作为燃料外，大多数群众使用的燃料是木柴，但是老乡们都舍近求远，到十多公里以外的河西镇山区的宜林荒地去砍柴，从来没有在家附近的山上砍柴的。据当地群众介绍，自古以来，蒙古族就不准在埋有祖坟的面山上割草、砍柴。违犯者视情节轻重由村里罚香油1—2桶送进寺庙作为公用。这个不成文的规定传到现在，大家都自觉遵守，从不在面山上取土、取石、割草、砍柴。有的村子还专门派人管理面山（义务性质），禁止在面山上取土、砍柴等。正是这些习俗使兴蒙乡的树木资源得到了较好的保护。在通海县河西法庭访问时，禹永润庭长介绍，兴蒙乡附近的其他民族近年来违反《森林法》，毁林开荒、乱砍滥伐森林的现象时有发生，河西法庭就处理过好几起，但兴蒙乡基本上没有发生过。在贯彻国家的《森林法》方面，兴蒙蒙古族在云南各民族中是做得比较好的。兴蒙乡历史传下来的习惯，每家盖房的石脚不能超出规定的限度，以保证路面的整齐宽广，公共空地不准盖房，违反者也要罚香油、罚款、罚工。应该说，兴蒙蒙古族保护环境的意识和伦理道德为国家的《森林法》和其他生态环境保护方面的法律法规在当地的实施，起到了积极的促进作用。

四　化解纠纷，加强团结

如前所说，蒙古族尊老爱幼、邻里和睦相处的美德，使当地的家庭关系、邻里关系总的来说是和谐的。但在调查中也了解到，由于邻里间盖房时的地界问题、子女对老人的赡养问题以及其他一些经济利益的冲突等使得民事纠纷在所难免。虽然这些纠纷一般看来规模较小，仅限于家庭内部或两家人之间。但是如果这些纠纷不及时化解，妥善解决，便可能导致矛盾激化，引发大的事端。兴蒙乡在解决纠纷方面颇具民族特色，他们把国家法律法规和蒙古族传统的伦理道德有机地结合起来，通过调解，在化解矛盾、维护当地的治安与稳定和调动一切积极因素等方面都起了很大作用。各村都有固定的调解机构：村调解小组和村老协。调解时间要预先广播通知，到会者除调解小组成员、当事人外，村民可以自由参加，发表自己的意见和看法。据调查得知，最多的时候，有数百人自发旁听调解，而且很踊跃地发表意见。这种做法，有利于发扬民主、化解矛盾，同时使广大群众受到法制和民族传统美德的教育。据兴蒙乡主管政法的副书记华丕和和治保员王汝昌介绍，由于依据有关的法律法规，并将乡规民约和传统道德结合起来进行调解，所以调解的成功率较高。1999年该乡及各小组总的调解成功率达76%。在调解过程中，除了依据有关法律法规外，乡规民约、传统道德也起到了不可替代的作用。例如一组的普国任、王学智（均为蒙古族）在社上旁听调解养狗咬伤人事时因口角而打架，双方都有亲戚参加，打伤了人送进医院。乡调解员分别对双方做了深入细致的思想工作。要各自多做自我批评后，打人的一方按有关规定同意赔偿医药费1000元。由于被打伤一方的主要劳力住院，家里地中的豆角熟了没人摘收，乡调解员动员打人的一方替他们把豆角收下，卖后把钱送到医院，被打伤的一方也很感动，双方的积怨化解了。

笔者曾亲自参加过兴蒙乡调解委员会调解王玉龙家庭纠纷的全过程。该纠纷是因王玉龙之子王和卫、王和新不愿承担老人赡养费用引起的，其中又涉及老人财产的分割和继承等问题，情况较为复杂。因此，在整个调解过程中，调解员灵活地运用法律法规、乡规民约和传统道德来进行调解，不仅圆满地解决了赡养老人的问题。而且使原本有较大分歧的三方都统一了意见、心平气和、心悦诚服，收到了较好的调解效果。

通过以上个案调查，可以清楚地看到云南各少数民族的传统美德，不但是一份珍贵的精神财富，应该受到法律的保护，而且这些传统美德在规范群众的行为，在各方面使各族群众自律，自觉遵守国家的法律法规，加快少数民族地区的民主法制进程有着不可替代的作用。因此，我们应该把对少数民族传统美德的认识提高到以德治国的高度，把依法治国和以德治国有机地结合起来，充分发挥少数民族传统美德在民主法制进程中的作用，为加快我国民族地区的两个文明建设而努力。

（刊于《云南社会科学》2002年第6期）

云南省历史文化名城的法律保护刍议

云南历史悠久，民族众多，各具特色的历史文化名城是云南少数民族传统文化的重要组成部分，在把云南建成民族文化大省的系统工程中有举足轻重的作用。对这些历史文化名城依法进行保护，已日益引起社会各界的关注，本文拟就此问题谈谈自己的看法。

《国家文物保护法》第二章第八条明文规定："保存文物特别丰富，具有重大历史价值和革命意义的城市，由国家文化行政管理部门会同城乡建设环境保护部门报国务院核定公布为历史文化名城。"根据云南省的具体情况，《云南省实施"中华人民共和国文物保护法"办法》第三章"历史文化名城"，对各级历史文化名城的申报、保护、建设规划等方面作了更为详细具体的规定。历史文化名城在弘扬优秀民族文化、发展民族旅游、发扬地方优势，加速当地经济发展、对外交流等方面都发挥着积极的作用。

目前云南已有国家级历史文化名城五座，即昆明、大理、丽江、建水、巍山。除昆明是省会外，丽江是纳西族自治县，大理是白族自治州，建水在红河哈尼族彝族自治州，巍山是彝族回族自治县，都在民族自治地区，是各民族丰富多彩的传统文化的重要载体。此外，云南省还有保山、威信、腾冲、会泽四座省级历史文化名城，也是珍贵的民族文化遗产。

一　云南省历史文化名城法律保护现状

根据国家有关法律和云南省的地方性法规中关于保护历史文化名城的规定，云南省对省内历史文化名城的保护做了积极的工作，总的看来是重视的。

按照《国家文物保护法》第七条的精神，云南省的《实施办法》中专门有一章为《历史文化名城》，其中对省级和国家级历史文化名城的申报工作作了具体的规定。省内各级人民政府据此积极展开了历史文化名城的申报工作，并且卓有成效，先后有五座城市被批准为国家级历史文化名城，四座被批准为省级历史文化名城，这就为这些城市民族传统文化的保护工作创造了更好的条件，使保护工作走上了法制化轨道。

值得一提的是丽江古城申报世界文化遗产的工作。为了使民族文化遗产极为丰富的丽江古城为世界上更多的人所了解，使丽江的传统民族文化得到更好的保护，1994年11月，云南省人民政府滇西北旅游规划会议确定：将丽江古城作为文化遗产向联合国申报。从此，丽江县在国务院、云南省人民政府和丽江地区行署等上级机关和领导的关心下，开始积极筹备申报工作。经过几年的努力，1997年12月4日，经联合国教科文组织世界遗产委员会第21次全体会议正式批准，丽江古城被列入世界文化遗产清单。这是云南省少数民族传统文化的法律保护工作取得的一项重大成果。按《保护世界文化遗产和自然遗产公约》的规定，世界文化遗产和自然遗产作为全人类世界遗产部分加以保护，丽江古城被列入世界文化遗产清单，意味着丽江古城的保护将国际化、法规化，对丽江古城民族传统文化的保护工作是一个极大的推动。这份申报文本被联合国教科文组织中国全委会的主管领导评价为"申报工作以来最好的文本材料"，这是云南第一个世界文化遗产，也是中国99个历史文化名城中第一个世界文化遗产。这次申报的成功，为云南省的民族传统文化走近世界迈出了新的步伐，也使云南省民族传统文化的法律保护工作上了一个新台阶。

除了丽江申报列入世界文化遗产清单成功外，云南省的五座国家级历史文化名城均先后制定了专门的保护管理条例：1993年《大理白族自治州大理风景名胜区管理条例》出台；1994年《云南省丽江历史文化名城保护管理条例》出台；1995年《昆明历史文化名城保护条例》出台；1996年《云南省红河哈尼族彝族自治州建水历史文化名城保护管理条例》出台；1997年《云南省巍山彝族回族自治县历史文化名城保护管理条例》出台。这些地方性法规针对各座历史文化名城的具体情况，对其保护作了具体规定。例如：《云南省丽江历史文化名城保护管理条例》中规定："丽江历史名城保护和管理的范围，包括丽江纳西族自治县辖区内具有历史、艺术、科学价值的大研古城、古建筑、古文化遗产遗址和风景名胜园林。""丽江历史文化名城的保护管理，坚持抢救第一，保护为主的方针，在保持历史文化名城原来总体布局、形式、风格特点的前提下，进行城市建设总体规划和必要的保养、维修、改造。"这就为丽江历史文化名城保护工作的范围、方针等原则问题作了具体的规定。这个管理条例中还针对丽江古城的情况，对大研古城保护管理、历史文物保护管理、风景名胜保护管理等方面作出具体规定，使《保护条例》具有较强的可操作性。其他几个历史名城的保护条例也是如此，这样，就使云南省具有民族特色的历史文化名城的保护工作走上了法制化的轨道。

中共十一届三中全会以来，云南省在历史文化名城的保护工作中按照有关法律办事，在少数民族历史文化名城的法律保护中成绩显著。首先，由各历史文化名城所在地的政府牵头，会同当地的建委、文化局、规划、文物管理、园林、民委、宗教等有关部门，联合划定了当地文物保护单位的保护范围和建设控制地带，并以图纸的形式纳入当地的《历史文化名城保护规划》之中，这样，就使当地历史文化名城法律保护工作更具有可操作性。昆明经过几年的努力，已于1996年年底全部完成216项各级文物保护单位保护范围和建控地带的划定工作，并结合实际采取多种形式设置了专门机构，并落实了专人管理。省内其他历史文化名城也先后完成了这项工作。其次，按照《国家文物保护法》、云南省实施办法和各地历史文化名城保护管理条例中的有关规定，各地人民政府对当地的历史文化名城的保护做了大量的工作，昆明市为了迎接1999年世界园艺博览会的召开，进行了大规模的市政基本设施改造工程，在施工过程中，严格按照有关法规操作，既改善了城市的基本设施，又保持了昆明的历史文化特色，并且在"保护为主，抢救第一"的方针指引下，市政府投入了大量的人力物力，使昆明这座历史文化名城焕发出新的光彩。按照《昆明历史文化名城保护条例》第三章第十八条的规定："在名城保护范围内，应有计划地恢复一批具有昆明历史文化特点的纪念设施"，金马碧鸡的神话，流传在民间已有上千年的历史，早已成为昆明的象征和标志，并已被定为昆明市徽。在昆明纪念金马碧鸡的建筑中，以市内的金马、碧鸡二坊最为著名。坊建于明代，位置在今金碧路西段与三市街的交叉处，坊为木结构，高大挺拔，雕檐彩绘，金碧辉煌，雄浑壮丽，是昆明这座历史文化名城中一道亮丽的风景。可惜的是，两坊在"文化大革命"期间被拆毁。重建金马碧鸡坊，是广大昆明人民的心愿，市人民政府拨出专款，于1998年2月19日动工重建昆明历史文化名城标志——金马碧鸡坊，使之在世博会时与观众见面，奔腾奋进的金马，展翅高飞的碧鸡给昆明这座历史文化名城增添了新的光彩。

丽江古城是丰富的民族历史文化遗产的载体，为世人所瞩目。1996年2月3日，丽江古城遭受七级地震的破坏，给当地的民族文化遗产造成无以估量的损失。在党中央、国务院、全国人民的关心支持下，在国内外各界人士的援助下，丽江进行了古城的恢复重建工作，在重建工作中是否能保持丽江古城的历史风貌，引起了国内外各界人士的广泛关注。云南省委、省政府批准的丽江地县政府申报的恢复重建规划中，把丽江古城恢复保护列为重点，在恢复重建过程中，严格按照《全国历史文化名城丽江古城保护管理条例》的精神，坚持"抢救第一，保护为主"的方针，邀请有关专家考察，论证，提出方案，进行了精心的设计和施工，经过三年时间的努力，丽江古城的恢复重建工作顺利完成。恢复重建的丽江古城不仅保持了原古城的历史风貌，而且更加充满青春的活力。在丽江古城的恢复重建中，按明代古式建筑的要求，将原来的木氏土司府所在地恢复重建，并成为丽江古城博物院。这个占地3公顷的博物院包括忠义坊、仪门、前议事厅、万卷楼、护法殿、光碧楼、玉音楼、三清殿等主体建筑，重现了明代"木府"的原貌，成为丽江历史文化名城一个旅游精品景点，而且还是收藏和管理、研究丽江古城历史文化、民族文化遗产的主要机构。在云南各历史文化名城的保护管理条例中，均有保护当地生态环境方面的内容，各地政府会同当地有关部门，在各历史文化名城的生态环境保护方面做了大量的工作。

滇池是云南高原上的一颗明珠，也是昆明这座历史文化名城的重要组成部分，但是由于多方面的原因，近年来号称"五百里滇池"的面积缩小，水质不断恶化。这种状态引起了各级领导机关的重视，云南省多次邀请各方面专家对滇池的治理进行"会诊"，并出台了有关法规，限定滇池流域所有工业污染物要限期达标排放，一批综合治理滇池的工程也已经上马，经过多方努力，滇池的水质已有所改善。碧波荡漾的洱海，也是大理这座历史文化名城不可缺少的有机组成部分，但由于附近的工厂向洱海排入工业废水，洱海上航行的柴油机船不断增加，大量废油漂浮海面。周围农村围海造田等原因，也使洱海的面积缩小，水质污染严重。针对此情况，大理州也出台有关法规，禁止柴油机船在洱海中航行，并采取了多项措施，使洱海的污染情况在一定程度上得到控制。

总的说来，云南省的历史文化名城法律保护工作突出了各历史文化名城的地方民族特色，在使云南建成民族文化大省的过程中发挥了重要作用。

二 云南省历史文化名城保护方面存在的问题

通过社会调查，走访有关部门，查阅有关资料，我们认为，云南的历史文化名城的保护工作如上所述，已走上了法制化轨道，"有法可依"已基本做到。现在的主要问题是："有法必依"做得不尽如人意，执行有关法律的力度不够，"执法必严，违法必究"也存在一定问题，这就使有关历史文化名城的保护的法律规定没能完全落到实处。

《云南省实施〈中华人民共和国文物保护法〉办法》及各历史文化名城的保护条例中都对名城的保护范围和保护内容作了具体规定，在实际操作中有些地方却没有严格按照有关法律办事。例如：在昆明近几年的旧城改造中，有些单位没有经过有关文物部门同意，擅自动工建设，使老城区的传统民居和地下文物遭到一定程度的毁损。由于城乡基本建设的需要，一些代表昆明历史文化内涵的老街区和建筑物被拆除，由于建设部门没有和文物部门协调好关系，没有采取有效措施，从而使一些文物保护单位的周围环境受到一定影响，在大理古城的修复改造中，这方面的问题尤为突出。大理古城于明代建造，颇具民族特色和地方特色，充分体现了古代白族人民的聪明才智，是目前国内保存完好的为数不多的古城之一，是我国的一份极为珍贵的民族文化遗产。但是，在大理古城的修复改造中，有些地方没有严格按照历史文化名城修复工作中的有关法规办事。在修复中没有注意保持古城原有的风貌，"保护为主，抢救第一"，而是追求所谓的现代城市格局，使大理古城的民族地方特色遭到不同程度的破坏。70 年代在大理古城内新建百货大楼，80 年代又把古城文化宫内文庙拆除，改建一大批民居建筑，使一些颇具代表性的古建筑群消失了，破坏了大理古城原有的风格。80 年代以来，大理城市建设、乡村建设发展迅速，这是件好事，但由于建设中缺乏总体的布局和规划，事前没有和文物部门协调，没有在建设中注意保护与大理古城相辉映的自然景观，结果从西洱河北岸起，高楼林立，绵延不断，使郊区的田园风光黯然失色，严重遮掩了古城的原来风貌。丽江古城的修复重建工作总的来说是比较成功地贯彻了"保护为主，抢救第一"的文物保护工作方针，较好地保持了丽江古城原有特色，但也还有不尽如人意之处，例如：丽江电力公司新建的高层建筑，离古城太近，与整个古城的建筑风格不相协调；每次火灾烧毁区域的重建，没有能很好地保护原有的历史文化风貌，等等。

另一个普遍性的问题是，由于历史文化名城保护的资金不到位，使保护工作受到制约。云南省人民政府1996年第28号文件明确提出"历史文化名城所在地每年从城市维护费中拨出3%—5%的经费，用于当地的文物维修"。但是，这个规定并没有完全落到实处。以昆明为例，现有各级重点文物保护单位216项，其中市级以上重点文物保护单位66项，县（市）、区级重点文物保护单位150项，根据《文物保护》的有关规定，近几年来国家、省、市政府投入文物事业发展中的经费已接近7000万元，66项市级以上重点文物保护单位的维修经费基本到位，但另150项县（市）、区级文物的维修经费却严重不足，除嵩明和安宁外，其他昆明所属的县（市）、区的文物维修经费都没有落到实处，致使文物倒塌的情况时有发生，有的连抢救维修经费都无法保证，这就使昆明历史文化名城的保护工作难以完全落实，其他几座历史文化名城的保护工作也存在类似的问题。

三 搞好云南省历史文化名城法律保护的几点思考

如何使云南省历史文化名城的法律保护工作搞得更好，我们认为，必须注意以下几个方面的问题。

（一）加强对历史文化名城法律保护重要性的认识

云南省是多民族聚居区，各民族各具特色的传统文化，是云南省得天独厚的一份弥足珍贵的文化遗产，而历史文化名城是这份文化遗产的重要组成部分。现云南省委作出要把云南省建成民族文化大省的决策，保护、弘扬民族传统文化的问题显得尤为重要。云南省委宣传部、《云南日报》等部门曾就此问题召开高级别的理论研讨会，《云南社会科学》《思想战线》《云南民族学院学报》也先后开辟专栏，组织文章对这一问题进行学术探讨。研讨的内容也涉及对云南历史文化名城的保护问题。各方面的有识之士各抒己见，提出了很多宝贵的建议和看法，但从依法治国的角度出发，把历史文化名城的保护工作纳入法制化轨道，动用法律武器，对历史文化名城进行保护的建议和文章似还不多见。其实，运用法律手段对历史文化名城进行保护，比用其他手段更为直接、有力。因为在调整社会关系的各种手段中，只有法律是由国家制定或认可并由国家强制力保证实施的社会规范，对社会具有普遍的约束力，如能充分运用法律武器进行历史文化名城的保护工作，就能使这方面的工作做得更好。

（二）加大执法工作的力度

在历史文化名城的法律保护工作中如何加大执法力度，关系到历史文化名城的法律保护工作是否能落到实处，应引起有关部门的高度重视。首先，要加强对这方面执法重要性的认识，特别是在行动执法方面，要充分发挥依法行政的作用，使历史文化名城的建设、改造、管理工作纳入法制轨道。其次，在执法过程中一定要严格按照有关法律法规行事，历史文化名城的法律保护工作涉及面广，工作量大，执法人员要对历史文化名城基本情况有所了解，熟悉有关的法律法规，才能准确适用法律。第三，要加强对执法的监督工作。广大群众对自己所生息的历史文化名城具有深厚的感情，要充分发挥国家机关和人民群众对执法的监督作用，对破坏历史文化名城的行为公开曝光，事实证明，这对加大执法力度是行之有效的。

（三）处理好保护和建设，传统和发展的关系

云南的历史文化名城大多在少数民族地区，具有浓郁的民族风格，同时，这些城市和全国其他城市一样，也处在改革开放的发展变化之中，而且这些城市都是旅游热点城市，因此，在这些历史文化名城的法律保护工作中，如何运用法律武器，使这些城市既保持鲜明的民族文化特点，又赶上现代化的步伐，已成为法律保护工作中值得重视和研究的问题。以丽江古城为例，丽江古城以其古朴独特的风貌吸引了国内外大批游客前来参观游览，给当地带来了极好的经济效益，但同时也出现了新问题，为了保持古城的原貌，古城内不设菜市场、垃圾箱，也不准在旧城的住宅装太阳能热水器，此类规定给古城区的居民生活带来了极大的不便，不少人愿意搬到生活现代化的新区去住，如此下去，古城将逐渐成为一座"死城"，失去其灵性和生命力，这个问题已引起了有关部门的高度重视，正在研究对策，协调各方面的关系，为把丽江建成一座既具有历史文化传统，又充满现代气息的名城而努力。这种情况在云南省的其他历史文化名城的法律保

护工作中也不同程度地存在。《云南省实施〈中华人民共和国文物保护法〉办法》第十六条指出："核定公布为历史文化名城的城市，当地人民政府应当制定历史文化名城的保护与建设规划，在城市建设中必须依法保护好文物，应当继承与发扬其优秀的历史文化特点和传统风貌。"我们认为，这个提法符合云南省历史文化名城法律保护的实际情况。在这方面的法律保护工作中必须处理好上述关系，才能使这项工作落到实处，并取得好的效果。

(刊于《中央民族大学学报》2000年第3期)

云南少数民族文物法律保护的问题与思考[①]

云南少数民族文物是传统文化的重要组成部分，具有极高的收藏价值，在建立云南民族文化大省的工作中有重要作用，必须依法进行保护。在民族文物的法律保护工作中要加强法律意识，加大执法、司法的力度，使这项工作真正落到实处。

一 云南少数民族文物的法律保护现状

云南这块祖国西南边疆的红土地，自古以来就是多个少数民族生活繁衍的沃土，从170万年以前的元谋猿人遗址到新石器时代云南地区的多处遗址，从春秋战国以降的滇国，到唐宋时期的南诏大理，再到元朝在云南建立行省、实现和祖国内地划一的政治统治，又历明、清，云南各少数民族及其先民创造了光辉灿烂的文化，留下了别具特色的历史文物。1840年以来，云南各族人民又和全国人民一道，投入了反帝反封建的革命斗争，特别是在维护祖国统一的斗争中，做出了不可磨灭的特殊贡献。作为这段时期历史见证的民族文物，更是在爱国主义教育中起了重要的作用。这些少数民族的文物，是云南各少数民族生活和发展的见证，具有极其重要的收藏价值。到1999年年底，云南省共有国家级重点文物保护单位24个，省级重点文物保护单位209个。[②]

从云南省的国家级重点文物保护单位和省级重点文物保护单位的情况

---

① 本文系云南省"九五"重点课题成果之一。曾得到普通高等学校人文社会科学重点研究基地的资助和云南省文化厅文物管理处、云南省民族博物馆等单位的热情帮助和支持，特此说明，并致谢忱。

② 数字由云南省文化厅文物管理处提供。

来看，云南的文物内容丰富，而且颇具民族特色，反映了在历史的长河中云南各族人民在不同时期的物质生活和精神生活，是云南少数民族传统文化的重要组成部分，理应受到很好的保护。

云南少数民族文物是民族传统文化的重要组成部分，有其自身的特点：这些文物是历史上遗留下来的，最早的迄今已有170万年；寺庙、碑刻、崖画、古塔、遗址等均在露天，由于自然界的侵蚀和人为的破坏，已受到不同程度的损坏，亟须加强保护，否则这份珍贵的文化遗产在很短的时间内将消失殆尽，不能再生。党、政府、群众都非常关心和重视文物保护工作，采取了一系列的保护措施，其中最有力和有效的是采用法律手段对文物进行保护。

《宪法》第二十二条规定："国家保护名胜古迹、珍贵文物和其他重要历史文化遗产。"继1961年国务院颁发《文物保护管理暂行条例》后，《中华人民共和国文物保护法》（以下简称《文物保护法》）于1982年正式出台。这是对我国的文物进行法律保护的最高规范性法律文件，文件对文物的界定、文物保护单位、考古发掘、馆藏文物、私人收藏文物、文物出境、奖励和惩罚等方面均作了明确规定。《中华人民共和国文物保护法》的出台，充分体现了党和政府对全国文物保护工作的关心和重视，当然也包括云南少数民族地区文物在内。紧接着又公布了《中华人民共和国文物保护法实施细则》，使《文物保护法》的实施有了一定的可操作性。这两个有关文物保护的法律文件的公布，对全国的文物保护工作是一个极大的推动，在改革开放的新形势下，我国的文物保护工作进入了一个新的发展阶段。1991年对《中华人民共和国文物保护法》进行了修订，加大了打击破坏文物犯罪的力度，明确了执法范围；细则也作了相应修订，加大执法力度。云南的情况也不例外，文物保护工作被纳入法制轨道，有了长足的进步。1984年11月9日，云南省第六届人民代表大会常务委员会第十次会议通过了《云南省实施〈中华人民共和国文物保护法〉办法》（以下简称《实施办法》），这是在云南进行文物保护方面的地方性法规，后又根据国家修订的《文物保护法》和在实际操作中遇到的问题作了补充和修正，于1993年1月7日由云南省第七届人民代表大会常务委员会第二十八次会议通过。这个实施办法针对云南民族众多的具体情况，专门有一章为少数民族文物，明确了少数民族文物应包括：反映历史上各少数民族社会制度、社会生产、社会生活、文化艺术、宗教信仰的代表性实物；与少数民族重大历史事件、著名历史人物有关的建筑物和纪念物；少数民族的重要文献、典籍和手稿；其他具有历史、艺术、科学价值的少数民族文物。不难看出，这个办法中对少数民族文物的界定，比《文物保护法》中的界定更加具体、全面，具有较强的可操作性。这一章还特别规定，少数民族地区的土司衙署、崖壁画、民居村落、关卡城堡、陵园墓地、碑碣石刻、宗教寺庙、古桥驿道等不可移动的文物，应当根据其历史、艺术和科学价值分别核定公布为不同级别的文物保护单位。按有关办法进行保护。文中所列举的这些不可移动的民族文物，均是云南少数民族文物的重要组成部分，《实施办法》为云南的少数民族文物保护工作提供了法律依据。这一章中还对各地少数民族文物保护管理的职、权、责作了明确的规定，并提出文物较多的自治州、自治县，应当逐步建立民族博物馆。《实施办法》的制定对云南的民族文物保护工作起到了推动作用。此后，云南省文化厅于1995年制定了《云南省文物事业改革与发展纲要》，对云南省1995—2000年的文物事业改革和发展工作提出了具体的要求和目标。其中也特别谈道："民族文物反映了我省多民族共同发展的历史进程，是我省文物工作的重要支柱，要加强对民族文物的征集、整理和研究，加强对民族历史建筑和民族历史文化村镇的保护，加强对民族文物保护管理工作的政策研究。"从中也可以看出民族文物保护工作在云南省文物工作中的重要地位。

在党和各级政府的关心、支持下，改革开放以来，云南省少数民族文物的法律保护工作有了长足的进步，取得了很大成绩。

首先，大张旗鼓地展开了宣传《文物保护法》的活动。文化厅、文物管理委员会的负责同志和工作人员以及云南大学文博班的同学都曾上街向群众宣传《文物保护法》的有关内容和知识。各地、州也开展了宣传活动，有的县、市、区采取深入厂矿、学校散发宣传材料，召开各种会议或利用街天、庙会和有奖征文进行宣传，扩大宣传面，各级政府把《文物保护法》纳入普法计划。通过宣传，使广大群众懂得了文物保护的重要性和必要性，当然对少数民族文物的保护也是其中的主要内容之一，广大群众掌握了利用法律进行文物保护这个锐利的武器，对云南省的文物保护工作起到了积极的推动作用。

其次，按照国家《文物保护法》的有关规定，云南省有关部门对本省的文物进行了积极的摸底调查、评估、申报，1996年年底，全省已有省级以上重点文物保护单位187处，其中国家级24处，省级163处。[①] 这些重点文物保护单位的文物保护工作均被纳入了法制轨道。

再次，为了坚定不移地贯彻党中央在文物保护工作中提出的"保护为主，抢救第一"的方针，充分发挥少数民族文物在云南省建设"民族文化大省"中的作用，云南省依照《文物保护法》的有关规定，在文物的抢救、保护、管理、研究和宣传等方面做了大量的工作，取得显著成绩。

实施办法规定："省、省辖市、自治州、行政公署可以设立文物管理委员会，协调文化行政管理部门与有关部门的关系，推动社会各界贯彻执行文物保护的法律、法规。""有条件的县（市、区）设立文物管理所或者博物馆，负责本辖区内文物的调查征集、保护管理、维护修缮、藏品保管、宣传陈列、科学研究等等工作。"云南省文物管理委员会于1984年成立，成立后按照《实施办法》的有关规定开展工作，由主管文教的副省长负责，协调与各有关部门的关系，在云南省的重大城市建设、工商行政、海关进出口等方面的关系都已基本理顺，推动了云南各方面积极贯彻执行文物保护的法律、法规。除了各省辖市、自治州、行政公署均成立了文物管理委员会外，全省还有96个县成立了文物管理所，大多数文管所机构健全，业务干部有较高的业务水平，在负责本辖区内文物的调查收集、保护管理、维护修缮、藏品保管、宣传陈列、科学研究等方面做了大量的工作。

1986年以前，云南省的文物维修保护经费每年仅20万元，这对全省大量丰富多彩的少数民族的文物保护来说，不啻是杯水车薪，而且由于投入太少，在全国的有关会议上曾被点名批评。按国家《文物保护法》和云南省《实施办法》中的有关规定，这个问题已逐步得到解决。1986年云南省的文物维护保护经费增加到60万元，1992年增加到120万元，后又增加到240万元，2000年已增加为300万元。经费的增加，使云南省的文物保护工作有了物质保证。云南省政府还作出决定，凡是地州建立博物馆，省里补助100万元，目前全省已有博物馆40多个（属文化部门管的29个），其中的民族博物馆、自然博物馆、植物博物馆、动物博物馆、

---

① 参见云南省文物管理委员会编《云南文博简讯》第21期。

古生物博物馆等各类专业博物馆和综合博物馆内均收藏有各种少数民族文物。云南省民族博物馆馆内收藏文物8000多件，包括少数民族服饰、生产生活用具和宗教、交通、民间工艺、交易、古迹、文献以及反映各少数民族不同的社会发展阶段等方面的内容，较为全面、生动形象地向国内外各界人士展示了云南各少数民族的风土人情、历史文化。博物馆的同志们不辞辛苦，跑遍了云南的各县，特别是少数民族地区，征集到不少少数民族文物，其中包括实物、拓片、照片等等。剑川石钟山石窟、张胜温画卷等云南民族瑰宝在这里得到了再现。云南省民族博物馆和云南民族村一样，已成为国内外游客到昆明旅游观光的重要景点之一，在弘扬民族文化，发展民族旅游的事业中发挥着不可替代的作用。除此之外，丽江、大理、迪庆、楚雄、玉溪的地区级博物馆也已建成开馆。这些地区级博物馆突出本地的民族特色，成为当地一道亮丽的风景线。西双版纳州的博物馆和西双版纳勐泐宫的恢复、重建工作也在筹建之中。① 至于县一级的博物馆就更多了。位于边疆地区的西双版纳勐腊县民族博物馆于1993年开馆，馆内面积260平方米，设三个展厅，基本陈列有勐腊历史文物、民族民俗和服饰艺术展，较好地向外地观众介绍了当地的民族文化。丽江县博物馆修复了白沙壁画（二期工程）、普济寺铜瓦殿、北岳庙等一批文物古迹，征集了大批文物，使馆藏文物由4000余件增加到近万件。② 从总体上看，云南在民族文物博物馆的建设方面是做得比较好的，可以说是"居全国之首"。③ 据统计，目前全省共有馆藏文物20万件，其中省博物馆藏13万件，这是云南省贯彻《文物保护法》的一个重大成果，也是对全省民族传统文化保护工作的有力支持。在各级党委的领导和各级人大、政协的关心支持下，各级政府对一些违反《文物保护法》的行为进行了坚决的抵制，例如：对在国家级文物保护单位陆军讲武堂旧址保护范围内建盖宿舍，在省级文物保护单位龙潭山修建公墓等行为均被昆明市政府制止；在武成路拓宽改造工程中，市级文物"灵星门"受到保护，区级文物"李

---

① 参见黄惠焜《调整视角——让文化人类学积极介入云南旅游资源的开发》，《云南民族学院学报》1995年第3期。

② 参见丽江县博物馆《为抢救弘扬优秀民族文化作贡献——记丽江县博物馆长李锡同志先进事迹》，1997年。

③ 参见宋兆麟《抢救民族文物的紧迫性》，《云南民族学院学报》1996年第3期。

公朴先生殉难处"也受到保护等等。① 此外,在各地配合基本建设的考古调查、发掘,文物藏品,文物标本的收藏、分配,文物市场的管理,文物复仿制品的生产等方面有关的文物行政规章也先后出台,这些法规,为少数民族文物保护工作的规范化提供了法律依据。

二 存在的问题

总的看来,云南省在依法对少数民族的文物进行保护方面做了大量的工作,取得了显著成绩。1994年全国人大教科文委在云南检查文物保护法的实施情况,对云南省文物保护工作总体上是满意的。但是,与国家《文物保护法》的要求相比,也存在一定的问题,主要表现在以下方面。

(一) 立法方面的问题

对于什么是少数民族文物,国家《文物保护法》规定为:"反映历史上各时代、各民族社会制度、社会生产、社会生活的代表性实物。"针对云南的具体情况,《实施办法》中作了更具体的规定:"反映历史上各少数民族社会制度、社会生产、社会生活、文化艺术、宗教信仰的代表性实物","与少数民族重大历史事件、著名历史人物有关的建筑物和纪念物;少数民族的重要文献、典籍和手稿","其他具有历史、艺术、科学价值的少数民族文物"。这个对少数民族文物的界定基本符合云南的实际情况,但在实际操作中仍有一定难度。例如:在20世纪50年代初仍可见怒江峡谷独龙族的穴居,父系大家族长屋,男、女使用的遮羞板、遮羞布等,皆是外地罕见之物,② 无疑应该是珍贵的少数民族文物。但据云南省民族博物馆的有关同志介绍,由于多方面的原因,遮羞板的实物已难以收集,他们照原样复制的遮羞板,虽然不是原物,但却是反映历史上独龙族社会制度、社会生活的重要物品,云南省民族博物馆的同志认为复制的遮羞板已达到国家文物标准,是否能算民族文物?又如:哈尼族的寨门在哈尼族的历史发展过程中曾有过重要的作用,是哈尼族文化不可缺少的组成

---

① 参见邓世平《市人大常委会教科文卫工作委员会关于我市贯彻实施〈中华人民共和国文物保护法〉情况的调查报告》,1998年。

② 参见李子贤《云南少数民族传统文化保存教育刍议》,《思想战线》1998年第4期。

部分，但是，寨门具有宗教色彩，实物不可能直接搬进博物馆，云南省民族博物馆收藏的也是复制品，按照国家《文物保护法》的界定是否能算文物？博物馆的同志认为，凡按照民族传统，以原来的质料、式样制作的现已不能看见的少数民族实物的复制品，也应算为少数民族文物。[①] 由于少数民族文物与一般的历史文物有所不同，因此在调查中各方面的人士都指出，在文物保护的立法中应考虑少数民族文物的特殊性，应早出台《少数民族文物保护法》，或者在《中华人民共和国文物保护法》中加上与少数民族文物相关的内容，使少数民族文物的保护工作更好地纳入法制轨道。

在《文物保护法》的实际操作过程中，有关人士还感到就整个保护法来看，在行政执法中，文物部门的执法权限太小，只有一条半，而且还有半条是管自己的。

对于违反《文物保护法》的各种行为，除了触犯国家刑法的由有关司法机关追究其刑事责任外，大多是依托城建部门和工商行政管理部门行使行政执法权。虽然《文物保护法》中也规定这两家在行使有关行政执法权时要征求相应的文化行政管理部门的意见，但由于没有专门的文物执法队伍，文物管理机关也几乎没有相应的行政执法权，在文物管理和保护工作中感到执法力度不大，《文物保护法》的操作性不是很强。

（二）执法方面的问题

随着改革开放的深入发展，云南省民族旅游方兴未艾，少数民族文物越来越引起各界人士的广泛注意，已摆到了越来越重要的位置。当然，随之而来的是在少数民族的文物保护中也有新的问题出现。从执法方面来看，"有法不依，执法不严，违法不究"的情况在不同程度上存在，有的还比较严重。

毋庸讳言，随着人们对少数民族传统文化认识的加深和目前少数民族文物在国内外市场上的急剧升值，由于物质利益的驱动，想把当地的少数民族文物占为己有或小单位所有的情况并非个别。《文物保护法》第十六条中规定："地下埋藏的文物，任何单位或者个人都不得私自发掘。出土

---

① 笔者于1998年3月15日在云南省民族博物馆调查时有关负责人介绍。

的文物除根据需要交给科学研究部门研究的以外，由当地文化行政管理部门指定的单位保管，任何单位或者个人不得侵占。为了保证文物安全、进行科学研究和充分发挥文物的使用，省、自治区、直辖市文化行政管理部门，必要时可以报经省、自治区、直辖市人民政府批准，调用本行政区内的出土文物。"由于"当地文化行政管理部门"究竟指的是哪一级表述不够清楚，使得出土文物的保管权概念比较模糊。《文物保护法实施细则》第二十五条对此进一步规定为："出土文物由国家文物局或者省、自治区、直辖市人民政府文物行政管理部门根据保管条件和实际需要，指定全民所有制博物馆、图书馆或者其他单位收藏，考古发掘单位需要将出土文物留作标本的，须经国家文物局或者省、自治区、直辖市人民政府文物行政管理部门同意。"第二十七条也明确规定："全民所有制文物收藏单位应当具备确保文物安全的设施和必要的技术手段，并按照国家有关规定建立文物档案，对文物进行分类分级保管。"但在实际操作过程中，云南在少数民族文物的保管权问题上仍存在不少问题。例如：有的地区出土重要文物，由于当地保管文物的设施和技术手段尚不完全令人满意，省文物管理委员会指定由省博物馆进行保管，但当地不愿交出文物，这样是不利于珍贵文物保管的。《文物保护法实施细则》第五条明确规定："县级以上各级人民政府财政部门应当将文物事业费和文物基建支出分别列入本级财政预算，由同级文物行政管理部门统一管理，其中文物基建支出以及文物修缮、维护费和考古发掘费等，应当专款专用，严格管理。"但《文物保护法》并未明确规定文物保护经费的比例，所以文物保护经费的划拨有很大随意性，有的地方甚至十多年来未对文物投过一分钱。[①] 在实际操作中，由于一些边疆民族地区本来就是贫困地区，财政困难，《文物保护法》中所规定的专门用于当地文物修缮、维护等专项经费难以到位。例如：云南怒江傈僳族自治州的少数民族文物十分丰富，州文物管理所的同志们经过多方努力，已收集到300多件珍贵的文物，但州文管所的文物保管室只有一间25平方米的房间，没有防盗、防潮、防虫等最基本的保护措施，更没有符合文物管理要求而设计的摆放文物专用柜，这些珍贵的文物或挂在墙壁上，或置放于地上，部分文物已开始虫蛀、潮湿。据州文管

[①] 参见邓世平《市人大常委会教科文卫工作委员会关于我市贯彻实施〈中华人民共和国文物保护法〉情况的调查报告》，1998年。

所所长介绍，由于全州财政困难，各县文物管理所收集到的文物在贮存时，连"防潮、防虫、防盗、防火"这四个文物管理的基本要求都达不到，进一步抢救文物的工作几乎处于停滞状态。全州收集到的670余件各类文物，大部分属容易被虫蛀腐烂的纺织、丝织、皮革和木制品，如不采取紧急措施，后果不堪设想。怒江州文物管理所于1986年成立以来，经费和专用资金一直紧缺，管理人员只能采用诸如以0.5公斤白酒交换一件石器时代的石斧等以物易物或无偿征集方式来征集和抢救文物。① 根据《中华人民共和国民族区域自治法》第三章《自治机关的自治权》中第三十条的规定，民族自治地方的自治权包括"保护民族的名胜古迹、珍贵文物和其他重要历史文化遗产"。但由于经济条件的制约，类似于怒江傈僳族自治州那样不能很好贯彻《文物保护法》和《民族区域自治法》中有关保护民族地区珍贵文物和文化遗产的，并不是个别现象。由于经费短缺，使一些少数民族地区无力有效地对一些重点文物保护单位按《文物保护法》的规定进行保护。云南沧源佤族自治县于1965年在该县勐来、勐省两地发现崖画，共有10处景点、1063个图像。据有关专家研究认为，这是三千多年以前新石器时代的作品，为研究原始社会史、民族史、艺术发展史提供了极为珍贵的材料，同时，崖画颜料色彩鲜明，历经三千多年风吹雨打太阳晒依然鲜艳夺目，实属珍贵的民族文化遗产。1983年1月，云南省将沧源崖画公布为省级重点文物保护单位。慕名到沧源参观崖画的海内外各界人士很多。《云南省实施〈中华人民共和国文物保护法〉办法》第九条明确规定："各级文物保护单位，由文物所在地县（市、区）人民政府负责划定必要的保护范围和建设控制地带，作出标志说明，建立记录档案，并区别情况设置专门机构，或者派专人管理。"第十三条规定："各级文物保护单位的保护范围内，禁止开山采石、砍伐树木、污染环境、新造坟墓以及其他危害文物安全的活动。"但是，这些规定由于资金不到位，在沧源崖画这个省级重点文化保护单位并未得到落实。由于无人专门保护管理，短短几年时间，这历经三千多年不褪色的珍贵文物已遭到不同程度的破坏。一些外国游客在勐来乡崖画景点敲凿下一块块涂有崖画颜料的石面，准备带回国去研究崖画用的是什么颜料，何以能够二千

---

① 参见新跃华《谁来救救怒江"活化石"》，《春城晚报》1998年8月28日。

多年不脱落、不褪色。此种严重违反我国《文物保护法》的行为,竟无人制止,使他们能在无人看守管理的壁画面前各取所需。外国的一些信徒和当地一些群众经常在崖画前焚香点烛朝拜,进行祭礼活动,造成崖画长期被烟熏火烤,渐渐变得黯然失色。还有一些来拍摄沧源崖画的影视工作人员,为了取得短暂的崖画清晰显影效果,竟将一桶桶水冲刷到崖画上进行拍摄。一些来沧源的游客也把矿泉水泼到崖画上。由于无人保护管理,崖画经常受到敲凿锤打、水泼冲刷、烟熏火烤的破坏而变得坑坑洼洼、黯然失色。阿佤人民痛心疾首地发出呼喊:救救沧源崖画。[①] 而怒江傈僳族自治州也因保护措施不力,境内发现的多处岩画也都不同程度地遭到破坏。[②]

上举的这两个典型例子足以说明由于经济条件的制约,一些地区的少数民族文物的保护工作并未完全落到实处。德宏傣族景颇族自治州内民族众多,民族文物丰富,但由于经费的匮乏,有的博物馆竟改成了歌舞厅。

除了物质方面的原因使有些民族地区《文物保护法》不能完全落实外,当地群众的文物保护法制意识淡薄也是不能有效地利用《文物保护法》进行少数民族文物保护的另一因素。《文物保护法》第二十四条规定:"私人收藏的文物可以由文化行政管理部门指定的单位收购,其他任何单位或者个人不得经营文物收购业务。"第三十条也有"未经文化行政管理部门批准,从事文物购销活动的,由工商行政管理部门或者由工商行政管理部门根据文化行政管理部门的意见,没收其非法所得和非法经营的文物,可以并处罚款"的规定,但由于有关文物保护的法律、法规宣传的力度不够,有些少数民族群众对此了解不多,使有些非法从事文物经营活动的不法分子有机可乘。据云南省民族博物馆的同志介绍,由于近年来国内外文物市场少数民族文物的价格急剧上升,而少数民族群众私人手中仍有一部分文物,一些不法文物商人为了牟取暴利,不通过任何手续,私自前往少数民族地区收购文物,特别是一些与外界联系较少、保持本民族文化较多的民族地区。目前,反映历史上各时代、各民族社会制度、社会生产、社会生活的代表性实物显得尤为珍贵,有的已是不可再生的实物。

---

① 参见李嘉林、孙国民、李秀南《阿佤人民在呼喊:"救救沧源崖画"》,《春城晚报》1998年5月21日。

② 参见新跃华《谁来救救怒江"活化石"》,《春城晚报》1998年8月28日。

由于当地少数民族群众对《文物保护法》不是十分了解，法制观念淡薄，仅以5元一件的价格就将多件文物卖给来自上海等地的文物商贩，其中包括文物价值极高的怒族遮羞板和刻木记事的实物，使一批极为珍贵的少数民族文物流失。怒江州发生的文物流失事件在其他少数民族地区也有发生，必须引起高度重视。

三 加强少数民族文物法律保护的思考

以上对云南省少数民族文物法律保护的现况和存在的问题进行了粗略的分析，如何解决问题，做好这方面的工作，笔者认为，应该注意以下几个方面的问题。

(一) 加强对少数民族传统文化法律保护重要性的认识

云南省是多民族聚居区，省内共有26个民族居住。各民族各具特色的传统文化，是云南省得天独厚的一份珍贵的文化遗产，也是云南省一道亮丽的风景线，少数民族文物是民族传统文化的重要组成部分。现云南省委作出要把本省建成民族文化大省的决策，弘扬民族传统文化的问题显得尤为重要。民族传统文化保护中存在的问题令人担忧，也越来越引起社会的关注。云南省委宣传部、《云南日报》等部门曾就此问题召开高级理论研讨会，各方面的有识之士、专家学者各抒己见，提出了很多宝贵的建议和看法，《云南社会科学》《思想战线》《云南民族学院学报》等刊物也先后开辟了专栏，组织文章对这一问题进行学术探讨，从不同的角度献计献策。应该说，这些都对全省的少数民族传统文化的保护工作是一个巨大的促进和推动，取得了很大成绩。但我们也注意到，在研讨会上的发言和各刊物的文章中，对少数民族传统文化的保护从各种角度提出了对策和建议，但从法治的角度，把传统文化的保护工作纳入法制轨道，运用法律武器对少数民族传统文化进行保护的建设性文章似还不多见，这不能不是一个很大的遗憾，这方面的意识亟待加强。江泽民总书记在党的"十五大"上提出：依法治国是党领导人民治理国家的基本方略。并指出："依法治国就是广大人民群众在党的领导下，依照宪法和法律规定，通过各种途径和形式管理国家事务，管理经济文化事业，管理社会事务，保证国家各项工作都依法进行。"少数民族传统文化是国家文化事业的一部分，在国家的物质文明和精神文明建设中都有重要作用,因此,我们应该把云南少数民族文物的保护工作提到依法治国的高度来看待,依法对少数民族文物进行保护,可以使这项工作更具规范性和国家权威性,起到更好的实效。其实,运用法律手段对传统文化进行保护,比用其他手段更为直接、有力,因为在调整社会关系的各种手段中,只有法律是由国家制定或认可,并由国家强制力保证实施的社会规范,对社会具有普遍的约束力。如前所说,在少数民族文物的保护方面国家已有一些相关法律,云南省也有相关的地方性法规先后出台,这方面的工作已基本上是"有法可依",如能充分利用这些法律,云南省的少数民族文物的保护工作就能做得更好。但现在从事司法的部门和从事民族工作的部门似乎交流、理解、沟通的工作还有待加强,如果能加强对这方面工作重要性的认识,增强大家的法律意识和法制观念,加大对少数民族传统文化进行法律保护宣传的力度,通过正反两方面典型案例的宣传,使传统文化的保护工作为群众所理解、认同,成为大多数人的自觉行动,这项工作便有望真正落到实处了。

(二) 立法工作有待加强

关于少数民族文物的保护立法方面的情况,前面已经分别进行了剖析说明,总的看来,这方面的工作是有成绩的,全国的《民族区域自治法》《文物保护法》等法律文件中,都涉及少数民族文物法律保护方面的内容。特别应该指出的是,改革开放以来,云南省这方面的立法工作有了长足的进步,省里和各自治州、自治县先后出台对少数民族传统文化进行法律保护的地方性法规多件,这些立法对云南省少数民族文物的保护工作发挥了积极的作用,基本做到了这个方面的工作"有法可依",走上了法制化的轨道。但是,与当前的形势和改革开放的要求来说,这方面的工作已存在滞后的问题,不能适应客观形势发展的要求。首先是有些方面的情况还没有立法,例如:少数民族文物保护法、古籍整理等方面的法律不够健全。其次,有些立法的可操作性不强,给执法者带来一定困难,省内的一些地方性法规这方面的不足较为突出,这是今后的立法工作中需要加强的。再次,立法人员的素质亟待加强。立法工作是一项技术性很强的工作,涉及面很广,如果立法人员的素质不高,所制定的法律法规也不会是质量很高的法律和法规。从我们在省内各自治州、县走访的情况来看,在各级人大从事立法工作的同志本科以上学历的人不多,法律系本科毕业、专门学习过立法学的人就更少。有的自治州、县人大的同志也反映说，由于当地学过立法专门知识的人太少，给当地的立法工作带来不少困难，所制定的地方性法规质量不高，不尽如人意。因此，笔者建议一定要加强这方面的工作，一方面给现在从事这方面工作的同志补立法学的基础课程，另一方面今后要注意从大学法律系本科毕业生中挑选一部分充实立法队伍。同时，他们也要精通当地民族方面的情况，提高立法队伍的整体素质，这样，才能使所制定的法律、法规具有较高的科学性和可操作性，而且还可以通过调查，进行一些立法上的前瞻性研究，更好地对少数民族文物进行保护。

（三）加大执法工作的力度

在少数民族文物的法律保护中，有法不依、执法不严的情况也不同程度地存在。由于这一方面没有专门的执法队伍，所相关的法律操作性不是很强，所以给执法工作带来一定困难。我们在走访中听文物管理部门的同志说，由于《文物保护法》比较软，操作性不是很强，执行起来困难较大。大量少数民族文物、古籍流到国外，与这方面执法不严有直接关系。要加大执法工作的力度，首先要加强对这方面执法重要性的认识，特别是在行政执法这一块，有关领导和执法人员都应该把依法对少数民族文物进行保护提高到依法治国的高度来认识，充分了解少数民族文物在国家的物质文明建设和精神文明建设中的作用，尤其是在云南民族文化大省建设中的特殊作用，加强执法的责任心。同时要提高执法队伍的素质，保证执法工作的顺利进行。其次，在执法过程中一定要严格按照有关法律法规办事，既保护当事者的合法权益，又对损害少数民族文物的行为绳之以法，真正把对有关少数民族传统文化的法律保护落到实处。再次，加强对执法的监督工作，要充分发挥国家机关、社会力量对执法的监督作用。这几年的事实充分说明，各方面对少数民族传统文化受到侵害所进行的曝光，对这方面执法的监督，对于加大执法力度，对群众自觉遵守有关法律、法规，是一个极大的推动。

（四）发挥少数民族传统文化自身的优势，进行综合治理

在社会调查中我们感到，很多地方这方面的法律保护工作不尽如人意，还有一个很重要的原因是受到经济条件的制约。关于这方面的情况，

前面已经举了很多例子，兹不赘述。应该说，国家和云南省及各地州的人民政府，在这方面都做了大量的工作，尽其所能，拨出资金，支持少数民族传统文化保护工作。但由于我国还处于社会主义初级阶段，而云南省又处于初级阶段的低层次，财力有限，不可能拿出更多的资金投入，在这种情况下，要完全依靠国家和政府的资金来解决这方面执法中经费短缺的问题显然是不可能的，也是不现实的。如何在现有的条件下充分发挥法律的社会效益和经济效益，也是一个值得研究和思考的问题。我们在调查中也注意到，不少地区在这方面的工作中不等不靠，充分发挥当地少数民族传统文化遗产的优势，自筹资金解决这方面经费短缺的困难，走出了一条综合治理的新路。例如：怒江傈僳族自治州因为缺乏经费，使州内的民族文化遗产不能得到有效的保护，濒临流失的危险。怒江州人民政府发挥当地民族传统文化的优势，于1998年8月9日，与中华民族博物馆在北京签订建设占地100亩的怒江分馆的协议，这对抢救、管理和利用好怒江州境内的少数民族文物的工作显然起到了积极的促进作用。[①] 沧源佤族自治县也因资金不足而使县内的云南省重点保护文物沧源崖画未能得到有效的保护，沧源县委、县政府对此问题进行了认真的讨论研究，最后决定发挥当地民族歌舞的特长，由县文化局歌舞团编排了一出《救救沧源崖画》的歌舞剧进行义演，将义演和募捐来的钱用于保护和开发崖画。[②] 应该说，这也是一次另辟蹊径的尝试。国家级历史文化名城丽江在原丽江纳西族土司木氏衙署的旧址——木府建成古城博物院。古城博物院不仅成为丽江旅游区的一个精品景点，而且还是收藏和管理、研究古城历史文化、民族文物的主要机构。[③] 这也是结合当地实际，有效保护少数民族文化遗产的一个实例。

总之，笔者认为，在云南少数民族文物保护的法律工作中，只要领导重视，从当地的实际出发，依法进行综合治理，就能取得显著的成效。

（刊于《民族研究》2000年第4期）

---

① 参见新跃华《谁来救救怒江"活化石"》，《春城晚报》1998年8月28日。
② 参见李嘉林、孙国民、李秀南《阿佤人民在呼喊："救救沧源崖画"》，《春城晚报》1998年5月21日。
③ 参见王法、段永康《丽江建成古城博物院》，《春城晚报》1999年2月3日。

云南少数民族传统文化与生育健康

中华民族是一个多民族的民族共同体，具有悠久的历史和光辉的文化。由于地理环境、各民族经济发展状况不尽相同，各民族的传统文化也各具特色，呈现出丰富多彩的状态。在各民族的传统文化中，生育文化是其中很重要的一部分。人类的再生产分为物质资料的再生产和人类本身的再生产。各民族都十分重视自身的生存和繁衍，因此在生育方面都有独特的传统和习惯。而这种生育文化包括生育健康过程中的物质文化和精神文化。它们对该民族妇女的生育健康影响极大，既有有利的一面，也有不利的一面，对此做专门研究的文章还不多见，本文拟就云南少数民族的这个问题作一些分析探讨，以求教于同贤。

关于生育健康的概念，1994年在开罗召开的国际人口与发展大会，在其《行动纲领》中指出："生育健康是指生殖系统及其功能和运作所涉及的一切事项有关的身体、精神和社会适应性等方面的正常状态，而不仅仅指没有疾病和虚弱。"并进一步解释生育健康的具体内容包括："人们能够有满意且安全的性生活；有生育的能力；男女均有权获知并能实际获得他（她）们所选定的安全、有效、便宜、适宜和可接受的控制生育的方法；有权获得适当的保健服务；使妇女能够安全地怀孕和生育；向夫妇提供生育健康婴儿的最佳机会。"[①] 下面就从《行动纲领》中所谈到的与生育健康有关的几点着手，试析少数民族的传统文化在这些方面的影响。

一 生育观

如前所说，各民族对于自身的繁衍壮大是十分重视的，这可以从传统

---

① 张开宁：《生育健康：跨世纪的议题》，《生育健康与社会科学通讯》1994年第7期。

文化中最古老的自然崇拜和图腾崇拜中找到线索。云南峨山县太和村的彝族，认为石神主宰生育儿女，祭石的目的在于促育。① 而大理地区的白族曾崇拜鱼螺，据研究也认为与白族原始的生殖崇拜有关。② 至今剑川石宝山石窟中仍保留着女阴石刻——阿央白。每年农历八月初，石宝山要举行盛大的歌会，妇女们都要对女阴进行跪拜。平时，已婚妇女也到此祈求子嗣、多育。已孕妇女跪拜时，还要将带来的香油涂抹在女阴石雕上，以求生产顺利。③ 哈尼族对鱼和小贝壳的崇拜，也寄托有求子的含义。④ 其他很多少数民族也有类似的生殖崇拜痕迹，从中可以看出：从远古时代起，妇女的生育行为就是各民族生活中的一件大事，在当时的历史条件下，各族先民采用多种不同的方式表达了该民族对繁衍后代的重视。

在一些生育观念上，由于历史背景和文化环境的差异，各民族之间也有较大的不同。众所周知，在封建社会中，汉族重男轻女的传统观念十分严重，溺死女婴、不生儿子不罢休等陋习随之产生，这对保护妇女和儿童的身心健康是非常不利的，而少数民族的传统文化中对此却多有不同看法。例如：拉祜族喜生女儿，不喜生男儿。⑤ 与汉族重视血统的观念相反，瑶族重视姓氏的延续，却不计较血统的联系，因此对后一代的看法男女并重，并不一定要儿子才能继承姓氏，往往是"双轨制"，一半子女从母姓，另一半子女从父姓，女儿和儿子同样可以顶门立户、传宗接代。⑥ 当然，必须指出的是，一个民族的生育观并不是孤立的现象，但只从对生育健康的影响来看，拉祜族、瑶族的生育观较之汉族，对生育健康更为有利。

---

① 何耀华：《彝族的自然崇拜及其特点》，《思想战线》1982 年第 6 期。
② 张锡禄：《南诏与白族文化》，华夏出版社 1991 年版，第 131—137 页；蒋印莲：《生殖文化在大理地区的遗留》，《南诏文化论》，云南人民出版社 1991 年版。
③ 蒋印莲：《生殖文化在大理地区的遗留》；参见何星亮《中国自然神与自然崇拜》，上海三联书店 1992 年版。
④ 明娜：《哈尼族求子及生育习俗探析》，《哈尼学研究》第 2 集，红河州哈尼学学会，1993 年。
⑤ 云南大学历史研究所民族组编：《拉祜族佤族崩龙族傣族社会与家庭形态调查》，内部铅印本，1975 年，第 18 页。
⑥ 胡起望：《瑶族的产育制度》，《民族调查研究》1987 年第 2、3 合期。

二 禁止近亲婚配和姑表亲

　　从云南各少数民族的创世史诗和传说看来，各少数民族也和世界上各人种一样，经历过血缘婚的兄妹通婚时代。各地彝族盛传：洪水时期，人类都被淹死，只剩下兄妹二人，他们不得不互相婚配。① 类似传说在少数民族中是普遍存在的。在白族的支系勒墨人中广泛流传着兄妹成婚的故事为：天神阿白告诉人们，快要发大水了，叫大家把房子搬到葫芦跟前去住，人们不听，只有哥哥双基、妹妹双撒躲进葫芦得以生存下来。洪水退后，兄妹二人约好分头去找留在世间的人，但三年后回到原地，都没有找到别的人。哥哥提出兄妹结婚以传后代，妹妹不同意，但又无法，就托词问问天神。各自摆一个贝壳在河对面，由对方拿棍子去打，打中就算天神同意，兄妹终于成了婚，生了五个女儿。② 但在长期的实践中，各族先民都逐渐认识到血缘婚对民族的昌盛发达不利，便禁止了兄弟姐妹之间的血缘婚。很多民族的习惯法中都规定本部落内部或同姓严禁通婚，违犯者要受到严厉的处罚。据调查，在景颇族中，同一支系内婚配的原则是同姓不婚，被认定有兄弟关系的虽属两姓但同源于一氏族者亦不能结婚。违犯了这两条原则的婚姻，不仅婚姻无效，且被人指骂为"戚赖"（刺猬，意即猪狗不如），解放前，男的被杀，女的有的被杀，有的被卖或被赶到很远的地方去，社会舆论认为被处刑者是罪有应得。③ 德昂族也实行氏族外婚制，同姓不能婚配。④ 云南各少数民族的习惯法中基本上都有禁止氏族内婚的规定。应该说，从生育健康的角度看，这对生育健康的后代、对整个民族人口素质的提高是有积极意义的。但同时也应看到，一些民族传统流行的姑表亲、姨表亲，则对生育健康不利。凉山彝族有姑舅表优先婚的习俗，姑舅表兄妹享有缔结婚姻的优先权。当地有"姑家的女儿，不用说都是舅家的媳妇"，"姑家要舅家的女儿，不费什么力气"的谚语。⑤ 丽江

---

① 《彝族简史》，云南人民出版社1987年版，第45页。
② 大理州白族民间故事编辑组编：《白族民间故事》，云南人民出版社1982年版，第81—82页。
③ 《景颇族社会历史调查四》，云南人民出版社1986年版，第96页。
④ 《德昂族社会历史调查》云南民族出版社1987年版，第42、145页。
⑤ 杨士杰：《彝族婚丧习俗》，《民族学》1990年第1、2期。

的纳西族地区也流行姑舅表婚,舅权极大,舅舅的儿子可以优先娶姑母的女儿。① 实行姑舅表亲的结果,除了使不少的有情人不能成眷属外,更重要的是对后代的健康、对整个民族人口素质的提高都有负作用。

三 成年礼和择偶

汉族的成语有"男大当婚,女大当嫁",说的是男女到了一定的年龄,便可择偶婚配。云南各少数民族的传统文化中对男女青年的成年礼仪式也各具特色。最典型的是普米族的仪式。普米族儿童年满13岁即举行成年仪式。每年除夕之夜,按性别将应入社的儿童集合在一起,通宵欢乐,待雄鸡报晓,立即返家,进行传统的成年仪式。如是年满13岁的女孩,便由母亲带到火塘的右前方,双脚分别踩在猪膘和粮袋上,猪膘象征财富,粮食象征丰收;左手拿耳环等饰物,右手拿麻线,象征着妇女将有物质的享受及承担家务的义务,接着由巫师向灶神及祖先祈祷,由母亲为女孩脱下麻布长衫,换上麻布短上衣和百褶长裙,腰系绣有图案的腰带。换上新装的女孩要向灶神和亲友叩头,亲友送饰物、银币等表示祝福。年满13岁的男孩也有相应的成年礼仪式。② 举行过成年礼后,男女少年便算成年人了,开始参加主要生产劳动,也有权参与社交生活。其他民族也有形式各不相同的成年礼。这种传统习俗,规定了各民族男女可以参与社交活动的年龄,这对于维护幼女的身心健康和公共道德是有好处的,但各少数民族举行成年礼的男女少年年龄都较小,一般都是十三四岁,这又造成了早婚早育,使女孩过早承担起生育的重任,对妇女的生育健康造成不良影响。

云南各民族青年男女的择偶活动,是其传统文化中最为精彩的一部分,历史文献对此多有描述。元代曾到过云南的李京在谈到白族的情况时说:"处子孀妇出入无禁。少年子弟号曰妙子,暮夜游行,或吹芦笙,或作歌曲,声韵之中皆寄情意。情通私耦,然后成婚。"③ 明初到过德宏地区的李思聪描述傣族男女青年交往的情景时有"不重处女,其通媒匹配

---

① 《纳西族简史》,云南人民出版社1984年版,第116页。
② 《普米族简史》,云南人民出版社1988年版,第109、110、145页。
③ 李京:《云南志略·诸夷风俗》。

者甚罕。年及笄，听与弱冠男子通，而相得者约为夫妇"①。笔者曾到德宏地区进行过多次社会调查。每到夜晚，傣家竹楼、德昂村寨都会飘出悠扬的芦笙和叮琴声、男女青年的情歌对唱声。不少民族设有"公房"，为男女青年提供社交活动的场所。苗族的"坐月"、壮族的"抛绣球"、傣族的"丢包"、彝族的"玩场"等活动，均是婚前男女青年进行社交的盛会。这样通过社交，自己选择称心如意的伴侣建立的家庭，有一定的感情基础，是双方均获得美满幸福婚姻的保证，对生育健康无疑是有益的。

四　生育

既然各民族对自身的繁衍十分重视，对妇女添丁进口的生育行为给予各种形式的关怀便在情理之中。普米族妇女怀孕后，母亲和婆母都要给予关心，不让干重活，以防止流产，并为婴儿的诞生作好物质准备。② 杜玉亭先生在基诺族地区进行了长期细致的调查，总结出基诺族的生育禁忌66条，颇有研究价值。据杜先生的分析，认为这66条禁忌可分为行为禁忌、饮食禁忌、语言禁忌、性禁忌四个方面。③ 从这四方面充分体现出基诺族人民对孕妇各方面的关心和照顾。禁忌中有：妇女怀孕后，忌吃牛舌菌，忌吃生长时色黄成熟后色变红的酸菌，忌采食流产花，忌食白色的牛、猪、鸡肉。这些饮食禁忌自然与保护孕妇于胎儿的健康密切相关。此外，孕妇还忌食毛色带花的尖嘴鼠肉及鸟类肉，忌食叫声难听的乌鸦、犀鸟肉。这些禁忌虽然看起来与孕妇的健康无关，但仔细分析，则有希望胎儿长得健壮、可爱的心理因素。禁忌还有孕妇吃长形的黄瓜时要放直顺后剖开再吃，忌横断剖开吃。椭圆形的香瓜要一瓣瓣划开吃，忌整个吃。熟鸡蛋要划开四瓣再吃，忌整个吃。孕妇忌砍有权的柴，捉螃蟹时忌捉堵在洞口的蟹。如此禁忌则反映了孕妇及其家人希望生产顺利的强烈愿望。丈夫在孕期和产后一个月内忌与妻子吵架，其间应对妻子和蔼体贴，不讲不吉利的恶话。这则表现出要创造一个温馨和谐的环境，这对孕妇的身心健康也是至关重要的。基诺族在妇女怀孕期间的禁忌还不止这些，但从以上

---

① 李思聪：《百夷传》。
② 《普米族简史》，云南人民出版社1988年版，第109、110、145页。
③ 杜玉亭：《论基诺族生育禁忌》，《思想战线》1994年第1期。

所举的例子，已可看出其传统文化对孕妇在可能的条件下已给予了无微不至的关怀。很多禁忌与现代生育健康中的保健措施是完全合拍的。① 由于历史造成的原因，解放前少数民族地区医疗条件很差，妇女生产成了闯鬼门关。在这方面各少数民族的习俗大多是不够科学，不利于妇婴健康的。解放前瑶族妇女生育时一般是由老年妇女帮助照料，同时请先生公来念经催产。大都使用旧剪刀或瓦片割断脐带，十分容易感染。② 普米族妇女生产是在正房的后室或正房左侧的小屋，在地上铺好木板，垫上干草和旧毡、裙子等物，由有经验的老年妇女接生。③ 基诺族妇女则是在竹楼阳台栏杆边生产，忌用剪刀而是用削得锋利的新竹片割断脐带。④ 解放前，德昂族妇女一直要劳动到临产之前。生产时大多是蹲着生，少数卧生，疼痛不许叫喊，无接生婆，由产妇自用竹刀片割下婴儿脐带，再用细纱布或破布包紧。⑤ 哈尼族妇女分娩，一般不在床上躺着生，而是在房间的地板上，火塘边铺一床蓑衣，从房梁上吊下一条绳子，让孕妇双手拉着绳子，半蹲于蓑衣之上，接生婆从身后抱着孕妇，辅助生产。⑥ 总的看来，由于物质条件的限制和缺乏卫生知识，解放前云南各民族传统的生育方式大都不够科学、卫生，给产妇和婴儿的生命和健康造成极大的威胁，而有的习俗还带有迷信色彩，也给产妇和婴儿带来极大的危险。例如：解放前云南彝良县棱戛乡，规定在祭白龙期间，妇女不得在寨内生孩子，只能到寨外的山坡上去生，而且必须待祭期告终之后才能回来，违者要受重罚。⑦ 其对产妇和婴儿在身体上和心理上所造成的摧残可想而知。

　　对产妇及婴儿的护理和保健，是生育健康中的重要内容，云南各民族的传统习俗在这方面也不尽相同，有的甚至存在较大的差异。普米族十分注意产妇的营养。孩子生下来后，就给产妇吃白酒炒鸡蛋或甜酒煮鸡蛋，他们认为酒可以暖腹、催眠。产妇在月子里每日三顿正餐，其中两顿甜酒

---

① 杜玉亭：《论基诺族生育禁忌》，《思想战线》1994年第1期。
② 《纳西族简史》，云南人民出版社1984年版，第116页。
③ 《普米族简史》，云南人民出版社1988年版，第109页、110、145页。
④ 杜玉亭：《论基诺族生育禁忌》，《思想战线》1994年第1期。
⑤ 《德昂族社会历史调查》，云南民族出版社1987年版，第145页。
⑥ 明娜：《哈尼族求子及生育习俗探析》，《哈尼学研究》第2集，红河州哈尼学学会，1993年。
⑦ 何耀华：《彝族的自然崇拜及其特点》，《思想战线》1982年第6期。

鸡蛋和糍粑，并以排骨、猪肘、鸡汤等下奶，家门亲友都纷纷给产妇馈赠营养品。① 从今天的产妇保健角度看来，应该说，普米族的传统文化对产妇的护理是有一定科学道理的。而基诺族又另具特色，产妇分娩的当晚，其丈夫要杀一只鸡，生男杀公鸡，生女杀母鸡，由产妇和丈夫吃掉。从此丈夫要睡在火塘边的竹凳上，产妇坐月子期间夫妻忌性生活。产妇的第一个菜是丈夫早已准备好的干巴肉。此肉须由美观的红肚鼠、青鼠或由美观善鸣的鸟腌制成，腌制时鼠、鸟皆去五脏，但羽毛、头、尾、耳、足都要完好无损，在放入竹筒为产妇煮制前才将毛去掉。产妇坐月子期间不能吃鲜辣椒和有毛的菜，家人不能将山间的果子和花类、有臭味的野菜和蔬菜带回家。忌家人在产妇坐月子期间吵架。即使山地农业太忙十分需要劳力，产妇也必须在分娩13天后才能背婴儿上山劳动。② 从这些习俗的丰富内容可以看出基诺族的传统文化对产妇全面的关心和照料。产妇所吃经过精心挑选的鸡和干巴肉，除了补充营养外，也有希望所生婴儿健壮、美丽、善唱的美好祝愿。产妇至少休息13天，以恢复体力。坐月子期间夫妻忌性生活，家中人忌吵架，显然也是现代产妇保健的重要内容之一。再看百越系统民族，其产妇的情况又迥然不同。宋人范成大说："唐房千里《异物志》言：'僚妇生子即出，夫惫卧如乳妇，不谨则病，其妻乃无苦。'"③ 明人李思聪也说，傣族妇女"凡生子，贵者以水浴于家，贱者则浴于河，三日后以子授其夫，耕织自若"④。百越系统民族的妇女吃苦耐劳是十分著名的，但传统习俗中这种颠倒男女的"产翁制"，使产妇得不到充分的休息，对产妇的健康显然是不利的。还有一些民族的习俗中对产妇饮食的限制，也不科学。例如：瑶族的产妇一年内不能吃公牛肉、南瓜、母猪肉、笋、黄豆、狗肉；花蓝瑶产妇甚至一个月内不吃油、盐，只吃白饭和清水煮白菜。⑤ 德昂族孕妇在生育前后，只能吃盐水泡饭和食蔬菜之类，禁食肉类。⑥ 很显然，这些禁忌是不符合科学道理，不利于产妇

---

① 《普米族简史》，云南人民出版社1988年版，第109、110、145页。
② 杜玉亭：《论基诺族生育禁忌》，《思想战线》1994年第1期。
③ 齐治平校补：《桂海虞衡志校补》，广西民族出版社1984年版。
④ 李思聪：《百夷传》。
⑤ 大理州白族民间故事编辑组编：《白族民间故事》，云南人民出版社1982年版，第81—82页。
⑥ 《德昂族社会历史调查》，云南民族出版社1987年版，第42、145页。

迅速恢复体力的。还有不少民族的传统习俗中有产妇和婴儿要到山泉和河边沐浴的习惯。洗去污秽，有利于健康，但在产妇和婴儿抵抗力十分低下的情况下用冷水沐浴，容易染上其他疾病。

五 传统的医药保健

我国各族人民在长期的生活实践中，总结出一些各具特色、有利于生育健康的医药保健，这也是传统文化的一部分。例如：前边提到的基诺族孕妇为了防止流产，禁食流产花。景颇族则用野芦子藤治疗不孕症。① 据研究，南诏时期白族的先民已有妇人科医药，懂得用诃子、鹿茸治疗崩漏带下，麝香治闭经、死胎及胞衣不下，桃仁主治月经闭止，桃叶治阴道滴虫，柚子疗妊妇不思食、口淡。② 傣族会用按摩法帮助产妇生产，并把一种鱼晒干后切成带形长条，遇妇女难产，将之围在孕妇腰间，可以催产，用带皮的鹿角尖，注水在陶器中磨下少许，使产妇吞服，可使死胎产下。③ 哈尼族产妇在月子中，床要搭在靠火塘的地方，便于取暖，床铺要搞成斜坡形的，便于排除体内的脏物和容易恢复体力。月子期满后，要用一种草药水洗澡，方可出门下地参加劳动。④ 这些传统的治疗方法，皆对妇女的生育健康大有裨益。

以上从生育观、禁止近亲婚配和姑表亲、成年礼和择偶、生育、传统的医学、保健等方面对少数民族的传统文化对生育健康的影响作了一些初步的探讨。囿于笔者的孤陋寡闻，在论述中挂一漏万的情况难免发生。笔者只希望这篇文章能起到抛砖引玉的作用，引起大家对这个问题的兴趣和重视。要特别指出的是，我国各族人民丰富多彩的传统文化是一份十分珍贵的精神遗产，但它毕竟是特定历史背景、文化环境下的产物，有其精华，也有其糟粕。我们之所以要对各民族传统文化对生育健康的影响进行实事求是的分析，就是为了取其精华、去其糟粕，使这份遗产更好地为今

---

① 《景颇族社会历史调查二》，云南人民出版社1985年版，第215页。
② 梁炳学：《南诏医药卫生》，《南诏文化论》。
③ 江应樑：《傣族史》，四川民族出版社1983年版，第596页。
④ 明娜：《哈尼族求子及生育习俗探析》，《哈尼学研究》第2集，红河州哈尼学学会，1993年。

天的生育健康工作服务。再者，传统文化也是在不断发展变迁之中，新中国成立以后，特别是改革开放以来，各民族妇女的地位发生了根本的变化，党和政府都十分重视妇幼保健、生育健康工作，本文中所举例子一些不利于妇女生育健康的陋习，已基本革除，或正在改变之中。笔者相信，发扬传统文化对生育健康有益的方面，可以使我国各族人民的生育健康工作搞得更好。

（刊于《思想战线》1995 年第 5 期）

云南少数民族传统文化与生态环境关系刍议

根据人类生态学的基本理论，各民族传统文化的产生、发展和变异，均与所处的生态环境息息相关，依赖旧生存模式的人类，其生产活动属于自然生态系统正常的物质能量循环流动途径，生产方式、传统文化也受其生态环境的影响和制约，但新的生存方式则是以打破旧的生态平衡为前提，随着新的生产方式的产生，传统文化的改变，人与生态环境的关系也会随之发生变化。云南地处祖国的西南边陲，在这块辽阔的红土高原上，地势起伏、气候复杂、资源丰富，有"植物王国""动物王国""有色金属王国"的美称。富饶的红土地，哺育了云南各个民族的优秀儿女。自从远古时代起，云南就是人类的发祥地之一，在漫长的历史岁月中，云南各族人民利用当地不同的自然生态环境，在和大自然进行搏斗的艰苦斗争中，创造了丰富多彩的各民族传统文化，而各民族的传统文化与所处的生态环境关系十分密切，本文试以物质文化为例，对此作如下简要的分析。

一　几种不同生态环境下的生产方式

生产活动是人们最基本的活动之一，而各民族的生产方式又是受其所处生态环境的影响和制约的。云南的生态环境复杂、多样，各民族的生产方式也随之具有各自不同的特点。汉代史学家司马迁曾谈道：

> 西南夷君长以什数，夜郎最大，其西靡莫之属以什数，滇最大，自滇以北君长以什数，邛都最大，此皆魋结，耕田，有邑聚。其外西自同师以东，北至楪榆，名为嶲、昆明，皆编发，随畜迁徙。[1]

---

[1] 《史记·西南夷列传》卷116。

从中可以看出，当时云南的少数民族就有农耕、畜牧等不同的生产方式，其习俗、居住情况也有所不同，这自然是与各民族群体所处的不同生态环境有关。而在唐人樊绰的笔下，南诏国内处于不同生态环境中的各民族的生产情况更是描写得生动、具体。在自然条件较好，与外界联系较为密切的大理地区，已是"土俗惟业水田，种麻、豆、黍、稷、不过町疃"。白蛮（白族的先民）在种植水稻的过程中，已使用牛耕，提高了生产效率，樊绰称赞道："蛮治山田，殊为精好。"而分布在金沙江流域的么些人（纳西族的先民），此时却是以畜牧业为主，"土多牛羊，一家即有羊群……男女皆披羊皮"，可见畜牧业在么些人的生活中占有重要的地位。生活在澜沧江流域广大地区的茫蛮部落（傣族的先民）也从事农耕生产，"土俗养象以耕田"是其证。当时分布于寻传山区的一些民族群体，过着以采集和渔猎为主的生活，朴子蛮（布朗、德昂族的先民）是"善用泊箕竹弓，入深林间射飞鼠"，寻传蛮（阿昌族先民）也是"持弓挟矢，射豪猪"，裸形蛮（景颇族的先民）是"多女少男，无农田……其妻入山林，采拾虫、鱼、菜、螺、蚬等归啖食之"[①]。

从以上所举可以看出，不同的生态环境造就了各民族不同的生产方式。当然，人类并不是消极地适应环境，而是在与大自然的斗争中不断总结经验，生产方式也在不断进步之中。旧的生态平衡一旦被打破，便由更加适应环境的新生产方式取而代之，以达到新的生态平衡。到了元代，纳西族先民以畜牧业为主的生产方式已经有所改变，丽江地区的纳西族已改为以农业为主，出现了"民田万顷"，并能利用四周的泉水进行农田水利灌溉，已是"地土肥饶，人资富强"了。[①]唐代处于渔猎经济的蒲人、阿昌等，元末明初也已是"皆居山巅，种苦荞为食"，[②] 有了原始、粗放的农业生产。

居住在云南的25个少数民族，近代绝大多数从事农业生产，这是由云南的地理、气候等生态环境所决定的。但是由于各地区生态环境的差异，以及各民族的经济发展水平不平衡，各民族的生产情况也不尽相同，大体可分为较为发达的耕作农业和粗放的刀耕火种两种类型。在这两种大的模式下，各个民族又根据不同的生态环境，创造出各具特色的农业文

---

① 樊绰著，赵吕甫校释：《云南志校释》，中国社会科学出版社1986年版。
② 李思聪：《百夷传》，载江应樑校注《百夷传校注》，云南人民出版社1980年版。

化,下面试举几例加以说明。

白族是云南省从事农业生产较早的民族,他们的农业生产状况与云南的汉族人民水平基本相当,是属于精耕细作的农业文化,这除了白族居住坝区,自然条件较好之外,当然也和白族地区人口较密,人平均耕地面积较之有些民族并不算多有关,在这种情况下,只有在提高单位面积产量上下功夫,才能保证农业的丰收。

傣族也是云南从事农耕较早的民族之一,傣族聚居地区,西起德宏瑞丽江,东到红河,北起保山,南到西双版纳的勐腊,在这一片大约10万平方公里的地区,堪称富饶美丽,傣家村寨分布在一些富庶的平坝之中。这里气候温暖,雨量充沛,常年不见霜雪,河渠纵横,土壤肥沃,这些都为农作物的生长提供了良好的自然条件,绝大多数地区稻谷可以一年种二或三造。"住坝区,种水稻",是傣族的特点。傣族人民很早就创造了稻田文化,由于所处的生态环境不同于内地,其稻田文化又有自己独自的特点,这里河流纵横、沟渠密布,傣族人民在种植水稻时充分利用了这个有利条件,各地普遍设有水利灌溉系统,对农业生产有较大的影响。傣族地区土地肥沃,傣族早已进入农耕生产,但犁、耙等道工序较之内地还比较粗糙,而且普遍不施肥。据统计,德宏地区平均亩产150公斤左右,约为籽种的60倍,西双版纳稍低一些。[①] 虽然看起来傣族地区的单位面积产量并不很高,但是由于土地广阔,人均占有土地多于内地,又有特别适合水稻生产的生态环境,这些得天独厚的自然条件,对傣乡的农业生产十分有利。据典型调查材料,西双版纳曼竜枫寨每年每个劳动力可负担耕地面积约8亩,生产谷物1000公斤,扣除生活费用和生产成本500公斤,还可剩余500公斤;而德宏地区潞西县法帕寨每个劳动力可负担耕地面积10亩多,生产谷物2100公斤[②],由此看来,傣族地区应该是比较富裕的。

哈尼族人民创造的梯田文化,则是根据云南亚热带山区气候垂直分布和植被立体分布的特点所建立,与之相适应的农业文化生态循环系统。哈尼族人民居住的哀牢山区,山顶是茂密的原始森林,这是一个天然的蓄水库,当地人民从实践中深知水对梯田的重要,所以对原始森林十分注意保

[①] 《傣族简史》,云南人民出版社1985年版,第142—144页。
[②] 同上。

护。半山区气候温和，冬暖夏凉，既不像山顶那样阴冷潮湿，也不像山脚那样炎热、疾病流行，是较为理想的居住场所，哈尼族人民的家园就建造在半山的向阳坡上。从哈尼村寨边到山脚河谷的整个下半山，便是层层梯田，这里气温较高，湿度较大，适合于农作物的生长。哈尼族人民根据山区的特点，依着山势用自己的双手开出了层层梯田，梯田面积有大有小，因地制宜，形状不一，错落有致。高山森林孕育的溪水，被哈尼族人民引入盘山而下的水沟，流经块块梯田，自上而下，长流不息，这便是哈尼族创造的梯田文化。在长期的生产实践中，哈尼族人民在利用亚热带的山区自然生态条件方面积累了丰富的经验。他们开挖的梯田，随着山势高度、坡度等情况的不同，田埂的厚度、高度也有所不同，以便于保水、施肥。哈尼族人民在半山腰挖出的道道水沟，流经块块梯田，更是适应当地自然生态系统，具有多种功能的独特创造。首先，这道道水沟接住了高山森林中渗出的泉水和雨水，从上到下流经每一块梯田，高层梯田水满，再流入下一块梯田，这样，既可以保证农作物所需用水，又可防止因水太多引起的涝灾。同时，这些沟渠又是向梯田施肥的渠道，从高山流入梯田的水带有深山老林中大量的腐殖质和动物的粪便，这样的流水经过层层梯田时便同时起到了施肥的作用。此外，梯田文化中还有一种特殊的施肥方法，当地群众称为"冲肥"。栽秧时节，开动山水，把村寨里积集了一年的家禽牲畜粪便、垃圾、灶灰等肥料从一个大水塘冲入水沟，顺势流入梯田，进行施肥。而在雨季来临、稻谷拔穗抽节的时候，各村寨的男女老少一齐出动，趁高山上积蓄的牲畜粪便、腐叶等肥料随雨水下流之时，顺势疏导，使之迅速注入梯田。同时，根据梯田的特点，哈尼族人民在选种、栽插、充分利用土地等方面也有一套与之相适应的措施。他们根据梯田所处于不同气候带而选用不同的稻种。高度不同的梯田，栽插时的株距也是不同的，一般说来，自下而上，株距逐渐减小。为了充分利用土地，他们在梯田宽厚的田埂上种植黄豆等作物。更为有趣的是，哈尼族人民还在梯田中进行活水养鱼，他们在栽插时节，把鱼苗放入梯田，任其和稻谷一起生长，为了防止鱼苗游走，在放有鱼苗的梯田地段用竹篱笆隔住，待秋收之时，割去稻谷，堵住上方水口，放干田水，捕鱼归家。这种别具风格的"谷花鱼"，鲜嫩可口，可以说是梯田水稻中的一种副业。从以上情况可以看出：哈尼族人民在长期的生产实践中，创造了与当地自然生态环境相适应的梯田农业生态系统。①

云南地处云贵高原，据统计，山地约占全省总面积的94%，山间盆地仅占6%。云南绝大多数少数民族是生活在崇山峻岭之中。千百年来，由于社会、自然环境等多种因素，这些少数民族生产力发展水平十分缓慢，解放前夕，有的民族还处于刀耕火种的原始农业状态。解放后，各族人民成了国家的主人，在党的领导下，落后的生产状况有了很大改变。但是，我们也应该看到，直到现在，全省还有十余个山地民族（包括部分汉族），一百多万人还在不同程度上进行着刀耕火种的原始农业，以解决温饱问题。② 下面仅对刀耕火种的生产方式和生态环境的相互关系作一些探索。

滇西、滇南山区大多地处南亚热带，属海洋季风气候，雨量充沛，干湿两季分明，这种气候为刀耕火种提供了第一个条件，同时，该地常年高温多雨，树木生长迅速，植被更新周期短，这又为刀耕火种得以进行提供了第二个条件，③ 在解放以前漫长的历史岁月里，这些地区由于交通不便、与外界交往较少、反动统治阶级的压迫剥削等原因，这里的山地民族依靠木制、石制的一些十分原始、简陋的工具，和大自然进行着艰苦卓绝的斗争。他们在生产实践中逐渐摸索当地生态系统的规律，创造了刀耕火种的原始农业文化。现在看来，这当然是一种十分原始、落后的生产方式，但如果对当时的情况进行具体分析，这却曾是能与当地的自然生态系统保持平衡的农业生态系统。解放前，由于滇西、滇南山区人少地多，人平均占地三十亩以上，所以即使生产技术十分低下，广种薄收，也能勉强维持最低的生计，同时，虽然刀耕火种对土地的生态平衡破坏很大，但同一块山地耕种过一次之后要轮休十二年左右，才进行第二次耕种，这样，地力可以基本得到恢复，也基本保持了该地生态环境的良性循环。可以说，在十分原始、落后、闭塞的自然条件下，刀耕火种的传统生产方式为山区各族群众解决了基本的生活问题。

当地的群众把刀耕火种的土地称为"百宝地"，不是没有原因的。虽然刀耕火种地主要种植的粮食作物是旱谷和玉米，但是各族人民还在这块

---

① 王清华：《哈尼族的梯田文化》，《民族调查研究》1986年第1期。
② 蔡家麒：《当代刀耕火种试析》，《民族研究》1986年第5期。
③ 尹绍亭：《云南的刀耕火种》，《思想战线》1990年第2期。

土地上利用间种、混种等方法套种上不同科、属、种的二十多种其他作物，如龙爪稷、薏苡、粟、高粱、黄豆、饭豆、四季豆、茄子、辣椒、南瓜、葫芦、苦瓜、青菜、萝卜、白菜、芋头、向日葵、姜、葱、韭菜、蘁头、苏子、薄荷等等。这样，一块地上的庄稼高矮相间，直立、蔓生互依，上层、中间、地上、地下应有尽有，形成了充分利用地力和阳光，由多种作物组成的立体群体结构，为山区各族人民提供了最基本的生活所需品——粮食、蔬菜、油料，甚至还包括制作水酒的原料。当地群众还可以从丢生后的迹地上采集到香蕈、木耳等经济作物，猎取到野猪、麂子、熊等野味，作为日常生活的补充成分。全家煮饭、取暖用的柴薪，也大多由刀耕火种地供给。① 从以上所举可以看出，云南山地民族创造的刀耕火种原始农业，曾是和山区的自然生态环境及低下的生产力相适应的一种传统文化，如果对各地刀耕火种的具体情况再进行比较细致的分析、比较，就可以发现：在不同的生态环境中，各地刀耕火种的情况也存在着差异。按照尹绍亭教授的考察，根据土地的轮歇方式和民族定着性，大体可分为以下四种类型：

其一，固定地域单一轮歇类型。

在德宏州盈江县卡场景颇族地区和西双版纳勐海县南部的布朗族地区，地广人稀，如卡场地区平均每人占有林地 98.6 亩。② 在这些地区便有条件实行单一的一年耕种轮歇制：各村将自己的林地规划为十片左右，每年顺序砍种一片，每片地仅种一季便抛荒轮闲，以恢复地力。

其二，固定地域混合轮歇类型。

多数刀耕火种的地区，如德宏州的傈僳族、部分景颇族、德昂族及汉族地区，临沧地区西南部的沧源佤族地区，思茅地区西南部的佤族和拉祜族地区，西双版纳州的基诺族和部分哈尼族地区，由于人口增多，人平均占有土地已不够进行单一的一年耕种一轮歇制，便采用几种轮歇制交替进行：除部分土地实行一年耕种轮歇制外，其他土地则进行多年耕作轮歇制，土地连续耕作上几年后再休闲几年。较之单一的一年耕种轮歇制，多年耕种轮歇制需要有较高的生产技术和丰富的作物栽培经验，才能更好地利用生态环境，争取有较多的收获。

---

① 许本汉：《盈江山区的刀耕火种问题》，《民族调查研究》1986 年第 3 期。
② 同上。

其三，固定地域游耕混合轮歇类型。

在怒江峡谷北段和独龙江河谷的独龙族、怒族地区，由于自然生态系统的差异，其刀耕火种的情况又各具特色。他们除了和其他大多数民族地区一样同时从事多种轮作制外，还根据当地的具体情况实行游耕。在独龙江河谷北部，独龙族和怒族人民大多在江东和江西各有一处住所，他们随着耕地的改变而迁徙，一般大约4—5年迁徙一次，而在河谷南部，独龙族居住的干栏式住房建造简易，他们随着耕地的改变经常迁徙，每处住房最多居住2—3年，怒江峡谷北段的怒族则是根据季节变更和农牧业生产的需要进行有规律的季节性垂直游耕迁徙，他们在高山和江边都有住所，冬入深谷，夏居高山，以利于生产和生活。独龙族和怒族这种固定地域的游耕方式，是由他们所处的自然生态系统所决定的，他们的居住地山高谷深，江流湍急，山势险峻，交通十分不便，在这种自然环境之中，采取人随地走的方式，也是当地人民在生产劳动中总结出来的一条经验。

其四，随意游耕类型。

苗、瑶民族具有悠久的历史和古老的农耕文化，他们在我国西南地区和中印半岛北部有广泛的分布，而这种格局的形成，与历史上苗、瑶民族频繁迁徙有直接的关系。造成这种迁徙的原因既有政治上的因素，也有经济上的因素，我们这里只简单讨论迁徙与自然生态环境的关系。从大量的文献资料和民族调查材料可以看出，历史上苗、瑶等民族频繁迁徙的原因之一，是为了适应其原始农业生产，不断向可以提供"刀耕火种"自然环境的地区移动。《皇清职贡图》载："（瑶人）僻处山巅，以焚山种植为业、地力渐薄辄他徙……耕山为业"，便说明了这种情况。解放后，苗、瑶等族人民随意迁徙的生活方式已有了很大改变，但是在滇南、中老、中缅边境地带，仍有部分苗、瑶、拉祜、哈尼等族人民在进行随意游耕。他们在当地自然,生态系统恶化，无法再继续进行农业生产时，便部分或全部人一起迁走，去寻找新的乐土。[①] 要特别指出的是，刀耕火种是在极端艰苦的条件下各族人民维持最低生活水平的手段，随着生产的发展，刀耕火种文化即将成为历史。

综上所述，在历史的进程中，云南各族人民在不同的生态环境中，曾

[①] 尹绍亭：《云南的刀耕火种》，《思想战线》1990年第2期。

创造了适应自然条件的各种生产方式。

二 与生态环境相适应的生活文化

人们的生活，无论衣、食、住、行，都与自然生态环境密切相关。如对云南各少数民族的生活文化加以考察，便会发现许多有趣的现象。

傣族的先民和一部分南亚语系民族的先民生活地有木棉树，他们很早就懂得了就地取材用木棉进行纺织。唐代茫人已是"皆衣青布裤……妇人披五色婆罗笼"①，明代元江地区的傣族是"以木棉花纺成绵线，染为五采，织以花纹，土人以之为衣"。② 直到近代，傣族、德昂族、布朗族的妇女仍大多会用简单的工具进行纺织，这几个民族所着衣物大都是用棉织品制成。此外，有些傣族地区也养蚕，因此他们的衣物也有丝织品，明代德宏地区盈江境内的情况就是："境内甚热，四时皆蚕，以其丝染五色，织土锦充贡。"③ 而在不产木棉的怒、独龙、傈僳等族地区，那里的民族又根据当地的自然资源，用麻作为衣着的主要原料。在畜牧业比较发达的纳西、彝等民族中，大多是"身披羊皮"，或用羊毛织成毡毯，用于披身、取暖。总之，云南各民族中多种多样的衣物，皆与其所处的生态环境有直接的关系。

由于各地生态环境的差异，各少数民族地区的出产各有特色，他们的食品也不尽相同。滇东北的苗、彝等民族多居山区，气候寒冷，玉米、洋芋、荞子等是他们种植的主要农作物，也是主要食品，滇西北中甸高原的藏区主要种植青稞，青稞炒面便是他们喜爱的主食。滇中和滇西北坝区的白、纳西等民族主要是栽种水稻，自然主食也以大米为主。居住的滇西南坝区的傣族，虽然也是农耕民族，种植水稻，但是由于自然环境的不同，傣族地区所种水稻的品种不同于内地，德宏地区的傣族主食粳米，西双版纳的傣族主食糯米。即使是在同一地区，由于云南所处的特殊地理位置，往往呈现出立体气候分布，住在山脚、山间和山顶的民族所种植的农作物种类不同，食物品种也有差别。例如德宏地区，住在坝区的傣族以大米为

---

① 樊绰著，赵吕甫校释：《云南志校释》，中国社会科学出版社1986年版。
② 景泰：《云南图经志书·元江军民府》土产条。
③ 景泰：《云南图经志书·干崖宣抚司》。

主食、住在山腰的德昂族也以大米为主，同时掺以包谷、荞和豆类，而住在山顶的景颇族和傈僳族，却主要食用旱谷和包谷。除主食外；各地不同的生态环境中所栽培出的种类繁多的蔬菜、水果，也为当地各族人民提供了丰富的食品，各地野生的动、植物，又可作为当地民族食品的补充成分。如果对各民族的传统食品加以考察，还可以发现：各地不同的饮食习俗，也与当地的自然生态环境有直接的关系。生活在滇西南的傣族喜食酸、冷食品，是与当地炎热的气候有关，中甸藏族喜食酥油茶，可以增加御寒的能量，这样的例子还可举出很多。

云南各民族的住房也各有特色。虽然在历史的进程中，随着生产力水平的提高，住房的建筑也有所改变，但从其基本格局看来，也是适应当地的自然生态环境的。居住在大理地区的白族和丽江地区的纳西族，生活在坝区，他们所处的自然环境和汉族地区相似，住房也和云南汉族农村没有多大的区别，多半是两层楼房，采用"三方一照壁""四合五天井"的布局，下面住人，上面储粮，房子大多是瓦顶，土木结构，既美观舒适，又充分利用了当地的自然资源。生活在西双版纳和德宏地区的傣、基诺、布朗、德昂、景颇等民族的住房，又别具特色。在江水边、山坡上这些民族村寨中，远远便可看到一幢幢竹楼，这便是他们的家园，竹楼周围大多种着各种果树、竹林。虽然这些竹楼有的比较精致，也有的则比较简陋，但它们都有一个共同的特点：都是干栏式建筑，也即俗称的"高脚屋"。竹楼由数十根竹子支撑，离地较高，上面铺篾片，四周也围以篾片，顶上覆以茅草编的草排或小木片，一般是下面关牲畜、堆放粮食、农具，上面住人。从生态学的观点来看，这种干栏文化也是适应当地生态环境的产物，因为这些民族有的濒水而居，也有的住在半山，都比较潮湿，这种竹楼离地面较高，通风干燥，有利于健康。同时，滇西南大多处于亚热带气候，天气炎热，住竹楼也较为凉快。住在高寒山区的普米、怒族和部分纳西族，又根据当地的自然环境，充分利用当地盛产的木材，创造了一种住房，称为"木楞房"。这种房子的四壁用圆木垒成，房顶盖木板或是茅草，虽然比较简陋，但是冬暖夏凉，适应当地的自然气候，同时就地取材，盖房简单，也方便当地民族在一定范围内的迁徙。

云贵高原山高水深、交通不便，为了沟通与外界的联系，各族人民又根据当地的地理环境，充分利用当地的自然资源，发挥自己的聪明才智，创造出了各式各样的交通工具。傣家村寨旁的小河边，常可以看到一座座制作精致的竹桥；而在德昂族居住的山区，则有一条条整齐的石板路，最有特色的要算傈僳族、独龙族、怒族发明的溜索。这几个民族都是住在山势陡峭，交通险阻的山区，怒江、澜沧江、独龙江江水奔腾咆哮，两岸高山险峻，为了渡过这一道道天堑，傈僳、怒、独龙等族人民在长期与自然环境的搏斗中，发明了一种特殊的交通工具——溜索。溜索是用当地出产的竹篾，数十根扭结在一起，横悬于大江两岸，溜索上可置溜梆。人要渡江时，先将自己的溜梆套在溜索上，然后将人和携带的货物、牲畜一齐紧系在溜梆上，利用重力和惯性，便可很快抵达对岸。这种古老的交通工具在当地与外界的联系中曾起了很大的作用。当然，溜索毕竟比较原始，有不小的危险性，解放后，已逐渐为钢索吊桥所取代了。在云贵高原崎岖的山路上，马匹是主要运输工具。南方丝绸之路，川、滇、藏茶马古道上都曾响过叮当的马铃声，久而久之，在这些民族中已形成别具特色的马帮文化，马帮不仅成为运输队伍，同时也是在沿途各地传播信息，交流物质文明和精神文明的载体。

除了上而所举的衣、食、住、行等主要方面，各族人民的传统文化与所处的生态环境有直接的关系外，在日常生活中与生态环境关系密切的情况更加比比皆是。无论是你走进傣家竹楼，或是基诺村寨，就仿佛进入了一个竹的世界：房屋、桌子、凳子、粮囤、饭盒都是用竹子做的，扁担、刀把、镰刀把、锄头把、箩筐等劳动工具也是用竹子做的，竹笋又是饭桌上的美味佳肴，竹制的口弦、洞箫还是青年男女之间传达情意不可缺少的工具呢。这些民族所创造的"竹文化"，前提当然是该地区盛产各种竹子。又如：在云南的彝、布朗、傣、德昂、阿昌、傈僳、佤、拉祜、景颇、普米、独龙、基诺等民族的住房中，均设有火塘。毋庸赘言，最初设立火塘的原因，是因为天气寒冷，生火御寒。但在长期的历史发展中，火塘的功能远不仅此一种，而是已发展成一种内涵丰富的"火塘文化"。火塘成了家庭中迎接客人的地方，主、客在火塘边按一定的顺序坐下，饮茶、谈天，夜间客人们就睡在火塘边，同时火塘也是全家聚会、商议大事的场所，有些宗教活动也在火塘边进行，阿昌族的火塘边还是少男少女们谈情说爱的场所，普米族别具风格的成年礼——"穿裙子"和"穿裤子"，则分别由女孩的母亲和男孩的舅父主持，在火塘前方的"女柱"和"男柱"旁进行。凡此等等，火塘功能颇多，究其根源，这种传统的"火塘文化"与当地的生态环境有着直接的关系。苗族人民所创造的中外驰名的"蜡染文化",是利用当地所产的黄蜡和一种可作为染料的植物——蓝靛制作的。

　　以上所举,是云南各少数民族的传统文化与生态环境密不可分的关系在物质文化方面的表现,至于精神文化方面的情况,限于篇幅所限,将另文论及。

　　最后要特别指出的是:传统文化也是一个动态系统,它既是在长期的历史发展中形成,又会随着自然环境的改变,物质文明和精神文明的进步而发生变异。深情的红土地,以其多种多样的生态环境,培育出云南各少数民族绚丽多彩的传统文化。随着时代的发展,特别是改革大潮的冲击,这种传统文化又面临着各方面,包括自然生态环境的挑战,如何协调各种关系,使云南各少数民族的传统文化能更好地为"四化"建设服务,是民族工作者面临的重大课题之一。

(刊于《思想战线》1992 年第 5 期)

论清末民初宪政中民族观的变化①

清末民初的宪政②运动，是我国近现代史上的重要事件，也是中国法制史研究的重要内容。在此过程中，统治阶级的民族观，也即其对民族和民族问题的基本认识和看法，发生了很大变化。笔者尝试利用民族史和法制史学科综合研究的方法，对从清末变法修律时期到民国初期（南京临时政府时期和北京政府时期）宪政中民族观的演变做一梳理剖析，以求教于大方之家。

一　清末变法修律时期：民族平等思想的开端

1901年以后，清政府在内外压力之下的变法修律活动，是中国历史上十分重要的一次法律变革，包括预备立宪、官制改革、删修旧律、制定新式法典等诸多内容。这次变法修律是我国法律由古代向近现代转型的开始，在转型的过程中，充满了传统观念和宪政精神之间的碰撞和斗争，在如何处理民族问题的看法上，也是如此。

---

① 本文系"国家社会科学基金项目"（05XZS008）的阶段性成果。
② 所谓宪政，就是民主的政治。有学者认为："宪政是国家依据一部充分体现现代文明的宪法进行治理，以实现一系列民主原则与制度为主要内容。以厉行法制为基本保证，以充分实现最广泛的人权为目的的一种政治制度。"（李步云主编：《宪法比较研究》，法律出版社1998年版，第131—132页）也有学者认为，宪政是以宪法为前提，以民主政治为核心，以法治为基石，以保障人权为目的的政治形态或政治过程（参见李龙、周叶中《宪法学基本范畴简论》，《中国法学》1996年第6期）。还有学者指出，宪政的基本价值应包括：人权的保障、权力的合理配置、秩序的严格维护、利益的有效协调（参见谢维雁《从宪法到宪政》，山东人民出版社2004年版，第119页）。虽然学者们对宪政的理解和表述不尽相同，但保障人权是宪政运动的核心内容却是一致肯定的。

（一）关于化除满汉畛域的讨论

清初，清朝统治者继承儒家传统的君主官僚政体处理民族关系的做法，满族在政治、经济、民事、司法等方面均享有各种特权，处于高人一等的特殊地位，而包括汉族在内的各被统治民族则处于受歧视的不平等地位。由于汉族占全国人口的绝大多数，随着时间的推移，满汉之间各方面不平等导致的矛盾日趋突出和尖锐，清廷如果要稳定政局，在变法修律的过程中就无法回避这个问题。光绪三十三年（1908）六月二十二日，两江总督端方代奏安徽旌德县廪贡生李鸿才条陈，其中对化除满汉畛域办法提出八条建议。其一，"满汉刑律宜归一致"；其二，"满臣不宜称奴才"；其三，"满汉通婚宜切实实行"；其四，"满汉分缺宜行删除"；其五，"满洲人士宜姓名并列"；其六，"缠足宜垂禁令"；其七，"京营宜改混成旗"；其八，"驻防与征兵办法宜归一律"。条陈并指出："以上数则，皆为满汉大同起见，虽云补苴之术，实与宪政攸关。"[①] 这个条陈引起了清廷最高统治者的重视，殊批："会议政务处议奏。"[②] 并于同年七月初二日颁布《著内外各衙门妥议化除满汉畛域切实办法谕》，其中虽然说清朝成立二百余年，"满汉臣民从无歧视"，但着重指出："际兹时事多艰，凡我臣民方宜各切忧危，同心挽救，岂可犹存成见，自相纷扰，不思联为一气，共保安全。"可见化除满汉畛域已成为当时清廷稳定政局的重要举措，所以慈禧命令："现在满汉畛域应如何全行化除，著内外各衙门各抒所见，将切实办法妥议具奏，即予施行。"[③]

化除满汉畛域的意见，切中了清廷实行不平等的民族政策导致矛盾日趋尖锐、危及清廷政局稳定的要害，而李鸿才提出化除满汉畛域的八条办法，着眼点已不是统治者对被统治者的统治策略，而是提出要革除两族各自的一些陋习，以化解两族之间的一些隔阂和消除满汉之间的一些不平等规定。八条之中的满汉刑律宜归一致、满汉通婚宜切实实行、满汉分缺宜行删除、京营宜改混成旗、驻防与征兵办法宜归一律，说的都是建议实行

---

① 以上均见《两江总督端方代奏李鸿才条陈化除满汉畛域办法八条折》，《清末筹备立宪档案史料》（下），台北文海出版社有限公司1981年版，第915页。
② 同上书，第918页。
③ 同上书，第919页。

满汉在政治、民事、军事、司法诸方面的平等,而建议革除满臣称奴才、满人列名不列姓、汉族缠足等陋习,既涉及统治民族,也涉及被统治民族。因此,这八条办法在一定程度上体现了民族平等的思想,而这个条陈受到清廷最高统治者的如此重视,也说明清朝统治者的民族观在宪政运动中已开始发生变化。

朝廷内外对化除满汉畛域的问题反应强烈,在短短的九个月时间里,清廷收到来自各方面的奏折20多个,上奏折者有汉族,也有满族;有军政要员,也有一般知识分子;有对此表示赞同的,也有坚决反对的;更多的是就如何化除满汉畛域的具体问题提出自己的意见。修订法律大臣沈家本在光绪三十三年八月初二日上的《旗人犯罪宜照民人一体办理折》谈到,依《大清律例》的规定,旗人犯遣军流徒罪可以受到特别的优待,免发遣,可折为枷号。他认为,这是"两歧之法",是法权不统一的体现,建议:"嗣后旗人犯遣军流徒各罪,照民人一体同科,实行发配。现行律例折枷各条,概行删除,以昭统一,而化畛域。"[1] 沈家本的这个奏折引起朝廷极大关注。九月初三日上谕:"礼教为风化所关,刑律为纪纲所系,满汉沿袭旧俗,如服官守制,以及刑罚轻重,间有参差,殊不足以昭画一。除宗室本有定制外,著礼部暨修订法律大臣定满汉通行礼制刑律,请旨施行。俾率土臣民咸知遵守。用彰画一同风之制。"[2] 后沈家本又上奏,提出满汉一法的具体改革内容:"臣等共同商酌,凡律例之有关罪名者,固应改归一律,即无关罪名而办法不同者,亦应量为变通。除笞杖已改罚金,旗人鞭责业经一体办理外,拟请嗣后旗人犯罪,俱照民人各本律本例科断,概归各级审判厅审理,所有现行律例中旗人折枷各制,并满汉罪名畸轻畸重及办法殊异之处,应删除者删除,应移改者移改,应修改者修改,应修并者修并,共计五十条,开列清单,恭请御览。"这个奏

---

[1] 《修订法律大臣沈家本奏旗人犯罪宜照民人一体办理折》,《清末筹备立宪档案史料》(下),台北文海出版社有限公司1981年版,第940页。又见于《旗人遣军流徒各罪照民人实行发配折》,沈家本《历代刑法考》(四),中华书局1985年版,第2031页;李光灿《评〈寄簃文存〉》附沈家本原著《寄簃文存,旗人遣军流徒各罪照民人实行发配折》(胡星桥标点),群众出版社1985年版,第196页。三个奏折文字基本相同,标点各异。

[2] 朱寿朋编,张静庐等校点:《光绪朝东华录》(五),中华书局1958年版,第5812页。

折被清廷采纳。① 沈家本还上了一个奏折，建议改变旗人不准自由买卖其产业的法律规定，认为"旗民不准交产，亦显分畛域之一端，自应及时变通，未可拘牵旧制"，"拟请嗣后旗人房地，准与民人互相买卖"。② 由于沈家本时任修订法律大臣，实际负责主持法律的修订工作，所以，他的看法在一定程度上代表了清朝统治集团民族观的变化。

除沈家本外，这一时期的其他一些奏折也体现了清朝统治集团中的一部分人已意识到民族平等应是清朝变法修律中的一项重要内容。例如，暂署黑龙江巡抚程德全就预备立宪问题上了三个奏折，其中谈道："请实行宪政以化满汉界限也……盖立宪政体，向无种族之别，拟请明诏海内，自今后无论满人、汉人，皆一律称为国民，不得仍存满汉名目，先化畛域之名，自足渐消相斫之祸。……尤立宪政体亟当视为先务者也。"③ 两江总督端方在奏折中列举了他在出洋考察中所见英国、美国处理民族问题的情况后认为："若英国本为盎格鲁、撒逊两族所共建，而今已合同而化，绝无内讧。美国为欧洲各国殖民尾闾，各种之人麋至杂居，从未闻区种族、分党派、怀私念、忘大计者。盖其立国无论何族人民，皆受制于同一法制之下，权利义务均平齐一，种族虽异，利害不殊。人人乐于趋公，而以阋墙为大耻，其国力因而安全发达，莫之能御。"④ 这些条陈在化除满汉畛域的问题上已超越了就事论事的考虑，而是站在立宪的层次上看待这个问题，提出用立法的形式规定各民族一律平等。

（二）民族平等思想在制度层面的体现

虽然由于多种原因，在这次如何化除满汉畛域的议论中提出的一些具体建议最后并未能得到实行，但是变法修律中关于民族观的讨论，在制度层面也得到一定的体现。《资政院议员选举章程》中有《满汉世爵选举资

---

① 参见朱寿朋编，张静庐等校点《光绪朝东华录》（五），中华书局1958年版，第5812—5813页。

② 《变通旗民交产旧制折》，载沈家本《历代刑法考》（四），中华书局1958年版，第2033页。

③ 《暂署黑龙江巡抚程德全奏陈预备立宪之方及施行宪政之序办法八条折》，《清末筹备立宪档案史料》（上），台北文海出版社有限公司1981年版，第257页。

④ 《两江总督端方奏均满汉以策治安拟办法四条折》，《清末筹备立宪档案史料》（下），第928页。

政院议员章程》《外藩王公世爵选举资政院章程》,后者并特别指出:"本章程所称外藩世爵,是指蒙古、回部、西藏各爵而言。"① 虽然资政院并无实权,但在法律文件中满汉并列,蒙古族、回族、藏族也有一席之地,在我国的法律文件中尚属第一次。1908 年 8 月 27 日颁布的我国历史上第一个有"宪法"字样的宪法文件《钦定宪法大纲》附臣民权利义务中规定臣民享有的六项权利和三项义务,"臣民"包括清朝国内的各民族在内,② 这些规定体现了近代中国宪政运动中统治者民族观的变化:从单纯对被统治民族的统治策略转变到在一定程度上承认各民族在法律上享有平等的权利和承担平等的义务,在《逐年筹备事宜清单》中,第一年要做的事就有:"请旨设立变通旗制处,筹办八旗生计,融化满汉事宜。"③ 这是这一年在清单中交由军机处办理的唯一一件事,可见重视程度。正如苏钦教授所说:"这次活动也充分表明,中国的宪政之路。从一开始就包括解决国内的民族问题,即各民族的法律地位平等问题,只不过在清末特定的条件下,集中表现为统治阶级满族和主体民族汉族之间的权利义务不平等问题。"④ 虽然清末的变法修律未及实施,清政府便寿终正寝,但从此开始的统治阶级民族观的变化,却并没有停止。

二 南京临时政府时期:各民族共同
执政思想的提出

南京临时政府是指 1912 年 1 月 1 日在南京成立的资产阶级民主共和制的中华民国临时政府,孙中山任临时大总统,时历三个多月。南京临时政府颁布了一系列重要法令,开创了资产阶级民主法制建设的先河。这一时期,宪政层面体现的民族观发生了进一步变化。

---

① 孙家鼐编纂:《大清法规大全》四《宪政部》,北京政学社印行本,1909 年,第 7—8 页。
② 同上书,第 1—2 页。
③ 夏新华等整理:《近代中国宪政历程:史料荟萃》,中国政法大学出版社 2004 年版,第 132 页。
④ 苏钦:《清末预备立宪活动中"化除满汉畛域"考辨》,载苏钦《中国民族法制研究》,中国文史出版社 2004 年版,第 111 页。

(一) 孙中山民族观的变化

以孙中山为首的革命党人,是以推翻帝制、建立民主共和国为奋斗目标。他们提出的"三民主义"中,民族问题是放在第一位的,他们对民族问题的认识,比起清末预备立宪的改良派来说又前进了一大步。当然,他们对民族的看法也有一个发展的过程。近代革命党人民族观的变化也是宪政运动中民族观由古代向近现代转型的重要表现。革命先行者孙中山先生于1905年建立中国统一的资产阶级政党——中国同盟会,提出了"驱逐鞑虏,恢复中华、建立民国、平均地权"的三民主义。[①]"民族主义"在三民主义中是排在第一的,可见孙中山对它的重视。以孙中山先生为代表的近代革命党人的民族观,也有一个逐步发展和成熟的过程。

清末,满族统治者已成为帝国主义和封建主义的代言人,对包括汉族人民在内的各族人民实行专制和压迫,因此,推翻清朝的统治成为"民族主义"的集中体现。虽然孙中山也一再解释说:"我们革命的目的,是为中国谋幸福,因不愿少数满洲人专制,故要民族革命","民族主义并非是遇着不同种族的人,便要排斥他,是不许那不同种族的人来夺我民族的政权,因为我们汉人有政权才是有国,假如政权被不同种族的人所把持,那就虽是有国,却已经不是我汉人的国了"。[②] 但当时孙中山的民族观仍有以汉人为本位的大汉族主义思想倾向,在他看来,如果是其他民族掌握政权,便不是汉人的国了。松本真澄认为这是"只有汉才是中国人"的狭义的"中国人"观。[③]

但在革命实践中,孙中山的民族观发生了显著的变化,他在1912年1月《临时大总统就职宣言》中宣布:"国家之本,在于人民。合汉、满、蒙、回、藏诸地为一国,如合汉、满、蒙、回、藏诸族为一人,是曰民族之统一。"[④] 这是他最早提出"五族共和"的主张。此后,他多次就此问题发表看法,阐述"五族共和"的观点。同年1月28日在《致贡桑

[①] 参见《同盟会宣言》,《孙中山选集》(上),人民出版社1981年版,第68—70页。
[②] 《三民主义与中国前途》,《孙中山选集》(上),人民出版社1981年版,第73、81页。
[③] 参见松本真澄《中国民族政策之研究——以清末至1945年的"民族论"为中心》,鲁忠慧译,民族出版社2003年版,第32页。
[④] 《临时大总统就职宣言》,《孙中山选集》(上),人民出版社1981年版,第82—83页。

诺尔布等蒙古各王公电》中指出："汉、蒙本属同种，人权原自天赋，自宜结合团体，共谋幸福……今全国同胞见及于此，群起解除专制，并非仇满，实欲合全国人民，无分汉、满、蒙、回、藏，相与共享人类之自由。"① 在《布告国民消融意见，蠲除畛域文》中谈道："中华民国之建设，专为拥护亿兆国民之自由权利，合汉、满、蒙、回、藏为一家，相与和衷共济，丕兴实业，促进教育……因此敢告我国民，而今而后，务当消融意见，蠲除畛域，以私营为无利，以公益为当谋，增祖国的荣光，造后（国）民之幸福。"② 显然，孙中山认为，中国宪政中体现基本价值的人权、民主等问题，是与民族问题息息相关的。1912 年 9 月 1 日，他在北京蒙藏统一政治改良会上的讲话中指出："今我共和成立，凡属蒙、藏、青海、回疆同胞，在昔之受压制于一部者，今皆得为国家之主体，皆得为共和国之主人翁。即皆能取得国家参政权。……将来国家立法，凡是有利于己者，我们同胞皆得赞成之，有不利于己者，同胞皆得反对之。"③ 将汉、满、蒙古、回、藏民族放在平等的地位，共同成为国家的主人，这应该是近代宪政运动之民族观的一个飞跃，标志着解决民族问题的着眼点从古代对少数民族地区的治理到君主立宪派的化除满汉畛域，争取各民族在法律上享有平等的权利，再到资产阶级革命派提出的"五族共和"，各民族都是国家的主人，在政治上享有共同管理国家的平等权利。

孙中山不但从理论上多次发表"五族共和"的意见，在具体问题的处理中也是按这个原则办的。他担任临时大总统期间，对云南干崖土司刀安仁（傣族）呈拟整顿腾、永、龙、顺各属土司行政各条及禀请领给品级衣章正式公文的报告做出批示："凡属版图内含生负气之伦，皆当同享共和幸福，政教所及，尤不能有畸轻畸重之分。此后对于各处土司行政如何改革，如何设施，皆中央政府应有之事。"④

---

① 《致贡桑诺尔布等蒙古各王公电》，《孙中山全集》第 2 卷，中华书局 1982 年版，第 47—48 页。

② 《布告国民消融意见，蠲除畛域文》，《孙中山全集》第 2 卷，中华书局 1982 年版，第 105 页。

③ 《在北京蒙藏统一政治改良会欢迎会的演说》，《孙中山全集》第 2 卷，中华书局 1982 年版，第 429 页。

④ 《内务部核办干崖土司行政兴革及品级章服文》，《孙中山全集》第 2 卷，中华书局 1982 年版，第 179 页。

(二) "五族共和"思想在法律层面的体现

1912年3月11日,《中华民国临时约法》公布,这是中国宪政史上的一件大事,它用根本法的形式废除了中国延续两千多年的封建帝制,确立了资产阶级民主共和国的政治体制,民族平等是其中的一项重要内容。《中华民国临时约法》第一章《总纲》中第一条规定:"中华民国之主权属于国民全体。"第二条规定:"中华民国领土为22行省、内外蒙古、西藏、青海。"在我国的政体由古代的君主专制向近代的共和制转变的关键时刻,这部中国近代宪政史上真正具有资产阶级共和国宪法性质的法律文献在法律上确立了各族人民在国家的平等地位,各族人民都属于"中华人民"的范畴;规定了中华民国是一个多民族的国家,各民族都是国家的主人,内外蒙古、西藏、青海等少数民族聚居区和其他22个行省一样,都在中华民国的疆域之内。而且《临时约法》中还具体规定,行使国家立法权的参议院,由各地方选派之参议员组织之,"参议员每行省、内蒙古、外蒙古、西藏各选派五人,青海选派一人",可见《临时约法》体现了孙中山"五族共和"的思想。同时,《临时约法》第二章《人民》第五条明文规定:"中华民国人民一律平等,无种族、阶级、宗教之区别。"[①] 这是中国历史上第一次用法律形式明文规定人民一律平等,无种族的区别。1912年3月2日颁布的《中华民国参议院法》中第七条为:"参议员于选定通知到院后,六十日内不报到者,应即取消,由院咨请另选;但甘肃、新疆、西藏、青海、内外蒙古各处参议员不在此限。"[②] 从中也可看出,少数民族人士参政在制度层面已有具体规定,并有特殊照顾的举措。而1912年8月10日公布的《中华民国国会组织法》中第二条规定:"参议院以下列各议员组织之:一、由各省省议会选出者,每省十名;二、由蒙古选举会选出者,二十七名;三、由西藏选举会选出者,十名;四、由青海选举会选出者,三名……"[③] 同日公布的《参议院议员选举法》第三章蒙古及青海、第四章西藏对民族

[①] 以上均见《中华民国临时约法》,载郑定、赵晓耕主编《中国法制史教学参考书》,中国人民大学出版社2003年版,第302—303页。

[②] 夏新华等整理:《近代中国宪政历程:史料荟萃》,中国政法大学出版社2004年版,第163页。

[③] 同上书,第169页。

地区参议员的选举做了具体规定，例如第四章中规定："西藏的选举区划及议员的发配名额为前藏五名，后藏五名。西藏选举会由达赖喇嘛及班禅喇嘛合同驻藏办事长官，遴选相当人员，分别于拉萨及札什伦布组织之。"① 特别值得一提的是当日公布的《众议院议员选举法》中第一百零六条规定："投票纸除汉字外，得书各该地通用文字。"② 这是所见中国近代法律文件中首先规定少数民族地区在执行法律和少数民族在行使自己的权利时均可以使用当地少数民族文字，这也是民族平等在制度层面上的一个重要体现。南京临时政府存在的时间虽然很短，但其在民族平等方面做的努力，却是永远彪炳史册的。

三 北京政府时期：民族平等理念在立法层面上的继续

从1912年4月1日孙中山正式宣布解除临时大总统职务起，到1928年张作霖从北京退回关外，这段由北洋军阀统治的北京政府时期，民族平等理念仍在立法层面上得以继续。

（一）各党派草拟宪法文件中体现的民族观

这一时期，虽然辛亥革命的成果为袁世凯篡夺，建立了北洋军阀政府，中国的宪政运动受到很大挫折，但民主、共和、民族平等的理念已深入人心。从北京政府前期各政党、各派人士对宪法的主张来看，虽然对宪法的很多问题，看法有较严重的分歧，但对民族平等这一理念却基本上是一致的。例如，进步党代表梁启超所拟《中华民国宪法草案》第二条为："中华人民不论种族、宗教之异同，在法律面前悉为平等。"③ 王宠惠代表革命党所拟《中华民国宪法》第五条则表达为："中华民国国民均属平等，无种族、阶级、宗教之区别。"④ 主张君主立宪的康有为草拟的宪法

---

① 夏新华等整理：《近代中国宪政历程：史料荟萃》，中国政法大学出版社2004年版，第174页。
② 同上书，第184页。
③ 同上书，第252页。
④ 同上书，第291页。

草案第一条为:"凡中华国之境土,汉、满、回、蒙、藏五族合一而不可分。"第八十六条为:"凡有中华国民籍者,法律皆平等,无种族、阶级、宗教之别。"[①] 如何正确处理国内的民族问题,在立法层面体现民族平等的理念,已成为各政党宪法讨论会和拟案时关注的焦点问题。北京政府相继执政的都是封建军阀,他们为了各自的利益进行火拼,但在处理与国家根本利益直接相关的国家统一、"五族共和"等重大问题时,基本上是以南京政府的《临时约法》和其他法律文件为依据。

(二) 北京政府处理西藏问题的态度

这一时期,诸多因素使西藏地方政府和中央政府的关系一度紧张。关于如何处理西藏问题,孙中山和袁世凯有过两次谈话。袁世凯曾谈及"西藏独立"(按:指脱离中央政府,实行地方割据)之事,说有人主张兵力镇压,询问孙中山的看法。孙回答:"以兵力从事,一旦激起外响,牵动内地,关系重大,故余主张两事:一、速颁待遇西藏条例,二、加尹昌衡宣慰使衔,只身入藏,宣布政府德意,令其自行取消独立。"可以看出,孙中山反对用武力解决西藏问题,而是主张应用法制手段,制定符合西藏具体情况的相关法律文件,同时,中央政府要主动加强与西藏的沟通,改善中央与少数民族地方的关系。解决问题的着眼点还是"五族共和"与民族平等。袁世凯采纳了孙中山的建议,以大总统的名义下达"恢复达赖喇嘛号令",派遣册封使节持封令及携带重礼取道印度前往拉萨举行册封大礼。后因英印政府的阻挠,使臣未能进藏,孙中山仍坚持:"收拾西藏,亦须由运动着手,施行种种政策,如诱以高爵,饵以重币等类。若徒惊征伐,不惟无济,且恐坚其外心之心。"[②] 应该说,北京政府处理西藏问题的态度和孙中山的想法是一致的。他们通过各种努力改善了中央政府和西藏地方政府的关系,调解了达赖和班禅之间的矛盾。特别要指出的是:在西藏问题的国际斗争中,北京政府始终坚持西藏是中国领土不可分割的一部分的原则立场,指示中国代表不得在有损中国主权的

---

① 夏新华等整理:《近代中国宪政历程:史料荟萃》,中国政法大学出版社2004年版,第326页。

② 以上均见《在北京与袁世凯的谈话》,《孙中山全集》第2卷,中华书局1982年版,第427—428、451页。

《西姆拉条约》上签字,使帝国主义企图分裂西藏的阴谋未能得逞。这也从一个侧面体现了北京政府坚持国家统一、"五族共和"的思想。

(三) 民族平等理念在立法层面的继续

袁世凯在 1912 年 7 月 22 日下达的总统令中谈道:"现在五族共和,凡蒙、藏、回疆地方同为我中华民国领土,则蒙、藏、回疆各民族,即同为我中华民国国民,自不能如帝政时代再有藩属名称。此后,蒙、藏、回疆等处自应统筹规划,以谋内政之统一,而冀民族之大同。国民政府于理藩不设专部。原系视蒙、藏、回疆与内地各省平等,将来各该地方一切政治,俱属内务行政范围。现在统一政府业已成立,其理藩院事务,著即归并内务部接管。"[①] 袁世凯时期制定的《中华民国约法》第一条为:"中华民国,由中华人民组织之。"第二条为:"中华民国之主权,本于民国之全体。"第三条为:"中华民国之领土,依从前帝国所有之疆域。"第四条为:"中华民国人民,无种族、阶级、宗教之区别,法律上均为平等。"[②] 曹锟时期制定的《中华民国宪法》第一条为:"中华民国永远为统一民主国。"第二条为:"中华民国主权,属于国民全体。"第三条为:"中华民国国土,依其固有之疆域。国土及其区划,非以法律,不得变更之。"第四条为:"凡依法律所定,属中华民国国籍者,为中华民国人民。"第五条为:"中华民国人民于法律上无种族、阶级、宗教之区别,均为平等。"[③] 这些规定在立法层面体现了民族平等的思想。

如仔细分析,还可看出,在制度层面,一些提法比起南京临时政府时期更进了一步。例如:袁世凯的《中华民国约法》进一步规定"中华民国人民,在法律上一律平等",而曹锟的《中华民国宪法》则对中华民国人民的概念作了进一步界定:"凡依法律所定,属中华民国国籍者,为中华民国人民。"从中可以看出,清末民初的宪政运动中关于民族平等的观念,在制度层面已逐步清晰。在这方面立法层面的规定更加明确和规范。这一时期的选举法中对少数民族的参政议政问题也有相关规定。北京政府

---

① 《东方杂志》第 8 卷第 20 号,1912 年 10 月。

② 夏新华等整理:《近代中国宪政历程:史料荟萃》,中国政法大学出版社 2004 年版,第 471 页。

③ 同上书,第 521—522 页。

后期公布的《修正参议院议员选举法》第四十条为:"蒙古及青海地方选举会之选举监督,以选举会所在地之行政长官或盟长或蒙藏院总裁充之。"第四十一条为:"西藏地方选举会,由驻藏办事长官会同达赖喇嘛及班禅喇嘛遴选相关人员组织之。"而《修正众议院议员选举法》第三编为"蒙古、西藏、青海议员之选举"①。虽然这些制度层面上的规定大多只是写在纸上的东西,在实际上未能得到认真执行,在北洋军阀统治时期,广大汉族和各少数民族群众都受到残酷的压迫和剥削,特别是各少数民族受到不平等的待遇。但是,从立法层面上看,还是体现了清末民初中国宪政运动中民族观逐渐变化的轨迹。

四 结论

综上所述,我国清末民初宪政运动中的民族观发生了很大变化:从古代统治阶级主要从对少数民族进行统治的不平等民族观发展到化除满汉畛域,各民族在法律上一律平等,再发展到"五族共和",各民族都是国家的主人,而且这种民族观的改变已逐渐由思想观念的转变发展为法律制度层面的规定。虽然文中涉及的三个政府的性质各不相同,宪政改革也有各自的特点,但民族观的变化却都是朝着民族平等的方向发展。究其根本原因,笔者认为,就像经过辛亥革命,共和观念深入人心一样,近代以来,各族人民在共同的反帝反封建斗争中,凝聚力大为加强,中华各民族都是国家主人的观念越来越成为各民族、各阶层、各政党的共识。只有实行民族平等,国家才能稳定,社会才能进步,历史的车轮是不会倒转的,应该说,这是大势所趋,也是历史的必然,是不以个人意志为转移的客观规律。这种民族观的变化是我国法律思想由古代向近现代转型的一个重要方面,也标志着我国的民族关系进入一个新的发展时期,体现了我国各族人民凝聚力的进一步加强,也是各族人民争取平等和人权、不懈斗争的结果。在近代宪政运动的进程中,统治者已开始用法律形式确认各民族享有平等的权利和承担相同的义务,这是历史的一大进步。当然,也应该看到,由于时代和阶级的局限,我国近代宪政运动中提出的民族平等和

---

① 参见袁世凯政府的《参议院组织法》《国民议会组织法》《国民代表大会组织法》,载夏新华等整理《近代中国宪政历程:史料荟萃》,中国政法大学出版社2004年版,第479—486页。

"五族共和"的思想,在很大程度上只是写在纸上的东西,在当时的情况下是不可能在现实中实现民族平等和"五族共和"的。何况,我国的民族远不止五个。但是,清末民初我国宪政运动中民族观的变化,仍然具有重大意义,是历史上我国民族观演变中不可缺少的一环,值得认真研究。

(刊于《民族研究》2006年第6期)

二、综述

20世纪90年代以来我国民族法学研究的回顾与展望

我国的民族法学研究兴起于20世纪80年代，党的十一届三中全会以来，随着改革开放向纵深发展，民主与法制不断健全，特别是1984年《中华人民共和国民族区域自治法》颁布后，民族法学研究的现实意义日趋明显，引起了学术界人士的广泛关注，研究工作得到迅速发展。90年代以来，这方面的工作又有了新的突破。据不完全统计，已出版这方面的专著十余部、论文二百余篇。

一 主要研究内容

（一）关于民族法学的基本理论

民族法制学和民族法学的概念是由我国法学家、民族学家史筠首先提出。90年代以来，对民族法学的研究对象、包含的内容及其重要意义等理论问题，学术界展开了广泛的探讨。史筠认为："民族法学是研究一切多民族国家内部如何用法律手段处理和调整民族关系的学科。"吴宗金认为："民族法学是以民族关系的法律现象为研究对象的科学。"毛为民、周春梅则认为："民族法的调整对象应包括：国家与各民族的关系；各民族间的相互关系；各民族的内部关系。"张林也认为："民族法是调整与少数民族的政治、经济和文化特点相联系的那些社会关系。"具体为调整国家与民族自治地方之间的关系，民族自治地方各民族之间的关系，散居少数民族同住在地民族之间的关系。

对于民族法学的研究内容，徐中起认为，应包括民族区域自治及其法律制度的研究，少数民族传统法律文化的研究，民族地区法制建设的研究。白明政认为，民族法学的研究可分为两个大的方面：一是对民族法自身的客观发展规律的研究，包括民族法的产生、发展、消亡、制定、执行、遵守等问题；二是对现实的民族问题及其法律制度，以及民族法的地位作用和基本原则等的研究。大家认为，民族法学研究必须坚持维护国家统一、民族平等、民族团结和各民族共同繁荣的原则，推动我国的民主法制进程，促进我国这个多民族国家的经济发展和社会进步。

（二）关于民族区域自治法

民族区域自治是我党成功解决民族问题的主要形式和基本政策。自1984年《民族区域自治法》颁布以来，随着民族区域自治制度的不断发展，对民族区域自治法的研究也日渐深入、广泛，在民族法的研究中占了很大比重。

杨荆楚、王戈、李资源、周朱流、陈一、覃敏笑、石新荣等对这一政策形成的历史过程进行了探讨。民族区域自治法毕竟是一个新生事物，有一个不断发展、完善的过程，在实践中也遇到了不少新问题需要解决，对这些新问题进行探讨，对民族区域自治法进行更高层次的理论分析，是这研究领域的又一特点。刘惊海在《民族区域自治法实施中的几个问题》一文中提出了自治条例在民族自治地方地位、现阶段把实施自治法仅归结为界定自治权权限的思路是否可行、在目前自治法的实施中我们应该把握什么、目前实施自治法的重心应放在哪些方面、民族自治地方与全国改革步伐不协调的原因何在、中央与自治地方关系的认识问题等需要解决的问题。刘宝明认为协调自治地方民族矛盾的基本原则是必须坚持民族区域自治政策，坚持民族平等团结、各民族共同繁荣、大力培养民族干部的原则。赵振宗认为，民族区域自治法的思想应是坚持四项基本原则，基本任务是调整国家统一与民族自治地方的关系；民族自治地方与非自治的一般地方之间的关系及各民族自治地方之间的关系；自治地方内各民族的关系；调动一切积极因素，加速发展经济文化事业，促进各民族的共同繁荣。

在民族区域自治的研究中，还有一个重要方面是对于民族区域自治法律法规的阐释及操作过程中出现的具体问题的探讨，史筠在《关于制定自治区自治条例的几个问题》中，从自治区的自治条例在我国法制体系中的地位、立法依据、可以规范的范畴、立法程序等几方面阐述了自己的看法。毛公宁认为，对自治法进行必要的修改和补充，进一步完善民族法规和民族区域自治制度，才能使自治区自治条例顺利出台。韦苇则从制定单行条例的必要性和重要性、单行条例的概念、特点、体例和内容、制定单行条例的原则、单行条例与地方性法规和关系等方面对民族自治地方制定单行条例提出自己的看法。曹育明、旺顺扎布、顾华详等人的文章则就在市场经济的条件下如何搞好民族区域自治的问题发表了看法。

(三) 关于加强民族地区的法制建设

孙富海在《民族立法中的几个原则问题》中指出，民族立法中必须坚持维护祖国统一、民族平等和民族团结、依法行使自治权、各民族共同富裕、共同繁荣的原则。敖德俊在分析我国立法工作取得重大成就的原因时认为，由于对我国是统一的多民族国家这一基本国情有了清楚的了解，对现阶段我国民族关系的性质有了正确的认识，恢复并完善了党和国家的民族政策，恢复和加强了民族工作机构，因此我国的民族立法工作得到重大发展，并且民族问题在我国新时期的法律中占有十分重要的地位。杨健吾等都从理论上探讨了这一问题。民族法制建设的范畴十分广泛，包括民族地区政治、经济、文化、社会生活诸方面的内容。徐晓光就我国法律对少数民族人权的保障作了阐述。朱际明等在《加快民族地区市场经济立法的几点思考》中认为，民族地区的地方立法，应以社会主义市场经济的法律体系为指导，加快立法步伐，促使立法由"被动型"向"先入型"转变；民族地区在市场经济起步阶段，经济立法应采用"结构到位""部分移植""不断完善"的方略。马学林认为，在加快民族地区经济立法的过程中，应坚持自治原则，平等互利原则，保护多种经济资源合理开发原则，自力更生为主、国家帮助为辅的原则，等价交换原则，鼓励原则与限制原则。

(四) 关于民族法律文化

我国的民族法律文化源远流长，内容丰富，各具特色。张晓辉认为，民族法律文化是从民族文化入手，研究各民族的法律价值观和民族法的产生、发展、变迁的规律，民族法的类型、结构、功能以及现阶段关于民族的立法和司法的学问。史金波提出，中国少数民族法制源远流长，在我国各历史时期皆起过主要作用。

90年代以来对各少数民族习惯法的研究更加深入，在田野调查的基础上，发表了一系列的科研成果。夏之乾、何星亮、热多吉、陈玮、王维强、张晓辉、徐中起、张锡盛、朱德普、彭迪、周勇、谢晖、杨云鹏、韩肇明等分别探讨了各个少数民族的习惯法。

在少数民族法制史的研究方面，不少文章对历史上历代统治者所执行的民族政策及政治法律制度中有关民族部分进行了剖析。

二　研究特点

90年代以来，我国民族法学研究呈现如下特点。

（1）现实需要为研究工作开辟了广阔的领域

90年代民族法学能在众多的学科中异军突起，取得引人注目的成就，主要原因之一是研究适应了现实的需要。现实的需要使民族法学的研究走出了象牙塔，从专门的理论研究转为与实际工作相结合，因此研究充满生机，具有强大的生命力。现实生活中提出的问题，使民族法学不断拓宽自己的研究领域。

（2）多学科的交叉综合研究

90年代民族法学的研究工作中，另一显著特点是进行多学科的交叉综合研究。民族法学本身就是一个新兴边缘学科，因此引起了多学科研究工作者的兴趣。作为民族研究的一个分支，搞民族理论、民族学、民族史、人类学的学者都在其中找到了自己的领域；同样，作为法学的一个分支，宪法、民法、经济法、婚姻法的学者也在其中找到了自己的领域。这样多学科进行交叉综合研究的结果，可以发挥各自的优势，使研究工作更加深入。

（3）群体优势的形成

我们高兴地看到，较之80年代，90年代民族法学研究中还有一个显著的特点是群体优势的形成。1991年以来由各地成立和召开的有关民族法学的研究会和研讨会，把民族法学的研究者组织起来，使他们有了发表成果和观点的论坛场所，并能互相切磋，这对民族法学的研究无疑是一个很大的推动。与此同时，各级刊物也纷纷开辟"民族法学"研究专栏，为民族法学研究者的成果发表提供了机遇。

（4）研究队伍的扩大

从90年代所发表的文章可以看出，民族法学的研究队伍有所扩大，研究者既有专门从事研究的科研、教学人员，也有从事实际工作的同志。同时，少数民族作者也有显著增加。

三 问题与展望

回顾 90 年代以来我国民族法学方面的研究工作，硕果累累。但是，比起时代对我们的要求，还有一定差距。笔者认为，今后的民族法学研究工作，还要从如下几个方面努力。

(1) 研究工作应向系统化、集约化的方向发展

纵观 90 年代以来所取得的研究成果，感到各自为政的现象比较突出，缺乏统一的计划和组织，缺乏统一组织的攻关的系统工程，因此民族法学的研究相比之下显得组织性和系统性较差。笔者认为，今后对于民族法学研究中的一些重大问题，应有专人牵头，组织有关人员进行研究攻关，既可避免课题重复造成不必要的浪费，又可进一步提高科研水平，使民族法学的研究向系统化、集约化的方向发展，为把民族法学建成一门真正的学科而努力。

(2) 相关学科之间应加强沟通、合作，发挥优势

民族法学是一门边缘学科，是法学和民族学的共同领域。但就目前看来，法学和民族学合作研究的情况不多。搞民族的人对法学方面的情况不太熟悉，而搞法学的人则对民族方面的问题不大了解。两方面的学者所进行的民族法学方面的研究总感到不够全面，或者有些欠缺。如果能在法学、民族学、社会学等相关学科之间加强了解和沟通，合作研究，这样既可发挥各人的优势，又可弥补欠缺，使研究工作更进一步。

(3) 处理好各种关系，拓宽研究领域

在这几年的民族法学研究工作中，绝大部分针对现实问题，这是十分必要的。但是，相比之下，对于少数民族法制史和传统法律文化的研究却显得比较薄弱。如何正确处理好研究中现实问题和历史问题的关系，也是一个值得探讨的问题。中华法系源远流长，我国各民族都对光辉灿烂的中华法系传统文化做出过自己的贡献，对于这一份宝贵的文化遗产，我们应该继承和发扬。通过对我国少数民族法制通史的研究、族别法制史的研究、少数民族习惯法的研究、外国民族法制史的研究，可以对我们现行的民族法制工作提供不少有益的借鉴，丰富研究内容，同时通过这些研究，

还可以看出我国现行的民族法律的历史渊源，证明我国现行的民族法律并不是无源之水、无本之木，而是古代民族法制的继承和发展。所以在民族法学的研究中研究这种历史的传承关系是必要的。正确处理好研究中现实问题和历史问题的关系，可以拓宽民族法学的研究领域，使研究向纵深发展。

（刊于《高等学校文科学报文摘》1996年第5期）

新中国成立以来德昂族史研究概述

一 新中国成立以前研究状况

德昂族是我国55个少数民族之一,主要居住于云南省德宏傣族景颇族自治州境内,临沧地区的镇康县、耿马县,思茅地区的澜沧县及保山地区的保山县。据1982年统计,在我国云南省境内共有德昂族12000余人。新中国成立以前,一些有志于民族史研究的学者曾到德昂族地区进行过民族调查,写出了一些论文。例如:江应樑在《云南西部之边疆夷民教育》(《青年中国季刊》1939年创刊号)、《云南西部边境中之傈僳等民族》(《益世报》1939年11月20日)、《云南西部边疆之汉人与山头民族》(《益世报》1939年11月30日),彭桂萼在《顺镇沿边的濮曼人》(《西南边疆》1939年第6期),李景汉在《摆夷人民之生活程度与社会组织》(《西南边疆》1940年第11期)等文章中,都对德昂族的历史和现状进行了研究,提供了十分珍贵的民族学材料。但是,由于汉文资料的缺乏,德昂族本身没有自己的文字,多居山区,人口不多,居住分散,与外界往来较少等原因,应该说,新中国成立之前,对德昂族的族源、历史发展、与周边民族的关系等没有进行过全面、系统的研究。对民族史工作者来说,德昂族历史上的很多问题都还是未解之谜。

二 新中国成立以后研究状况

新中国成立之后,德昂族人民和全国各族人民一道获得了新生和解放,党的各项民族政策的落实,为研究德昂族的历史创造了条件。新中国成立40年来,经过广大民族史工作者的努力,对德昂族历史和现状进行了大量的调查和研究工作。《德昂族简史》《崩龙族社会历史调查》《德昂族社会历史调查》等书先后公开出版,这既是研究德昂族史的丰硕成果,又为研究德昂族史的同志们提供了方便。在许多学者的民族史专著中,都涉及了德昂族历史上的一些情况。更为可喜的是,德昂族历史上的一些问题,日益引起了学术界专家和研究人员的兴趣,发表了不少有质量的论文,各抒己见,对有争论的问题展开了讨论。总的说来,新中国成立以来对德昂族史的研究主要集中在族源,德昂族自身的历史演变,德昂族的语言、文化、宗教等问题上,下面就上举几个方面的研究情况略加评述。

(一) 族源问题

滇西历史上是多民族聚居区,对于该地区各民族的族源历来存在不同看法。就德昂族的族源问题,近年来争论颇为激烈,主要有以下几个方面。

1. 中南半岛的古老居民

德昂族渊源于南亚语系孟高棉语族,而孟高棉语族是中南半岛上一个古老的民族群体。林惠祥先生指出:孟高棉族是蒙古利亚人种的一支和猛族、矮黑人以及印度尼西亚人混合而成的,原出自中国的西南部,从很早的古代起,他们便占据了缅甸、暹罗以至越南,成为一大集团(参见《南洋民族的来源及分类》,载林惠祥《林惠祥人类学论著》,福建人民出版社1983年版),这是对德昂族的族源、分布进行的最远古的推论。这种看法目前为学术界所接受,还未见不同意见。

2. 濮人族属

濮是古代在我国南方分布广泛的一个民族群体。对于濮人的族属,学术界历来存在不同看法。方国瑜、马曜、尤中、王叔武等人认为,云南西南部的"濮",与楚国的"濮人"并不是同一民族群体,而是佤德语支民族的先民(参见《绪论一:元代以前傣族的居住区域》,载方国瑜《元代云南行省傣族史料编年》,云南人民出版社1958年版;《云南各民族的源和流》,载马曜《云南简史》中绪论,云南人民出版社1983年版;尤中《中国西南的古代民族》,云南人民出版社1979年版;王叔武《云南少数民族源流研究》,《云南民族学院学报》1985年第1期),《德昂族简史》亦持此种观点。但江应樑对此提出了不同的看法,他的主要论点是:①佤德民族属孟高棉语族佤德语支,而南亚语系各族,其族属的形成必然在中南半岛,可能兼及云南沿边一带。如果说在周、秦时代就有大量南亚语系民族遍布江、汉流域，成为我国南方的一个大族，事实上不可能。②汉晋史书上所载云南境内的濮，在生活习俗上与楚国境内的濮人有许多相似之处，而和今天佤德语支民族毫无相同的迹象。③"扑子蛮"和"濮人"无论从分布区域、人口数量和族群分类各方面都很难挂上钩，因此，古代的百濮（包括云南境内的濮和江、汉地区的濮），应是百越系统的民族（参见江应樑《百越族属研究》，载云南大学西南边疆历史研究所编《研究集刊》第一集）。对于濮人的族属，还有其他看法，但因与德昂族的族源无直接关系，兹不赘述。

3. 滇人族属

两千多年前生活在滇池地区，创造了具有独特风格"石寨山文化"的滇人，其族属问题也引起了学术界的广泛兴趣，有氐羌说、百越说、百濮说等。宇华、知余在《滇人与佤崩民族的关系试探》（《民族学与现代化》1985 年第 1 期）一文中认为，在汉晋时期，现今的滇池区域及滇东、滇南、滇西各地都有较多的濮人，而这些濮人的主要成分是今佤德语支民族的先民。滇濮与永昌地区的濮人同一族属，只是在政治、经济、文化各方面比较发达而已。最后的结论是：滇濮是佤德语支民族的先民，秦汉时期的滇文化是以孟高棉文化为基础，并吸收中原文化、百越文化乃至印度文化融合发展而成的一种新文化。这在滇人的族属上又提出一新说。目前，关于滇人的族属仍在讨论之中。

4. 哀牢族属

哀牢是汉代在滇西地区分布广泛、力量强大的民族群体。关于哀牢的族属，新中国成立以后曾进行过热烈的讨论。主要观点有掸泰说（参见石钟健《论哀牢九隆族和洱海民族的渊源关系》，《民族学与现代化》1985 年第 1 期）、氐羌说（参见黄惠焜《哀牢夷的族属及其与南诏的渊源》，《思想战线》1976 年第 6 期；《略论哀牢夷族属非濮》，《思想战线》1978 年第 1 期），以及濮人说，这里所说的濮人是滇西的濮人，即佤德语支的先民。明代董难《百濮考》（载《永昌府文征》）中始有此说，方国瑜认为：哀牢为濮族，后称为蒲蛮，即今布朗、布龙（德昂）、布饶（佤）诸族古代的部落组织（参见《元代云南行省傣族史料编年》）。王宏道也持类似的观点（参见王宏道《哀牢与昆明及濮的关系和族属》，《云南民族学院学报》1986 年第 3 期），认为哀牢人即是濮人，当是佤德语支各族共同的古代族称。近年来，张增祺又对此问题提出了新的看法：

哀牢夷是濮人和昆明人的融合体，并从哀牢夷与濮人和昆明人相似的民族特征上加以比较，说明哀牢夷既有永昌地区濮人的生活习俗，又有当地游牧民族——昆明人的特征，所以哀牢夷不是一个单一民族，而是永昌地区民族的融合体，其中以濮人和昆明人为主要成分（参见张增祺《"哀牢"族源新议》，《云南民族学院学报》1985年第3期），张先生文章中所说的永昌地区的濮人，指的也是佤德语支的先民。

5. 茫蛮族属

"茫蛮部落"见于唐代樊绰《蛮书》中的记载，是云南古代诸民族中历史悠久、社会经济发展水平较高的一个民族，在云南民族的发展史上占有重要的地位。学术界传统的看法，认为茫蛮是现今傣族的先民。随着研究工作的深入，近年来有人对茫蛮的族属提出了新的看法。桑耀华认为，茫蛮应是佤德语支的先民，并从文献资料、民族称谓、文化习俗、民族关系的演变等方面进行分析论证，说明唐代生活在茫蛮分布地的"开南杂种"，其主要民族成分之一是佤德语支的先民——永昌濮人，而茫蛮部落则是其中社会经济比较先进、人口较多，并发展成为有较大政治组织的部分（参见桑耀华《茫蛮和金齿族属试论》，《云南社会科学》1983年第3期）。桑先生的这个观点在学术界引起了广泛重视，虽然目前茫蛮为傣族先民的看法仍占多数，但茫蛮为佤德语支先民的论点已成为一家之说，并为一部分人所同意（参见《德昂族简史》；李道勇《我国南亚语系语言特征初探》，《中央民族学院学报》1983年第4期）。

6. 金齿族属

"金齿"之称，《蛮书》和《新唐书·南诏传》原是指滇西一些少数民族以金饰齿的习俗，后成为这些少数民族的称谓。元代金齿曾是澜沧江以西一个势力强大的民族群体。学术界一般认为金齿是傣族的先民，桑耀华对此也提出了异议。他认为：金齿是宋元明时期佤德语支民族的总称，与"茫蛮"是同一民族在不同时期的称谓而已。在宋元时期，金齿民族曾建立过自己的政权——金齿国，并对金齿国的社会性质和兴衰情况进行了分析探讨（参见桑耀华《茫蛮和金齿族属试论》，《云南社会科学》1983年第3期；《金齿国盛衰简论》，《中央民族学院学报》1985年第3期）。桑耀华的看法无疑有助于问题的进一步深入，但目前似乎还没有看到就此观点发表看法的文章。

7. 蒲蛮族属

关于蒲蛮的族属，原来是没有争论的问题。大多数学者认为从滇西濮人—蒲蛮（扑子蛮）—布朗、德昂族，这一条线索的脉络是清楚的。也有学者虽然认为滇西濮人是百越系统的民族，但也承认蒲蛮和布朗、德昂族有直接的渊源关系（参见江应樑《百越族属研究》，载云南大学西南边疆历史研究所编《研究集刊》第一集，1980年）。近年来张增祺在此问题上提出新说。他在《"蒲蛮"非蒲人说》（《思想战线》1985年第2期）一文中说，蒲蛮、扑子蛮或望蛮，是迁入滇西地区的北方游牧民族，他们和孟高棉民族无关，并进一步指出，两汉时期西北地区的蒲类国属庐帐而居、逐水草的游牧民族，后因获罪于匈奴被迫迁徙，其中有迁至匈奴内地者，想必也有部分南移至云南澜沧江流域者。滇西地区的蒲蛮，很可能和西北游牧民族的蒲类国有关。张先生认为蒲蛮后来多融合于云南其他民族，作为一个民族共同体的蒲蛮已不复存在了，而佤德语支的直接先民应该是滇西地区的濮人。此种说法颇为新颖，但是目前看来还需找出更多的史实和其他方面的材料来证实之。

以上所举，是新中国成立以来围绕着德昂族的族源在七个主要问题上的争论，现在争论还在继续，问题还没有定论。

（二）德昂族在历史上自身的发展演变

除族源问题外，新中国成立以后在德昂族历史上研究的另一重点问题是德昂族在历史的进程中自身的发展演变，关于这方面的情况，也可分为以下几个专题。

1. 早期的社会经济状况

由于文献资料的缺乏，德昂族没有本民族的文字记载等原因，可以说，新中国成立前对德昂族早期的社会经济情况没有进行很好的研究。新中国成立以后，大规模的民族调查工作为这方面的研究提供了条件，《德昂族社会历史调查》《景颇族社会历史调查》《阿昌族社会历史调查》《傣族社会历史调查》等书中都涉及了这方面的问题。方慧充分利用了这些资料，加上自己几次到德昂族地区的调查所得，结合文献资料，写成《蒲人早期的社会经济情况》（《西南边疆民族历史研究集刊》第8期）一文，文中从口碑传说、残存的德昂寨名、德昂族先氏的遗址、遗物三个方面进行考察，认为德昂族的先民是滇西地区的土著居民，并在南诏的政治、经济生活中占有一定的地位。文中还就德昂族先民早期在农业、手工业、畜牧业等几个方面的情况进行了具体的分析，提出在元代以前，一部分居住在山区的蒲人还处于较为原始的渔猎经济阶段，但当时住在坝区，与傣族杂居的大部分蒲人，农业、畜牧业和手工业都有了一定程度的发展，达到了相当的水平，在当地曾是一个实力强大的民族群体。《德昂族简史》、桑耀华所著《德昂族》（民族出版社 1986 年版）、《茶水清清话德昂》（云南少年儿童出版社 1987 年版）等书中对这方面的情况也有所论述。

2. 宋元时期德昂族先民居住地区发生的重大变动

既然德昂族的先民蒲人于宋元以前在滇西地区分布广泛，具有一定的实力，可是为什么宋元以后，据文献资料来看，蒲人在当地的数量不多，在政治上、经济上日趋衰落，发生这个变动的原因是什么？这是德昂族历史研究中的一大问题。就这方面的情况，桑耀华写了《略论宋元明时期傣族的北迁》（载云南省历史研究所编《研究集刊》1982 年第 2 期）。在这篇文章里，桑先生对西双版纳、德宏、思茅地区北部及元江、耿马、沧源、孟连等现在傣族居住较为集中的地区分别进行了考察，得出的结论是：西双版纳唐末宋初已有较多的傣族先民进入，景东、景谷、元江地区傣族的大量迁入是在 11 世纪中叶；德宏地区除瑞丽和盈江县外，其他各县的傣族更多的是在元末明初战胜其他民族后才大量迁入的；而耿马、沧源、孟连的傣族，则多数是在明代迁来的。这篇文章分析了宋元明时期傣族的迁徙分布情况，从而说明这一时期同地区的蒲人减少的原因。方慧在《元代澜沧江以西的蒲人》（《西南边疆民族历史研究集刊》第 7 期）一文中从元代蒲人居住地局势的变化入手，就元代云南和金齿地区的新形势、元朝对蒲人的征伐和招抚、傣族的兴起三个方面的情况进行剖析，认为在这种变动之下，德昂族的先民在民族关系、社会经济发展、政治地位等方面皆发生重大变化。元代后期，傣族成为金齿地区占统治地位的民族，蒲人就逐渐退居到被统治的从属地位了。

3. 明代蒲人内部的不同发展情况

关于明代德昂族先民的情况，方慧写了两篇文章。在《明代蒲人内部的不同发展情况》（载云南大学历史系编《史学论丛》第 3 期）中，作者提出：在明代，德昂族的先民蒲人由于明朝统治的加强、麓川战争的影响等原因，使蒲人内部社会发展不平衡加剧。而这种不平衡加剧的结果，又使蒲人发生了大分化，一部分蒲人内迁或外移；另一部分蒲人与当地的汉、傣等民族融合；而留在当地未被融合的一部分蒲人，则走上了退居山区、独立发展的道路。这篇文章主要分析的是明代澜沧江以西蒲人减少的原因，而在《明代云南广邑州建置考》（《民族研究》1985 年第 3 期）一文中，作者运用《明史》《明实录》和大量的云南地方志材料，对明朝在云南以蒲人为主的广邑州的建置情况进行了较为详尽的考证，提出《明史》对此问题记载上的一些错误，同时通过考证分析进一步指出，明代广邑州从设置到改土归流的过程，是明代蒲人融合于汉族中的典型事例。在这两篇文章中，作者特别提出了明代文献中出现的"野蒲""生蒲""熟蒲"等对蒲人的不同称谓，认为这是反映蒲人社会内部经济发展不平衡的重要标志。

4. 清代德昂族的形成

学术界一般都认为德昂族于清初从蒲人中分化出来成为单一民族，对此未见异议。关于德昂族形成单一民族的具体情况，方慧在《论明末清初德昂族的形成》（《思想战线》1988 年第 4 期）一文中，利用文献资料和调查材料说明，在明末清初，生活在德宏山区和缅甸大山的那一部分蒲人，由于与外地蒲人相隔绝而走上了独立发展的道路，他们已具有共同地域、共同语言、共同经济生活。文章中着重探讨了由于环境的变化，这一部分蒲人的民族性格随之发生了很大变化，由原来的刚强、豪爽、骠悍变为温和、诚实、善良，形成了德昂族特有的心理素质。由于他们已基本具有民族形成的四个条件，因此可以说在明末清初，这部分蒲人已从蒲人中分化出来，形成了新的单一民族——德昂族。

5. 德昂族人民的反抗斗争

德昂族人民是具有光荣反抗传统的民族，他们在漫长的历史进程中，为反抗阶级剥削和民族压迫而进行过不屈不挠的斗争。关于这方面的情况，桑耀华在《明清时期潞西崩龙族反抗傣族土司的斗争》（载云南历史研究所编《研究集刊》1980 年第 3 期）中作了较为详细的论述。

6. 语言、民俗、宗教等情况

一个民族的语言、民俗、宗教等方面的情况与历史发展是有机联系着的。颜其香在《崩龙语概况》（《民族语文》1983 年第 3 期）中，对德昂族的语言情况进行了比较全面的分析；李道勇在《我国南亚语系语言特征初探》（《中央民族学院学报》1985 年第 3 期）一文中，也谈到了德昂语的特点，并通过对我国南亚语系诸民族群体一些共同的语言特征的比较分析，从语言学的角度为我国南亚语系诸民族群体在历史上的演变情况提供了新的线索，这无疑是值得重视的。

关于德昂族的民间传说、民族风俗等方面的研究，首先要举的是陈志鹏整理、记录的德昂族叙事长诗《始祖的传说——达古达楞格莱标》（《山茶》1981年第2期），这首长诗对德昂族先民早期的政治、经济、古文化等各方面的情况提供了十分珍贵的资料。杨毓骧《德昂族生产习俗》（载云南省民族研究所编《民族调查研究》1987年第4期）从农耕的季节与生产祭祀、采集、渔猎和劳动分工，精巧的手工艺品等几个方面对德昂族的生产习俗进行了调查；此外，《思想战线》编辑部编《西南少数民族风俗志》一书中，也对德昂族的风俗进行了介绍。

德昂族先民早期信仰原始宗教，后改信小乘佛教，宗教对德昂族历史发展和民族的形成都有一定影响。杨毓骧在《德宏德昂族宗教调查》（载云南省民族研究所编《民族调查研究》1986年第1期）一文中，对德昂族信仰小乘佛教以及原始宗教的情况，进行了较为详细的介绍。《德昂族简史》和《德昂族社会历史调查》等书中也提供了这方面的情况，但在这方面专门进行研究的论文似还未看到。

（三）新中国成立以来德昂族史的研究特点

以上就新中国成立以来我国学者对德昂族史各方面研究的情况，作了一个简要的概述。下面谈一下我个人认为在德昂族史研究中的一些特点：

1. 德昂族虽然在我国境内人口较少，分布面不广，但是，它是我国西南地区古老的土著民族之一。从新中国成立以来的研究成果可以看出，无论是在族源问题还是在德昂族自身的发展变化上，我国的学者对此都不是孤立地进行研究，而是把它们与当时当地的政治形势、民族关系联系起来，把其置于更为广大的范围内加以考察。例如濮人、茫蛮的族属问题，是涉及西南民族史乃至中国民族史中的重大问题。而元、明、清时期蒲人发生的巨大变化，也只有与当时滇西乃至全国的政治形势联系起来，才可能得出较为满意的结论。

2. 由于德昂族本身没有文字，汉文史料记载很少，又经常迁徙等多方面的原因，给研究德昂族史带来不小的困难。新中国成立以来，在德昂族史研究中的另一显著特点是学者们另辟蹊径，采取多学科综合研究的方法，把民族史、民族学、人类学、考古学、地名学等多种学科结合起来，无论是在族源问题或是德昂族自身的历史发展演变问题上，都充分利用了多学科的研究成果，弥补了文献资料贫乏的缺陷，比起解放前的研究工作来，已在很多问题上取得了突破性进展。

三 今后应加强研究的方面

应该肯定，新中国成立40年来，经过广大民族史工作者坚持不懈的努力，付出了艰苦的劳动，也取得了丰硕的成果，德昂族历史发展的基本线索已理出主要脉络。但是，还有很多工作需要进一步深入。笔者认为，在今后德昂族史的研究中，有下列问题亟须加强。

（1）虽然德昂族历史发展的大概线索已较为清晰，但对德昂族历史的研究还有向纵横方向深入发展的必要，就德昂族在某一段历史时期的某些方面情况做专门研究的文章还不多见，同时，就德昂族在不同历史时期内的不同情况进行比较研究也还大有文章可做。

（2）德昂族既是我国55个少数民族之一，又是跨境而居的民族，而且大部分分布在境外，因此，把德昂族作为一个跨境民族来看待，结合整个东南亚历史的发展、境外德昂族的状况来对德昂族史进行研究，把德昂族放在更大的范围内进行考察，将有助于研究更深入一步。

（3）滇西地区历来是多民族聚居区，百越系统、孟高棉系统和氐羌系统的民族交错杂居。德昂族及其先民在政治、经济、文化、宗教诸方面与汉、傣、景颇等民族之间相互吸收，相互影响。研究历史上德昂族及其先民与周边民族的关系问题，是一个极为有趣而重要的课题，它既是德昂族史，也是西南民族关系史的一部分，但是，这个课题似乎还没有引起学术界的广泛重视，这方面的研究还是一个新的领域。

（4）德昂族史涉及近现代史范畴的论文还不多见。其实，这一时期的德昂族历史上可研究的问题很多。例如：近现代史上德昂族人民反抗外来侵略、维护祖国统一和领土完整的斗争，新中国成立前夕不同地区的德昂族社会经济形态研究，新中国成立后德昂族地区各方面发生的巨大变化，等等。

（刊于《思想战线》1990年第4期）

三、地方法制史研究

滇国法制初探

滇国是公元前5世纪中叶至公元1世纪我国西南边疆古代民族建立的古王国，由于文献资料的阙如，长期以来鲜为人知。20世纪50年代以来，随着考古发掘工作的不断深入，在考古学、民族学、民族史和其他学科专家的努力下，滇国已逐渐揭开了其神秘的面纱，出现在世人面前。但迄今为止，专门研究滇国法制状况的文章尚未见到，笔者拟用文献资料和考古材料结合的方法，在前人研究的基础上对此问题作一个初步的探索，以请教于大方之家。

一　滇国法制的社会背景

法律属于上层建筑，是为其经济基础服务的，换言之，在阶级社会里法律是维护统治阶级统治地位，维护社会秩序的一种手段。因此，要考察滇国的法律制度，必须首先搞清滇国的基本情况。文献中最早见到滇国记载的始见于司马迁的《史记》。《史记·西南夷列传》有："西南夷君长以什数，夜郎最大；其西靡莫之属以什数，滇最大；自滇以北君长以什数，邛都最大；此皆魋结，耕田，有邑聚。其外西自同师以东，北至叶榆，名为巂、昆明，皆编发，随畜迁徙，毋常处，毋君长，地方可数千里。"[①]按司马迁曾经到过西南地区，所记载的材料应该可靠。从中可以看出：其一，当时西南地区有众多的民族部落，没有形成一个统一的整体，滇国是其中较大的一个。其二，当时西南各民族发展水平不一：滇属于农耕民族，有固定的住所，其发型是"魋结"；而与滇国相邻的巂、昆明，则发展水平相对滞后，是随畜迁徙的游牧民族，没有固定的住所，处于原始社

---

① 司马迁：《史记》，中华书局1982年版，第2991页。

会"毋君长"的状态,其发型是"编发"。其三,从民族族属看来,滇是属于"靡莫之属"的一支,与同属"靡莫"的其他族群有较近的族属关系(当然,要特别说明的是,本文所说的"民族",是指古代民族,并非严格意义上的民族)。遗憾的是,由于记载过于简单,难以从中看出滇王国更为具体的情况。

可喜的是,20世纪50年代以来,云南省的考古发掘工作取得重大成果,特别是对晋宁石寨山、江川李家山等滇人活动地区的发掘,为研究滇国的历史提供了丰富翔实的实物资料。仅晋宁石寨山就先后出土文物万件以上。[①] 专家们对这些文物进行了认真的分析研究,对与滇国有关的一些问题已达成共识。其一,滇国存在的时间,从公元前5世纪中叶至公元1世纪初(大致相当于战国初期到东汉初期)。[②] 其二,滇国的地域:东至今路南、泸西一线,北达今会泽、昭通等地,南抵今新平、元江及个旧一带,西到安宁及其附近地区。[③] 其三,滇国的社会性质是属于奴隶社会。[④] 其四,滇国的民族成分问题。滇国的民族众多,这是公认的,冯汉骥先生把出土文物上所见民族分为7种,[⑤] 汪宁生先生分为4类10组,[⑥] 张增祺先生把滇国除主体民族以外的其他民族分为6种。[⑦] 至于滇国的主体民族,有僰族说,[⑧] 百濮说,[⑨] 越人说。[⑩] 上举的前三点共识,皆是本文论证滇国法制状况的基础与前提,唯第四点,本文只取滇国民族众多的结论,

---

[①] 蒋志龙:《滇国探秘——石寨山文化的新发现》,云南教育出版社2002版,第4页。

[②] 张增祺:《滇国与滇文化》,云南美术出版社1997年版,第1页。

[③] 张增祺:《滇国与滇文化》,云南美术出版社1997年版,第11页;蒋志龙:《滇国探秘——石寨山文化的新发现》,第20页。

[④] 关于滇国存在的时间、地域和社会性质等学术界已有较统一的看法,详见马曜主编《云南简史》,云南人民出版社1991年版,第20页;尤中《云南民族史》,云南大学出版社1994年版,第38页;汪宁生《云南考古》,云南人民出版社1992年版,第58页;蔡葵《从李家山石寨山古墓的早期文物看先秦滇池区域的奴隶社会》,《思想战线》1978年第5期。

[⑤] 冯汉骥:《云南晋宁石寨山出土文物的族属问题试探》,《考古》1961年第9期。

[⑥] 汪宁生:《晋宁石寨山青铜器图象所见古代民族考》,《考古学报》1979年第4期。

[⑦] 张增祺:《滇国与滇文化》,云南美术出版社1997年版,第58页。

[⑧] 马曜:《云南简史》,云南人民出版社1991年版,第6页;尤中:《云南民族史》,云南大学出版社1994年版,第37页。

[⑨] 汪宁生:《晋宁石寨山青铜器图象所见古代民族考》,《考古学报》1979年第4期。

[⑩] 张增祺:《滇国与滇文化》,云南美术出版社1997年版,第32页。

至于滇国主体民族的族属，因目前尚未达成共识，而且与本文的论题无直接关系，所以本文不讨论其族属只称滇国的主体民族为滇人。

二　滇国法制状况

从考古发掘的资料看来，滇国并无文字，仅于晋宁石寨山13号墓出土一件长方形刻纹铜片，专家认为，这可能是一种原始的图片文字，[①] 可以肯定，滇国无成文法。而大量存在的是习惯法（或称不成文法）。由于历史文献的缺乏，难以对滇国的法制作全面系统的论述，但通过丰富的考古资料，仍可以对滇国的法制状况作一初步的勾勒。

（一）镇压被统治阶级的工具

从出土文物看来，滇国已进入奴隶制，晋宁石寨山12号墓出土的贮贝器腰部所刻的画面中，四人抬肩舆一，舆中坐女子一人，舆旁有一小女子随侍，肩舆后有人保镖。显然，坐舆者为奴隶主，[②] 过着人上人的生活。1992年江川李家山出土的贮贝器雕铸的纺织场面，正中一人鎏金，高坐在一个鼓形座上，一人手捧食盒跪其左侧，另一人执伞跪其后方，还有一人跪其前方，似被训斥或责骂，周围有三人低头绕线，四人低头用踞织机织布。此雕铸画面也生动地反映出滇国的奴隶主养尊处优的情景。类似此画面的出土文物还不少，从中可以看出，滇国的奴隶主不从事任何生产活动，专门监督奴隶劳动或指挥战争、主持祭祀，过着奢豪的生活。文物中还反映出众多滇国平民的情况，他们从事农业、手工业生产、简单的贸易活动，在战争中则充当士兵。和奴隶主形成鲜明对比的是奴隶，他们替奴隶主种地、放牧、纺织，从事各种家务劳动。更令人发指的，是奴隶主将奴隶作为祭祀活动中的牺牲或令其与野兽搏斗以供奴隶主取乐，甚至被当作会说话的工具，和牛马一样可以买卖。[③] 如此等级森严的奴隶社

---

① 云南省博物馆：《晋宁石寨山出土有关奴隶社会的文物》，《文物》1959年第5期；林声：《晋宁石寨山出土铜器图像所反映的西汉滇池区域的奴隶社会》，《文物》1975年第2期。

② 云南省博物馆：《云南晋宁石寨山古墓群发掘报告》，文物出版社1959年版，第76—77页；张增祺：《滇国与滇文化》，云南美术出版社1997年版，第111页。

③ 云南省博物馆：《云南晋宁石寨山古墓群发掘报告》，文物出版社1959年版；云南省博物馆：《云南江川李家山古墓群发掘报告》，《考古学报》1975年第2期。

会，是需要用国家强制力加以维护的，因此，滇国法制的首要职能，就是维护奴隶主阶级的统治，镇压奴隶和平民的反抗。从滇国出土的武器来看，种类繁多，有铜戈、矛、钺、戚、斧、剑、镞、啄、狼牙锤、锤等。这些武器除了作为战斗中的兵器外，还有另一用途是镇压被统治阶级的反抗。例如，江川李家山出土的吊人铜矛，铜矛矛刃下端各吊一反手被捆的裸体男子，① 此种铜矛在1974年晋宁石寨山考古发掘中也有发现。② 至于被吊人的身份，无从考证，可能是战争中的俘虏，也可能是受刑的奴隶。石寨山出土1号墓鼓形贮贝器铸杀人祭铜柱的场面上有："裸体散发钉于木板上者一人，其右侧立一带腰刀的，似为行刑的刽子手，又有反缚俯首而跪的一人，左脚被锁作挣扎状的一人，脚手皆被缚拽于地上的一人，负婴而跪的一人……"③ 滇国奴隶主对奴隶施用的惨无人道的酷刑可见一斑，除此之外，为了防止奴隶逃跑，奴隶主还将奴隶的衣服脱光，戴上木枷、桎梏。有更甚者，将奴隶和牛马一起买卖，也是合法的。④ 从出土文物中还可看出，奴隶主对奴隶或平民的劳动稍有不满，便可随意训斥，而被训斥的奴隶或平民只能双膝跪地，俯首帖耳地恭听。⑤ 以上出土文物反映了滇国奴隶制的等级森严，滇国的法制是为维护滇国的奴隶制度，维护奴隶主阶级对奴隶和平民的压迫剥削服务的。奴隶主和平民之间的法律关系是双方处于完全不平等的地位，奴隶主享有各种特权而不尽任何义务，而平民却只有各种义务，无什么权利可言。至于奴隶，则可以任意被杀害、买卖，已成为法律关系的客体。

（二）处理民族关系原则

如前所说，无论是从司马迁的记叙还是考古发掘资料，都说明滇国周围有众多的民族群体，最明显的是有发式为椎髻的农耕民族和编发的畜牧民族，而在农耕民族和畜牧民族内部又有若干不同的民族群体。从考古发掘资料看，滇国除主体民族——滇人外，还有多种其他民族从事各种活

---

① 张增祺：《滇国与滇文化》，云南美术出版社1997年版，图45。
② 云南省博物馆：《云南江川李家山古墓群发掘报告》，《考古学报》1975年第2期。
③ 同上。
④ 张增祺：《滇国与滇文化》，云南美术出版社1997年版，第219页。
⑤ 同上书，第210页。

动。因此，如何处理民族关系，是滇国法制的一个重要组成部分。总的看来，滇国统治者对周边民族是采取武力征服的政策，考古发掘中众多表现战争的场面充分说明了这一点。晋宁石寨山 13 号墓出土的一件鎏金铜扣饰上描绘了滇人征服其他民族的场面：前一人为滇国步兵，戴盔，通身着甲，左手提人头，右手牵一绳，绳上系一个身背幼童的编发妇女及一牛二羊；最后一人也是滇国士兵，左手提一人头，右手执斧扛于肩，脚下踩一无头尸体。① 细看可知，前一士兵提的人头也为编发。可以确定，这表现的是滇国士兵征服昆明人等畜牧民族的场面。对敢于反抗的昆明人就砍下其头颅，其他的作为俘虏，他们的财产牛、羊等则带回作为战利品。同时也可以看出，滇国统治者对外族的征讨，除了扩张土地，要外族对其表示臣服外，抢掠人口和财产也是重要的原因。对于已经臣服的其他民族，滇国统治者要求他们献纳各种特产，以表归顺之心。晋宁石寨山 13 号墓出土的一贮贝器上，铸有众多的被征服民族向滇王进贡或献纳的场面。冯汉骥先生根据发型和服装把这些献纳的民族分为 7 组。② 张增祺先生分为 6 组。③ 无论哪种分法，都可以看出对滇王表示臣服的民族不少。贮贝器上可看出的献纳物品，有高峰牛、阔尾垂角羊、马、牛及兽腿、猪腿、盾牌等，还有背箩和箱子里的贡品不知何物。但总的说来，众多的被征服民族都向滇王献上自己的土特产表示臣服，这是滇国对周边被征服民族的一种统治方式。从这一场面中还可看出，纳贡的各组人物中走在前面的人衣服较为华丽，手中不拿贡品，可能是该民族中的上层人物。应该说，滇王对这些民族酋长是比较优待的。在一些重大的滇国祭祀场面，都有被征服民族的酋长作为观光者参加，即便是在被征服民族中地位最低的昆明人，他们的上层人物也可在重大的祭祀活动中展现她穿的皮衣。④ 至于被征服民族中的一般民众，就没有这么幸运了，他们基本上都成了滇王奴隶主的奴隶。但如仔细观察，还可看出，这些被征服民族的民众根据其民族与滇国关系的远近，他们在滇国为奴隶主从事劳动的种类也有所不同。与滇国同属于椎髻、农耕，生产力发展水平和生活习俗相近的那些被征服民族，他

---

① 张增祺：《滇国与滇文化》，云南美术出版社 1997 年版，第 194 页。
② 冯汉骥：《云南晋宁石寨山出土文物的族属问题试探》，《考古》1961 年第 9 期。
③ 张增祺：《滇国与滇文化》，云南美术出版社 1997 年版，第 1、174 页。
④ 同上书，第 211 页。

们为滇国奴隶主所从事的工作主要是放牧场所中的执杆驱赶牛马、猪羊者，播种图像中的抬肩舆者，上仓图像中的接粮入仓者，为滇王及其亲属执伞者，舞乐场面中的吹葫芦笙者、舞蹈者，祭祀场面中的宰杀牛羊者，纺织场面中的捧物进食者。总的看来，他们主要从事家务劳动。虽然都是奴隶，但待遇比昆明人高。在各种被征服的民族中，最为悲惨的是编发、随畜迁徙的昆明人。他们由于生产力发展水平较低，在习俗方面也和滇人有较大的差异等原因，地位最为低下。文物上除反映出有滇人士兵掳掠昆明人的妇女儿童及牛羊的场面外，还有战斗中昆明人士兵被俘、被捆绑拖拉的场面；昆明人妇女被监督纺织的场面；昆明人男子被杀、被吊打、带枷买卖的场面及祭祀时作为牺牲的场面。① 唯有因各种原因进入滇国的汉人，地位较高，未见作为奴隶使用的情况。总之，滇国的法制，在处理民族关系时，对其他民族是采取不平等的政策，但其中又因民族成分、在民族中的地位不同等原因而有所区别。

（三）行政建置方面

行政建置是一个国家法制的重要方面。从考古文物上看，滇国是奴隶制国家，国内等级森严，滇王是国内最高统治者。他"各自为一州主"，还曾问汉使者："汉孰与我大？"汉使者回国后，"因盛言滇大国，足事亲附"，而且滇国与周围的靡莫、劳侵等部落"皆同姓相扶"，② 可见滇王有很强的实力。唯因资料欠缺，除了各被征服民族皆要向滇王纳贡称臣外，早期其内部的行政建置无从知晓。令人感兴趣的是，在滇国的出土文物中发现各种杖头饰物多件，有牛、鹿、兔、枭、蛙、孔雀、牛头、鹿头、女俑等各种形象，杖本身用竹、木制成，所以出土时只见杖头，杖身未存。如此精心制作的各种杖头是何种用途，值得研究。20世纪50年代和80年代先后出土于甘肃武威磨嘴子汉墓的《王杖十简》和《王杖诏书令册》是汉武帝颁布的诏令，内容涉及尊敬老者，并对老者授以王杖，严惩侵犯持王杖老人的罪犯。而且具体规定：皇帝出于尊敬老人的目的，对70岁以上的老人授以王杖，王杖上有鸠饰，若有敢谩骂、殴打持杖老人者，比

---

① 张增祺：《滇国与滇文化》，云南美术出版社1997年版，第38页。
② 司马迁：《史记》，中华书局1982年版，第2996页。

照大逆不道罪论处。① 对比滇国出土杖头，无鸠鸟杖头，而是有多种其他动物形象，显然不应是汉代尊老的王杖，而有其他用途。李昆声先生经过考证认为：云南青铜时代饰以各种装饰的杖，应为权杖，② 此说可取。看来这些有特殊杖头的手杖是滇王国贵族权力的象征。唯这些不同的动物或人物的形象是否象征不同等级的权力，则需要更多的文献或考古文物资料的支持才能作更进一步的研究。虽然滇国前期的行政建置目前尚不大清楚，但后期的行政建置则基本搞清。滇国由于地处西南边疆，交通闭塞，因此中原王朝对其具体情况不大了解。西汉时唐蒙在南越吃到蜀枸酱，张骞在大夏（今阿富汗）见到蜀布、邛竹杖，西南夷的信息逐渐传到汉王朝。③ 西汉王朝为了打通到身毒（今印度）的道路以对付匈奴，派出使者到滇国，受到滇王的接待，于是有了"汉孰与我大？"的对话。使者回朝后"因盛言滇大国，足事亲附，天子注意焉"。滇国已经引起汉王朝的特别关注。汉王朝先破南越，又在西南地区置越嶲、沈犁、汶山、武都诸郡，然后派使者喻滇王归顺汉朝。滇王恃有数万人口，又有附近的靡莫、劳侵等部落相助，不愿归顺，后汉军先灭靡莫、劳侵，兵临滇国城下，滇王举国投降。汉武帝并没有杀滇王，而是于元封二年（前109）在滇国设立益州郡，"赐滇王王印，复长其民"。④ 司马迁还特别提到，西南夷有数百部落酋长，只有夜郎、滇两部落得到汉朝的王印，而滇王最受汉朝的恩宠。从此，滇国成为西汉的益州郡，但由于滇国地处边疆，生产力发展水平、风俗习惯与内地不同，汉王朝仍令滇王"复长其民"，管理滇国的事务。这种与内地不同的行政建置和统治方式，在出土文物中也得到印证。1956 年云南晋宁石寨山 6 号墓出土"滇王之印"一枚，⑤ 印为汉篆方印蛇钮，蛇背有鳞纹，蛇昂首向右上方，印边长 2.4 厘米，厚 0.7 厘米，通高 2 厘米，重 90 克。此印的发现引起了国内外学术界极大的关注和兴趣，

---

① 曾宪义：《中国法制史》，中国人民大学出版社 2000 年版，第 80 页。
② 李昆声：《权杖·驯象长钩·图腾柱》，《云南师范大学学报》1987 年第 5 期。
③ 司马迁：《史记》，中华书局 1982 年版，第 2996、3166 页。
④ 司马迁：《史记》，中华书局 1982 年版，第 2997 页；班固：《汉书》，中华书局 1979 年版，第 162 页。
⑤ 云南省博物馆：《云南晋宁石寨山古墓群发掘报告》，文物出版社 1959 年版；云南省少数民族古籍整理出版规划办公室：《云南少数民族官印集》，云南民族出版社 1989 年版，第 11 页。

对于其真伪、是汉朝所赐或是滇王自制、为何与《汉旧仪》中所载汉朝赐印的规格不同等问题进行了探讨，并基本取得共识：出土的滇王之印确是《史记·西南夷列传》中所记汉王朝赐给滇王的金印，并非滇王自制，由于滇王是汉朝特殊的内臣，所以汉王朝赐给滇王的金印既不同于汉王朝颁赐给诸侯王的黄金玺，也不同于颁赐给列侯的金印，更不同于颁赐给外臣的金印。① 通过出土的滇王之印，从一个侧面证明了元封二年以后，滇国已成为汉朝的一个郡，但由于其与内地不同的具体情况，汉王朝将臣服的滇王作为其"内臣"，让他仍在原地进行统治，但行政建置与滇国前期相比有很大变化。从文献记载来看，汉朝已向益州郡派太守、长吏，唯具体情况待考。始元元年（前86），益州郡廉头、姑缯的少数民族造反，汉王朝派大军镇压。② 可见益州郡已在汉王朝的控制之下。此后，滇国的情况少见文献记载，看来滇国内这种中原王朝的郡县制和滇王地方政权并存的局面未能持续很长时间，随着滇国与内地联系的不断加强，内地汉族移民的大量入滇，当地的郡县制逐渐巩固等多方面的原因，东汉中期，滇国已销声匿迹了。

（四）刑事方面

凡看过滇国出土文物的人，对滇国法制印象最深的可能就是滇国奴隶制血淋淋的刑法，如前所说，滇国统治者要维护其统治地位，靠的是通过国家机器对被统治者进行残酷的镇压。《汉书·刑法志》谈到我国上古时期的刑法时说："圣人因天秩而制五礼，因天讨而作五刑。大刑用甲兵，其次用斧钺；中刑用刀锯，其次用钻笮；薄刑用鞭扑。大者陈诸原野，小者致之市朝。"从出土文物上看，滇国的刑法也经历了这个过程。晋宁石寨山、江川李家山出土的文物有很多是表现战争的场面。如前所举，滇国士兵手提人头、脚踩无头尸体的画面，反映了战争中对敌方士兵采取斩首的方式。晋宁石寨山6号墓、13号墓出土的"战争"贮贝器上，雕铸有滇人和昆明人作战的场面：滇人士兵作为胜利者，追逐昆明人士兵，将他

---

① 吴扑：《我对"滇王之印"的看法》，《文物》1995年第7期；王仲殊：《说滇王之印与汉倭奴国王印》，《考古》1959年第10期；李昆声：《"滇王之印"与"汉倭奴国王"印之比较研究》，《思想战线》1986年第3期。

② 班固：《汉书》，中华书局1979年版，第3843页。

们双手捆绑，或揪住其发辫拖拉，还有的已被用大斧砍去头颅，也反映了在战争中对敌方士兵采取斩首的方式。大刑用甲兵，刑起于兵的观点，在滇国得到印证。此外，出土文物中还反映了在祭祀活动中施行的一些刑罚：晋宁石寨山出土的1号墓贮贝器因雕铸人物较多、场面内容丰富而备受学术界的关注。云南省博物馆将其命名为"杀人祭铜柱"，① 其他学者对贮贝器表现的活动有不同的看法，有的认为是"报祭"②，有的认为是"聘享"，③ 也有人认为是"动物崇拜"④。就本文而言，我们并不特别关注祭祀61的内容，感兴趣的却是不大为人注意的此场面中反映出来的滇国刑法状况。该场面共有人物54个，与法制有关的约18人。最引人注目的是人物36，赤身，站立，散发，双手背缚绑于立牌，头发缚于牌端，对其性别有不同看法，冯汉骥先生认为，此人乳甚长，当为女性。⑤ 可以肯定，此人作为祭祀的牺牲，将被处以死刑，从旁边执法者佩带的长剑看来，可能是斩首或腰斩，又结合滇国出土文物中多处表现以人头祭祀的场面看来，此人的下场极可能是斩首。人物30，男，坐地，赤身，头梳髻，左足戴枷，双手掌举于口前，肩、臂耸起作痛苦状。人物20，披发赤身，双手背缚，跪地。人物49，赤体伏卧于两段木板之上，双手及双足被缚，由两人牵曳。此4人受的为生命刑或身体刑，除36被斩首外，其他的如何处置不得而知。易学钟先生认为人物49是受"臀击"，⑥ 即笞杖刑，笔者对此有不同看法。因为笞杖刑在肉刑中较轻，奴隶社会很少使用。何况就画面看来，笞杖刑不用手足皆缚，下垫木板，笔者怀疑此人受的刑或为腰斩（因为下垫的两块木板正好空出腰部），或为火焚，因为人物46抱一捆薪站立于49的身前。当然，这只是猜测而已，此人究竟受的何种刑罚有待进一步研究。除此四人外，从画面上看，伏法的还有人物28，男，

---

① 云南省博物馆考古发掘工作组：《云南晋宁石寨山古遗址及墓葬》，《考古学报》1956年第1期。
② 冯汉骥：《云南晋宁石寨山出土铜器研究——若干主要人物活动图像试释》，《考古》1963年第6期。
③ 易学钟：《晋宁石寨山1号墓贮贝器上人物雕像考释》，《考古学报》1988年第1期。
④ 张增祺：《滇国与滇文化》，云南美术出版社1997年版，第208页。
⑤ 冯汉骥：《云南晋宁石寨山出土铜器研究——若干主要人物活动图像试释》，《考古》1963年第6期。
⑥ 易学钟：《晋宁石寨山1号墓贮贝器上人物雕像考释》，《考古学报》1988年第1期。

跪地，双手扶膝，两肩耸起，仰面作告饶状。人物35，女，跪地，膝前置一篮，双手拄篮，两肩耸起，头颈低垂作伏罪状。人物44，男，跪地，右肩负一匹布帛，以双手环扶于身前，两肩耸起，头颈下垂作伏罪状。看来这几个人由于犯罪轻微，受到训诫的处罚。① 而1号墓贮贝器上所反映的执法者形象的人物43，男，站立，戴半环箍形发冠，佩剑，右手握剑柄；人物15，男，着长袍，外加皮革状肩和护领，戴盔，腰后挂一盾牌，佩长剑，右手握剑柄，左手垂扶剑鞘，侍于祭场后侧；人物48，人物50，牵曳人物49手足被缚之人；人物41、人物42，皆为对受罚者训诫之人。1号墓贮贝器上表现出的刑具有木枷、绳索、长剑、腰刀、供捆人用的木牌木板，等等。又如晋宁石寨山12号墓出土的贮贝器上所雕铸造人物中，除有人被赤身捆绑于木牌上待杀外，还有一人已倒地破其头颅，一人一脚被锁于枷内，铜柱上盘绕的一条大蛇，已将一人吞噬一半，仅胸、首露于外，可见当地的死刑还有将人喂蛇的。笔者也注意到，施行这些刑罚的场地，人物众多，活动多种，既是祭祀的场所，也是平民交易的场合，这与《汉书·刑法志》上所说执法的"小者致于市朝"一致。《周礼·地官司徒下·司市》郑注："市者，人之所交利而行刑之处"，在大众集聚的闹市实施死刑，秦代称为"弃市"，看来滇国也有类似的情况。晋宁石寨山13号墓出土的一件长方形刻纹铜片，因画面内容丰富而备受关注，林声先生和张增祺先生认为此刻纹铜片上的符号很可能是一种原始的"图画文字"。② 关于此刻纹铜片的用途，学术界有不同看法，本文主要讨论的是滇国的法制，所以更加关注的是这刻纹铜片上所透露出与滇国法制有关的信息。关于这方面的情况，研究中尚有未发之覆，还有话可说。首先，如张增祺先生所说，该铜片上的刻纹，均有具体而实在的内容，与滇国青铜器上常见的几何纹装饰图案有明显的区别。③ 铜片现完好的有四格，第一格有编发、赤体、戴枷跪地奴隶一个，还有孔雀一、背箩一、玉璧一、牛头一、马头一、豹头一、绵羊头一、海贝三；二格有系带的牛角号一、草编的小篮一、牛头一、辫发人头一、双手被缚跪地的辫发奴隶一、绵羊

---

① 易学钟：《晋宁石寨山1号墓贮贝器上人物雕像考释》，《考古学报》1988年第1期。
② 林声：《试释云南晋宁石寨山出土铜片上的图画文字》，《文物》1964年第5期；张增祺：《滇国与滇文化》，云南美术出版社1997年版，第217页。
③ 张增祺：《滇国与滇文化》，云南美术出版社1997年版，第218页。

头一、海贝一；三格有装钱筒一、虎头一、辫发人头一。仔细观之，与滇国法制有关的信息有以下几点：其一，将奴隶与牛、马、海贝等物并列，可以印证滇国确有买卖奴隶之事。其二，在第二格、第三格，同时画有辫发人头和被捆跪地、戴枷跪地的奴隶，一般学者认为这些都是和牛、一样属于被买卖之列。但笔者认为，这一铜片的刻纹即是有具体而真实的内容。画面上绵羊和山羊都能区分清楚，如辫发人头和戴枷跪地的奴隶是同一用途，完全没有必要重复反映在同一画面之中，结合滇国其他出土文物反映的情况看来，即使他们属被买卖之列，其用途也应各不相同：只画出编发人头的应是与同画面的牛、马一样，作为劳动力，劳动工具出售，而戴枷锁或捆缚双手、赤身跪地的编发奴隶，应是作为祭祀时的牺牲，因为他们所受刑罚与晋宁石寨山1号墓、12号墓出土的贮器上作为祭祀牺牲的奴隶基本相同。其三，从铜片上看，滇国的刑具——木枷，与中原内地的木枷有所不同，它除了锁住奴隶的颈部外，将奴隶的手一前一后锁在枷上，中原则是将犯人的两手锁于身前或身后。此外，江川李家山24号墓出土的浮雕扣上反映的祭祀场面：其中一人已被缚于铜柱上的踩死倒吊于牛角上，另一人被牛践踏在地。如此等表现滇国刑法的文物还可举出不少。[①]

综上所述，从滇国出土文物中的零星材料大可以看出，滇国的刑罚有：

1. 生命刑

甲　斩首

乙　喂蛇

丙　牛践踏

丁　其他

2. 身体刑

甲　赤身反缚双手下跪

乙　左足戴枷坐地

丙　赤身伏卧于两段木板之中，双足双手被缚被人牵曳

丁　枷戴颈上，赤身手一前一后锁于枷上

[①] 云南省博物馆：《云南江川李家山古墓群发掘报告》，《考古学报》1975年第2期。

戊　双手缚于高处后吊打

3. 耻辱刑　受刑者皆被脱光衣服，赤身于大庭广众之下，以示羞辱

4. 训诫

5. 可看出的刑具有：

甲　斩首用的腰刀、长剑和其他兵器

乙　食人的蛇

丙　践踏人的牛

丁　缚人立于前的木牌

戊　缚人卧于上，用于牵曳的木板

己　捆人的绳索

庚　施用于受刑者的桎梏、木枷

（五）民事方面

滇国属奴隶社会，从出土的大量青铜器农具和反映耕种、收获、畜牧、狩猎的画面看来，生产有了一定发展，但商品交换并不频繁，而且早期是属于以物易物的状态。从晋宁石寨山1号墓和12号墓贮贝器上雕铸的画面来看，盛大的祭祀活动场所也是一个民间的集市，有人头顶箩筐和坛罐，也有人手提竹篮，里边放的是鸡、鱼等和自己生产的农产品、手工业品，利用祭祀的机会进行交易的。看来滇国已有一些集市管理的规定，也有专门的官员对集市进行管理。前面所提到晋宁石寨山1号墓贮贝器上训诫的情节，训诫者人物41、42，似为市场管理官员，41因用于交易的布匹质量不符斥责44。人物44肩负一匹狭窄的布帛跪地认罪。42也在对28进行斥责，28挎囊跪地接受斥责。至于滇国使用的货币尚未统一的看法，出土的大量海贝，有人认为是滇国的货币，也有人认为是财富的象征或装饰品。① 笔者认为，从当时生产力发展水平看来，滇国还应处于以物易物的交换阶段，并未出现广泛流通的货币，这些海贝是财富的象征。至于在滇国的出土文物中发现内地同时期的半两钱、五铢钱、"大布黄千"布币、"大泉五十"钱等货币，应该是从与中原的贸易交往中得来，但数

---

① 上述不同观点请参见李家瑞《古代云南用贝币的大概情形》，《历史研究》1956年第9期；米歇尔·皮拉佐里《滇文化的海贝与铜钱》，《云南民族学院学报》1994年第1期；方国瑜《云南用贝作货币的时代及贝的来源》，《云南大学学报》1957年第12期。

量不多，还看不出在滇国广泛使用的迹象。从滇国出土文物中反映的农业生产活动看来，"孕育""播种""收获""上仓"皆为大规模的集体活动，由奴隶主率领众多奴隶进行。由此看来，滇国的土地制度似应为奴隶制的土地国有制，考古资料中未发现任何土地买卖的迹象，当然，由于资料的缺乏，尚不能对滇国的土地制度作进一步深入的研究。

滇国出土文物上表现出滇国婚姻家庭的情况较少，从贮贝器上反映出主持几次大的祭祀活动时，主祭人有女性，也有女性参加祭祀活动，并顺便做些以物易物的小买卖，滇国从事农业生产劳动和纺织劳动的都是女性看来，妇女在滇国的社会地位不是很低。已经清理的滇国的墓葬，绝大多数为单人葬，极少合葬，罕见男女合葬。① 这种埋葬方式不知是否反映出滇国尚未有巩固稳定的一夫一妻制和经济独立的小家庭，因资料的缺乏，无法作进一步分析讨论，姑且存疑。

（六）诅盟

从司马迁的《史记·西南夷列传》可以看出：滇国和附近的劳侵、靡莫等部族关系密切，他们"同姓相扶"。那么，这些部族之间有没有如《华阳国志·南中志》中谈到当时南中地区民族的习俗有："其俗征巫鬼，好诅盟，投石结草，官常以盟诅要之"② 的情况，以诅盟的形式约束各自的行为，以法定形式来巩固他们的同盟呢？诅盟是当时西南古代民族中一项极为重要的制度，这种制度在滇国的出土文物中也有表现。晋宁石寨山12 号墓出土的贮贝器上共雕铸有人物 120 余人，还有屋宇、铜鼓、铜柱、牲畜、野兽等等。由于人物众多，活动涉及多方面内容，引起了学者们的广泛兴趣，云南省博物馆认为是"杀人祭铜柱的场面"。但冯汉骥先生经过细致的考证，认为这应该是滇所举行的"诅盟"的场面。③ 图像中间有屋顶的平台，似乎是特为此一盟会而建，平台中的"高坐"者，是主盟者，平台后面发式不同、装束各异的人群，则是滇族统率下和邻近不同民族的酋长，至少有七八种民族，平台下两边的椎牛刑马、屠猪杀羊等活

---

① 蒋志龙：《滇国探秘——石寨山文化的新发现》，云南教育出版社 2002 年版，第 168 页。
② 刘琳：《华阳国志校注》，巴蜀书社 1984 年版，第 364 页。
③ 冯汉骥：《云南晋宁石寨山出土铜器研究——若干主要人物活动图像试释》，《考古》1963 年第 6 期。

动,都是这一仪式的组成部分。从中可以看出,滇国与周边的民族通过"诅盟"这一形式,结成联盟,并各自受其约束,虽然这种形式充满了神秘的宗教色彩。但从法制史的角度看来,仍可看作是国与国之间订立盟约的端倪,也应是滇国习惯法的一种。

三 滇国法制的特点

世界上各国法律的起源由于各自的历史条件不同而呈现不同的形式,但仍有共同的原因和一般规律。马克思主义法学理论认为,法律是社会生产发展到一定阶段上,随着私有制、阶级和国家的出现而产生的,这是法律产生的根本原因,也是法律产生的共同规律之一。法律产生的第二个基本规律是,法律的产生过程有一个从氏族习惯到习惯法,再从习惯法到成文法的演变和发展过程,这是一个长期、渐进的过程。法律产生的第三个基本规律是,法律产生的过程受宗教、道德的极大影响,因此刚刚产生的法律几乎总是有浓厚的宗教色彩和道德痕迹。[①] 从以上对滇国法制状况的初步分析可以看出,滇国的法制,既符合法律产生的一般规律,又因为特定的历史背景而具有自己的特点,呈现出法律文化多元的态势,下面试就滇国法律的特点谈谈自己的看法。

(一)滇国法律处于由氏族习惯向习惯法演变阶段

从文献记载和出土文物看,滇国的法律尚未发展到成文法阶段,而是处于由氏族习惯向习惯法演变的时期。上举晋宁石寨山1号墓和12号墓出土贮贝器上反映的执法情况,皆是在重大的祭祀场面上进行,而且处以死刑的大多成为祭祀活动的牺牲。其他出土文物也有多处反映了滇人祭坛上供着人头,可以看出其刑法中的斩首是从氏族习惯中的猎头发展而来的轨迹。再者较之中原地区奴隶社会墨、劓、刖、宫、大辟的五刑和与滇国基本处于同一时期的秦汉法律来看,滇国的法律显然要简单得多,尚未有规范的法规可循,刑法的实施对象大多是由民族部落之间的战争中掠夺而来作为奴隶的俘虏,因此刑罚中随意性较多。张增祺先生认为滇人普遍信仰

[①] 曾宪义:《中国法制史》,中国人民大学出版社2000年版,第19页。

的是原始宗教，即"自然崇拜"，崇拜的对象包括农神崇拜、动物崇拜、祖先崇拜、生育崇拜等，而为了取悦于这些超自然的神灵，往往要举行繁杂的祭祀仪式。① 而剽牛、祈年、孕育、报祭、诅盟等隆重的祭祀活动都要杀人作为牺牲，同时另外一些刑罚也在这种"闹市"进行。出土文物中多处反映战争场面都有滇人士兵手提人头，另一手持大斧，脚踩无头尸体，这种氏族战争中的斩首也是滇国刑罚中斩首的前奏。因此，滇人的法律处于由氏族习惯向习惯法的过渡阶段。而且滇人的法律与宗教、道德的关系十分密切。

（二）独特的法律文化

滇国是由我国西南地区古代民族滇人建立的政权，历史条件与中原地区不同，创造了别具特色的民族文化，表现在属于上层建筑的法制方面，也呈现出与中原政权法制不同的特点。其一，从出土文物上可以看出，滇国妇女承担农业、手工业等重劳动，而这些劳动也由女奴隶主监督，连从事交易活动的也大多数为女性，上举晋宁石寨1号墓和12号墓出土贮贝器上主持重大宗教仪式的都是女性，甚至连祭祀时作为牺牲被杀害的也有女性。由此看来，滇国妇女的社会地位比中原地区同时期妇女的社会地位高，出现了执法者与被执法者均有女性的现象，这与中原地区男尊女卑，男主外、女主内，妇女不参加社会活动的传统思想比较，显然有较大的区别。其二，滇国的奴隶制发展并不充分，奴隶的占有和使用也不十分普遍，因此，在法制方面表现出来大量画面是将奴隶作为人祭杀死，或为了防止奴隶逃走而将奴隶戴上桎梏、枷锁，或将其双手双脚捆绑，而其他如墨、劓、刖、宫等中原地区奴隶制普遍使用的刑罚在滇国的出土文物和文献资料中不见。其三，笔者注意到，滇国的一些刑罚方式也与内地不同。例如：晋宁石寨山1号墓和112号墓出土贮贝器上，都有一人一足被施桎。桎即用于锁脚的刑具，中原奴隶社会也普遍使用，但从未见只施桎于一足的。《山海经·海内西经》有"贰负之臣曰危，危与贰负杀窫窳。帝乃梏之疏属之山，桎其右足，反缚两手与发，系之山之木"。郭璞注："汉宣帝使人上郡发磐石，石室中得一人，跣踝被发，反缚，械一足，以问君臣，莫能知。"② 由于中原地区没有此种刑罚，因此发现引起汉宣帝

---

① 张增祺：《滇国与滇文化》，云南美术出版社1997年版，第206页。
② 袁珂：《山海经校注》，巴蜀书社1992年版，第335页。

的惊讶，于是时人争学《山海经》。沈家本认为，反缚桎足之说，终属荒唐。① 其实，如果把《山海经》当作民族学的资料来看，其中的反缚桎足之说，并非完全荒唐，而是在滇国的出土文物中得到了印证。上举的两个贮贝器上确有人被发，裸体，双手反缚于木牌上，头发缚于其上，双足也缚于其上，画面上也确有人只械一足，所不同的是，械足者与反缚者并非一人。还有，前举晋宁石寨山13号墓出土的刻纹铜片中所画的两个戴枷奴隶，木枷形式也很特别，先将木枷锁于犯人颈上，然后将其双手一前一后锁在枷上，铜片第一格和第三格都有同样的形象，可见不是刻画者的随意之作，而是滇国确有这样的刑具。笔者也注意到，这种刑具与河南安阳小屯出土的商代陶俑所带刑具有所不同。这些陶俑男俑是拳在身后，女俑则拳在身前。② 而没有如滇国的刻纹铜片中所画的将奴隶双手一前一后锁在枷上的，这显然也反映了不同的法律文化。

滇国这些独特的法律文化，以一个个例反映了法律文化的多元，同时也作为一个个例表现了法律由习惯向习惯法演变的过程。当然，由于资料的缺乏和笔者水平有限，对滇国法制的研究只能是初探之作，笔者只希望有更多的学者关注和参与这方面的研究工作，使滇国的法制状况早日揭开其神秘的面纱。

（刊于《思想战线》2003年第2期）

---

① 沈家本：《历代刑法考》，中华书局1985年版，第1197页。
② 曾宪义：《中国法制史》，北京大学出版社、高等教育出版社2002年版，第34页。

略论元朝在云南的经济法制措施

云南是一个多民族地区，自古就是我们国家不可分割的一部分。从汉朝在云南设置郡县以来，历经三国、两晋、南北朝时期，历代中原王朝都对云南实行羁縻统治。唐、宋时期，云南先后建立南诏、大理两个国内少数民族政权。忽必烈征服云南后，在云南建立行省，云南与内地的关系进入了一个新的发展时期。行省在云南采取了一系列措施，使云南各方面得到迅速发展，本文拟爬梳有关史料，对元代在云南所采取的经济法制措施作一概述和剖析，不妥之处，还望大方之家批评、指正。

一 经济法制措施

（一）行政措施

公元 1252 年，忽必烈率军远征大理，此举的目的，主要是为进攻南宋作准备，一则想把云南作为其攻打南宋的后方基地，从背后包抄夹击南宋的长江中游地区；二则利用所征服的云南少数民族军队增加其军事实力。经过艰苦的长途跋涉，蒙古军于次年 12 月攻下大理城。在儒家知识分子的影响下，蒙古军一反过去攻下城市大肆屠杀抢掠的情况，忽必烈命姚枢"尽裂橐帛为帜，书止杀之令，分号街陌，由是其民父子完保，军士无一人敢取一钱直者"[①]，"民欢呼满道"，[②] 这大约是元蒙政权在云南所采取的第一个有关经济法制建设的举措。这样做的结果，使大理的各族人民免受战乱之苦，生产免遭破坏，为以后的经济发展创造了条件。大理国主段兴智投降蒙古后，"献地图，请悉平诸部，并条奏治民立赋之法"，

[①] 姚燧：《牧庵集》卷 15《中书左臣姚文献公神道碑》。
[②] 天启《滇志》卷 11《官师志·大理府》。

他在政治、经济方面的建议，使蒙古统治者十分满意，"宪宗大喜，赐兴智名摩诃罗嵯，命悉主诸蛮白爨等部"。① 征服了云南各少数民族之后，元蒙政权在云南建立了军事统治，并派宗王坐镇，同时委派原大理国主段兴智为当地最大的土官进行统治。由于各种关系处理不当，统治阶级内部发生纷争，至元八年，坐镇云南的宗王忽哥赤被大理等处宣慰使都元帅宝合丁和王傅阔阔带毒死，使云南的民族矛盾、阶级矛盾和统治阶级内部的矛盾交织在一起，日趋尖锐。为了稳定西南、巩固后方，忽必烈决定在云南建立行省。经过慎重考虑，派遣政治上较为成熟老练，在经济法制方面也很有经验的回回人赛典赤瞻思丁主持云南的大政，并对他说："云南朕尝亲临，比因委任失宜，使远人不安，欲选谨厚者抚治之，无如卿者。"② 可见元朝建立云南行省是为了云南政治上的稳定以及经济上的发展。行省建立之后，云南属中央政府直接管辖，与内地在行政统辖上归于一致，如元人李京所说："尽六诏之地皆为郡县，迄今吏治文化，侔于中州。"③ 赛典赤到云南后，做了很多工作，"下车之日，立州县，均赋役，兴水利，置屯田，擢廉能。黜污溢，明赏罚，恤孤贫；秉政六年，民情丕变，旧政一新，而民不知扰。"④ 在这些措施中，很多与经济法制有关。首先，加强了行省的权力，他于上任的当年上奏朝廷："云南诸夷未附者尚多，今拟宣慰司兼行元帅府事，并听行省节制。"⑤ 同时又上奏："哈刺章、云南壤地均也，而州县皆以万户、千户主之，宜改置令长。"⑥ 这些建议得到了忽必烈的认可⑦，赛典赤旋以所改云南郡县上闻⑧，这样，结束了云南军事管制的局面，确定了行省的建制和地方基层政权的建制，行省权力的加强，显然对加强各地经济活动的管理和调控创造了条件。清查户口，是行省加强经济法制建设所采取的又一项重大措施。如前所说，元代以前各中原王朝在云南实行羁縻政策，很少派遣官员对当地进行直接统治，南

---

① 《元史》卷166《信苴日传》。
② 《元史》卷125《赛典赤瞻思丁传》。
③ 李京：《云南志略·云南总叙》。
④ 《元史》卷125《赛典赤瞻思丁传》。
⑤ 李京：《云南志略·云南总叙》。
⑥ 《元史》卷125《赛典赤瞻思丁传》。
⑦ 《元史》卷8《世祖纪》。
⑧ 《元史》卷125《赛典赤瞻思丁传》。

诏、大理又是国内独立的少数民族政权，因此，元行省对全省的户籍并不十分清楚，而摸清当地的人口情况，对于制定赋税定额，对当地的生产进行有效的管理则是十分必要的。行省曾数次在云南进行户口清查工作，成绩斐然。至元十一年，中庆路达鲁花赤爱鲁就查出中庆隐匿的户口一万多户①；至元十六年，云南诸路宣慰使都元帅纳速剌丁率军抵金齿、蒲、骠、曲蜡、缅国招安夷寨三百，籍户十二万二百②；至元二十二年，临安广西道宣抚使张立道，"又籍两江侬土贵、岑从毅、李维屏所部户二十五万有奇，以其籍归有司"。③ 几次清查户口的结果，既检出了各地大姓藏匿的户口，也核定了一些地方上层为了虚张声势，挟以自重而多报的户口。从《元史·地理志》的记载看来，朝廷已掌握了云南各地较为确切的户口数字，这样遂为确定其地的租税定额，组织漏籍人户就地屯田提供了依据。由于云南是多民族地区，各地经济发展不平衡，较之内地生产滞后，有的地方还保留有没人为奴的陋习，行省对此也下令禁止。据《通制条格》所载，云南有官豪势要之家，放债进行高利盘剥，伺债到期无力偿还时，便将其妻子儿女强行抢去，刺面为奴，中书省上奏请予禁止，得到了皇帝的批准。④ 此事《世祖纪》也有记载："禁云南权势多取债息，仍禁没人口为奴及黥其面者。"⑤ 这项法令对于解放劳动力、发展生产显然是有利的。

（二）农业生产

云南是农耕地区，最主要的经济活动是农业生产。为了增加地方的经济实力，巩固其统治地位，元朝对云南的农业生产是重视的，并在此方面采取了不少经济法制措施。首先，行省在各地设有劝农官，负责督促农业生产，推广先进的生产技术等。张立道就曾任大理等处劝农官和大理等处巡行劝农使，他看到主要居今昆明、大理等地的彝族、白族人民"虽知蚕桑，而未行其法……遂教之饲养技术，"收利十倍于旧"⑥。后来，这些

---

① 《元史》卷122《昔里钤部传附爱鲁传》。
② 《元史》卷125《赛典赤瞻思丁传附纳速剌丁传》。
③ 《元史》卷167《张立道传》。
④ 《通制条格》卷28《杂令·违例取患》。
⑤ 《元史》卷12《世祖纪》。
⑥ 《元史》卷167《张立道传》。

先进的生产技术又辗转传到了山区的少数民族之中，提高了当地的农业生产水平。赛典赤也"教民播种，为陂地以备水旱"①。行省还在云南各地广泛组织了屯田，既使边疆的大量土地得到开发，又增加了财政收入。王惠任威楚路屯田大使，"增粮万石"②，纳速剌丁至元二十一年也奏请屯田课税专人专掌之，岁得伍仟两③。行省在昆明组织的大规模的水利工程，经历代加修，至今仍是滇池地区水利枢纽工程之一。行省还通过法律手段维护田地私有，保护了农业生产的顺利进行。史载："南诏海中积葑成淤，而浮游水上，夷僚耕稼之，号曰葑田。田如不系舟，西东无定，人交相为盗。人君命纪字为号，疏其步亩及四畔所届上于官，官为给券，使有所凭。复植木栈海岸，严其畛域，不相渚乱，或海潮漂荡，有籍以为奸者，俾出券环证之，竟归其旧。"此事便是典型的一例，文中所说官员是任宦云南的罗文节。④ 对于伤农的现象，行省也作出规定予以制止，大德年间，赛典赤之子忽辛任云南行省右丞时，"王府畜马繁多，悉纵之郊，败民禾稼，而牧人又在民家宿食，室无宁居。忽辛度地置草场，构屋数十间，使为牧所，民得以安"⑤。

（三）交通

云南地区山高水深，交通不便，这是制约经济发展的重要因素，行省也十分重视交通问题。为了"通达边情，布宣号令"而设置的驿传，也在云南推行了。全省见于记载的驿站有 78 处，马 2345 匹，此外还有一些牛和船只。⑥ 设驿传之处，遍及全省，既有中庆、大理这样的重要城市，也有车里、丽江、小当当一类的僻地。交通线的普遍建立，为行省政令的贯彻、边疆地区经济的发展、各民族之间的往来和交流创造了条件。在修筑驿站的过程中，行省制定了一些政策法令，调动各地土官的积极性，鼓励他们积极参与。大德五年，罗罗斯土官亦朋等亲至大都，提出驿道途经秃僚蛮地区"形势险恶"，建议改立 12 站。朝廷十分重视，遣人入其地

---

① 《元史》卷 125《赛典赤赡思丁传》。
② 李源道：《为美县尹王君墓志铭》，《新纂云南通志》卷 93。
③ 《元史》卷 125《赛典赤赡思丁传附纳速剌丁传》。
④ 宋濂：《宋文宪公全集》卷 11《元故文林郎同知重庆路泸州事罗君墓志铭》。
⑤ 《元史》卷 125《赛典赤赡思丁传附忽辛传》。
⑥ 《永乐大典·站赤八》引《经世大典》。

视察何处可以立站，并嘉奖了亦朋等人①。建都土万户女彝族人沙智，因"治道立站有功"，元朝授予虎符，准袭父职，后又改任建昌路总管，以资鼓励②。对于驿道的治安、维修工作，行省也有相配套的法规措施。赛典赤担心"山路险远，盗贼出没，为行者病"，便奏准朝廷，"相地置镇，每镇设土酋吏一人，百夫长一人，往来者或值劫掠，则罪及之"。③

（四）城镇

城镇是各地的政治、经济、文化中心，元朝对云南的城镇布局、建设都十分注意。在这方面最大的法制举措，是把省会由大理迁至中庆（今昆明）。元代以前，云南的政治、经济、文化中心是在大理，这里乃是原南诏、大理两个地方政权的都城所在。赛典赤建立行省后，却决定把省治设在中庆，此举从政治上考虑，是因为中庆地处滇中，利于统摄全局，并可藉以摆脱段氏的传统牵羁；从经济上考虑，中庆地势平坦宽阔，自然条件较好，与外地联系也较为方便，有发展前途，有可能成为全省经济发展的龙头。事实证明，云南行省的这项举措是正确的，经过一段时间的经营，中庆逐渐成为西南重镇，云南的政治、经济、文化中心，并延续至今。

（五）商业

对于民间的商业贸易，云南行省是支持和鼓励的，并采取了一些便利商业贸易的措施。赛典赤"薄征税以广行旅"，"筑驿馆，导水治桥，兴市井，皆候农隙"。④ 他又上奏：云南贸易与中州不同，宜交钞、巴子通用，"庶为民便，并从之"⑤。至元二十三年，云南行省平章政事纳速剌丁建言数事，其中有"弛道路之禁，通民来往"，"禁负贩之徒，毋令从征"，"听民伐木贸易"数条，世祖"诏议行之"⑥。对于各地的商业贸易活动，行省也进行积极的管理，使交易有序地进行。马可·波罗在中庆看

---

① 《永乐大典·站赤四》引《经世大典》。
② 《元史》卷13《世祖纪》卷13。
③ 《元史》卷125《赛典赤瞻思丁传》。
④ 赵子元：《赛平章德政碑》，《新纂云南通志》卷92。
⑤ 《元史》卷125《赛典赤瞻思丁传》。
⑥ 《元史》卷14《世祖纪》。

到的情况是城"大而名贵,商工甚众……这里的海贝、银币、金币之间都有一定比价"①。又大理地区的集市谓之"街子","午前聚集,抵暮而罢",而德宏傣族地区却是"交易五日一一集,旦则妇人为市,日中男子为市,以毡、布、茶、盐互相贸易"②。可见各地集市的交易时间,参加者和交易内容都有不同的规定。

(六) 赋税

由于元代以前历代中原王朝对云南实行羁縻政策,只要当地少数民族酋长对朝廷表示降服,并不改变其内部的政治经济结构,仍由当地酋长进行统治,不交赋税,只要按时上贡一些当地的土特产品,表示对朝廷的臣服关系即可。而赋税是象征着政府对其地的直接统治和管辖以及地区和百姓对政府应尽的义务,云南行省建立之后,在当地制定一定的赋税政策已提上议事日程。从《元史·食货志》的记载看,天历元年,云南省上缴的岁课有金184锭1两9钱,银735锭34两3钱,铜2380斤,铁124701斤,金、银课的数量,皆为全国之冠,铜课则只有云南输纳③。云南作为中央直接管辖的行省向中央承担岁课一年曾交赋税粮277719石④。行省在云南普查户口的基础上,对其掌握的人口也开始收取赋税。但因各地的具体情况不同,行省收取赋税的种类、数量、方法也不尽相同:赛典赤曾详细询问了当地的收成情况后,和当地少数民族相约,由政府贷给农具、牛、种子,每亩年输米二斗,并根据当地所产,可以用牛、马、银子折算赋税。⑤而对于今德宏傣族地区却是根据所居房屋大小收取金银,谓之差发。⑥还有一些蒲人(今布朗族和德昂族的先民)所规定的差发是铁锄和布匹。⑦行省在征收赋税、征发徭役过程中也有各种相应的具体措施,纳

---

① 沙海昂注,冯承钧译:《马可波罗行纪》第2卷第117章《哈剌章州》,商务印书馆1937年版。
② 李京:《云南志略·诸夷风俗》。
③ 《元史》卷94《食货二》。
④ 《元史》卷93《食货一》。
⑤ 张洪:《南夷书》。
⑥ 钱古训:《百夷传》。
⑦ 《经世大典·征伐·招捕·云南金齿》。

速剌丁曾奏请减少云南的冗官，每年可节约俸金 900 余两。① 行省每年都要派军队前往乌蛮地区征收租赋，造成人力、物力的浪费，忽辛向当地的少数民族酋长晓谕利害、道理，结果"不遣一卒，而租赋成足"②。有些豪民为了逃避赋税徭役，投充宗王府宿卫，这样既增加了行省的负担，又减少了财政收入，行省按照朝廷的有关规定，对此加以清查，凡人数超出规定数额的，一律恢复户籍，承担赋税和徭役。忽辛一次清查出宗王府多余的宿卫竟占规定数额的 2/3。③ 在军粮的供给中，有的官吏也利用制度上的漏洞从中贪污渔利，忽辛仔细核对了军户的姓名和仓廪处所的远近，作出了应支数额的具体规定，清除了这种弊端。④

（七）钞法

元代在云南的经济法制措施中，很重要的一方面是对云南所行钞法的调控。有元一代，全国通行纸钞，云南也不例外，但云南在历史上长期使用的货币是海贝，又称巴子，百姓对于使用纸钞不大习惯，赛典赤将此情况上奏朝廷："又言云南贸易与中州不同，钞法实所未谙，莫若以交会、巴子公私通行，庶为民使，并从之。"⑤ 虽然元朝政府根据云南的具体情况批准云南钞、贝并行，但实行的过程中出现了新问题，元廷又相应制定法令进行调控。据《通制条格》所载，至元年间，内地的生意人，带大量的海贝到云南去，牟取暴利；元朝管理对外贸易的机关——江南各地的市舶司里也堆放着很多海贝，有人建议把它运到云南，以换取金子和马匹，一时之间，海贝大量流入云南。地方官府看到问题严重，上奏说，云南行使海贝的地面有限，市面上流通的海贝多了，引起贝币贬值，物价上涨，百姓甚以为苦，奏请明令禁止。这个请示得到了皇帝的批准。⑥ 虽然元廷法令禁止从内地再运海贝到云南，但因有厚利可图，商人们仍通过各种途径从内地将海贝运到云南牟取暴利，以致"私巴数广，官民受弊"，元政府又进一步采取法制手段加以禁止。大德年间，元廷下令顺元、大

---

① 《元史》卷 125《赛典赤瞻思丁传附纳速剌丁传》。
② 《元史》卷 125《赛典赤瞻思丁传附忽辛传》。
③ 同上。
④ 同上。
⑤ 《元史》卷 9《世祖纪》。
⑥ 《通制条格》卷 18《关市·私巴》。

理、临安、曲靖、乌撒、罗罗斯各处官府，并各个关津渡口，"常切盘缉，禁治私巴，如有捉获，将犯人随即申解拘该上司，依条断罪，私巴入官，告捉人依例给赏。如所在官吏依前不为关防，通同作弊者，并行究治"。①《元史·刑法志》也有："诸云南行使巴法，官司，商贾辄以他巴入境者，禁之。"②可见元廷为了禁止海巴大量运到云南，制定了严厉的法令，同时，也采取了一定的行政措施加以调控。大德年间，"以万锭给云南行省，命与贝参用，其贝非出本土者，同伪钞论"。③除了加强钞、贝并行的力度外，云南使用的贝币又有"真巴""私巴"之分，所谓"真巴"是原来法定流行的贝币，"私巴"则是公私额外流入的视同伪钞的海贝，是法令禁止流通的，元廷在云南的钞法上所采取的举措，从主观上是为了维护整个国家正常的经济秩序，保证全国和云南的经济生活有条不紊地进行。当然，货币的流通是受各方面条件的制约，不是宣布几项法令就能解决的问题，所以一直到元末，私巴的问题依然存在，随着云南地区经济的发展，云南与内地经济联系的日益密切，从客观上要求云南与全国实现币制的统一，经过一段时期的过渡，到明末清初，云南终于实现了废贝行钱，结束了长期以来使用贝币的历史。

二　几点思考

以上就元朝在云南采取的经济法制措施作了一个简要的叙述，从中可以引起我们的一些思考。

（一）统一安定的政局是实施经济法制措施的保证

虽然从汉代起，中原王朝就在云南实行郡县制，但是除了三国时诸葛亮平定南中后，"乃为夷作图谱，先画天地，日月，君长，城府；次画神龙，龙生夷，及牛，马，羊；后画部主吏乘马幡盖，巡行安恤；又画（夷）牵牛负酒，赍金宝诣之之象，以赐夷，许放生口直。又与瑞锦，铁

---

① 《元典章》卷20《户部·钞法·杂例·禁贩私巴》。
② 《元史》卷104《刑法志》。
③ 《元史》卷21《成宗纪》卷21。

券，今皆存"。① 似乎有过一些经济法制建设的举措，但结果如何，不得而知，其他各代，均不见在云南的经济法制建设方面有所建树。究其原因，主要是在云南实行羁縻政策，没有在政治上实行和全国划一的统治，所以无法在云南进行全面直接的治理，元代在云南建立行省后，实现了对云南进行直接管辖，中央派遣官吏到云南进行统治，虽然对投诚的各民族酋长仍任命为当地的土官，但这种土官制较之从前的羁縻制，已有很大的不同，他们已不再是一方无法无天的土皇帝，而是必须服从行省的领导，受元朝法律的制约。在这种情况下，才有可能在云南实行一些经济法制方面的举措，从宏观上看，这些举措只是元朝政府在云南实行的行政、军事、民族、经济等政策中的一个部分，而政治上的统一，是实行这些政策的基础和条件，因此，考察元代在云南实行的经济法制建设，必须放在这个大环境中，才能得出正确的结论。此外，必须有安定的政治局面，经济才能得到发展，法制也才能得到健全。从宪宗三年（1253）忽必烈征服大理，到至元十一年（1274）行省建立之前，20余年的时间里，由于"委任失宜"，云南政局不稳，各种矛盾错综复杂尖锐，虽然中央政权也派遣了官员到云南执政，并有宗王坐镇，但大都是"久置遐荒，坐老志节"②，未见在经济法制建设方面有更多的建树。赛典赤行省云南后，一直到天历兵变之前（1274—1329）这50余年里，由于理顺了各方面的关系，政局较为安定，可以集中力量发展经济，上面所说元代在云南的大部分经济法制举措都是此时出台的，并且在一定程度上得到了贯彻实施。而从天历兵变到明军攻下大理（1330—1382），这50余年的时间里，元朝在云南的统治由盛转衰，行省和宗王的矛盾趋于尖锐，各地土官的势力也乘机坐大，省内战火不断，据当时的记载："云南自庚寅（至正十年，1350）以来，王纲解纽，国异政，家殊俗训，至段平章（指大理总管段功）薨，残刻之流，妄动边衅，上下交兵，民坠涂炭。"③ 在这种动荡不安的局势下，经济法制措施的实施也就无从谈起了。

总之，从以上剖析可以看出，一个政权的经济法制措施，并不是孤立的行为，而是与整个国家的政局息息相关，只有政治上统一，政局安定，

---

① 常璩撰，刘琳校：《华阳国志校注·南中志》，巴蜀书社1984年版。
② 王恽：《秋涧大全集》卷86《乌台笔补》。
③ 用源：《重建阳派兴宝寺续置常住记》，《新纂云南通志》卷94。

经济法制措施的实施才能得到保证。

(二) 因地制宜是元代在云南的经济法制措施取得成功的经验

元代的云南在各方面有了长足的进步,经济上得到较快发展,这与元代在云南实行的各项政策,也包括经济法制建设有关。之所以能取得这样的成绩,元代人元明善所说颇有见地:"余尝考其设施,是不过顺其性俗,利而道之,底于安耳。"① 说到底,是因地制宜的结果。综观元代在云南所进行的经济法制建设,可以看出,虽然在经济法制建设方面大的举措如清查户口、定租赋、缴岁课、打击豪强等方面和全国是一致的,但云南是个多民族地区,各方面发展不平衡,与内地存在较大的差异,在这种情况下,在云南实施的经济法制建设举措,在全国统一的原则之下,必须根据当地具体情况,因地制宜,方能奏效。例如:缴纳赋税是一个国家管辖下的人民对国家应尽的义务,既有政治上的意义,也有经济上的意义,因此,行省对在云南各地定租赋的工作十分认真,但考虑到云南各少数民族地区的具体情况,定多少、交什么是作了变通处理的。典型的事例是对云南所行货币的处理。元代全国已行钞法,由于历史的原因,虽然准许云南钞、贝并行,但并不是放手不管,而是通过经济法制的手段多次进行调控,以便既能使云南各族人民在使用货币时感到方便,又力求和全国的经济运行保持一致。赛典赤到云南后,对当的少数民族,"接见无虚日,虽以一壶浆至,必笑而纳之,更厚其酬答,由是远近翕然俱来"。② 由于了解了当地少数民族的情况和习俗,所以他采取的一些经济法制举措能够因地制宜,取得较好的效果。

(三) 余论

需要着重指出的是,元朝毕竟是一个封建王朝,其在云南采取的经济法制措施,自然有其局限性。首先,虽然忽必烈征服大理后曾书"止杀",使大理人民免受战乱之苦。但在以后征服云南各民族的过程中,蒙古统治者也曾滥用武力,给当地的经济造成很大的破坏。③ 总的说来,元

---

① 王叔武校注:《云南志略辑校·云南志略序》,云南民族出版社1986年版。
② 张洪:《南夷书》。
③ 《元史》卷121《速不台传附兀良合台传》。

代在全国是实行民族歧视的政策，把国内的人分为四等，云南各族人民是属于第三等汉人。①（顺便说一句，有的《中国法制史》书中将云南各族人民划为第四等南人，不妥，因为蒙古征服云南比最后征服南宋早 20 余年，云南各族不属最后为元朝征服的原南宋境内的各族人民。）和第四等南人一样，都是处于被压迫、被歧视的地位，受到元朝统治者残酷的压迫和剥削。朝廷派到云南的官吏像赛典赤、纳速剌丁、忽辛、张立道、罗文节等能注意当地经济发展的是少数，大多数官吏只顾鱼肉当地人民。至正初，述律杰以都元帅出使车里（今西双版纳），傣族总管寒赛出黄金采女遗之，一无所受，寒赛感叹说：“入我土而不为金妇饵者，此帅一人而已。”②可见贪官污吏之多。元代云南既是用兵的前线，又是给养供给地，这也给云南人民加重了负担，李京就因对缅战事，在乌蛮、六诏、金齿、白夷地区"二年之间奔走几遍"，措办军储，③各族人民在经济上所受的剥削可想而知。同时，战事也给经济造成破坏，这些都是元代云南经济发展受到制约的因素。但是，客观地说，元朝在云南所采取的经济法制措施，还是符合当时的云南实际的，对推动云南经济的发展起了积极作用。

---

① 《元史》卷 81《选举志·科目》。参见韩儒林主编《元朝史》下册，人民出版社 1986 年版，第 54 页。
② 《道光云南通志稿》卷 127《秩官志·循吏—元·述律杰》。
③ 李京：《云南志略辑校·云南志略自序》。

论元、明、清时期西南地区的文化

元、明、清时期，随着西南地区与内地联系的不断加强，经济方面有了长足进步，同时，文化也得到了迅速发展。本文拟就此问题进行一些探讨，以求教于大方之家。

一

西南各族人民有着与内地不大相同的本民族特有的文化和礼俗。据《元史·赛典赤赡思丁传》和《元史·乌古孙泽传》所载，元代云南的情况是："俗无礼仪，男女往往自相配偶，亲死则火之，不为丧祭……子弟不知读书。"至元二十九年，乌古孙泽任广西两江道宣慰副使时，当地的情况也是"荒远瘴疠，与百夷接，不知礼法"。行省成立以后，十分重视传播内地的封建文化，这也是元朝开发西南边疆的重要任务之一。

至元十七年（1280），元帅史格平定海隅后来到桂林，目睹桂林府学旧址一片废墟，乃令"按故址而图立新之"，修复后的府学，建有大成殿、戟门、讲堂和藏书阁等，为当地的壮族子弟学习内地文化创造了条件。在桂林府内，南宋嘉定年间曾刻有"丁杞舍奠"二图，是"郡庠之旧典礼"，历来被学者崇为"教化之大端"，元初兵火之后，二图皆已毁坏。大德元年，鲁师道为静江路儒学教授，重新复制二图，岭南广西道肃政廉访副使藏梦解为之撰文，名为"释奠牲历器服图"。此外还有延祐五年岭南广西道邝荼等人刻写的"释奠位序仪式图"，皇庆元年兵部郎中杜与可撰写的"静江路修学造乐记"，碑石均保存在桂林中学内，为研究元代今广西地区的教育提供了可贵的资料。[①]

[①] 黄现璠等：《壮族通史》，广西民族出版社1988年版，第359、537—539页。

贵州方面，皇庆二年（1313），曾于贵阳地区建文明书院，在顺元路儒学教授何成禄以后，"郡中人才勃兴"。延祐四年，普定路军民总管府判官赵将仕在普定"立学校，明礼义，通商贾"，也使当地的教育事业得到发展。①

长期以来，云南因地处边陲，文化水平与内地相比有一定差距。大理国时期，由佛寺培养的白族知识分子"师僧"虽"往往读儒书"②，但仍"少知六经者"。元代以前，"云南尊王羲之，不知尊孔、孟"。③ 赛典赤来滇，即"创建孔子庙，明伦堂，购经史，授学田，由是文风稍兴"。他就任伊始，首先提出兴办庙学，并于今昆明、大理两地首设儒学提举。④其办庙学的目的，主要是通过对封建文化的传播，使人民"举知风化"，便于统治。至元十三年，赛典赤于今昆明首建文庙，庙址在五华山右。赛典赤首先捐出俸金购买地基，其他行省官员也"例割己俸以资之，其木石之价、式役之费不取于民而用以足"。十六年赛典赤死后，其孔庙由继任平章政事脱脱木儿续建。孔庙落成之日，"八月上丁行释奠礼于新宫"，盛况空前。官府令蜀士王荣午为教官，择官民子弟就学。⑤ 当时任中庆路总管的张立道也为云南的庙学出了不少力。本传云："（至元）十五年，除中庆路总管……立道首建孔子庙，置学舍，劝士人子弟以学，择蜀士之贤者，迎以为弟子师，岁时率诸生行释祭礼，人习礼让，风俗稍变矣。"而大理的庙学则于至元乙酉（至元二十二年，1285）始建。修建庙学的工作得到了行省官员和当地土官的大力支持和通力合作："中奉大夫云南诸路行中书省参知政事郝公天挺实倡其议，大理路军民总管段信苴忠闻而喜曰：'文物胜事也，力有不给于我取。'"⑥ 庙学建成之后，"每遇秋春二丁告朔既望，僚属学官请胥弟子环例于殿堂之下，礼毕明经，观者如堵"。⑦ 大理路儒学教授赵傅弼认为"当今大理创修学庙，使旧染之俗欲

---

① 周春元等：《贵州古代史》，贵州人民出版社1982年版，第192、371页。
② 郭松年：《大理行记》。
③ 李京：《云南志略·诸夷风俗》。
④ 《赛平章德政碑》。
⑤ 郭松年：《创建中庆路大成庙碑记》。
⑥ 赵傅弼：《创建大理路儒学碑记》《创大理路文庙碑》。
⑦ 同上。

咸与维新"。① 据《元史·世祖本纪》：至元二十九年，元朝在云南诸路置立学校，"其教官以蜀士充"，据文献资料所记，元代在云南的今建水、石屏、澄江、曲靖、武定、楚雄、保山、丽江、鹤庆、姚安等民族聚居区，都先后建起了儒学。元廷和行省对西南地区庙学非常重视，一直到天历兵变之后，行省为改善办学条件，恢复扩大庙学规模所作的努力屡见不鲜。赛典赤建中庆路庙学之初，曾拨田五顷，以供祭祀教养。后田为大德寺所有，赛典赤之子，云南行省右丞忽辛"按庙学旧籍夺归之。乃复下诸郡邑遍立庙学，选文学之士为之教官，文风大兴"②。泰定二年，中庆路学讲堂因"岁久漫漶，且规制逼傑"，云南廉访司令佥事张侯祚和知事王景仁等人重修庙学讲堂，并置田以资饩廩，讲堂竣工之后，"诸生将百五十人朔望率师徒讲授，声钟鼓以节登降"③。为了重道崇儒，行省后又增置中庆路学田五百九十二双（每双为四亩），"且以废城官租隶焉，俾充春秋朔望祭享及修学养士费"，但数十年后，由于豪强侵夺，庙学管理不善等原因，以致"师生廩膳不足，春秋俎豆之荐亦或缺焉"。至正十六年，蒲机为云南诸路肃政廉访使，他"差官徧诣州县考正阅其地，凡归侵疆以双计者若干，得逋租以石计者若干……又总新故租，度岁用外……得中统宝钞五百八十余锭，移文中庆总府转达行省，请于梁王，以市大理路赵州设官田二百一十九双三角……岁增租一千一百三十八石六斗，由于仓廪充，财用足，师勤士励，教化大行"④。天历兵变的社会动乱之后，中庆"典章文物，扫荡无遗，学校礼乐其所存者几希矣"。在百废待兴的情况下，行省官员"深惧学校废弛，礼乐不备，慢神亵民，不可以祭"，乃"俾曲靖路教授刘黻、昆明县教谕王景贤乘驿持锱五千缗市礼乐器于江之南"，"宪府又以衣服不备，委中庆路学录潘允文亦持千缗计置于成都"⑤。至正二十九年，行省再次重修中庆路庙学，在行省官员和梁王的捐助下，"买材募匠，命郎中危毓董其役，栋楹椽瓦腐裂者易新之，赤白漫漶堕落者补之"。使中庆礼学"悉如其故"⑥，除了中庆庙学外，云南行

---

① 赵傅弼：《创建大理路儒学碑记》《创大理路文庙碑》。
② 《元史》卷125《赛典赤赡思丁传附忽辛传》。
③ 李源道：《中庆路学讲堂记》。
④ 支渭兴：《中庆路增置学田记》《重修中庆路庙学记》。
⑤ 何弘佐：《中庆路学札乐记》。
⑥ 支渭兴：《中庆路增置学田记》《重修中庆路庙学记》。

省其他地方的庙学也颇受重视。王升曾任大理中庆学正，仁德府儒学教授、曲靖宣慰司教授，"庠序大振，追复学田，生徒百数人，成才者伙"。他"葺旧庙，新废学，第见功效"。后充云南诸路儒学提举，"董治大理、永昌、丽江、鹤庆、姚安、威楚诸路学庠，所至庙宇圣像一新，复学田一千四百九十双，皆磨崖纪之"。① 元代西南地区所建的庙学，在传播封建文化、提高当地民族的文化素质方面起了很大作用。"虽爨㝹亦遣子入学"，② 一些当地民族的子弟学习了儒家文化，以致"文风稍兴"。③ 元朝末年，云南已是"吏治文化，埒于中土"。④ 大理白族中的一些人士，已能书写很好的汉字，"有晋人笔意"。⑤ 元朝在云南行省设有"寸白译史"，负责汉、蒙古、白诸族语言文字的互译，白族王荫曾任其职⑥，可为其证。还应看到，封建文化在西南边疆地区已产生了潜移默化的作用。除了一部分当地民族子弟到庙学学习外，广大各族群众的观念、意识都发生了一些变化。至正年间，云南省右平章知枢院使脱欢普化非常重视儒学的传播工作。每月的初一、初八、十五、二十三四天，他都要亲自到庙学进香，并"赴学生讲堂，令教官、学生暨民间子弟通经者以次讲说，至晡乃罢。外人来观听者充庭塞户，教化大兴"⑦。元代云南已是"北人鳞集，爨焚循理，渐有承平之风"⑧。"人习礼让，风俗稍变矣。"⑨ 除了建庙学外，赛典赤还教少数民族"拜跪之节，婚姻行媒，死者为之棺奠祭"，并送给少数民族酋长衣冠袜履，以"易其卉服草履"，⑩ 乌古孙泽在广西两江地区"作司规三十有二章，以渐为教，其民至今遵守之。"⑪

科举是历代统治阶级选拔人才的重要手段，元朝经过长时间的酝酿准备，自仁宗时正式开科。按元朝的规定，蒙古人、色目人在乡试中试经问

---

① 邓麟：《元宣慰副使止庵王公墓志铭》。
② 李源道：《中庆路学讲堂记》。
③ 《元史》卷125《赛典赤赡思丁传》。
④ 何弘佐：《中庆路学礼乐记》。
⑤ 郭松年：《大理行记》。
⑥ 邓麟：《元宣慰副使止庵王公墓志铭》。
⑦ 支渭兴：《中庆路增置学田记》《重修中庆路庙学记》。
⑧ 王彦：《中庆路重修泮宫记》。
⑨ 《元史》卷167《张立道传》。
⑩ 《元史》卷125《赛典赤赡思丁传》。
⑪ 《元史》卷163《乌古孙泽传》。

五条，试策一道，而汉人和南人则考明经经疑二问，经义一道，古赋诏诰章表内科一道，试策一道。可见无论是蒙古人、色目人或是汉人南人考试均以儒学和汉传统文化为主要内容。四川、云南、湖广是参加乡试的11个行省中的3个。皇庆三年，元廷选乡试合格者300人参加会试，在75名蒙古人中湖广3人、四川1人，云南1人；75名色目人中湖广7人，云南2人，75名汉人中四川5人，云南2人，75名南人中湖广18人。① 从这个记录看来，西南地区的庙学是有一定成绩的。

元代云南宗教文化方面的情况也有很大变化。据《马可波罗行记》说，至元间的中庆城"人有数种，有回教徒、偶像教徒和若干聂思脱里派之基督教徒"。可知回教（伊斯兰教）和基督教在元初即已传入云南。赛典赤是伊斯兰教穆罕默德的后裔，又任行省平章政事，深受云南回回人的敬重，而成为他们政治与宗教方面事实上的领袖。位于今昆明市崇正门内外云南最早的两座清真寺，即为赛典赤所建。佛教禅宗在元代已传入云南。善阐人李姓雄辩大师曾赴中原师从当时大德，学习禅宗达25年之久，后归昆明玉案山筇竹寺讲禅，"滇之溜流俊秀者翕然从之，而其道日振"。雄辩大师"解㸌人之言"，可推知前来听讲的除汉族人外，当还有不少白族。② 玄鉴、定林、崇照、慧喜等云南僧人，都曾赴内地学习讲法，其足迹遍及江南天目山和洞庭湖畔，对云南与内地佛学的交流，做出了重要的贡献。③ 至大三年（1310）云南名僧定林携带云南省臣禀文，赴大都朝觐。应其所请，武宗允赐《大藏经》三套。经卷取于杭州，传至善阐后，分送筇竹、圆通、报恩三座著名寺庙收藏。④ 部分经卷于明初流传到大理凤仪法藏寺，近年已有发现。

二

"武功以定天下，文教以化远人"，是明太祖朱元璋治理少数民族地区的思想。洪武元年，他向湖广行省平章杨璟询问广西两江地区的边务情

---

① 《元史》卷81《选举一》。
② 郭文：《重修玉案山筇竹禅寺记》。
③ 方国瑜：《彝族史稿》，四川民族出版社1984年版，第242页。
④ 玄通：《创建灵芝山慈胜兰若碑》。

况。杨璟说："蛮夷之人，隆习顽犷，散则为民，聚则为盗，难以文治，当临之以兵，彼始畏服。"明太祖不同意，他认为"蛮夷之人，性习虽殊，然其好生恶死之心，未尝不同，若抚之以安静，待之以诚意，谕之以道理，彼岂有不从化者哉"。① 同年，遣中书照磨兰以权，赍诏往谕广西左右两江溪洞官民。说明"朕惟武功以定天下，文教以化远人，此古先哲王，威德并施，遐迩咸服"之意②。第二年，中书省臣言："广西诸洞虽平，宜迁其人内地无可边患。"朱元璋却说："溪洞傜僚杂处，其人不知礼义，顺之则服，逆之则变，未可轻动。今惟以兵分守要害，以镇服之。俾之日渐教化，则自不为非，数年之后皆为良民，何必迁也。"③ 在朱元璋这种思想的指导下，一些在广西任职的官员也很重视当地的文化教育。洪武年间，按察使寻适曾向广西金事王佑询以广西治理之事。王佑说："蛮方之人渎伦伤化，不及此时明礼法，示劝惩，后难治。"可见他很重视文化教育，"适从之，广西称治"。④ 成化年间，林锦在廉州、钦州任职之时，"以教化为务。灵山尚鬼，则禁淫祠，修学校，劝农桑，其治廉、钦，皆饬学官，振起文教"，他得到当地少数民族的爱戴。⑤ 弘治年间任广西提学金事姚镆，"立宣成书院，延'五经'师以教士子。桂人祀山魈卓旺，镆毁像，俗遂变"。⑥ 正德年间曾任广西提学副使的李中，"以身为教。择诸生高等聚五经书院，五日一登堂讲难"。⑦ 万历年间任广西平乐知府的欧阳东凤，"抚谕生瑶，皆相亲如子弟。因自督学监司，择其俊秀者入学，瑶渐知礼让"。⑧ 万历年间，广东巡抚郭应聘在谈到对广西怀远县的治理时建议说："怀远习犷悍之余，沦于夷貊，不知礼义久矣。兹者，地方荡平。正其改观易听之时，可以兴礼施教之会，合将县内外各立社师，择其嗜学敦行者，凡残民八岁以上，俱入学，听其教诲。其子弟内的谙晓文字者，县官申请学道，给与衣巾，以示激劝。其社师果训迪有

---

① 《明太祖实录》卷34。
② 《明太祖实录》卷36。
③ 《明太祖实录》卷43。
④ 《明史·陶侃仲传附王佑传》。
⑤ 《明史·林锦传》。
⑥ 《明史·姚镆传》。
⑦ 《明史·李中传》。
⑧ 《明史·顾宪成传附欧阳东凤传》。

方，亦听本县中请提学，准其充附帮补。……庶残民知所向方，夷风縶此丕变。"① 巡抚广西右佥都御史刘继文也建议，"立社学以教僮竖。……往岁社学虽设，而督率尚无责成。宜行提学道，查建申饬，庶渐磨之久，夷风可永革也"②。万历三十三年，两广督抚官戴耀上奏诸事中也有在思明府"建学校以广风教。……该府应设教授一员，量设廪生六名。其寄附太平府者，悉归本学。嗣后续增，其统属营缮祭祀廪饩之用，悉如所议，则斯文可以渐兴，风俗可以渐化"。谈到明代广西文化方面的开发还应该提到王守仁。他嘉靖六年奉命到广西平息田州、思恩府岑氏土司的纷争和镇压广西壮瑶人民起义。在广西期间他曾在南宁创设"敷文书院"，不惜延师，或亲临书院讲学。并且对田州、灵山、思明等州学、县学也积极支持和提倡，引进师资，解决讲学、学舍的经费问题，鼓励诸生"专心至致，考德问业，毋得玩易怠忽"，虽然王守仁提倡教化的目的是"用夏变夷"和"破心中贼"，以巩固明朝在当地的统治，但在客观上对广西壮瑶地区文化教育的发展起到了一定的推动作用。明嘉靖以后，广西边疆地区的州学、县学及书院、学馆都有了一定的发展，民风亦逐步开化。③

据文献所载，明代广西所建儒学之地有南宁府、太平府、桂林府、田州、上思州、忠州、左州、新宁州、永康州、忻诚、荔波、思恩、桂平、河池、修仁、隆安、怀集、平乐等地。当然，办儒学既然是明政府对少数民族地区治理策略中的一部分，也不可能是孤立进行，而是与整个少数民族地区的局势息息相关，不可能是一帆风顺的，特别是边疆地区。洪武二十二年（1389），庆远府忻城县儒学教谕骆基上奏："忻城山洞猺蛮，衣冠不具，言语不通，自古以来，宾兴所不及。今虽建学立师，而生员方事启蒙，难以充贡。"上曰："边夷设学，姑以导其向善耳，免其贡。"④ 可知当时已在边疆忻城县第一次建立了儒学，也得到朝廷特别优待的政策。但永乐二年（1404），情况却是"广西忻城沮儒学训导到官岁余，邑中皆蛮僚有司招其子弟入学，卒无至者"⑤，宣德元年（1426），终因"县民稀

---

① 《明神宗实录》卷28。
② 《明神宗实录》卷205。
③ 莫家仁：《王守仁与广西少数民族》，《广西民族研究》1992年第2期。
④ 《明太祖实录》卷197。
⑤ 《明太宗实录》卷36。

少，多是瑶僮，非但语言不通，不堪训诲，抑且不愿入学，徒存学官。无所施教"，只好将思恩、忻城二县的儒学革去①。但学习先进的汉文化毕竟是大势所趋，正统二十年（1447），应思恩军民府土官岑瑛所请，又设广西思恩军民府儒学。② 景泰五年（1454），思恩军民府儒学以新建庙学，请造祭祀乐器。③ 正统四年，庆远府南丹土官其祯也要求"各村寨皆置社学，使渐风化"④。明中叶，瑶人聚居的平乐县局势平定后，"刊山通道，展为周行，而又增置楼船，缮修校垒，居民行旅皆贴席，瑶、僮亦骎骎驯习于文治云"⑤。

在广西边疆少数民族地区广置儒学的结果，使汉文化在这些地区得到传播，提高了当地人民的文化素质。儒学设立之初，广西地区汉文化水平还较低。广西岁贡生员中，有二人考不中式，按明朝的规定学官要罚俸一年，提调官当权。明太宗下旨"姑皆宥之"。负责这项工作的侍郎杨砥等认为："此定法也，宥之无以示惩。"太宗却说："远方之人，渐化者浅，教道未易行，不可概论。夫立法虽有定论，再责不中式，一论如法。"⑥ 随着汉文化的普及，广西的汉文化水平有了明显的进步，洪熙元年（1425），规定的全国科举乡试、会试取士之额中，广西有20人。⑦ 正统五年（1440），广西增至30人。⑧ 有明一代，广西因科举而进入仕途的人不少。例如：陶成，系广西郁林州人，"由举人累官大理评事"，后任浙江按察司副使。⑨ 巡抚四川都察院右副都御史冯俊，广西宜山县人，天顺四年进士。⑩ 管山西易州柴厂工部右侍郎陈琬，广西全州人，成化十四年进士。⑪ 南京兵部尚书张桑，广西全州人，成化戊戌进士。⑫ 南京户部尚

---

① 《明宣宗实录》卷21。
② 《明英宗实录》卷150。
③ 《明英宗实录》卷238。
④ 《明史·广西土司传》。
⑤ 同上。
⑥ 《明太宗实录》卷53。
⑦ 《明宣宗实录》卷9。
⑧ 《明英宗实录》卷74。
⑨ 《明英宗实录》卷192。
⑩ 《明孝宗实录》卷115。
⑪ 《明孝宗实录》卷174。
⑫ 《明武宗实录》卷117。

书蒋升，广西全州人，成化二十三年进士。① 嘉靖七年，广西梧州人李乔木任田宁府同知，起因是"新建伯王守仁疏其才可用，复谙土俗夷情，请如广西军卫有司所属各学教职例，不必以乡里为嫌，部覆从之"②。大学士吕调阳，广西桂林中卫人，中嘉靖二十九年进士。③ 户部主事陈原道，广西柳州人，万历戊戌进士。④ 除此之外，对广西本地的少数民族土官，也开始要求掌握一定的封建文化知识才能胜任。万历十六年，巡抚广西右佥都御史刘继文在上条治理广西少数民族的切要四事中就有"宜令各土司生子报名道府，因定嫡庶长细之序焉。稍长，送人府学读书习礼，凡三年，用得依序承袭。庶教化行而驯服易，伦序明而争端可息也"⑤。封建文化在广西地区的传播，影响是深远的，除了巩固明朝在当地的统治外，对提高当地少数民族的文化素质，改革当地的陈规陋习，都起到了积极的作用。

云南文化开发方面的情况与广西有些类似。早在洪武二十八年（1395），明太祖朱元璋就下旨："边夷土官皆世袭其职，鲜知礼义，治之则激，纵之则玩，不预教之，何由能化！其云南四川边夷土官，皆设儒学，选其子孙弟侄之俊秀者以教之，使之知君臣父子之义，而无悖礼争斗之事，亦安边之道也。"⑥ 永乐十年（1412），太宗也说："学校风化所系，人性之善，蛮夷与中国无异，特在上之上作兴之耳。"⑦ 在明朝统治者注重对少数民族教化的统治思想指导下，明代云南的儒学有了较大的发展，表现在建立儒学的地区比元代广泛；加之各个地区儒学的数量也有所增加。天启《滇志·学教志》序言有："滇学，仿于汉章帝元和二年，自后递兴废。至于元，而中庆诸路建学几遍。今考旧志，终元之世，所载甲科之选，仅仅五人焉。……本朝列圣，喜意文教，庙学之盛，六十有余，士出其门者斌斌焉，得于广厉者深，而奋于郁纾者久也。"⑧ 说的就是这种

---

① 《明世宗实录》卷69。
② 《明世宗实录》卷92。
③ 《明神宗实录》卷97。
④ 《明神宗实录》卷484。
⑤ 《明神宗实录》卷205。
⑥ 《明太祖实录》卷239。
⑦ 《明太宗实录》卷82。
⑧ 天启《滇志》卷8。

情况。据天启《滇志》所载，明代云南各府州县设立庙学的情况如下：云南府除了在元代基础上重修庙学外，又建五华书院、文昌书院，所属各州县皆有儒学、社学。大理府在元代基础上重修庙学，设苍山书院、源泉书院、桂林书院、龙关书院，各县皆有儒学、社学。临安府在元代基础上重修庙学，建龙泉书院，各州县皆有儒学、社学，其中阿迷州儒学、宁州儒学、通海县儒学，建水州儒学、峨县儒学、蒙自县儒学，皆为明代新建。永昌府：永昌府庙学为明代新建，还设督学试院、见罗书院、正学书院。各州县皆有儒学、社学，其中保山县儒学、保山书院、腾越州儒学、永平县儒学，均为明代新建。楚雄府：楚雄府儒学、龙泉书院、龙冈书院、楚雄县儒学、广通县儒学、定远县儒学、定边县社学、嘉县社学、南安州儒学、镇南州儒学，均为明代新建。曲靖府：曲靖府儒学、靖阳书院、沾益州儒学、马龙州儒学、罗平州儒学、平夷卫儒学、六凉卫儒学，皆是明代新建。澄江府：澄江府庙学在元代基础上重修，澄心书院、桂香书院、点苍书院、江川儒学、阳宗县儒学、新兴州儒学、路南州儒学、敬一书院，均为明代修建。蒙化府：蒙化府庙学在元基础上重修，明志书院为明代创建。鹤庆府：鹤庆府儒学在原旧址上重建，复性书院、剑川州儒学、金华书院、顺州文庙，皆明代新建。姚安府：姚安府儒学、栋川书院、南中书院、三台书院、大姚县儒学皆为明代新建。广西府：广西府儒学、师宗州社学、弥勒州儒学均明代所建。寻甸府：寻甸府儒学、萃华书院是明代所建。武定府：武定府儒学、文峰书院、禄劝州社学、元谋县文庙都是明代建立。景东府：景东卫儒学正统七年建，万历二十四年改为府学；新城书院，万历十五年建。元江府：元江府儒学，洪武二十六年建；北池书院，嘉靖四十年建。顺宁府：顺宁府儒学云州文庙，均系万历三十四年巡抚陈用宾奏建。北胜州：北胜州儒学，明代所建。[①] 从上举的情况，可看出明代的儒学比元代更加普遍。

历任云南统治者的明朝官吏中，关心文化教育的人也不少。西平侯沐英镇守云南时，在治理云南的诸项措施中，就有"兴学校，饬馆传，严祠祭"的内容，并"退食朝夕讲玩《大学衍义》《通鉴纲目》诸书"[②]。他重视文化教育，对明代云南封建文化的推行有一定影响。洪武年间任楚

---

① 天启《滇志》卷9。
② 《滇史》卷10—卷12。

雄知府的宋守仁，抚民勤政，"建学育才，立法锄梗，境内大治"①。姚州知州高宗寿，"修祀典，兴学校"，成化年间临安兵备的何纯，"初，临安城外多盗贼，白日劫杀无所忌。纯至，始立堡寨，并严捕捉之法，盗方敛迹。又修学校，聚生徒，暇日新为讲解经义，改窜文字，临安至今诵之"②。弘治年间澄江府通判晁必登，"政暇与诸生讲《易》，阐明奥旨，尤长于诗，诸留题脍炙人口"③。"昆阳州同知张升，居官有善政，增学址，设牛丛，理州如家。"④ 正德年间，广西府知府戴鳌"立法陈纪，化夷变俗，拓土城以院寇，建学校以育士，自贺勋开治以后仅见者也，民至今思之"⑤。嘉靖年间姚安知府王鼎"严明清慎，锐志作为：修城池，缮府治饬学校，课诸生，教民植桑麻，勤织纺，夷民裸首弃礼者教之男冠女髻……广社学以化童蒙，俗焕然不变"⑥。还有曾任云南巡抚的陈用宾、布政使的张纮、提学副使的黄琮，都热心修建庙学。

随着封建文化在云南的普及，使边疆地区的精神面貌发生了很大变化。首先表现在接受汉文化的知识分子增多。永乐年间，"滇中文教渐开，士人诗赋埒于中土"。当时云南的郭文，是全国有名的四大诗词家之一。⑦ 永乐六年，云南监察御史陈敬提出，"云南自洪武中已设学校教养士徒，宜如各布政司三年一科取士"⑧。永乐九年，始诏云南布政司开科取士，共取举人洪诚等三十八人。⑨ 有明一代，云南各府中举人、进士的人不少。⑩ 云南府始洪武癸酉讫嘉靖丙午，就"凡乡贡行士二百有奇"⑪。滇西的情况，景泰《云南图经志书》上有："金齿久无学，士风萎靡。正统间始建学，选卫子弟之秀者，而立师以教之，于是士风渐摄以读书自

---

① 《滇史》卷10—卷12。
② 同上。
③ 同上。
④ 同上。
⑤ 同上。
⑥ 同上。
⑦ 同上。
⑧ 《明太宗实录》卷56。
⑨ 《滇史》卷10—卷12。
⑩ 天启《滇志》卷20。
⑪ 同上。

励，而举于乡试者，科不乏人。"① 土司受汉文化的熏陶影响，最典型的是丽江府土官木氏。洪武十五年置丽江府，次年任命当地酋长木德为知府。永乐十六年，在丽江府和所辖宝山（今丽江县东北境）、巨津（今丽江县西北）、通安（今丽江县西）、兰州（今兰坪县）建立学校。② 土知府木氏家族喜读儒书，《明史·云南土司传》有："云南诸土官，知诗书好礼守义，以丽江木氏为首。"其中又以木公、木青、木增最著称。《丽江府志》说："有明一代，雪山（木公）振始音于前，生白（木增）继家风于后，与张禺山、李中溪相唱和，用修杨慎太史亦为揄扬，张志淳、董其昌、徐霞客并与之交。"③ 木氏曾刊于世的作品，有木公的《雪山诗选》、木青的《玉水清音》、木增的《云窝淡墨》及《山中逸趣》。明末徐霞客旅行至丽江，受到木增的热情接待，并请徐霞客为《云窝淡墨》作序、校正。④ 道光《云南志钞》也载："（木）增延纳儒流，所著作为一时名士称赏。"可知木增的汉文化已具有相当的水平。在封建文化的潜移默化影响下，云南各少数民族的风俗发生了变化。邓川已是"科甲继起，文行可比中州"⑤，大理也是"文教浃洽，风俗渐与中州同矣"⑥。"郡中之民少工商而多士类，悦习经史，隆重师友，开科之年，举子恒胜他郡，其登黄甲、跻华要者今相属焉。"⑦ 这种变化对社会的进步是有利的。

三

随着清代大规模的改土归流，西南少数民族地区与内地在政治方面划一，边疆地区的文化教育也得到较快发展。清政府为了巩固和加强其边远地区的统治，十分重视当地的文化教育。康熙五年（1666），两广总督卢兴祖曾上奏："粤西土司俗无礼义，尚格斗，争替争袭，连年不解。夫更

---

① 景泰《云南图经志书》卷6。
② 《明史·云南土司·丽江土司》。
③ 乾隆《丽江府志·艺文略·叙录》。
④ 《徐霞客游记·滇游日记七》。
⑤ 隆武《邓川州志》卷3《风景志·风俗》。
⑥ 正德《云南志》卷3《大理府·风俗》。
⑦ 景泰《云南图经志书》卷5。

化善俗，莫先于学校，请令各土司子弟愿习经书者，许在附近府县考试，文义通达，每县额取二名，俾感于忠孝礼义，则争斗之风自息。"这个建议得到朝廷的认可。① 贵州的统治者也认为，在边疆地区"必崇文治而后可以正人心，变风俗。"② 有清一代，西南边疆地区的学校有所增加，而且学校的增设，大多是在较为边远闭塞的少数民族地区。清代在广西一共创办学校、书院85处以上。在比较后进的桂西地区，建立了天河县的凤岗书院，宜山县德胜镇的屏峰书院，凌云县的云峰书院，西隆州的安隆书院，西林县的毓秀书院；在泗城府、西隆州、西林县、东兰州都设立了学校。③ 贵州除了在贵阳扩建贵山书院（原阳明书院）外，又建立正习书院、正本书院，成为省城传授汉文化的主要场所，在各府厅、州、县也扩建和新建了不少学校，据统计，一共66所。④ 清代云南共设府、州、县书院193个，比起明代云南所建65个书院来，增加了近两倍。⑤ 清代封建文化在西南边疆地区的传播更加深入，还表现在各基层义学、社学的增加。据统计，清代云南共设义学674馆，⑥ 广西和贵州也普遍增设义学，这样，西南边疆地区的少数民族接受汉文化的机会增加了。康熙年间，由于"滇省广西、丽江二府百姓久归版图，人民日繁，尚未设学"，皇帝应云南巡抚之请，批准在当地设立学校。⑦ 雍正二年，又在藏族聚居的中甸县"建主学宫以崇文教，礼乐法度，衣冠文物咸遵圣朝阁制，百余年间，属守奉行，未尝变易"⑧。沿边地区的景东直隶厅清代设义学15馆，广西直隶厅10馆，腾越厅义学21馆，丽江县义学20馆，文山县义学11馆，威远厅义学14馆，较之明代，应该说，这些边疆地区的文化教育普及得到了较快的发展。广西地区的养利州（今大新县）清代已有义学，但因"家自为师，人自为学"，"虽行文具有性灵，作法未尽如式，所以数十年以来，不能掇巍科，登高第，职此故也"。为了把当地的文化水平提高一

---

① 《清圣祖实录》卷20。

② 田雯：《黔书·附请建学疏》上。

③ 黄现璠等：《壮族通史》，广西民族出版社1988年版，第359、537—539页。

④ 周春元等：《贵州古代史》，贵州人民出版社1982年版，第371页。

⑤ 《新纂云南通志·学制考》。

⑥ 同上。

⑦ 《清圣祖实录》卷223。

⑧ 光绪《新修中甸县志稿本·序》。

步，嘉庆年间养利州知事高攀桂、李兆梅先后为光复当地的书院作出努力，"捐清俸为倡"，"相与经营筹画"。他们的行动得到当地人民的支持，"阖邑士民咸踊跃从事，各捐资金，集腋成裘，襄兹义举"①。两年以后，书院修复，取名瀛洲书院。

清廷在西南地区广建学校的目的，主要是在当地少数民族中培养忠于封建朝廷的知识分子，以巩固其统治地位。因此，对滇、黔、桂西南边疆地区参加科举考试的人员，制定了一些优待、变通的政策：除了提供差旅费用外，还对西南地区考生中的"土著""寄籍"者各规定一定的名额，其中"土著"即当地的少数民族，对他们可以放宽条件，以保证一定数额的人员人选。雍正年间皇帝曾下诏："今滇、黔、楚、粤等省苗民向化，新增土司入学额数，为学臣者尤宜加意禁饬，毋使不肖士子冒其籍贯，阻土民读书上进之路。"② 乾隆皇帝也曾下诏："滇、黔、粤西地处边陲，其人文原不及内地。学政按试各学，只须严切训谕，俾各生恪守卧碑，只遵功令，遇有唆讼滋事者，随时究治。至考试生童，惟当秉公甄拔，并严查抢冒撞骗之人，勿使滋弊，自足以昭惩而饬士习。其文风高下，只宜因地取材，量为培养。若必求全责备，去取从严，且欲经解、诗赋，事事淹通，此于江、浙等大省则然，边方士子，见闻浅陋，未必尽能领会。绳之太过，大率欲从末由，转不能使其心皆诚服。"③

这样，清代西南边疆地区接受汉文化的少数民族子弟较之明代又有显著增加，④ 出现了一批颇有造诣的本地知识分子。例如：思明府举人农耕尧，遗诗百余篇，为左江文人先驱；左江人郑绍曾，在广东任知县数十年，所著《海棠斋诗稿》（已佚），现仅存40余篇；武禄县韦丰华，著《今是山房吟草》，有诗数百篇，内容广泛，多反映风土民情及地方掌故；道光进士郑献甫，象州人，先后在庆远、桂林、广州、顺德、东莞、象州主持各大书院，著《补学轩散骈文集》12卷，《补学轩散文集》12卷，《补学轩诗麻》16卷，共存诗2700多首，是19世纪中叶中国诗坛上享有

---

① 《养利州建修瀛洲书院碑》，《广西少数民族地区石刻碑文集》。
② 《清世宗实录》卷66。
③ 《清高宗实录》卷1009。
④ 朱保炯、朱沛霖：《明清进士题名碑录索引》。

盛名的壮族大诗人。①

  清代云南也涌现出很多著名的知识分子，如：光绪二十九年癸卯经济特科第一等第一名，便是云南石屏人袁嘉榖；还有大观楼长联的作者，流寓昆明的布衣孙髯；全国闻名的实学家，书画大师云南昆明人钱沣，等等。有清一代，仅记载滇事的著述（史部）就达547种，反映了云南社会政治、历史、经济、文化、民族、外事、矿产诸方面的情况，②此外还有大量诗文，说明清代云南的文化有了较大的发展。在西南地区广建学校，除了培养出一批封建社会的知识分子外，更重要的还应看到其在西南边疆少数民族地区传播儒学思想和封建伦理道德方面所起到的潜移默化的作用。如清代云南马龙州的情况是："所居彝、汉杂处，汉人系马龙所军籍，皆中州人……其土著者有㑩一种，衣冠饮食亦与汉人同焉，亦喜读书，出身仕宦，代不乏人。"③又，傣、傈僳、白、彝等民族杂居的云南普洱地区，清代建立学校后已是"户习诗书"，"士敦礼让"④。此外，大量汉族进入傣族居住的云南威远地区，在文化方面对当地少数民族也有很大影响。⑤

（刊于《云南民族学院学报》1996年第2期）

---

  ① 黄现璠等：《壮族通史》，广西民族出版社1988年版，第359、537—539页。
  ② 方国瑜：《云南史科目录概说》卷5，中华书局1984年版。
  ③ 康熙《马龙州志》。
  ④ 道光《普洱府志》卷9。
  ⑤ 道光《威远府志》卷3："夷人渐摩华风，亦知诵读，子弟多有入庠序者。"

从金石文契看元明及清初云南使用贝币的情况

云南曾经长期使用海贝作为货币，称为海𧴪（或作海巴），至少已有上千年的历史。这个独特的社会现象引起了很多历史学者的注意，如江应樑先生、李家瑞先生、方国瑜先生、李埏先生、杨寿川先生等在这方面都做过很好的研究。各家在探讨这一问题中所使用的史料，多以史书记载为主，也兼有部分引用出土文物及当时的金石文契中所见的著录以为佐证。可是，专门从金石文契中所见资料来研究云南使用贝币情况的文章，似还未见到。本文试图主要通过元、明、清初一些金石文契中的有关材料来考察当时云南使用贝币的情况。材料的来源，除见于方志中所收的碑刻外，最重要的是1959年白族社会历史调查组编印的《云南省大理白族自治州碑文辑录附明清文契抄》，还有云南现存的若干金石文契及诸家论述中零星引用的有关文献。以下打算把金石文契中所见云南使用贝币的情况略加排比疏通，并分别就当时云南贝币使用的范围，贝和银、钞、钱并行的情况，贝和银、钞的比价以及最后废贝行钱的原因等问题，提出一些不成熟的看法，以求教于方家。

一 元、明、清初金石文契中所见云南贝币使用的范围

云南使用贝币的上限，应该很早，至于究竟始于何时，历来说法不一，须用专文进行讨论，不在本文范围之内。说至晚在西汉时期云南已使用海贝作为货币，应该是比较恰当的。考《新唐书·南诏传》，唐代云南用贝的情况已有记载，但较为简略。由元历明直到清朝初年，关于云南用贝的记述不断增多，金石文契中所见这方面的材料更是不少，关于此期间云南使用贝币的情况，亦即斑斑可考。

从元、明、清初金石文契的著录中可以看出，当时贝币使用的范围非常广泛，举凡民间买卖、布施、借贷、典押，以及上缴赋税等，均有其例，现排比有关资料，分述如下。

(一) 用于民间买卖，买卖的对象有房屋、田土、山地

1. 买卖房屋，如明中叶卖房地契：

> 立绝卖房契人临安卫右千户下舍董一言同男董志良，为因家下急钱使用，别无得处，情愿将自己原买到的楼房一所，前后上下四间并天井平房一间，门扇俱全，东至郑秀房，南至张儒房，西至街，北至祁发信房，四至分明，坐落北门内正街。其房因为歪斜倒塌，不堪住坐，凭中议作时价纹银贰拾肆两重，其银恐有杂色不及银水，每两估时值海巴玖拾卉，共该巴贰仟壹佰陆拾卉整。立契绝卖与前所乡百户所军丁钟大用、钟大节名下永远为业，听从修理住坐。当日房银两相交付明白了当。自卖之后，倘有□（分）换及各人争竟，买主乙面承当，成交之后，二家各无番悔，如有番悔者□罚白米五斗入官公用，其银色足并无□□，私债准□是二家两相情愿，别无异词，今恐人信难凭，立此绝卖房契永远为照。
>
> 实绝卖楼房一所，四至价值在前，门扇俱全
> 嘉靖贰拾柒年柒□月二十七日立绝永远绝契存照①

此契表明买卖房屋系以纹银作价，因恐银的成色不足，折合海巴交付。

2. 买卖田土，如大理地区鸡足山明末《敕赐悉檀寺常住碑记》载：

> 一、用价巴壹什（仟）肆佰索当官买到把目高锦小甲田一分，东至墩子，南至沟邦子田，西至腊猪田，北至马头哨田。
> 一、用价巴捌拾索买到郭仲义、杨国宾等祖遗田五丘，东南至小甲庄田，西至和曲乡，北至烧香田。

---

① 马德娴：《明嘉靖时用贝买楼房的契纸》，《文物》1963 年第 12 期。

一、用价巴壹佰索买到郭仲义、杨国宾等田大小五丘，坐大甲庄甸显，东至菁，南至李家田，西至艮，北至凹子田，

一、用价巴陆拾索买到王世春开垦田贰处，一处七丘，坐落本村营尾，东至马头田，南至李家田，西至大路，北至李家田。①

3. 买卖山地，如洱源西山卖山地契：

立卖山地契书人男（罗）杨奴，今立地契为因家下急缺使用，别无辗备，情愿将大麦地一处卖与戴（□□?）名下，议作地价税九百索，当日每年纳租三石五斗，不得过欠，如有过欠少之日，杨成一面承担，二家各不许返悔，如有追悔之日，再罚地价一半入官公用，恐后无凭，立此地契存照。

卖土地价九百索，纳三石五斗，崇祯十一年腊月初日

立山地契书人罗杨奴（押） 凭中人罗羊成（押） 知见人段保生（押）

山地存照代字楷笔。②

又明末洱源西山地价收付书：

立于收付书人罗享奴，系浪穹县下江嘴巡检司三板桥哨兵民，今立收付，为因原日故父罗文秀备价买到口岩场杨伦、杨豹子等陆地壹段，今无力，出卖与族兄罗三忍名下耕种，今地价海巴前后共收三次，约共二千五百索足，其巴一一收受明白，中间并无欠少，压盂尚有，日后享奴兄弟等不得异言，如有此人等，甘口挟害之罪，今恐无凭，立此收付存照，实收地价海巴贰仟五佰索足，前后共收口口割食羊酒叁席整。

天启元年十一月二十九日

立收付绝词书人罗享奴

---

① 《敕赐悉檀寺常住碑记》（碑在大理鸡足山悉檀寺内），载白族社会历史调查组编印《云南省大理白族自治州碑文辑录附明清契文抄》。

② 《云南省大理白族自治州碑文辑录附明清契文抄》。

同弟人罗双添
　　凭中人罗保予
　　楷笔杨汝泉①

目前见到用贝买山的地契还有明末鹤庆金墩赵家登的实卖山地契：

　　实卖山地契文约书人杨神佑系本府表一图金茨禾住，为因缺用，情愿将自己祖遗山坡壹面出卖与本图赵家登合族祭需名下为业，其山座落江东西山山脚，北至大阱，南至杨姓买小阱，东至山顶，西至开明山后，随税五合，受价海巴壹佰捌拾索，自此立契之后，任从买主安置坟墓，神佑子子孙孙不得异言争说，如有异言争说之人，神佑一面承当，如违甘罚白米拾石入官，恐后无凭，立此实卖山地存照。
　　实卖山坡一面系坐落江东，受价海巴壹佰捌拾索，山后随税五合，买主折入本户上纳再照
　　万历八年五月初七日
　　实卖山地书人杨神佑
　　凭中人高二哥
　　代字杨眉泽②

（二）用于布施

在当时民间的经济生活中，除上文所举用巴买房、买田、买地而外，记载用巴施舍给寺院的金石文契，更是屡见不鲜。如元碑《栖贤山报恩梵刹记》载苏庆以海巴施舍给寺院的事："苏氏舍数千缗修寺。"（苏氏）"舍己田贰拾肆双，捐真巴三千余索以充常住"③。元代《盘龙庵诸人舍施常住记》中记舍施田亩人名田地坐落四至，后又记出价真巴或中统钞收买之田地若干项。④昆明西山《初建华亭山大园觉寺常住功德碑》记至治

---

① 白族社会历史调查组编印：《云南省大理白族自治州碑文辑录附明清契文抄》。
② 同上。
③ 《栖贤山报恩梵刹记》，参见《新纂云南通志》卷93、《金石考》13。
④ 《新纂云南通志》卷94、《金石考》14。

癸亥三年以后的账也有"成都信士刘伯庭并男刘仲安布施巴一万五千卉，买到晋宁州水田贰双"，"昆阳州杨□□公施巴贰仟索，买到大迦桥村小田地壹双"①。隆庆二年宜良铸的铜钟，上面铸着铸钟人的姓名和所捐巴的数目。再如明代大理喜洲的《石碑宅祖庙记》所记各施主施舍巴给寺院的情况：

一、李桂舍巴壹仟伍索。
一、李连舍河关涧内地一丘，东至李山西南，北至三哥。
一、李继先舍本院核桃一树，小柿子一树，巴二百索。
一、李接舍□前地一丘，东至李境，西至李继先，南至李全，北至水沟。
一、李全舍巴壹佰索。
一、李太舍巴壹佰索。
一、李烂实佛堂云南田一丘，东、西、北至本寺田，南至路。
一、李山舍涧内地二丘，东至段（阙）
一、李彦文舍石碑一座，舍巴壹佰伍拾索。
一、李镜舍巴壹佰伍拾索。
一、李德舍巴壹佰伍拾索。
一、李坚舍巴壹佰索。②

（三）用于借贷

从金石文契反映的情况来看，贝币在当时除了充当流通手段和价值尺度外，还充当了借贷手段。例如李家瑞先生所提供的两个借契：

立借海巴文约人孙维忠，系安所口下军，为因家下缺钱使用，别无借处，情愿立约，借到本戴老爷名下海巴贰百索，每月行利巴捌卉，限至次年二月终一并交还，中间不至少欠，无（物）件变卖交

---

① 据李家瑞《古代云南用贝币的大概情形》一文转引，参见《历史研究》1956年第9期。
② 《石碑宅祖庙记》（碑在大理喜洲），载白族社会历史调查组编印《云南省大理白族自治州碑文辑录附明清契文抄》。

还，今恐人信，唯（难）冯（凭），立此借约存照，

  实计海巴贰百卉，按月行巴捌卉足

  万历拾年抬贰月拾捌日立约

  借到海巴人孙维中（押）

  代保人廖可久（押）

  立借银约人张瑚，系安宁州民，口新化州吏，为因缺用，情愿凭中立约，借到本州民赵名下松纹银壹两五钱，每月共行利贝伍索，其银限至本年三月终一并归还，如若短少分纹（文），将约赴官理取，今恐人信难凭，立此借约存照。

  实计借纹银壹两伍钱，每月共巴伍索，将号票壹张作当。

  万历伍年贰拾伍日立

  借口约人张瑚（押）。

  中证代保人戴（押）①

这是借银而以海贝付利息的。此外还有南明时期的一个借约，内容为：

  立与借约人罗杨定，系三板桥哨兵，今立借约为因家下急缺使用，情愿借到许名下海巴八百索，每月行利三分，不致欠少，如有欠少之日，将地名座落大麦地陆地壹庄，并青常转还钱巴，不得异言。如有异，甘认设遍（骗）之罪，恐后无凭，立此借约存照。实供海巴八百索，每月行利三分，如违将地名坐落大麦地并青壹庄转还钱巴整。

  弘光元年柒月贰拾柒日

  立借约人罗杨定（押）

  凭中人杨犬定（押）

  代字人张萱（押）

  借约存照②

---

① 据李家瑞《古代云南用贝币的大概情形》一文转引，《历史研究》1956年第9期。

② 《敕赐悉檀寺常住碑记》（碑在大理鸡足山悉檀寺内），载白族社会历史调查组编印《云南省大理白族自治州碑文辑录附明清契文抄》。

从以上几个借贷文契可以看出当时地主阶级对广大劳动人民敲骨吸髓的剥削十分残酷。几张借契的利息都很沉重，而且条件也很苛刻，要用当票、土地等作为抵押之物，劳动人民受到的高利贷盘剥，可见一斑。

（四）用于典押

如明末剑川西山典陆地契：

> 立与典地契书人系浪穹县桥后里壹甲甲首杨世美，今立典契，因为家下急缺使用，无处辏备，情愿将祖父遗下陆地壹霸坐落地名庄房，其地买（东？）至路，南至买主，西至横路，北至路，四至开写明白，随纳夏税伍合，凭中杨奴引说合，出典与本里三甲甲首杨豹子名下为业，三面言定议作典价海巴壹百肆拾索，当日地巴两相交付了毕，中间再不必重写收付，其地不拘年限，钱到归赎，地无税，巴无利，系是二家情愿交易，并不系准折私债逼迫成交，倘有户内亲族叔伯兄弟等人不得争说者，有当争说之人，卖主一面承担。立契之后，二家各不许退悔，如有先悔之人，甘罚地价一半入官公用，恐后无凭，立此典契存照。
>
> 实立典陆地壹霸，随纳夏税伍合，议交海巴壹百肆拾索整。
>
> 万历二年八月二十六日
>
> 立与典契书人杨世美
>
> 凭中说合人杨奴引
>
> 知证人杨奴寺
>
> 知见人杨添福
>
> 代字人杨显齿
>
> 拜羊酒一付①

（五）用于缴纳赋税

元代在云南设立行中书省后，云南第一次作为中央直接管辖的一个行

---

① 白族社会历史调查组编印：《云南省大理白族自治州碑文辑录附明清契文抄》。

省，开始向中央缴纳赋税。海巴除了在民间大量使用外，还广泛地加入了政府的经济流通。《元史》载："至元十九年九月，定云南赋税用金为则，以贝子折纳，每金一钱直贝子二十索。"① 可见，元代在云南的赋税主要是征收海巴。邓麟撰《元宣慰副使止庵王公墓志铭》一文中，提到王升在至正初充任云南诸路儒学提举，"征大理通欠巴六十二万（索），粮一万九千余"，② 是其证。到了明代，虽然中央在向云南征收的赋税中，货币的比重有所变化，但海巴仍占很大的分量。成化十七年的云南户口商税中，海巴占到70%。③ 上文所举《敕赐悉檀寺常住碑记》有如下一段记载："火甲庄甸头把公务田拾贰分，荒田二处，蒲草田二处随大龙潭出卖给悉檀寺，要寺院随纳本州粮巴壹百索。"④ 该碑记载的是明代的情况，可见明代云南有的地区缴纳田赋仍是用巴。再如前面所举的《典陆地契》《卖山文契》中均明文规定："立契之后，二家各不许退悔，如有先悔之人甘罚地价（巴）一半入官公用。"这也说明明代后期，云南的一些地区百姓交到官府里的货币仍有海巴。元、明两代政府所收赋税中的海巴，主要用于政府在当地的财政开支和作为官吏的俸禄，关于这方面的材料，在金石文契中当然不容易找到，但史料记载是不少的。

上引金石文契材料显示，贝币可作为买卖房屋、田土、山地，以及布施、借贷、典押和缴纳赋税之用，在当时云南的经济中贝是一种曾经起过重要作用的货币。从中还可看出当时云南使用贝币的地区是很广阔的，仅就材料涉及的地区而言，就有昆明、大理、洱源、剑川、鹤庆、水平、安宁、宜良、通海、沪西、楚雄等地。

二 贝银钱钞并行的情况

虽然元明清初云南的大部分地区都曾使用贝币，但由于时间不同、地点不同，贝币流通的情况不一样，贝、银、钱、钞兼用并行的情况也是有变化的。元代在云南设省，这是一件大事。它促使云南与中央的关系日益

---

① 《元史》卷12《世祖本纪》至元十九年九月己巳条。
② 景泰《云南图经》卷8所收邓麟撰《元宣慰副使止庵王公墓志铭》。
③ 《续文献通考·钱币考》卷4。
④ 白族社会历史调查组编印：《云南省大理白族自治州碑文辑录附明清契文抄》。

密切，这从贝币的使用情况也可以看出来。云南在元以前主要是流行贝币，而元代全国主要是用钞。云南人民对用钞不大习惯，为此，至元十三年，云南行省负责人赛典赤上书元世祖忽必烈，说："云南贸易与中州不同，钞法实所未谙，莫若交会巴子，公私通行，庶为民便。"① 忽必烈同意了。大德九年十一月丁未，又以钞万锭给云南行省，命与贝参用。② 可见当时云南是贝、钞并行。当时的金石文契中反映出来的情况也是如此。时云南流行的货币以贝币为主，但也使用银、钞。例如现存昆明圆通寺内的元代李源道撰《创修圆通寺记》碑阴记云南王舍施钞150锭，每锭计巴300索。③ 元人王礼在《麟原文集》中也谈到元代云南边疆地区使用货币的情况，其中提到金铜像说："金铜像者，蛮人所以货贝同行者也，货贝亦蛮人所用，谓之巴子。"④ 可见元代云南使用的货币不只是海巴，但海贝已是主要的，所以宝钞还要折算为海巴。虽然以金铜像作为货币的详情现在还不大清楚，但可以肯定的一点是这是当时少数地区与贝币同时使用的一种货币。

　　据明代的金石文契来看，前期使用贝币的情况较多，而到中叶后使用银钱的情况逐渐增加了。如前面所举的一些用贝的例子，隆庆钟、《石碑宅祖庙记》等，都是明代前期的情形。从明中叶开始，贝、银并行的情况增多，而且时间越往后，用巴越少，使用钱、银越多。如《敕赐悉檀寺常住碑记》附《布政使司致右参政木于天启二年内具本》中说，万历四十六年三月，用银贰佰两作巴叁万肆千索买到北胜州听袭土舍高世昌祖遗田一区。⑤ 同碑还记载天启年间，僧道鉴遗与徒弟源妙用银四两买到本山庆云庵僧会安田三段。前面所举的《借银文契》中提到安宁州民张瑚于万历四十五年铸的铜钟上铸有捐巴人的姓名和所捐巴的数目。与隆庆钟不同的是还铸有捐银人、捐谷人、捐锡人、捐油人的姓名。⑥ 从以上所述可以看出，到明代中、后期，使用海贝作货币的情况逐渐减少，而使用

---

① 《元史》卷9《世祖本纪》至元十三年正月丁亥条。
② 《元史》卷21《成宗本纪》大德九年十一月丁未条。
③ 李源道：《创修圆通寺记》碑阴，原碑在昆明圆通寺。
④ 王礼：《麟原文集》卷11，《麟原后集》卷10。
⑤ 《敕赐悉檀寺常住碑记》附《布政使司致右参政木于天启二年内具本》，载白族社会历史调查组编印《云南省大理白族自治州碑文辑录附明清契文抄》。
⑥ 李家瑞：《古代云南用贝币的大概情形》，《历史研究》1956年第9期。

银、钱的情况逐渐增多了。到了明末清初，李定国、孙可望等领导的农民起义军进入云南，铸大顺钱，令民间通行。后又铸兴朝钱，稍后吴三桂在云南铸利用钱，其孙吴世璠又铸洪化钱，当时云南铸钱的种类较为杂乱。① 在这一段时间，云南使用贝币的情况大为减少，市面已普遍用钱。我们所见的金石文契中有关清代使用贝币的记载，一是永平县宝丰白衣阁的《白衣阁常住碑》中关于僧侣买田的记事，有用银的，有用皇钱的，还有四条是用巴购买的，如：“僧明照买得掌大刚水田一段，价伍百索，租七斗；僧照明真学买得掌大伦水田一段，租捌斗，价巴六百索，僧明照买得晁正坤水田一段，出价九百四十索，僧明照买得周明健地一击，出价四百索。”② 这是康熙二十四年八月立的碑，碑上所记买田的时间应距立碑的时间不远。另外还有乾隆元年汝水里人万时化撰的《广西抚州众客商捐万寿官钟铭》上有罗幼素、胡季文等12人助巴的记载。③ 这大约是目前我们所收集到的金石文契中有关云南用贝的最晚记载了。

综上所述可以看出，随着时间的推移，自明中、后期云南用贝的情况逐渐减少，而用钱、银的情况不断增多，海巴已逐渐丧失充当一般等价物的功能了。

三　贝与银、钞的比价

元明两代云南大部分地区广泛使用贝币，清初也有用贝的记载，但由于时间不同，贝与银、钞的比价是不相同的。先看贝的计算单位。李京在《云南志略·诸夷风俗》条中说："交易用贝子，俗呼作巴，以一为庄，四庄为手，四手为苗，五苗为索。"明僧无极在《朝天集·贝生斌》中说："其为用也，独贝呼庄，手乃二对，八十成索，二十索为袋。"从中可以看出，云南用贝的单位是庄、手、苗（缗）、索、袋。其中袋是明初的材料中出现的。但从收集到的元明清初的金石文契来看，除了元代的《栖贤山报恩梵刹记》中记载苏庆捐真巴三千索，后来在该碑中又提到

---

① 倪蜕：《滇云历年传》卷12。
② 《白衣阁常住碑》（碑在水平县宝丰白衣阁），载白族社会历史调查组编印《云南省大理白族自治州碑文辑录附明清契文抄》。
③ 李家瑞：《古代云南用贝币的大概情形》，《历史研究》1956年第9期。

"苏氏舍数万缗修寺以报本"。缗即是苗，按五苗为一索计算，三千索是一万五千缗，所以又称数万缗，除此外现所见到的用贝的记载单位均是索（卉）。未见其他单位。

下面简单看一下贝和银的比价变化。元初的情况是："至元十九年九月，定云南赋税用金为则，以贝子折纳，每金一钱，值贝子二十索。"① 又据《马可波罗行纪》中的记载，当时昆明地区金银之比为1∶8，大理地区金银之比为1∶6②。又据当时金一钱值贝子二十索，则可推算出当时昆明一两银子值贝二十五索，大理一两银子合贝三十三索。从临安通海钟大节买房的地契中可以得知：当时银子"每两估时值海巴玖拾卉"，这是嘉靖二十七年通海的情况。万历四十六年，前面所举《敕赐悉檀寺常住碑记》中记载："舍本职于万历肆拾陆年叁用贰百两作巴叁万肆千索买到北胜州听袭土合高世昌祖遗庄田壹区。"则可推算出大理地区当时银一两值巴一百七十索。这与谢肇淛在万历末年所说"一索仅值六厘耳"③的情况是吻合的。因一索值银六厘，则可推算出一两银子约值一百七十索。前面所举《敕赐悉檀寺常住碑记》中记载了一个僧人和其徒弟用银买到本山庆云庵僧会安田三段，又说明价值巴价"陆千柒百叁拾索"，市价为银三十两。时间是天启年间。由此推算出大理地区天启年间一两银子约值巴二百二十四索。又据记载：隆武二年邓川（今属洱源）地区银一两值巴二百伍拾壹索。④而顺治四年新兴（今玉溪）地区已经是一两银子值巴柒百索了。⑤据上面推算的情况可归纳为下表：

时间	地点	银	贝
至元十九年（1282）	昆明	一两	25索
至元十九年（1282）	大理	一两	33索
嘉靖二十七年（1548）	临安	一两	90索
万历四十六年（1618）	大理	一两	170索
万历末年（1621—1622）	滇西	一两	170索

① 倪蜕：《滇云历年传》卷12。
② 沙海昂注，冯承钧译，《马可波罗行纪》，商务印书馆1937年版，第459、465页。
③ 谢肇淛：《滇略》卷2。
④ 隆武重修《邓川州志》（艾自修辑，云南图书馆藏抄本）卷3《风境志》风俗条。
⑤ 康熙《新兴州志》卷5赋役·市肆条。

续表

时间	地点	银	贝
天启年间（1621—1627）	大理	一两	224 索
隆武二年（1646）	邓川	一两	251 索
顺治二年（1647）	新兴	一两	700 索

从上表可以看出，从元初到明中叶 260 年的时间里，银和受巴的比价稍微稳定，仅增加了两倍，净增 65 索。但自明中叶后银巴比价则迅猛递增：嘉靖二十七年至万历四十六年仅 70 年时间，银巴比价就增加一倍，净增 80 索。虽然因地区不同，银巴比价会有一些出入，但银巴比价迅增的趋势却是明显的。到隆武二年增到 251 索，最后顺治四年已增到 700 索，比元初增加了 28 倍。

此外，从金石文契中还可以看出钞与贝的比价。如上文所举元代李源道《创修圆通寺记》碑阴中说"钞一定计巴三百索"，按一定 50 贯计算，则钞一贯值巴六索。又据成化十七年（1481）记载："（海巴）一索折钞一贯至三贯有差。"[①] 因目前没有找到更多的材料，元明两代云南行钞的情况又较为复杂，所以无法作出更详细确切的比较。

四　贝币不断贬值，最后废贝行钱的原因

以上说的是从金石文契中反映出来的元、明、清初云南使用贝币的粗略情况。人们自然会问：为什么元、明、清初云南使用贝币的情况会发生变化，贝币为什么逐渐滞行而最后废贝行钱呢？这就是摆在我们面前的问题。要解决这个问题。必须涉及当时社会生产力发展水平、社会政治、经济状况、社会阶级结构等几个方面。下面就此问题谈自己粗浅的看法，以求教于读者。

第一，贝币逐渐滞行，最后停止使用，首先是云南的社会生产力和商品经济发展的必然结果。

从金石文契中可以看出，元代海巴的使用情况是较为普遍，较为稳定的。正如马克思所说："货币的发生是以交换为前提，有怎样的交换水

---

① 《明宪宗成化实录》卷 222。

平，就有怎样的等价交换物和货币。"① 元代云南主要使用海巴作为货币是与当时云南的交换水平相适应。云南自元代开始成为中央的一个行省，纳入全国统一的行政轨道，这对云南生产力的发展是有促进作用的。从史书记载来看，云南在元代生产力的发展确有一些进步，特别是冶炼业。据《元史》记载，天历元年（1328）云南的金、银、铜课皆为全国之冠。金占全国税课的三分之一强，银占二分之一弱，铜则唯云南有之，铁课为第四位，占七分之一弱，② 这些数字足以说明元代云南冶金业的发达。但是，我们如果深入探讨一下，就会发现：元代云南的冶金业主要是官办的，生产出来的金银铜铁等产品主要是直接交给国家作为财政收入和供给封建统治阶级作为挥霍享受之用的，一般极少参与市场交易。从当时社会的阶级结构来看，除了统治阶级和广大农民（农奴）外，还有一些手工业者，但是，元代的手工业者多被编入政府的编制，称为匠户，实际上是世代为元代统治阶级服务的工奴。如《元史》记载："铜，在澂江者，至元二十二年，拨漏籍户于萨矣山煽炼，凡一十有一所。"③ 漏籍户即原来户籍册上没有登记而被清查出来的人户，他们是元代统治阶级的工奴，没有人身自由。他们的劳动产品全部被统治阶级占有，自己是没有权利用自己的劳动产品到市场上进行交换的。而广大的农村，多是自给自足的自然经济，地租也多为实物地租。他们除了偶尔在市场上购买一点生活必需品外，参加市场交换的情况并不频繁。这样看来，云南元代的商品经济并不发达，货币的流通量有限，海巴基本上能够胜任充当货币的职能，所以民间使用的货币、统治阶级征收的赋税、发放的俸禄都是以海巴为主，海巴基本上是能够适应当时的交换情况的，统治阶级要购买较贵重的物品时，可以辅以金银。

但到明代后，情况有了变化，特别是明中叶的万历年间以后，海巴的变化情况很大，这也必须从当时的社会经济状况、阶级结构的变化来加以分析。明代是云南经济得到较快发展的一个时期，特别是明中叶以后，社会经济结构发生了一些变化。在元代实行行省制的基础上，明代在云南的

---

① 《资本论》第1卷第2章，人民出版社1953年版，第75页。
② 《元史》卷94《食货志》岁课，参见云南大学历史系、云南历史研究所合编《云南冶金史》，云南人民出版社1980年版，第15页。
③ 同上。

广大少数民族地区建立健全了土司制以及在部分靠内地区进行了改土设流。明政府在云南的中央集权统治因此得到了更进一步的加强。加之内地移民大规模到云南屯田，他们带来了中原地区先进的生产技术和大量的劳动人手。在云南各族人民和内地移民的辛勤劳动下，经过一百多年的努力，明中叶以后，云南的经济有了较大的发展，这就为商品经济的发展、贸易的繁荣打下了物质基础。明中叶以后，由于实物地租开始部分向货币地租转化，如上文所举大理鸡足山《敕赐悉檀寺常住碑记》中提到该寺买田的情况时说，寺院买田后要"随纳本州粮巴壹百索"就是一证。推行货币地租的结果，迫使农民不得不将自己的部分农产品拿到市场上出售，以换取货币交纳地租。正如何良俊在《四友斋丛说摘抄》中说的："余谓正德以前，百姓十一在官，十九在田。盖因四民共有定业，百姓安于农亩，无有他志……自四五十年来，赋税日增，徭役日重，民命不堪，遂皆迁业……昔日逐末之人尚少，今去农而改为工商者，三倍于前矣。昔日原无游手之人，今去农而游于趁食者又十之二三矣。大抵以十分百姓言之，已六七分去农矣。"① 由于农民对市场的依赖性加强，交换和贸易有了较大的发展，除了一些较大的城镇贸易繁荣外，如《滇略》所说："（永昌、腾越等地）竹、木、麂、豕、鱼虾之利，其人儇巧，善作金、银、铜、铁、象牙、宝石、料丝、什器、布属之属，皆精好甲他处。加以诸夷所产琥珀、水晶、古喇锦、西洋布及阿魏、鸦片诸药物，辐辏转贩，不胫而走四方。"② 这就生动地描述出当时滇西边疆城镇贸易繁荣的景象。贸易交换的种类繁多，不但有农产品、牲畜、水产，还有各种生产工具、手工业品、日常生活用品、贵重药材、进口商品等。汉族、少数民族都参与了贸易交换，从中可以看出当时的交换水平较之元代已有了较大的提高。此外，农村的贸易场所——集市（街子），在明中叶以后也更加普遍了，街子增多，街期缩短。例如：邓川的北邑、青索、江尾、马甲邑、中所、右所、左所等地已经每天都有街子了。③ 农民——在当时的社会阶级结构中为数最多的劳动人民，已越来越多地被卷入了市场的漩涡，他们对市场的依赖性增强了，这是明中叶以后云南地区商品经济发展的重要原因

---

① 何良俊：《四友斋丛说摘抄》卷4。
② 谢肇淛：《滇略》卷4风俗条。
③ 道光《邓川州志》卷2街肆条。

之一。

还有一个值得注意的情况是：明中叶以后，官管的矿业逐渐衰落了。在手工业者的坚决斗争之下，政府为了增加冶金产量，不得不允许民营的矿业进行开采冶炼。据顾炎武描述的当时民营的矿业开采的情况是："如某处出矿苗，其洞头领之，陈之官而准焉，则视洞之大小，召义夫若干人。义夫者即采矿人，惟洞头约束者也。择某日入采，其先未成洞，则一切作公私用废之费，皆洞头任之。洞大或用至千百金者，及洞已成，矿可煎验矣，有司验之，每日义夫若干人入洞，至暮，尽出洞中矿为堆，画其中为四聚瓜分之：一聚为官课，则煎官领煎之，以解藩司者也，聚为公费，则一切公私经费，洞头领之，以之入簿支销者也；一聚为洞头自得之；一聚为义夫平煎之。"① 这里讲的是明中叶以后云南民营矿业的情况，从中可以看出两个问题：一是比起官营矿业来，民营矿业的产品除缴 1/4 为课税外，其余的可以自行处理，不像官营矿业产品要全部交官；二是民营矿业中的广大劳动者——义夫仍受到残酷的压迫和剥削，但是他们比起官营的矿夫来毕竟还是有些不同，可以多少分到一些劳动产品。也就是说，民营矿业中生产出来的产品约有 3/4 都是用于交换的。因为洞头、义夫分得的都是铜矿石，他们必须把铜矿石炼成铜后，再用铜去换取生活必需品。由于明中叶后民营矿业的发达，贩铜可以得到厚利，所以贩铜生意随之兴隆。政府三令五申不准私人贩铜，只能卖得官店，而官店又把铜价压得很低，据清初史料记载，政府到铜厂收铜的价格，每斤铜值白银三四分到五六分不等，收购后运发省城，设立官铜店，卖给外省的官商则每百斤定价九两二钱。② 虽然因缺乏史料无法精确地计算出明中叶以后云南铜的年产量，但从云南铜当时在全国所占的地位来看，产量是不会少的，这也意味着，明中叶以后云南参加商品交换的铜不会是一个小数目。

从以上分析还可看出，明中叶以后，云南的阶级结构有所变化，生产的发展为商品经济的繁荣奠定了物质基础。同时，由于实物地租部分向货币地租转化，统治阶级手中有了更多的货币，可以拿到市场上去购买更多的东西。农民为了交租，只好将部分生产物拿到市场上出售；民营矿业的义夫们为了活命，也不得不将自己的劳动产品拿去换钱。这样，随着交换

---

① 顾炎武：《肇域志》第 39 册，云南篇。
② 《云南通志稿》卷 6《食货志》8 之 4《京铜》。

的频繁，贸易的发展，整个市场流通的货币量增多，海巴就无法继续胜任充当货币了。其原因，一是云南本地并不出产海巴，海巴多是通过贸易从外面交换得来。海巴的需要量突然增多，必然打破云南的经济、贸易上所保持的平衡，所以海巴在此情况下已无法固定地充当一般等价物的作用了。二是海巴的单位太细碎，已不能适应交换的客观需要。以铜为例，当时 100 斤铜卖给官店售价平均为五两银子，而万历末年银巴的比价是一两银子值巴 170 索，五两就是 850 索，又以每索 80 枚计，100 斤铜要卖海巴 68000 枚，且不说在当时的情况下要搬运这些海巴是如何困难，单是要清点这近七万枚海巴可能都不是一件轻而易举的事情。农民出售的粮食和其他农副产品不再像从前那样只是为了换取一点生活必需品而进行的偶然性的少量交换，而是为了缴纳沉重的租税，所以出售的数目肯定比过去大为增加。从金石文契反映的情况看，明中叶以后，因"家下急缺使用"，卖房、卖田、卖土地的都不少。由于市场流通的货币量增大，海巴这种单位细碎的货币肯定是无法继续充当一般等价物了。当时与海巴一起流通的还有白银，但是白银不可能代替海巴成为广泛流通的货币，这是因为当时云南还不可能达到这么高的交换水平。当时社会上参加交换的人为数最多的是农民、手工业者、义夫等劳动人民，他们参加交换是为了交租和活命，而不是为了换取昂贵的奢侈品，他们的交换水平是比较低的。据咸丰《邓川州志》说："值年岁稍丰上，农夫终岁胼胝，计一亩所入仅值银二两。"① 这说的是清初的情况，可能不会与明末有较大的出入。又据严中平估计，清初"像汤丹那样每年产铜达一千二三百万斤的大厂，拥有十数万工人确是很可能的"②。这是当时规模比较大的一个厂的情况。由此算出当时平均一人一年产铜 100 斤左右（有些地区可能还达不到这个水平），虽然这样计算可能是极不精确的，但是还是可以大致说明问题。这样，农民辛勤劳作一年，一亩地的收成只值二两银子，义夫当牛做马，一年的收入也只值五两银子（这大约是最高的估计了）。而这些最广大的劳动人民就要用这几两可怜的银子维持全家一年到头的温饱。所以，他们进行交换时是不可能以白银的两为单位去支付的。这样，生产力本身的发展就对云南流通的货币提出了新的要求。因为铜钱的比价比白银小而比海巴

---

① 咸丰《邓川州志》卷末，杂异·巴索。
② 严中平：《清代云南铜政考》，中华书局 1957 年版，第 66 页。

大，是适应当时交换水平的，所以废贝行钱已成为明代后期历史发展的必然趋势。在这方面，杨寿川先生已作了较为深入的探讨。①

第二，真巴和私巴问题。

在元代的金石文契中，有一个特别的情况值得注意，即有很多记载用巴的地方都是将巴称为"真巴"。如前所举《栖贤山恩梵刹记》上记："捐真巴三千余索。"《晋宁盘龙寺常住记》中也记载："至正二年十一月，用价真巴三千五百索买到禾地一双。至元二十九年用真巴一千陆佰索买到水田地二角。"② 此类碑文还有不少。同时还有称巴为"钱巴"的。例如：宣光六年《姚安兴宝寺常住碑》中记载有"钱巴，三千五百卉"③。我认为，"真巴""钱巴"的提法之所以值得注意，是因为从中反映了云南元代后期使用贝币存在的内在矛盾和潜伏着深刻的危机。真巴的来由，见《元史》所载："大德九年十一月丁未，以钞万锭给云南行省，命与贝参用，其贝非本土者，同伪钞。"④ 这段话已说得比较清楚，云南使用的贝如不是本来使用的，便像伪钞一样不能使用。为了区别，把原来在云南所流通的巴称为"真巴"或"巴钱"。为了进一步搞清"真巴""钱巴"问题，我们有必要对当时云南使用贝币的情况作一个大概的剖析。

上文已提到，由于元代云南的商品经济并不发达，所以使用贝作为货币基本上是适用的，但是，云南本地并不产贝，至于云南所用贝的来源，说法不一。一般都认为是从东南亚沿海一带进口的，但从还未怎么引人注意的两条史料来看，问题还远不是这么简单。据《通制条格》载："至元十三年四月十三日，中书省奏：'云南省里行的怯来小名的回回人，去年提奏来："江南田地里做买卖的人每，将着巴子去云南，是甚么换要有。做买卖的人每私下将的去的教禁断了。江南田地里市舶司里见在有的巴子多有，譬如多放着，将去云南或换金子，或换马呵，得济的勾当有。"奏呵，那般者，圣旨有呵，去年的巴子，教将的云南去来。那其间，那里的官人每说将来，云南行使巴子的田地窄有，与钞法一般有。巴子广呵，是甚么贵子（按："子"恐是"了"字之误），百姓生受有。腹里将巴子这

---

① 杨寿川：《论明清之际云南废贝行钱的原因》，《历史研究》1980年第6期。
② 《晋宁盘龙寺常住记》，拓片现存云南省博物馆。
③ 《姚安兴宝寺常住碑》，拓片现存云南省博物馆。
④ 《元史》卷21《成宗本纪》大德九年十一月丁未条。

里来的，合教禁子（按："子"恐是"了"字之误）有，说将来呵，两个的言语不同有，那里众官人每与怯来一处说了话呵，说将来者，么道，与将文书去来。如今众人商量了，说将来：将入来呵，不中，是甚么贵子（按："子"恐是"了"字之误），百姓每也生受有。百姓每将入来的，官司将入来的，禁断了，都不合教入来，么道，说将来。俺商量得，不教将入去呵，怎生，奏呵，休教将入去者.' '圣旨了也，钦此.'"① 这条史料所用文字是元代通行的白话，有些费解。其大概意思是说，至元十三年四月十三日（即在定云南赋税用金为则，以巴子折纳的前六年），中书省就上奏给皇帝，说云南有一个名叫怯来的回回人，去年就上奏给中书省，说内地江南地区的一些商人，将海巴由内地偷运到云南去，这虽然是被禁止了，但是他们私下仍然偷偷地运去。内地市舶司（元代管理对外贸易的机关）里有很多巴子空放着，没有用。可是这些巴子运到云南以后，可以换金子，换马……这是赚大钱的勾当。圣旨准奏，去年即将该等巴子运进云南。乃云南省臣奏称：云南行使巴子的地面有限，和用钞的情况差不多。巴子一多，市面上的物价上涨，百姓深以为苦。应禁止内地把巴子运进云南云云。两者所说互歧，因行文饬该行省官员与怯来同议。现经众人议得，云前项巴子运入云南，殊属不妥，否则百物上涨，累及百姓。因请并行禁断官、私巴子运入云南各等语。据此经审议，可否准奏禁止巴子运入云南，奉圣旨：休将巴子运去者，钦此。

  这条史料说明当时内地的一些商人，把当地早已不用的海贝运到云南去，换马、金子等值钱的东西。当时云南的一些官员已经看出，由于云南巴子的行使有一定限度，还有宝钞等流通，这样大量地把巴子从内地运到云南来，必然引起云南的物价混乱、海巴贬值，所以他们要求中央下令禁止私人把海巴运到云南来，中央也表示同意。但是，这既然是有厚利可图的事情，中央就不可能完全禁止。另据《元典章》记载："大德五年八月，中书省咨，云南省咨，照得见钦奉旨整［原作禁，据陈垣《元典章校补》（以下简称《校补》）改］治云南事内一款，云南行使巴货，例同中原钞（原作例，据《校补》改）法，务依元数流转，平准物价，官民两便。近来为权势作弊，诸处偷贩私巴，已常禁治，其军民官府，关防不

---

① 《通制条格》卷18 私巴条。

严，或受赂脱放入界，以致私巴数广，官民受弊。仰顺元、大理、临安、曲靖、乌撒（原作散，据《校补》改）、罗罗斯诸处官司，并各各关津渡口，把隘军民人员，常切盘辑，禁治私巴，如有捉获将犯人随即申解拘该上司，依（原无，据《校补》补）条断罪，私巴没官，告提人依例给赏。如所在官吏依前不为关防，通同作弊者，并治究治，钦此。"[1] 这里所说的情况与《通制条格》所说的情况相同，而且更加严重了。中书省也看出：货币的作用是"元数流转，平准物价，官民两便"。用现在政治经济学的术语来说，就是货币以一定的数量在市场上流通，起到一定等价物的作用，使政府和百姓在交换的过程中都感到方便。但是当时的情况是因为关卡防守不严，更有甚者是有的关卡官员受赂，放入不少私巴贩子到云南来，以致"私巴数广，官民受弊"。可见这已不是个别、少数的现象，而是已对社会造成一定的危害了。所以中央才三令五申要各地加强防守，如抓获到私巴贩子，私巴没官，犯人定罪，告发、抓到犯人的给赏；若与私巴贩子勾结的官员，也要一齐治罪。可见，当时中央采取的措施是较为严厉有力的。从所点名的各个关卡来看，顺元是今贵州省贵阳市，临安是今云南省建水县，乌撒是今贵州省威宁县，罗罗斯是今四川省西昌一带。很明显，大理、临安等地的关卡主要是防止从东南亚沿海一带偷运进来的私巴，而顺元、曲靖、乌撒、罗罗斯等地的关卡则是防止内地运来的海巴（私巴），因为内地不产海巴，而且已不使用海贝作货币，把原来作为货币的那些海巴运到云南来就可以赚大钱，因而成为海贝巴流到云南的又一条通道。由此看来，当时云南海巴的来源不只是直接来自东南亚的国家，从内地流入的也为数不少。中央的禁令并没能完全制止海巴从内地流入云南，所以大德九年十一月，又给云南钞万锭，使其与贝参用，其贝非本土者，同伪钞论。这就有了真巴、钱巴的说法，它是与私巴相对的。我认为，这个平时不大为人注意的小问题，应引起高度重视，从中可以看出在云南与内地政治、经济各方面的联系日益加强的情况下，云南与内地使用的货币不一致，是会引起矛盾的。真巴的出现，就是这种内在矛盾的体现，说起来其中的道理并不深奥，外地私巴犯把内地早已不用的海巴大量运到云南来，换取其他贵重的东西回去。云南流通的海巴越多，必然不断

---

[1] 《元典章》卷20，《户部》6 禁贩私巴条。

贬值，物价上涨，引起云南的经济混乱。同时，这些商人到云南进行投机倒把（或做无本生意），从云南买回大量货物又运到内地牟取暴利，扰乱市场。这样也会破坏内地正常的经济秩序。这种潜在的危机，可能在短期内还表现得不明显，可是时间越长，矛盾就显得尖锐了。因为运到云南的私巴越多，云南的巴价越低，而巴价越低，市场上要求流通的海巴数量必然越多，云南本省并不产贝，只有靠外地加倍运来，这样恶性循环的结果，是云南海巴不断贬值，最后不得不停止使用的重要原因之一。随着云南与全国政治、经济联系的日益密切，客观上就要求云南使用的货币冲出狭小的地域限制，与全国实现货币的统一。

下面，我们再看一下云南元、明两代赋税情况的变化。正如列宁指出，"货币是社会财富的结晶，是社会劳动的结晶，货币是向劳动者征收贡物的凭据"。① 赋税，是政府财政收入的重要来源之一。社会上流通的货币可分为民间流通和官方使用两个方面（指中国封建社会），从赋税制度的变化可以看出货币情况的变化。元代云南的赋税都是以金为准则，折为海巴。所以，元代云南的赋税缴纳的都是海巴，而所有的赋税主要是作为政府的财政开支和支付官吏的俸禄。在当时商品经济不够发达，与外地联系不多的情况下，这样做是行得通的。但是，到了明代，云南赋税的情况有了变化。由于明代在云南加强了中央集权制，在边疆地区健全了土司制，又在靠内地区进行了改土设流，向政府缴纳赋税的地区增加了，同时，征赋税时也改变了元代全收海巴的办法。例如："成化十七年十二月……癸亥……定云南户口、商税等课钞法，时所司奉云南乏钞，请折收海巴。户部定拟十分为卒（率），三分仍征本邑，其七分以海巴，一索折钞一贯至三贯有差，从之。"② 从中可以看出，成化年间云南的赋税70%是征海巴，给官吏的俸禄也不全是海巴了。如"正统三年……官员俸一半，每石折支海巴三十索"③，即50%是海巴。为什么会出现这样的变化呢？一方面是由于明代政府对云南控制加强，所收的赋税也必然增加，但是如果全纳海巴，则只能在云南使用，无法上交中央，也无法与其他省份进行经济交流。另一方面是由于海巴的贬值，赋税所纳的海巴数目太多，

---

① 《列宁全集》第29卷，人民出版社1984年版，第321页。
② 《宪宗·成化实录》卷222。
③ 《明会典·户部》卷39廪禄·俸给条。

使各地难以筹集。这里可以举一个例子：元大德元年，刘正出任云南行中书省左丞，"始至，官储巴一百七十万索，白银百锭，比四年，得巴一千七十万索，金百锭，银三千锭"。① 这是元代全省的情况，刘正到云南后理财很有成绩，四年后全省储巴1070索。但是到了明代，永乐九年六月丁未："云南溪处甸长官司土官息恩言，本司岁纳海巴七万九千八百索，非本土所产，每岁于临安府买纳，乞准钞银为便，户部以洪武中定额，难准新输，上曰：'取有于无，适以厉民，此有司之过也，况彼远夷，尤当宽恤，岂宜仍旧额，其除之。'"② 查溪处甸是当时临安府下的一个长官司，地望相当于现在红河县南的溪处，行政单位是在县以下，但要缴纳的海巴数目竟是元代全省海巴一年储量的0.75%（当时全省约有27个府，仅临安府就包括5个州、5个县、9个长官司），要不到一个县大的地方每年负担近八万索海巴的赋税，本地又不出产，溪处甸就属临安府，土司都感到要到临安府购买海巴困难太多，要求折输银。这大概就可以说明为什么明代政府所收赋税中海巴的比例越来越小，最后完全由银取而代之了。国家的财政收支中海巴的数目减少，这就意味着海巴的流通领域大大缩小了，也从另一个角度说明明中叶以后，海巴已越来越不能适应云南与内地政治、经济日益密切的局面了。正如马克思所说："商品交换越是打破地方的限制，商品价值越是发展，成为人类劳动一般的固化物，货币形态也就越是归到那种天然适于担任一般等价物这种社会职能的商品——那就是贵金属。"③

第三，其他原因。

以上分析的是明中叶以后云南废贝行钱已势在必行，是历史发展的必然趋势。此外还有一些当时的具体情况，也是促使云南废贝行钱的因素之一。当时云南铜的产量在全国占有重要地位，这些铜为云南大量铸钱提供了可能性。但是云南究竟是什么时候废贝行钱的呢？碑文中所见用贝情况最晚的记载是康熙二十四年所记用巴买田的情况（见永平县《白衣阁常住碑》）。④ 金文中所见最晚的记载是乾隆元年汝水里人万时化撰《广西府

---

① 《元史·刘正传》卷176。
② 《明太宗·永乐实录》卷77。
③ 马克思：《资本论》第1卷，人民出版社1953年版，第66页。
④ 白族社会历史调查组编印：《云南省大理白族自治州碑文辑录附明清契文抄》。

抚州众客商捐万寿宫钟铭》，上有罗幼素、胡季文等 12 人助巴的记载。[①]但是我们认为这只是云南地区个别的情况了。就云南大部分地区看来，明末清初，自大西军到云南后，云南广泛使用贝币的情况就基本结束了。但是为什么云南从嘉靖三十四年开始铸钱，几次开钱局都是时开时罢，又过了几十年的时间，才基本上完全废贝行钱呢？原因之一，是任何事物都有一个发展过程，正如马克思所说，货币不是"思考或协商的产物，而是在交换过程中本能地形成的"[②]。一种商品成为货币，必须得到社会的公认，而不是几个人发几道行政命令就能完成的，更何况当时的封建统治者是不可能懂得当今的政治经济学原理的。他们之所以提出铸钱的主张是为了维护地主阶级的财政，加紧对劳动人民的剥削，从而进一步巩固其反动统治。所以，他们在铸钱的同时，提出了紧缩白银的政策，有意识地提高白银和巴币的比值，要老百姓先把巴换成银子，他们从中就捞了一笔，然后又要老百姓把银子换成铜钱，他们又从中捞一笔。老百姓手中有的多是海巴，当然经不起这样几次盘剥，所以，他们是反对开钱局的。如崇祯《重修邓川州志》说："滇俗用贝，今开钱局，将银撤去，贵至二百五十一索一两，然彼时犹常钱、贝同行也，自贝不用专用钱，又以钱易银，钱贱而银贵，值年岁稍丰上，农夫终岁胼胝，计一亩所入仅值银二两余，于是用度竭蹶，病农甚矣。"所说的就是这个情况。还有一条是说统治阶级在群众的反对下不得不罢钱局的。《邓川州志》说："滇俗用贝，今开钱局，将银撤去，贵至二百五十索一两"，"今新主纳谏上台救民义，罢钱局，俾银价渐成（减），此救滇之兴第口义"[③]。实行部分货币地租可能是从嘉靖年间开始的，民营矿业的兴起也是明中叶以后的事，所以云南废贝行钱是有一个发展过程的，自嘉靖三十四年开钱局后，虽然没有能一次就完全废贝行钱，但也不能说是完全失败。因为从前举银、巴的比价变化就可以看出，自万历年后，银、巴的比价变化很大，经过几次开钱局后，隆武二年已到每两银子换贝 250 索，第二年农民军进入云南后，铸大顺钱，后孙可望又铸兴朝钱，仅隔一年的时间，银、贝的比价就由每两 250 索猛增到每两 700 索了。到这时，可以说云南的大部分地区使用贝币的情况已

[①] 参见李家瑞《古代云南用贝币的大概情形》，《历史研究》1956 年第 9 期。
[②] 马克思：《政治经济学批判》，人民出版社 1957 年版，第 227 页。
[③] 隆武重修《邓川州志》卷 3 风境志·风俗条。

经结束，而使用铜钱已经得到了社会上广泛的承认而成为流通的货币，这是一个由量变到质变的发展过程。如果没有前几次开钱局的基础，最后一次开钱局大约也是不会一次性成功的。由于云南各地政治、经济发展不平衡，云南废贝行钱的过程长一些，这也是符合客观历史事实的。明朝后云南与全国的政治、经济联系更加密切，明初大量移民到云南屯田，无疑对云南废贝行钱起了促进作用，特别是为数不少的大西军进入云南后，控制了云南的大部分地区，他们铸大顺钱、兴朝钱，对云南的废贝行钱也起了很大的推动作用。还有，明代在云南健全土司制和在靠内地区改土设流，逐渐打破了云南土司割据的局面，有利于云南政治的统一和经济上的交流，这对云南废贝行钱也是一个有利因素。总之，从金石文契的有关记载来看元、明、清初云南使用贝币的情况，可以看出，随着云南生产力的发展、经济的繁荣，随着云南与全国政治、经济联系的加强，云南使用贝币已不能适应客观形势的发展，废贝行钱已成为历史的必然，而云南废贝行钱的实现，又是历史的一个进步。

附记：本文中引用《云南省大理白族自治州碑文辑录附明清契文抄》，承王叔武先生提供，特在此表示衷心感谢。

（刊于《史学论丛》第5辑，云南大学出版社1992年版）

元、明、清时期进入西南地区的外来人口

我国是一个多民族国家，西南又是多民族聚居区。自古以来，我国境内的各民族相互依存、相互融合，共同创造了祖国光辉灿烂的历史和文化，形成了你中有我、我中有你，血肉不可分割的关系。元、明、清时期进入西南地区外来人口的情况，十分典型地说明了这个问题。元代以前西南地区居住着藏缅语族氐羌系统的白、彝、纳西、基诺、景颇、傈僳、拉祜、阿昌、怒、独龙、普米、苗、瑶、藏等族的先民和百越系统壮、傣、布依、水等族先民及南亚语系佤、德昂、布朗族的先民。元代以降，蒙古、回回、契丹、汉等民族人口先后进入西南，使西南地区增加了新的民族成分，注入了新的活力。下面，就此问题略作剖析。

一

随着元代对西南地区的征服和统治的深入，蒙古人、色目人、汉人通过各种渠道进入西南地区，他们带来了内地先进的生产技术，也使西南边疆地区增加了大量的劳动人手，推动了当地的开发工作。

蒙古自对内地用兵以来，屡次征伐湖广、四川各地；忽必烈征大理，更有许多蒙古军进入云南。云南作为蒙古人攻宋的重要基地，又是经略缅甸、暹罗等国的前沿，同时为了稳定新攻取的云南局势的需要，驻守云南的蒙古军队为数当不少。宪宗九年（1259），兀良合台奉命率兵北上与忽必烈会合时，就从云南带走了"四王骑兵三千"，这当指蒙古骑兵。一次就带走3000人，当时驻守云南蒙古军队的规模，于此可见。此后，史料上还屡见调蒙古兵到云南及今四川、贵州的记事。至元十一年，以忙古带等新旧军11000人戍都，其中当包括一部分蒙古兵。[①] 亦奚不薛地（今贵

---

① 《元史》卷99《兵二》。

州鸭池羽以西）未附，"民多立寨，依险自保，诏云南行省调罗罗斯蒙古军四百人，罗罗章六百人，属脱力世官，从左丞爱鲁往讨之"①。脱力世官还曾率蒙古、爨僰军与行省参政阿合八失一起镇压云南施州少数民族首领子童的变乱。②至元二十一年，令药剌海率探马赤、蒙古军2000人增兵镇守金齿。③元贞、大德年间又接连发生征伐缅甸、金齿、八百媳妇、大小车里的战事，在此期间，元朝又派军镇压贵州土官宋隆济、蛇节的起义，大量的蒙古军队随之来到西南。至大四年，还有调四川省蒙古、汉军4000人由万户囊加觯部领赴云南镇守的记载。④天历兵变时，奉朝廷之命到西南讨伐的军队也当以蒙古军为主力。由此看来，通过从军来到西南地区的蒙古人，为数当颇为可观。

查有元一代，从征服之始，直至明军平梁王，出镇云南的蒙古诸王近20位。而诸王之出镇云南，往往拥有本位的军队和自己的幕僚，如此，随宗王到云南的蒙古人也一定不少。此外，还有一些奉命到云南仕宦的蒙古人。据近人夏光南统计，《元史》列传中的人物，任宦云南者，凡79传、100人，其中蒙古族有31人，⑤占总数的31%，这些蒙古人多带有家属和随从。同时，随着贵州、四川、广西等地的被征服，又有一些蒙古人被派到当地担任宣慰使、达鲁花赤、万户之类的官吏。《元史·答失八都鲁传》云："曾祖纽璘，祖也速答儿，有传。答失八都鲁，南加台子也。以世袭万户镇守罗罗宣慰司。"即是一例；明宗长子妥懽帖睦尔（即元顺帝）也曾出居静江。

元中叶后，西南还成为谪贬罪人之所，诸王月鲁铁木儿、中书右丞相脱脱等皆流放云南。蒙古人埜喇，原官右丞，后谪贬云南澄江，泰定年间，广西曾是朝廷的"职官赃污者"谪贬之地。蒙古军将也先捏就曾因"将兵所至，擅杀官吏，俘掠子女财物"而被"诏刑部鞫之，籍其家，杖一百七，窜于南宁"⑥。这也是一部分蒙古人进入西南的原因。

此外，随着西南与内地交通的改善，还有一些蒙古人通过其他途径到

---

① 《元史》卷133《脱力世官传》。
② 《元史》卷133《脱力世官传》和《世祖纪》。
③ 《元史》卷99《兵二》。
④ 同上。
⑤ 李治安：《元代云南蒙古诸王问题考察》，《思想战线》1990年第3期。
⑥ 《元史》卷33《文宗纪》。

了西南地区。

据了解，元代蒙古族在云南居住过的地方有安宁、蒙自、路南、腾冲、丽江等县，昭通地区、文山地区、通海县至曲陀关一带。① 在当地定居的蒙古族群众和本地的彝、汉、哈尼、纳西等民族朝夕相处，也逐步开始从事农业生产。明代川西南一带的建昌卫军民指挥使司所管辖地区就有"四十八马战火头、土番、僰人子、白夷、么些、佫鹿、猓㑩、鞑靼、回纥诸种，散居山谷间，北至大渡，南及金沙江，东抵乌蒙，西讫盐井，延袤千余里"②。明时鞑靼通常指蒙古，可见在这个广阔的区域内有蒙古族。现今云南通海县杞麓湖西畔仍生活着数千蒙古族人，他们是元代迁到此地蒙古族的后裔。600多年来，这里的蒙古族人民繁衍生息，生产、生活方式逐渐改变。目前以捕鱼为生，同时又围湖造田，进行农业生产。

元代的色目人，是指入居中国的东起唐兀、畏吾儿，西至东欧的诸族。据陶宗仪《辍耕录》所举色目人31种，畏兀儿和回回都在其中。宋末，随着蒙古的兴起及强盛，成吉思汗率兵西征，先后征服今新疆以及中亚和西亚一带信奉伊斯兰教的各族，并在这些民族中实行签军，回回人和畏吾儿人是其中的重要成分。从军至中国内地的，还有民族上层和被俘虏的工匠。随着东西方交通大开，色目商人到中国来经商的也很多。总之，这个时期西域的色目人，通过各种途径到中国来的不少，西南是蒙古人包抄南宋的战略要地，对西南进行征讨的蒙古军队中就有数量不少的色目将士。《元史》载，随忽必烈征大理的将领中，班都察、叶仙鼐、月举连赤海牙、八丹都是色目人。③ 至于一般士兵当然更多。随着元朝势力在西南地区的深入，进入西南地区的色目人越来越多。首任云南行省平章政事赛典赤赡思丁便是回回人。他和其子纳速剌丁、忽辛等都为云南做了不少好事，其子孙不少留居云南。从最近发现的《赛典赤家谱》可知，赡思丁有5子23孙，是云南回族赛、纳、哈、沙、丁、速、忽、闪、撒、金诸姓之祖，马姓回族也有一部分为赡思丁后裔。通海和玉溪的纳姓回族，多为赛典赤长子纳速剌丁之后，而滇西、滇中地区的相当一部分回族亦为同

---

① 杜玉亭等：《云南蒙古族简史》，云南人民出版社1979年版，第27—29页。
② 《明史》卷311《四川土司传》。
③ 《元史》卷128《土土哈传》，卷133《叶仙鼐传》，卷134《八丹传》，卷135《小云石脱忽怜传》附《月举连赤海牙传》。

一族源。另据考证，认为明代航海家郑和是赛典赤的第六世孙。①

除了赛典赤家族及随从的部属落籍云南外，色目军队也不断被签发到西南。色目将领爱鲁、也罕的斤、怯烈等屡次率兵戡定亦奚不薛、金齿、蒲骠（在今云南保山县境内）等地。脱力世官、阿里海牙等曾以兵征讨罗罗斯、八番、罗甸等部。至元二十二年，遣雪雪的斤领畏兀儿户一千戍合刺章。至大元年，令居荆襄的云南畏兀儿军1000人归云南。其次，元朝派往缅甸、八百媳妇、交趾的军队中，也有不少色目士兵，其中一些也因各种原因落籍西南。在镇压水西土官宋隆济、蛇节领导的当地民族起义的战事中，溃败之余，部分兵士流落西南地区，其中就有色目人。此外，忽必烈征大理时，曾在蒙北化（在今云南巍山县）设立了一批回回军的屯营，这与《蒙化府志》所说"（回回）本西域回回国之遗种，元世祖掠徙至滇，因占籍入蒙"②的记载相吻合。又据剑川沙溪南坡头村清代马氏墓碑文，谓马氏系色目人，元初随忽必烈征大理而留居剑川，后任弥沙土巡检。③ 这些都是元代色目军士落籍云南的铁证。元代受遣到云南屯田的军人也有一部分是色目人。史载：延祐三年，发畏吾儿军和新附汉军到云南乌蒙屯田镇遏，共为户军5000人，为田1250顷。④ 还有一些色目商人与百姓也到了西南。世祖时，马可·波罗奉诏使缅，途经押赤城（在今昆明市），他看到城中有多种居民杂居，其中有回教徒、偶像教徒和聂斯脱里派基督教徒。⑤ 回教徒即伊斯兰教徒，当是色目人。

西南地区除云南有较多的色目人外，四川、贵州、广西等地也有迁来的色目人。据《元史》所载，畏兀儿人阿里海牙曾任湖广行省平章政事，畏兀儿人廉希恕也曾任湖广等处行省右丞，行海北海南道宣慰使元帅。而畏兀儿人脱力世官则曾任罗罗斯副都元帅同知宣慰司事，率兵随爱鲁平定亦奚不薛；康里（在今里海东北）人斡罗思也曾讨平八番、罗甸诸蛮，并于至元二十九年任八番顺元等处宣慰使、都元帅。畏兀儿人叶仙鼐曾从世祖征土蕃和云南，任土蕃宣慰使历24年；"随地厄塞设屯镇抚之，恩

---

① 马兴东：《云南回族源流探索》，《云南民族学院学报》1988年第4期、1989年第1期。
② 康熙《蒙化府志》卷1《风俗》。
③ 云南省民族研究所编：《民族调查研究》1984年第4期；龚荫：《中国土司制度》，云南民族出版社1992年版，第588页。
④ 《元史》卷100《兵志三》。
⑤ 沙海昂注，冯承钧译：《马可波罗行记》中册，商务印书馆1937年版。

威兼著,顽犷皆悦服"。① 可见西南各地大都有色目人进入,只是人数多寡不一。迁入中国(包括西南地区)的色目人,与中国本土民族建立了密切的联系,本身也发生了很大的变化。一部分色目人被中国本土民族融合,而以回回为主的另一部分色目人,则在大量吸收汉族和其他民族人口的基础上,发展为一个新的民族——回族,西南地区的色目人亦不例外,他们为开发祖国的西南边疆做出了自己的贡献。

契丹是北方的游牧民族。916年,契丹首领耶律阿保机统一诸部落,建立辽朝,1125年为金所灭,是年耶律大石建立西辽,1218年被蒙古征服。此后,蒙古军队中增加了不少契丹人。如契丹人忙古带,就是一位在西南屡立战功的名将。他"征蜀及思、播、建都诸蛮夷",从攻罗必甸,至云南,诏以其众入缅,迎云南王,"至缅境,开金齿道,奉王以还",并从诸王阿台征交趾,由于战功卓著,历任万户、副都元帅、乌撒乌蒙等处宣慰使兼管军万户、大理金齿等处宣慰使都元帅等职。② 在忙古带麾下,当有不少契丹族士兵,《元史·本纪》载:"至元九年春正月丁丑,敕皇子西平奥鲁赤、阿鲁帖木儿、秃哥及南平王秃鲁所部与四川行省也速带儿部下,并忙古带等十八族,欲速公弄等土番军,同征建都。"忙古带等18族,想必包括契丹人。但明代以后,西南地区的文献中未见有关契丹的记载。1990—1992年,内蒙古民族研究所和云南民族研究所以云南施甸县为重点,对云南契丹后裔的情况进行了调查,在保山、施甸、吕宁等地发现了明代至民国初年的数十项碑刻、宗谱、楹联和祖宗牌。其中明文记载,契丹军随元世祖远征大理战功卓著,定居滇西。其中一些人后来成为元朝和明初的军政官员与土官。及至明朝末年,有的遗民遭到孙可望的屠杀,为避祸改阿姓为蒋、杨、李、赵、何等姓。建于明代的施甸瓜榔村武略祠门联和施甸蒋姓人家祖宗牌对联还书有"耶律庭前千株茂,阿莽蒋氏一堂春"的字样。调查者还在契丹墓碑上发现了19个契丹小字,据考察,这种契丹小字仅于10—12世纪行用于北方契丹族地区。③ 这些重要的发现,有力地证明元代随军到云南的契丹人,确曾有一部分落籍在

---

① 《元史》卷133《叶仙鼐传》。
② 《元史》卷149《耶律秃花传附忙古带传》。
③ 参见杨毓骧《迷踪七百年的契丹后裔在云南》,《云南民族学院学报》1993年第2期;耿德明《近年来怒江中游考古新成果》,《思想战线》1993年第6期。

本地。早在明清以前，落籍云南的契丹人后裔已不再游牧，转而从事农业、手工业及采矿业，等等。现云南契丹人后裔主要分布在大理、保山、临沧、德宏和西双版纳一带，其中聚居于施甸县及邻近的保山、昌宁、永德、龙陵各县的人口约有15万，自称为"本人"；居住山区的一部分则已归入布朗、佤、彝、基诺等民族。

二

继元代之后，明代又有大批的回回人和汉族人口进入西南地区，这跟明朝对云南的用兵及所施行的各项政策直接有关。他们来到西南，为边疆的开发做出积极的贡献。

洪武十三年，沐英率领的征讨云南的30万大军中有相当一部分是来自江南的回族军士，沐英本人和将领蓝玉也是回回人。这些回族军士经贵州来到云南，长期从事戍守、屯田，不少人在当地落籍。这从地方史乘、家谱、碑刻等文献资料中都可以找到有关著录。例如：

威宁马家屯《马姓族谱》序："明洪武十四年，边省云贵多事，我后世祖戎衣南征，扫平狼烟，有功于国，封为将军之职，卜居于贵州省威宁县马家屯。"[1]

《威宁县志》："威宁西北一带，毗连滇之昭（通）、鲁（甸），多回族，其先皆出甘新，随元、明两代征云南，故移殖于滇及黔之边地，其种族生殖最繁。"[2]

曲靖回族《桂姓家谱》也载，其祖桂忠心，为南京应天府上元县籍，洪武时，增授指挥使职，"迄三年奉命率师征南，军功受三军都督，居曲靖新道街，耕读为业"[3]。

可见，滇东、黔西南地区的回族不少来源于明初随明军征云南后留在当地的回回军将士。

---

[1] 马兴东：《云南回族源流探索》，《云南民族学院学报》1988年第4期、1989年第1期。

[2] 按，一般说来，甘新回民之移居滇黔，主要当在元代，明代随沐英征云南而来的回民，应以来自江南者为多，但并不排除以后调来云南的军队中也有甘新一带回民士兵，此处殆合而言之如此。

[3] 曲靖市志办编：《曲靖史志通讯》1986年第3期。转引自马兴东《云南回族源流探索》，《云南民族学院学报》1988年第4期、1989年第1期。

明代对云南的第二次大规模用兵是正统年间的"三征麓川"。在"三征麓川"过程中，先后从南京、湖广、川黔等地调集了数十万大军赴滇西征讨麓川思氏十司，战事结束后，"屯江南回、汉兵十二万"于滇西，为数不少的回回军从此落籍不返。如：腾冲五棵树马登高家，据说其先祖就是在明正统间随王骥自南京调发征麓川后世居腾冲的。① 此外，到云南屯田而居当地的回回人也不少。按：广为屯田乃是明朝政府巩固其在云南统治的一项重要措施，据统计，参加屯田的内地汉族、回族军士及百姓，估计有四五十万人之多。② 屯田分军屯、民屯、商屯三种形式，其中除随沐英、傅有德征云南和王骥征麓川的军队大部分就地留成屯田外，又先后从内地调了不少军队专门到云南屯田。例如：陕西都指挥同知马烨（回族）就于洪武二十一年率西安等卫兵三万三千屯戍云南。

这些随马烨到云南屯戍的士兵分散在滇东北的今昭通、鲁甸一带，当以回回人为主。现他们的后裔还有人住在此地。按照明朝的规定，凡参加屯田的兵士，家眷必须同住，或者专程从内地把屯田士兵的家小送到屯田之地。这样又有相当数量的回民也到了云南参加屯田。现在云南各地的不少回族村落称为××卫或所、营、屯、堡，便由此而来。此外，通过参加民屯、商屯等渠道而来到云南的回回人，人数也当是可观的。③

总之，明代进入西南地区的回回人，无论从人数上或分布地区上看，都有了明显的增加和扩大。就云南而言，近代回族主要分布于滇东的昭通、曲靖、东川等地区；滇南的玉溪地区和红河州、文山州；滇西的大理、保山地区、楚雄州；滇中的昆明地区。这四大片集中地区的分布格局，在元代已现端倪，基本上形成于明代中后期。

明代以前，在西南地区的人口中，有的地方汉族还不是很多。虽然历代都有汉族人口陆续迁入，但人数有限，甚或同化于当地少数民族之中。到了明代，情况有了根本的改变，随着汉族人口的大量进入西南，民族成分发生了重大的变化。

明代汉族人口之大量进入西南，当然不是偶然的。朱元璋建立明朝统一全国后，为了加强中央集权，巩固其统治地位，在各地设立卫所，广为

---

① 参见杨兆钧主编《云南回族史》，云南民族出版社1989年版，第54页。
② 同上书，第63页。
③ 同上书，第62页。

驻兵，就地戍守屯田，是为军屯。这对西南地区，更有其移民殖边的特殊意义。以云南来说，据万历《云南通志·兵食志》记载，当时云南都指挥使司辖有 36 卫所，军屯人数约 23 万人，军屯土地面积约 130 余万亩，规模是比较大的。这些屯军连同家属后来都落籍在云南了。参加军屯的人多是内地以汉族为主的各族劳动人民，他们在明代进入西南地区的汉族人口中，无疑占有相当比重。

再看民屯。明政府实行"移民就宽乡"的政策，通过组织"民屯"，把大批汉族劳动人手迁到云南少数民族地区。据《滇粹·云南世守黔宁王沐英传附后嗣略》载：洪武二十二年（1398），沐英曾"携江南、江西人民二百五十余万人滇，给予种子、资金，区别地亩，分布于临安、曲靖……各部县"。洪武二十五年至三十一年，又"再移南京人民三十余万"入云南。数字或许有些夸大，但大量汉族人口以民屯的形式进入云南地区是可信的。

还有商屯。《明史·食货志》云："明初，募盐商于各边开中，谓之商屯。"又"召商输粮而与之盐，谓之开中。其后各行省边境，多召商中盐以为军储"①。这种商屯，特别在西南的云南、贵州等地，吸引了部分汉族人口进入。这方面的资料，在云南方面虽缺少系统的记载，但不乏零星著录。据《明史》，淮浙、四川等地的盐商也有来云南开中的，② 明成祖即位时，因为北京诸郡缺粮，下令停止天下中盐，专于京卫开中，"惟云南金齿卫、楚雄府、四川盐井卫、陕西甘州卫，开中如故"③。可见通过商屯移居云南的汉人当不会少。贵州方面则资料较多，由于贵州本地并不产盐，而盐又是人民生活必需品，盐的贩运是由政府控制的，为了解决贵州的食盐问题，明政府通过商屯，招募内地盐商到此就地"开中"，盐商们在当地招民屯田，以粮米换取盐引，然后从川、粤、滇、江淮等地购盐运入贵州，很多内地汉人通过此途径进入贵州。洪武年间，先后在播州及普安、普定、毕节、赤水、层台、乌撒、平越、兴隆、都匀、偏桥、镇远、清浪、铜鼓、五开等卫开中，招募四川等地的汉族农民到此屯田，仅

---

① 《明史》卷 80《食货志》。
② 同上。
③ 《明英宗正统实录》卷 93。

在正德、嘉靖间就不下数万人。他们"有来无去",以后就在贵州定居。①

广西方面的情况,所知不多,但据《明史·兵志》所记,广西都司所辖卫所32个。又据《明实录》所载,在广西等都司卫所充军的有北京人,还有江南人。② 明代广西也组织了屯田,外来的汉人也不会少。

随着西南地区与内地政治、经济、文化诸方面联系的加强,除了充军屯田外,还有的汉人通过经商、做官、游历等多种形式来此落籍。因而到了清代,在贵州省城及各府州县城厢内基本上都已是汉人居住,或为官,或贸易,或手艺,或佣工,或居城而在乡间置产。黔北及黔东北一带,地近川、湖,汉民更多;贵阳、安顺、都匀、平越、兴义各府都已是"汉夷杂处"。③ 到了清代,贵州境内几乎已经没有一处无汉族。

四川凉山彝族地区与外界的交往和联系一向较少,但到了明正德年间,"由湖广移民入川,落业冷土司辖境普雄县、平夷堡等处。以不堪土司虐待,请兵征剿,事平,乡民附入峨眉户籍,并将普雄改名归化"④。普雄已是凉山的中心地区,从这条材料看,明代迁入此地的湖广汉族是一般劳动人民,他们在凉山从事农业生产,对当地有很大影响。

三

清代是我国各封建王朝中迁入西南边疆地区汉族人最多的一个朝代。这与清初的政局有关。顺治三年(1646),桂王朱由榔在广东肇庆即位,是为南明永历帝。第二年肇庆被清军攻破,永历帝逃往广西,辗转于桂林、全州、柳州、象州、梧州、南宁等壮族地区,顺治十三年(1656),又在农民起义军将领李定国的护卫下退入云南,继又向滇西节节败走,最后到了缅甸,为缅人所俘。永历帝从广东、广西壮族地区、贵州,又到云南多民族地区的这一过程,实际上也可看作是一个相当规模的移民过程。

---

① 侯绍庄等:《贵州古代民族关系史》,贵州民族出版社1991年版,第349、352、1324—1325、1350—1352页。

② 《明宣宗实录》卷104,《明英宗实录》卷37。

③ 侯绍庄等:《贵州古代民族关系史》,贵州民族出版社1991年版,第349、352、1324—1325、1350—1352页。

④ 《峨边县志略》。

他从昆明动身到滇西时，史载"从之南者数十万人"①。有的文献更明载："滇官兵男妇马步从者数十万人，从古奔播，未有若此之众者。"② 看来跟随永历帝西行的数十万人中，汉族军民是不少的。这支庞大的队伍在沿途的颠沛流离中人数不断减少，随永历帝到达缅甸的只有646人。③ 那么这数十万人究竟到什么地方去了呢？除了部分自然减员外，大多数当是流落到沿途少数民族地区了。清初在滇西中缅边境开采波龙银矿的桂家（贵家）及其首领宫里雁，即是跟随永历帝入边人员的后裔。从军队方面看，李定国率领的农民起义人数不少。永历帝西走后，两军转战于德宏和西双版纳之间达三四年之久，这些包括大量汉族在内的农民起义军，想必也多先后同化于当地的傣、佤、拉祜等少数民族之中了。现在佤族中"李"姓特别多，据调查，这是佤族人民对李定国的崇敬以及李军士卒与佤族人联姻而以"李"为姓，沧源县的班老、南腊、班洪、勐角、勐董、岩帅等乡镇的很多佤族老人都说，他们的祖父是汉族，姓"李"。傣族、拉祜族中也有不少"李"姓。④ 这应是同化于当地少数民族中的汉人所留下的痕迹。

应该指出的是，清代除由于政治上的原因有大量汉民移居西南边疆地区外，汉族由于经济上的原因移居边疆的情况则更为普遍。国家的统一，政局的稳定，为边疆地区的开发创造了有利条件。而雍正年间在西南地区实行的大规模改土归流，使大部分边疆地区由当地土官土司控制的一个个封闭的小社会群体被打破了，代之以在辽阔的中华大地上开放的大社会，有利于边疆和内地各民族之间的往来和交流。再者随着经济的发展，内地地少人多的矛盾日益突出，而西南边疆地区却是地多人少，这样，越来越多的内地汉族劳动人民到此来谋生。

到广西的外省移民主要来自广东、两湖和江西等。随着广东汉族移居广西桂平县的增多，《桂平县志》有载："江口圩又名湟江圩，旧为瑶人贸易场，乾隆间迁今地。清世瑶人远遁，外籍日众，圩渐繁盛。"⑤

---

① 三余氏：《南明野史·永历皇帝记》。
② 佚名：《求野录》。
③ 同上。
④ 段世琳等：《李定国对开发阿佤山的贡献》，《思想战线》1991年第5期。
⑤ 转引自黄现璠等《壮族通史》，广西民族出版社1988年版，第401页。

边疆的庆远府,至道光初年,已是"其蛮溪山峒","皆为楚、粤、黔、闽人垦耕"。① 有学者统计,从乾隆十八年至五十一年(1753—1786)的 33 年中,广西的人口增加 250 余万,至嘉庆十七年(1812),又增加 100 多万。② 人口增加得速度如此迅速,显然与外地人口的迁入有关。

据估计,清初贵州的人口不足 90 万,各地人烟稀少,田地荒芜严重,清政府多次下令招民垦种。改土归流后,大量汉族劳动人民到贵州从事农业生产,到乾隆三十一年(1766),贵州的垦田数比清初增加了一倍多,人口则比清初增加两倍多,③ 这显然意味着大量汉族人进入了贵州。云南的情况也是如此,据有的学者计算,从乾隆中期到道光初期,全国在册人口的平均年增长率为 0.73%;而在同期,云南的在册人口年增长率却为 1.46%,为全国平均增数的一倍,其中从乾隆末到嘉庆初的 20 多年中,增长率高达 2%—2.5%。④ 汉族人口迁移云南的情况可见一斑。乾隆年间云南总督张允随上奏:"镇雄一州,原系土府,并无汉人祖业,即有外来流民,皆系佃种夷人田地。雍正五年改流归滇,凡夷目田地俱免其变价,准令照旧招佃,收租纳粮。……昭东各属,外省流民佃种夷田者甚众。"⑤ 西部边疆的永昌府,嘉庆年间因为灾荒,外地"流民襁负而至者以万计"。⑥ 滇东南的广南、开化二府,自嘉庆年间始,湖广、四川、贵州等地的汉族流民"每日或数十,或百余人,结群前往该处,租夷人山地,耕种为业"。⑦

除了垦种外,吸引汉族人口大量迁入西南少数民族地区的另一原因是采矿。随着西南地区与内地政治上联系的日益紧密,经济统一市场的逐渐形成,交通路线的进一步开通,清代西南少数民族地区的矿业开发日益兴旺,内地汉族人口远道而来,从事开矿的很多,对此,当地少数民族首领

---

① 转引自黄现璠等《壮族通史》,广西民族出版社 1988 年版,第 401 页。
② 郭松义:《清代人口流动与边疆开发》,《清代边疆开发研究》,中国社会科学出版社 1990 年版,第 26 页。
③ 李中清:《明清时期中国西南的经济发展和人口增长》,《清史论丛》第 5 辑。
④ 《张允随奏稿》。
⑤ 同上。
⑥ 道光《永昌府志》卷 3《地理志》,卷 24《祥异》。
⑦ 伊佩棻:《条陈滇省事宜四条疏》,《道咸同光四朝奏议》第一册。

一般收取一定数额的矿税，并给予方便。四川彝族聚居的马边、峨边、雷波、昭觉等地，都曾有内地的汉族人民和当地的彝族人民共同开发铁、铜、铅矿。其中如昭觉地区的乌抛铜矿，是嘉庆年间流寓此间的汉人开办的，他们从西昌和云南等地招来汉族矿工，和当地的彝族劳动人民一起开矿，集众至千余人。铜矿倒闭后，还有矿工的子孙住在昭觉。[1] 贵州思南、铜仁等地开设的朱砂水银场局，思播、普安、乌撒等地开采铅矿，都有大量的内地汉人参加。[2] 至于云南徼外，这方面的情况就更突出了。清人吴楷记载云南德宏地区中缅边境著名的波龙银矿说："波龙山者产银，是以江西、湖广及云南大理、永昌人出边商贩者甚众，且屯聚波龙以开银矿为生，常不下千万人。"[3] 孙士毅在中缅战争中所看到的波龙银矿遗址的情况则是："民居遗址竟数十里，计厂丁不下数万。"[4] 当时汉人在此开矿的盛况，可以想见。

此外，孟连傣族土司境内募乃银厂（在今澜沧江西北），远在明朝永乐年间，已有湖南汉族商人与拉祜族土官在此联合办厂，开采银矿，历来有许多汉人参加开采，经久不息。《滇云历年传》雍正九年（1731）记载："募乃银厂，旺盛三十余年，故汉人络绎而往焉。"阿佤山区的茂隆银矿（在今沧源班老西南），更是汉族矿工群集的所在。乾隆年间，石屏汉族人吴尚贤到此开矿，与当地佤族首领蜂筑关系友善，得到佤族人民的支持，采银业发展很快，在这里"打槽开矿及走厂贸易者，不下二三万人"，"俱系内地各省人民"。佤族首领蜂筑主动要求按照内地厂例，将所采银两抽课作贡，计每岁应解银一万一千余两。[5] 可见其规模。云南总督张允随上奏说："查滇南田少山多，民鲜恒产，又舟车不通，末利罕有。唯地产五金，不但本省人民多赖开矿谋生，即江西、湖广、川、陕、贵州各省民人，亦俱来滇开采。"[6] 如此等等。清代从省外到云南边地采矿的矿工到底有多少人，不好统计。乾隆《腾越州志》载茂隆银厂最盛时

---

[1] 方国瑜：《彝族史稿》，四川民族出版社1983年版，第586—587页。

[2] 侯绍庄等：《贵州古代民族关系史》，贵州民族出版社1991年版，第349、352、1324—1325、1350—1352页。

[3] 吴楷、王昶：《征缅纪略》，《永昌府文征》记载17。

[4] 孙士毅：《绥缅纪事》，《永昌府文征》记载18。

[5] 《清高宗实录》卷269。

[6] 《张允随奏稿》。

"聚众至数十万",此当不限于外来汉族。但从云南全省看来,外来参加开矿的汉族人不会少,则是可以肯定的。

还有商人。内地到西南少数民族地区经商的汉人,历代都有不少。随着边疆经济的发展,清代到西南做生意的汉人日益增多。处于两广交通要道的广西桂平县,清代广东汉人到此做生意的很多,在桂平县城、大湟江镇、金田圩等地均建有粤东会馆。据《创造粤东会馆》碑所记,"四方商贾,挟策贸迁者,接迹而来,舟车辐辏,货购积聚,熙来攘往,指不胜屈,而以我东粤之商旅于桂平永各、大宣两圩者尤盛"①。

滇南的临安府,乾嘉以来已是"内地民人贸易往来纷如梭织,而楚、粤、蜀、黔各省携眷世其地租垦营生者几十之三四"②。景东府"江右、川、陕、两湖各省之贸易是地者多家焉,于是人烟稠密,田地益开辟"③。到云南边疆矿区做生意的汉人也日益增多。清人周裕在波龙银矿看见的情况是:"往时内地贫民至彼采矿者以万计,商贾云集,比屋列肆,俨一大镇。自边地不宁,商民尽散,山麓下败址颓垣,弥望皆是。"④ 从中透露出清初波龙银矿商业繁荣景象。

还有一个情况是,到边疆少数民族地区经商的汉人,有的破产后在当地做了矿工,大多数矿工还兼做一点生意。当时在茂隆矿,"贸易民人或遇资耗,欲归无计,不得不觅矿谋生。今在彼(指茂隆银厂)打槽开矿及走厂贸易者不下二三万人。其平常出入,莫不带有货物,故厂民与商贾无异"⑤。

上述种种,可知清代通过各种渠道进入西南少数民族地区的汉族人口是很多的,据美籍学者李中清教授的研究,清代云南、贵州和四川西部各府厅的移民总数可在300万—400万人。清代进入西南地区的汉族人口大多已深入到从前汉族很少去到的边疆地区。⑥ 这样,汉族人口在西南地区的分布便由聚居点、交通沿线扩展到面上。

元、明、清时期进入西南地区的外来人口,和当地民族人民和睦相

---

① 江浚源:《介陈稽查所属夷地事宜议》,《介亭文集》卷6。
② 同上。
③ 嘉庆《景东直隶厅志》卷23《风俗》。
④ 周裕:《从征缅甸日记》,《借月山房汇钞》第七集。
⑤ 《清高宗实录》卷269。
⑥ 李中清:《明清时期中国西南的经济发展和人口增长》,《清史论丛》第5辑。

处，友好往来，他们带来了内地先进的生产技术和文化，并为西南地区增加了大量的劳动人手。元、明、清时期西南地区发生的巨大变化，与他们的到来密切相关。关于这方面的情况，因篇幅所限，将另撰文阐述。

(刊于《中央民族大学学报》1996年第5期)

明代云南地区的水利工程

明代云南的水利工程，较之元代，兴修水利的地区更加广泛，除了中庆、大理等农业生产较为发达的地区外，一些边疆地区的水利建设也有了长足的进步。同时，兴修水利的技术也有了新的提高。

一　云南府

云南府（辖今昆明市及附近地区）有大面积的军民屯田，在元代水利工程的基础上，又修缮和增扩了滇池上游的松华坝和沿河诸闸，增强了蓄水和控水能力。据记载，"明初，傅友德、沐英驻守云南，皆事屯田，而滇池之水，皆首为灌溉之利矣"①。另外，还疏扩了滇池下游的海口河，以保证泄水通畅，减少雨季滇池水涨造成的危害。

景泰五年（1454），云南总兵沐璘、巡抚郑颙，对滇池上游盘龙江上重要的南坝闸及诸闸，进行了一次大增修。昆明城东有源发邵甸之水南流，会99处泉为一，抵松华坝分为二支：一支绕金马山麓入滇池，另一支从黑窟村流过云津桥入滇池。元朝建松华坝和滇池上游六河诸闸后，"溉军民田数十万顷"。明初虽坚持岁修，但因闸少且闸体结构不善，难以有效地控制河水，"霖潦无所泄"。因此，沐璘奏请增造石闸，以保证"启闭以时"。旨准后，施工开始。工程量最大的是改南坝闸为石闸，"甃石为闸而扁以木，视水之大小而时其闭纵"。建成后添设闸官，"民甚便之"。弘治年间，又在盘龙江下游增建四道坝闸，在宝象河建大响水闸与小响水闸，"功利于民，与南坝同"②。明代滇池上游六河所建重要河闸，见于天启《滇志》卷3记载者，计有西坝闸等19处。成化十八年

---

① 师范：《滇系·山川上·滇池》。
② 《明史》卷88《河渠六·直省水利》。

(1482)，明朝又疏浚自松华坝、黑龙潭抵西南柳坝、南村等处的东、西二沟，溉田数万顷，并"每岁修筑沟埂坝闸，用银七百余两"。

明初以来，盘龙江上主要蓄水工程松花坝，因堤低蓄水不足，已不能适应大量排、蓄河水和大面积灌溉的需要。万历四十六年，在水利宪副朱芹的主持下，征用各族百姓57000人，费时7个月，改松华坝和下游诸闸为石闸。造闸时均"选石之最坚厚者"，"鸠工庀材，无不精坚"。建成的石闸坚实美观，开启自如，"东西两涯之间，骈珉壁屹，水龙若控"。松华坝及沿河诸闸的改建，为滇池地区农业生产的发展创造了有利条件。在建闸当年，滇池地区的农业即获丰收。①

对滇池泄水口海口河的第一次大规模疏浚于洪武初年由沐英主持进行。工程竣工后，几年内滇池地区"无复水患"②。弘治十四年（1501），对海口河进行了第二次认真疏理。据正德《云南志》卷2，巡抚陈金组织各族军民数万人清理河道，"遇石则焚而凿之，于是池水顿落数丈，得池旁腴田数千顷，夷、汉利之"。这是继元代赛典赤疏扩海口河以后，滇池水位的又一次大幅度下降，此后，每年疏浚一次，时称"小修"。正德间，副使史良佐组织了第三次较大的清理，"溉田千顷，滇人颂之"③。嘉靖二十八年（1549），又第四次大规模疏通海口河。右布政使刘伯耀主持了修理。先征调各族人夫7000名修复了子河小坝，次年调集各族百姓15000人，疏浚海口河及附近河道，缮修诸坝，大片农田得以免除水害。④第五次较大规模的疏扩是在万历三年（1575）。组织者原打算仿前例"筑坝闸水，分段兴工开挖一"。后经办官吏向下属与各族百姓作了调查，得知海口河故道在豹山下，久已淤塞，现河道须经螺壳、黄泥二浅滩，水碓难通，遂大胆采用了深浚豹山故道的方案。此次兴役工期不满3月，费用仅为原计划的1/12，即告功成，竣工后，滇池水"半由豹山下行，而螺壳、黄泥无复少阻"⑤。

除滇池上游六河与下游海口河外，在滇池地区，各族人民还修建了昆

---

① 江和：《新建松花坝石闸碑记铭》，载天启《滇志》卷19《艺文志·记类》。
② 《明史》卷126《沐英传》。
③ 《明史》卷188《史良佐传》。
④ 杨慎：《海口修浚碑》，载天启《滇志》卷24《艺文志·记类》。
⑤ 方良曙：《重浚海口记》，载天启《滇志》卷24《艺文志·记类》。

明城西面的引水灌溉工程。在西郊横山、龙院村一带，有大面积军民屯田，因地处高阜，无法引滇池水溉田，嘉靖十四年，李文温等组织各族人民开山泉13条进行灌溉。隆庆三年（1469），杨应春等凿山崖穿30丈的东、西两洞。但时逢大旱，水仍不足。同年四月，右布政使陈时范主持续凿洞30丈。三次兴建的水利工程，使西郊45600余亩地得以引山泉浇溉。① 嘉靖年间，明人张佳胤在安宁螳螂川畔看到的情况是："沿两岸，土人引水溉田，堰坝鳞次，舟过若决吕梁，水车高翻，溅珠成雨，似瀑水飞洒空中。"②

位于今宜良县的汤池渠（铁池河），是明代在云南府地区修建的又一重要水利工程，洪武二十九年（1396），惠襄侯沐春令都指挥王俊组织士卒15000人，在宜良"因山障堤，凿石刊木"，开凿了汤池渠，"灌宜良涸田数万亩"，"春种秋获，实颖实粟，岁获其饶，军民赖之"③。嘉靖间，官吏文衡又组织了扩建，竣工后改称文公渠，可溉农田60000余亩。

二　澄江府

澄江府（治今澄江）地区的农田水利发展也很快。景泰以前修建的水利设施，主要有在新兴州（治今玉溪）的大溪渠，阔1丈5尺余，源出普庙村，流抵曲江，"其流溉田万亩"。路南州的黑龙泉，周围达15丈，"深不可测，溉田千亩"④。景泰以后建造的水利工程则有：庄镜泉石堤，水源自碌琦山。北波沼堤，水出阙摩山麓，知府张顺昌，"谕有田者筑以积水"，后各族百姓又于旧址增建一堤。立马堤，在府治西北。太平闸在府治附近，资蓄梁王冲一带溪水。堰塘，在江川县沙甸，正德四年（1509）创置。地坪札溪源发宝鼎山，南入抚仙湖。隆庆三年知府蒋弘德组织开渠，筑堤370余丈，万历年间又进行缮修。普济堰塘，在江川县，隆庆四年，知府杜鸣阳筑，堤高一丈余，立坝长一名守之。西浦龙泉坝，建于隆庆五年，官府组织各族人民凿二河引泉入湖，置闸坝四处，"启闭

---

① 徐中行：《横山水洞记》，载天启《滇志》卷24《艺文志·记类》。
② 张佳胤：《游安宁温泉记》，载天启《滇志》卷24《艺文志·记类》。
③ 景泰《云南图经》卷1《云南府·山川》；《明史》卷126《沐英传》。
④ 景泰《云南图经》卷2《新兴州·山川》《路南州·井泉》。

蓄泄，且舟楫通行，商民称便"。明代修复的灌溉设施还有漱玉泉堤、西学泉堰、清溪坝、大冲河坝、罗木箐坝、九龙池坝、三桅坝、杆营坝、红庙堰塘、黑龙潭坝、兴宁溪坝等处。①

三　大理府

大理地区，历来农业发达，明代又兴开了多处军、民屯田，农田水利有较大的发展。大理府（治今大理城）一带，西倚苍山，东临叶榆泽（洱海），"山之十八溪东注于泽，灌溉之利，他县所不及"。在这一地区，军民开凿了四里沟、麻黄渠等16条灌溉沟渠，诸渠引苍山雪水下注，因挟带大量泥沙，常淤塞河道，当地人民每年或三年一浚，淤阻严重的河段，还定期加高河堤。在水利治理中，当地人民也积累了丰富的经验，如"以草荐木栅拦水不流，乃可畚锸"，"用力少而成功多"。②

邓川州官府常调集军民兴修水利。如：正统十三年（1448）邓川州奏："本州民田与大理卫屯田接壤湖畔，每岁雨水沙土壅淤，禾苗淹没，乞命州卫军民疏治"，③ 明廷从之。邓川最重要的水利工程，是建于明代的弥苴法江堤。弥苴法江位于州前平川中，"剑川浪穹凤羽诸水，由此入西洱河"。东堤为军屯军士筑修，西堤是当地白族人民所建。东、西各长5000丈，建有泄水涵洞25孔。明朝对弥苴法江堤的维修极为重视。永乐、弘治、正德、嘉靖年间，先后进行过几次大修。对江堤平时的修缮与管理，亦有一套严格的制度，规定每年正月乡饮次日，开始例修，参加修理的人夫若违迟一日，即当受罚。人夫以纳缴粮赋的多寡按比例从屯田军士、当地百姓中抽取。乡民们并在全河划分地段，"刻石标记，永为定规"，实行专段承包：至修治之日，修河差夫，"不待督率，各自赴工"，"岁以为常"。若堤溃决，则由负责该河段的差夫出银购料修复。各族百姓又在堤上广植榆柳，严禁砍伐，遣专人巡视看守。

除此之外，明朝在邓川创筑的河堤，还有横江堤、罗时江堤、后堤、园井堤。除官府组织兴建外，当地白族乡民也自行建造了一些水利工程。

---

① 天启《滇志》卷3《地理志·堤闸·澄江府》。
② 嘉靖《大理府志》卷2《地理志》。
③ 《明史》卷88《河渠志》。

如上下登堤，为州人杨南金于正德三年（1508）组织白族群众以石筑成。罗甸渠，为东山白族百姓"引水成渠，垦田自给"。在一些河段，当地少数民族还设置了水磨。如位于邓川州南的大长水堤，白族豪民于堤南多立水磨。嘉靖三年（1524），为解决河水北溢之害，兵备副使姜龙主持移水磨18座于堤北，并修复旧堤200余丈。①

在云南县（治今祥云），明朝创建的水利工程有：（1）宝泉坝，在县治西北。景泰六年（1455），分巡副使周鉴等组织重修。坝有10处闸门，"视水之大小而闭纵之"，"可溉田万顷"。（2）荒田陂渠，在云南驿，这一带"平壤千顷，而阙水利"，嘉靖间，右参政石简、刘伯耀相继修建陂、渠，遂"变荒原为沃壤矣"。明代修复前代的坝、陂主要有：段家坝，成化十九年（1483），都指挥马玄重修。品甸湾陂，嘉靖二十二年，知县宋希文开通故道，"以时潴蓄，军民利焉"②。明朝还组织各族人民在云南县坝区修建了包括地下蓄水池和暗渠的"地龙"灌溉工程，大大减少了灌溉用水的蒸发量。据解放后水利部调查，全国仅有新疆与云南祥云有"地龙"水利工程。③

在鹤庆一带，较大的水利工程有：（1）南供河渠网，白族人民在河两侧分别开凿了两条主渠与四条分渠，以及引水注田的多条支渠，灌溉两岸农田50000余亩，"南甸田咸仰给焉"④。（2）西龙潭水利工程，正德元年（1506），白族杨寿延组织百姓在西龙潭东南地南清渠与北清渠，引潭水浇溉，"然东溉渚村者水犹艰"，嘉靖五年（1526），知府马卿主持于南清渠、北滑渠增设石闸，又另筑龙宝潭蓄水。龙宝潭深2丈余，广500丈，潭堤高1丈5尺，阔2丈，长60丈，堤上建有石闸，"以蓄泄，计田亩以分流"，完工后，"旱涝有备，而水利溥焉"⑤。（3）西墩泉堤。同知张廷俊组织修复，"壅其两旁，使水聚而散"，流经30余里，沿渠大片农田得以浇溉。（4）青龙潭。知府马卿动员当地百姓筑堤为潭。下凿四渠，

---

① 嘉靖《大理府志》卷2《地理志》。

② 彭时：《宝泉坝记》，载正德《云南志》卷32《文章十》。

③ 史云群：《明初云南安定局面的出现和农田水利事业的发展》，《思想战线》1975年第6期。

④ 杨士云：《供南渠记》，载天启《滇志》卷24《艺文志·记类》；《地理志·堤闸·鹤庆府》。

⑤ 马卿：《西龙潭记》，载天启《滇志》卷24《艺文志·记类》。

又建石闸，溉田 3000 余亩。(5) 石朵潭。为同知张廷俊组织修造，可溉军、民屯田 1000 余亩。

鹤庆的水利设施还有桃树渠、小柳声闸、黑龙潭。此外，还有漾工江坝、温水河渠、石莱渠、连江墩水塘、北表龙潭、仙女井等处水利工程。漾工江江坝，是为每年耕种时提高水位以利耕作而筑，"工毕而坝去"①。

在今凤仪一带，较大的水利工程有东晋湖堤、闸。湖中浅地水干时，亦可插秧种稻。旧于每年 5 月 5 日启湖闸，9 月 9 日闭闸。但"雨旸早晚，难为定准"，遂改为"湖中稻谷割尽之日闭闸，湖外牟麦割尽之日启闸"，兼顾了湖内、外农田的经营。其次，还有洪武初年各族军民建造的双塘陂，"其利甚溥"。见于记载的水利设施还有甘陶水塘和城西河堤，前者"夹石为渠，穿孔分水，其得始均"，后者不仅灌溉大片农田，还"饮汲有甘洌之利"。

浪穹县（治今云南洱源），较大的水利工程有：山根渠，可灌溉 3000 余亩，每年春、夏之交，必清淘"以通泉道"。三江口渠，当地人民以石筑堤建成，于每年春季水干时，按亩捐银进行清淤。见于史载的还有浚登渠和三水陂。

在今宾川县，白族人民在山间建塘蓄水，开凿沟渠，浇灌梯田。如：乌龙山上修筑有乌龙坝，为"苦民潴水灌田"。灌溉炼洞诸山田的炼洞、甸头、甸尾诸渠，"或自山脊分泉，或横山腰引水，其凸凹硗确之处，凿石为坝，不使断续"。明代创建、修复的水利工程还有龟山的新渠、大场曲村的大场曲渠堤和团山下的渠王坝等。

位于大理地区南面的今巍山一带，也修建了一些资灌溉之用的沟渠。如：东溪渠，包括 12 条支渠，以及甸头大圩、龙圩大塘、郑家塘、淑人塘、南庄塘、团山塘等。②

四 临安府

临安府（治今云南建水）地区。最重要的水利设施是弘治十六年（1503）创建的临安至石屏湖引水工程。是年，滇南大旱，官府调集各族

---

① 天启《滇志》卷 3《地理志·堤闸·蒙化府》。
② 同上。

军民1500人，浇溉四乡上万亩农田。河渠向东，还惠及了阿迷州（治今云南开远）的田地。① 在临安府治一带还有沪江堤、马蝗沟和大坝。在石屏州有五塘沟、杨柳坝和弥勒沟。在阿迷州有石堰、东堰和西堰。在新化州有六南塘、渺剌塘、邦那圩、登龙渠与龙王庙堤，在河西县（治今通海县西）自有西堤，在习峨县（治今峨山）有大石坝，在新平县有新龙堰、角池堰、大罗河堰、砥柱堰和普龙堰。

五　永昌府

地处滇西边陲的永昌府（治今云南保山）地区，明代水利灌溉工程也得到了迅速的发展。其中最有名的水利工程是九龙渠。洪武年间，永昌府各族人民在永昌城西南龙泉山砌砖石为堤，建方广200余丈的九龙池，又引池水浇溉农田，"流沫三十余里"。为方便渠水的分配与管理，各族人民还根据沿渠田地的多少，把渠道划分为41号，"以通远迩，以均疏泄"。因渠岸为土质，常有崩圮，弘治、正德年间，官府组织将1号渠岸改建为石结构。降庆元年（1567），又把15—36号渠道继续改筑为砖石。渠岸以石料交错叠置，砌以石灰，浇以糯米汁，务求坚固。此次工程规模宏大，为"数十年所仅见"。九龙池渠修成之后，促进了当地农业生产的发展，"永昌称沃野，无凶年，渐富强"②。

永昌府的重要水利工程，还有建于洪武年间，位于永昌城南的诸堰、坝。其中的诸葛堰由大、中、小三堰组成，每年"仲秋障之，仲春开之"。诸葛堰以南，还有甸尾、官市二堰及卧狮窝兰坝。以上水利工程"溉田数万亩，民赖其利"。永昌城附近的水利，还有堤长350丈的纪黄坝、堤长250丈的丁杨坝以及平安坝、莲花坝、沙木河、石花堰、黄泥坝、卧佛石渠、阿凤坝、龙王潭、荆竹寨陂、倚郎坝等工程。在今保山施甸县，回族和当地人民一起，开凿了贯通全境的"御笔沟"，并疏通多条水渠，从县城南部的"黑龙塘"引来流水，使当地旱区变为水乡。腾冲州的灌溉设施，由于有打莺山龙泉，浇溉腾冲城西农田，干峨山泉，流山

---

① 陈宣：《临安新开石彝湖水利记》，载正德《云南志》卷33《文章十一》。
② 陈善：《九龙池沟道记》，载天启《滇志》卷19《艺文志·记类》，卷3《地理志·堤闸·永昌府》。

下蓄为湖，"多灌田亩"，腾冲少数民族还常用牛车取大盈江水浇溉农田，大盈江因此又名大车江。①

六　楚雄府

在今楚雄地区，重要水利工程有：蜻蛉河，在姚安，"源出三窠山下，北流三十里，军民之田，咸资灌溉"；乌龙江，在武定，源出乌龙洞，"溉田数百顷"②。见于记载的水利设施还有：楚雄府治一带，有城南堰和西南二堰；姚安地区有黄连箐坝、石夹口坝、右所冲坝、上下二闸、金家闸、新坝闸、晏公闸、土桥闸、赵家闸、白塔闸、叶家闸、杨家闸、冷水闸；武定地区，有者吉村渠、源桃村渠、永平村渠、纳吉村渠、大缉麻电堰，各族人民也进行了修复。

七　曲靖府

今曲靖地区，重要水利工程，大都开建于景泰以前。如：东山河，源出沾益，所溉田百余顷，"无旱潦之虞，享播种之利者，威有恒焉"；白石江，阔5丈余，"其灌溉之利，所及亦溥"；大坝，水出这容箐，洪武初官府组织席坝、浚河、设置三闸，"以灌东南三乡四堡之田"；交水坝，原为木构，宣德时"构木凿石为坝，其水利灌田百余顷"；西河，"其灌溉之利甚溥"。以上工程，除交水坝在沾益，西河在陆凉（今陆良）外，其余均在今曲靖城附近。见于天启《滇志》所载，曲靖一带的水利工程还有北沼堤、西湖坝、小坝、阿龙沟、史家闸、梅家闸、土坝、龚家坝；在子龙州有杨柳坝、石桥坝；在寻甸府有长30余丈的石堤归龙堤、龙潭闸、龙洞渠。

据景泰《云南图经》和天启《滇志》所载，明代云南边疆地区和山区的灌溉水利工程，还有北胜州（治今云南永胜）的陈海、龙潭、观音箐坝、盟庆坝、包家闸、海闸、河草坝、长沟坝、九龙坝。其中龙潭在州治15里，"四城乡界在泉九眼，溉田万亩"。丽江府（治今云南丽江）有

---

① 景泰《云南图经》卷6《金齿军民指挥使司·山川》。
② 景泰《云南图经》卷2《武定军民府·山川》。

清源渠、清溪。兰州（治今云南兰坪以东），有白石溪。景东府（治今云南景东），有永寨渠、者孟渠、者干渠。顺宁府（治今云南风庆），有天泽塘。广西府（治今云南泸西）有广利坝、永惠坝、矣童坝。元江府（治今云南元江）有双沟渠、促夷渠。

边陲西双版纳，据傣文《景洪水利分配》一书记载，傣历826年（1464）。当地傣族人民修建了8条灌溉水渠，直到解放前仍保存完好。

明代，云南各族人民创建和修复的灌溉水利工程，仅见于天启《滇志》记载的就有196处。其中，浇溉农田千亩以上的有近30处。滇池上游六河、玉溪大溪渠、宜良汤池渠、邓川弥苴法江、祥云宝泉坝、鹤庆南供河、建水石屏湖渠、保山九龙渠、诸葛堰、永胜龙潭等水利工程，灌溉的农亩均上万亩。在今保山、思茅、丽江等边疆地区和山区的灌溉工程，见于记载的有近60处。总之，在云南各族人民和迁居的汉、回等族人民的共同努力下，明代云南边疆的水利工程有了很大发展，为农业增产创造了条件。

（刊于《中南民族学院学报》1996年第4期）

明代云南刑法原则和刑罚手段的变化

有明一代，封建专制主义进一步强化，立法指导思想也有了变化，从封建社会传统的"德主刑辅"思想转变为"明刑弼教"。"德"与"刑"的关系不再是"德"在第一位，"刑"在第二位，而是提高了"刑"的地位，为朱元璋推行重典治国提供了思想理论依据。"明刑弼教"的立法指导思想，在明代对云南的治理中也有体现，使中央王朝对云南的治理提高到了一个新的阶段。

《明史·土司传》谈到明代对西南少数民族地区的治理时说："迨有明踵元故事，大为恢拓。分别司、郡、州、县，额以赋役，听我驱调，而法始备矣。然其道在于羁縻。"

"宠之名号，乃易为统摄，故奔走惟命"，"试使守令得人，示以恩信，谕以祸福，亦当革心"①。这段话明确体现了明朝对西南地区治理的指导思想，对云南的治理也是如此，在对当地少数民族的治理中更多强调的是"法始备矣"，治理工作中输入汉法，基本上在行政、赋役、军事等方面都有法可依，这比起元朝来显然有明显不同。当然，考虑到云南少数民族地区的具体情况，在执法过程中要注意"守令得人"，同时恩威并重，这样做的目的，是为了"易为统摄"，使当地土官"奔走惟命"。根据这种指导思想，明朝政府在对云南的治理中采取了新的措施，使明朝的法律在云南得到一定程度上的执行，同时，针对云南的具体情况也作了一些相应的变通，结果使中央政权对云南的统治进一步深入和加强，也促进了云南经济、政治、文化诸方面的发展。

---

① 《明史》卷310《土司传》，中华书局1974年标点本。

一 明代云南的刑法原则

明代在云南实施的刑法原则，与元代有很大不同，不再像元代对土官土司犯罪多为宽赦，而是与明代总的刑法原则相呼应，在云南采取"重其所重，轻其所轻"的原则，加重了对云南土官土司和各少数民族危害封建国家犯罪行为的惩罚。

（一）加重对危害封建国家犯罪行为的惩罚

平定云南之后，刑部即制定云南官吏、军、民犯罪律条。① 使惩治云南官吏、军民犯罪有法可依。正统元年明英宗敕谕云南三司及巡按监察御史："尔等具奏：会审，过真犯死囚29名，朕已备悉其罪。敕至，再会官公同审实，果无冤枉者，依律处决。"② 从中可以看出，云南的真犯死囚29名，报经皇帝批准，再经地方审查，如无冤枉者，即处死刑。所谓"真犯"，是指严重威胁封建国家统治的犯罪，对这种罪犯，云南和全国一致，处以死刑。嘉靖四年，巡抚云南右副都御史黄衷上奏：云南对盗的处置，要经过多道程序，往往是"停候经岁"，犯人"未获显戮"，这样"不足以为奸宄之惩"，认为这样"罚轻，人无所畏，非所以明法纪而弭寇盗也"，建议更定审判程序。都察院回复："云南地果远，自今所捕盗，令讯情真，奏闻待旨，许即依律处决，不俟转详。"这种做法得到皇帝的批准。③ 盗也是对国家的稳定影响极大的重罪，基于云南路途遥远的实际，朝廷特许云南简化程序，报请皇帝批准后就地处决，这便是"重其所重"的刑法原则。

云南的官员在执行公务中必须严格按照有关规定办事，否则要受到刑法制裁。例如，对体勘土官世袭的官吏"徇私图利，取勘不公"者，朝廷"许巡按御史纠举，罪坐原勘官员"④。朝廷"重其所重"的刑法原则，不但对云南的官吏、军民适用，对云南的土官土司和少数民族也是同

---

① 《明太祖实录》卷190 洪武二十一年五月丁酉条。
② 《明英宗实录》卷17。
③ 《明世宗实录》卷50 嘉靖四年四月己亥条。
④ 《明宪宗实录》卷3。

样适用的。嘉靖初年，由于云、贵土官土司纷争频繁，贵州巡抚杨一漠上奏："乞敕通行天下土官衙门，各宜遵守法度，再不得借兵仇杀。议行之后，再有犯者，许令抚按衙门记过，在官以注其罪。若头目寨长营长私借兵与人者，问拟死罪。土官问拟钤束不严，各抚按衙门仍造册送部以备查考。凡土官终身之日，子孙告替赴部者，若查册内有借仇杀者，即行停袭以为众戒；若因借兵仇杀致成大患者，抚按官临时议奏另行。"①这个奏章得到皇帝的批准。可见对借兵仇杀的土官土司，朝廷是要严惩的。嘉靖八年，云南巡按御史沈教上奏："云南番夷杂处，故设土官，使以夷治夷，其干纪者，必绳之以法。缘安、凤二贼扇乱（按指彝族寻甸土官安氏和武定彝族土司凤氏发动的动乱），诏惟罪其谋逆，余悉宥原，盖一时之权宜也，非谓自是以后，杀人及盗皆不抵罪，乞敕所司宣谕之。"上曰："然，肆赦恩命，皆谓颁诏之前，非著令边，今后土官有犯，仍照律例科断，但宜亟为谳决，毋得留狱，以失夷情。"②这条材料也说明嘉靖八年后，凡土官犯谋逆、杀人、盗等对国家统治危害极大的犯罪，不能再得到宥原，而也同样要按大明律治罪，按照明代的法律，这几种罪都是十恶不赦的重罪。正统二年，副使徐训奏鹤庆土知府高伦与弟纯屡呈凶恶，屠戮土庶，与母杨氏并叔宣互相残害，对于这种属于"真犯"的罪行，皇帝命令黔国公沐昂"谕使输款，如悖强不服，即调军擒捕"，后高伦又因杀人、不孝、私敛民财等因名被处死刑。③当然，对土官犯重罪的处置也要考虑当时少数民族的具体情况而有所变通。嘉靖初年，梁材到云南任官，遇到当地的土官相仇杀数年，按规定，这些土官应处以死刑，但梁材允许他们用牛羊赎罪。御史认为他处理得太轻，他说："如是足矣，急之变生。"看来他这种说法是有道理的，因为"诸酋衷甲待变，闻无他乃止"④。

（二）对少数民族恩威并重的治理

云南布政使司成立之初，朱元璋即对即将赴任的云南布政使司左参政

---

① 严从简：《云南百夷篇》，《云南史料丛刊》卷4，云南大学出版社1998年版。
② 《明世宗实录》卷99嘉靖八年二月乙亥条。
③ 《明史》卷310《云南土司二》。
④ 《明史》卷194《梁材传》。

张纮说："云南诸夷杂处，威则易以怨，宽则易以纵，卿往，其务威德并行，彼虽蛮夷，岂不率服。"① 很显然，明代在云南的刑法适用原则是恩威并重，对严重危害封建国家统治的行为坚决予以严惩。但与整个明代"重其所重，轻其所轻"的刑法适用原则相对应，结合云南的具体情况，对于云南各级土官和少数民族中所犯不是对国家的统治造成很大威胁的犯罪，是可以放宽处理的。宣德五年，巡按云南监察御史杜琼上奏，建议云南土官犯罪和流官同样处理，明宣宗批示："蛮夷不可以中国之治治之。"② 嘉靖三十六年，采木工部右侍郎刘伯跃建议："土夷罪可矜拟者，量其轻重，定拟纳赎合式木植，及应免罪复职袭替之人。并将前项献赎恩例，通行两广、四川、云、贵凡有土官之处。"这个建议也得到皇帝的批准。③ 宣德五年金齿广邑州蒲人酋长诣京贡方物，乞于广邑置州"以熟蒲并所招生蒲属之"。按正常程序，置州要经兵部复勘其实，但皇帝特下旨说："地在边远，既是夷人慕化，不必复勘，其悉从之。""遂命都鲁为广邑州知州，莽塞为同知，普觉为东山口巡检。行在礼部铸印给之。"④ 可见在广邑州的建置上因为是边远夷人要求向化而特别予以恩准。云南少数民族地区实行恩威并重原则的目的，正如《明史》所说："其要在于抚绥得人，恩威兼济，则得其死力而不足为患。"⑤ 正统年间，宣州土官沈政与郎举"互讦纠众侵地"，皇帝派人勘处，最后落实"逆无实迹，因有相责，兵部请治政等罪，帝以蛮人宥之"⑥。

二 明代云南的刑罚制度

云南明代的刑罚制度，较之元代已有很大不同。元代以前，云南的刑罚以各民族的习惯法为主，与内地有较大的差异；明代却已基本以内地法律规定的封建制五刑（即笞、杖、徒、流、死）为主，同时也有些少数民族地区是执行本民族的习惯法。

---

① 《明太祖实录》卷142 洪武十五年春正月甲午条。
② 《明宣宗实录》卷71 宣德五年冬十月己巳条。
③ 《明世宗实录》卷450 嘉靖三十六年八月癸卯条。
④ 《明宣宗实录》卷66 宣德五年五月乙丑条。
⑤ 《明史》卷310《土司传》。
⑥ 《明史》卷310—313《土司传》。

（一）死刑

从文献记载看，明代云南执行的死刑，根据罪行的不同，有枭首、斩、绞等形式。

弘治九年，云南广南卫军人李正率众持杖殴打用刑太酷的广南卫指挥佥事张宗"棰之几死"。事情解决后，皇帝命令"李正等情罪深重，即处斩，枭首示众"①。在云南被枭首示众的不但有汉族军人，也有少数民族。嘉靖年间，彝族土官安铨、凤朝文率众叛乱，被镇压后，首恶被"就彼枭示"②。洪武年间，朱元璋即谕金齿卫指挥："其囚军倘有专凭口舌不法，军法即斩之。"③ 正统年间，缅甸擒获麓川土司思任发，"斩其首送京师"④。正统年间，鹤庆土知府高伦因人告发其犯有"肆行凶暴""不孝""私敛民财""多选兵器""杀戮军民""支解枭令"等罪，奏请皇帝后"伦等皆伏诛"⑤。嘉靖年间临安府宁州土官禄俸"阴贿逆瑾，罢革流官，递交通弥勒州十八寨强贼为害，捕得，诛之，其子禄世爵复以罪论死"⑥。明代律例规定，"将腹里人口，用强略卖与境外土官土人峒寨去处图利，除杀伤人律该处死外，若未曾杀伤人，比依将人口出境律绞"⑦。而金齿地区傣族明代的刑罚却是"刑名无律可守，不施鞭扑，犯轻者罚，重者杀之或缚而置之水中"⑧，可见傣族地区的死刑还有用水淹死的。

（二）充军

充军是罚犯人到边远地区从事强迫性的屯种或充实军伍，是轻于死刑、重于流刑的一种刑罚，明代实施较多。云南又是内地充军的主要地区之一。云南平定之初，朱元璋便给云南、大理等处守御卫所发布命令："有发到的有罪断发军人，编入伍，着他种田；把关去处盘获有罪断发，

---

① 《明孝宗实录》卷12 嘉靖元年三月丁卯条。
② 《明世宗实录》卷1162 弘治九年八月己亥条。
③ 张纮：《云南机务抄黄》，《云南史料丛刊》卷4，云南大学出版社1998年版。
④ 《明英宗实录》卷10《英宗前纪》。
⑤ 《明史》卷314《云南土司二》。
⑥ 《明世宗实录》卷12 嘉靖元年三月丁卯条。
⑦ 《明会典》卷168《刑部十》。
⑧ 李思聪：《百夷传》，载江应樑校注《百夷传校注》，云南人民出版社1982年版。

但是曾刺字，不刺的，刺旗，不刺旗的逃囚、军人，拿住发与原卫所收，将为首逃的废了示众。"① 从中可以看出，元军在云南的囚犯很大一部分是从事强迫性的屯种。明代制定的土官袭替禁例中规定："其通事，把事人等及各处逃流军囚、客人，拨置不该承袭之人，争夺仇杀者，俱问发极边烟瘴地面充军。"② 可见被充军的既有拨置不该承袭土官的汉人，也有争夺仇杀的土官。明代的律例还规定："川、广、云、贵、陕西等处，但有汉人交结夷人，互相买卖借贷，诓骗财物，引惹边衅，及潜住苗寨教诱为乱，贻害地方者，除真犯死外，俱问发边卫永远充军。"③ "将腹里人口，用强略卖与境外土官土人峒寨去处图利……为从者，文官问革，武官调烟瘴地面卫分，带俸差操，军民人等，发边卫永远充军，原系边卫者，收发极边卫分"。明代云南充军的罪名除此以外，还有"冒籍生员，食粮起贡，及买土人起送公文，顶名赴吏部投考者"，"沿边军民等躲避差役，逃入土夷峒寨潜往者"，"汉人交结夷人引惹边衅，及潜往苗寨教诱为乱者"皆要充军。④

（三）流刑

云南本身就是明代流放之地，但对土官土司所执行的流刑有些特殊，为了切断其与当地千丝万缕的联系，土官的徒、流刑是"徙之北平"⑤。元代云南最大的土官大理总管段氏的后裔被明朝迁往内地。⑥

（四）徒刑

据《滇云历年传》卷七：天顺四年夏五月，令云南发罪囚充矿夫，采办银课。可见明代云南的刑罚是有徒刑的。明代律例规定："云贵军职及文职五品以上官，及各处大小土官……其徒流以上情重者，仍旧奏提。"前举据洪武年间规定土官"徒、流则徙之北平"⑦。

---

① 张纮：《云南机务抄黄》，《云南史料丛刊》卷4，云南大学出版社1998年版。
② 《明会典》卷121《兵部四》。
③ 《明会典》卷167《刑部九》。
④ 《明会典》卷175《刑部十七》。
⑤ 《明太祖实录》卷167洪武十七年闰十月癸丑条。
⑥ 倪辂：《增订南诏野史·段世传》。
⑦ 《明太祖实录》卷167洪武十七年闰十月癸丑条。

（五）杖刑和笞刑

明代云南的刑罚制度也有杖刑和笞刑。洪武十七年，云南布政使司在宣布对土官犯罪的处罚中就有土官犯罪"杖以下则记录在职"。嘉靖年间，巡抚云南右副都御史黄衷在谈到云南司法弊病时说，由于诸多原因，云南刑罚太轻，"有司按治，罪止立功罚俸或决杖而已"①。上文所举弘治年间云南广南卫指挥佥事张宗因为用刑太酷，引起民变，朝廷对张宗的处罚是："张宗酷刑激变，免赎杖，降三级调边卫差操。"②《明会典》："云贵军职及文职五品以上官，及各处大小土官犯该笞杖罪名不必奏提。"③

（六）枷号

枷号是明代常用的一种刑罚，在云南也曾施用。前举明廷在回复黄衷上奏云南由于诸多原因刑罚太轻的奏章说："云南地果远，自今所捕盗，会讯情真，奏闻得旨，许即依律处决不俟转详；其哨、堡官军及里、甲诸人，有贿免或弃役者，官调边卫，守御旗军人等枷号一月，发沿哨守。"④对少数民族实施枷号的材料未见。

（七）赎刑

中国封建社会传统的赎刑，明代云南也曾实行。正统年间，明廷下令：云南"军人犯盗及土官土民与官旗轻罪者，俱于缺粮处纳米赎罪"⑤。云南凡罪囚无力输赎者，发本处沿边。⑥ 除了云南的轻罪者可以赎米纳罪外，针对云、贵、川等少数民族地区出产优质木材的具体情况，明代还有云南等地土官可以用木材赎罪的规定。

---

① 《明世宗实录》卷50 嘉靖四年四月己亥条。
② 《明孝宗实录》卷116 弘治九年八月己亥条。
③ 《明会典》卷160《刑部二》。
④ 《明世宗实录》卷50 嘉靖四年四月己亥条。
⑤ 《明英宗实录》卷30 正统二年五月癸卯条。
⑥ 《明英宗实录》卷64 正统五年二月丁亥条。

三 明代云南刑法和刑罚产生变化的原因

如前所述,明代云南在刑法原则和刑罚手段方面较之元代均有很大变化,究其原因,主要有以下几点。

(一) 明代中央王朝对云南治理的加强

元朝是历史上由少数民族建立的第一个全国性的政权,也是第一个对云南实行与内地划一统治的中央政权。由于蒙古族是北方从事游牧的民族,对南方从事农耕为主的民族的生产生活状态并不熟悉和了解,因此在统治过程中与当地民族发生过冲突和矛盾。至元年间,云南白族僧人舍利畏在领导各民族反元斗争时就说过:"蒙古系北虏,吾等南蛮,声教所不及,何以服从之。"① 而云南的情况在南方各民族中又比较特殊,南诏和大理是独立的少数民族政权,并不完全受中原王朝的管辖,与同时期中原王朝的关系大多若即若离。可以说元朝对云南的治理是摆在蒙古统治者面前的一个新问题,没有现成的模式可以照搬和借鉴。因此元朝统治者对云南立法的指导思想和刑法原则的形成完善也有一个不断探索实践的过程。总的立法指导思想和刑法原则是要在维护云南边疆稳定的前提下逐步加强对云南的控制,为了实现这一目的,又要针对云南具体的情况采取特殊的做法。元朝在云南实行的统治策略既不同于唐宋时期在云南推行的羁縻政策,也与明清时期严密的土官土司制有所区别,而是针对云南的实际情况,采取了灵活性较大的实事求是的政策,"选谨厚者抚治之"②。据此,元代在云南的刑法原则对内地派到云南任职的官员是"有罪依常律",基本执行与内地相同的法律,而对任命的当地土官却是"罚而不废"③,只要不危及元朝的统治,基本上是采取与内地不同的宽容政策。而明朝与元朝不同,由于不同的文化社会背景,明初中央统治者对封建社会传统"德主刑辅"的法律指导思想作了部分变更,提出"明刑弼教"的主张,提高了"刑"的地位,在中国历史上,一反常规地实行"刑新国,用重

---

① 诸葛元声:《滇史》卷9。
② 《元史》卷125《赛典赤瞻思丁传》。
③ 《元史》卷103《刑二》。

典"的立法指导思想和刑法原则。因此，明代云南的刑法原则和刑罚手段较之元代有重大变化。

（二）云南与内地各方面差异的减小

从元代云南的刑法原则和刑罚手段来看，与内地存在较多差异，除了刑法原则对当地少数民族是以宽厚为主外，刑罚手段也与内地不同。从文献记载看，除死刑有"斩""杀""大辟"等手段外，还有内地早已废除的肉刑"黥面"，至元年间曾下诏"禁云南权势多取债息，仍禁没人口为奴及黥其面者"。同时刑罚手段不见内地传统封建制五刑中的徒刑和惯用的赎刑，到了明代，刑罚与内地基本一致。除了中央政权对云南统治策略的变化外，经过元朝在云南的经营，云南少数民族在政治、经济、文化、观念等方面与内地差距的减小，是产生这种变化的更深层次原因。经过元朝在云南100多年的经营，建立行中书省、传播内地先进的生产技术和封建文化理念，在刑罚手段上废除"黥面"等陋习，使云南各方面的情况发生了很大变化：在设置上由元代行省宗王相互牵制的格局过渡到与内地完全一致的布政使司直接统治，宗王系统取消，土官制在元代的基础上更加严密，同时明代通过各种途径进入云南的汉族人口明显增加，少数民族逐渐接受了内地汉族法律文化，才使明代的治理方针能在云南顺利实施。因此，这种变化也从一个侧面反映了在历史的进程中，各民族凝聚力的不断增强。

（刊于《云南民族大学学报》2005年第1期）

清代前期西南边疆地区农业生产的发展

本文中所说的西南边疆地区，主要是指与缅甸、越南、老挝等国接壤的云南、广西地区。这里是少数民族聚居区，农业生产的历史十分悠久，但由于诸多因素的制约，清代以前，生产力发展水平较之内地有一定差距。清朝统一全国后，对西南边疆地区进行了积极的经营，随着土司制度的结束，内地先进技术的进一步传入和大量汉族人口迁居西南边疆地区，使边疆地区的农业生产有了明显进步。

一　耕地面积的扩大

清代西南边疆地区农业的开发，首先表现在土地的进一步开垦。明末清初西南地区战事频繁，给农业生产造成很大破坏，不少农田荒芜。清政府十分重视西南边疆的农田开垦工作。顺治八年（1651），在清军平定贵州、云南之前，有关官员就已考虑到"湖南、四川、两广初定，地方荒土极多"，"凡遇降寇流民，择其强壮者为兵。其余老弱悉令屯田。湖南、川、广驻防官兵，亦择其强壮者讲武，其余老弱给与荒弃空地耕种，但不许侵占有主熟田"。这个建议得到清世祖的同意。[①] 顺治十八年，云南平定后，云南贵州总督赵廷臣上奏："滇、黔田土荒芜，当亟开垦。将有主荒田令本主开垦，无主荒田招民垦种，俱三年起科，该州、县给以印票，永为己业。"这个奏请得到康熙皇帝的准许[②]。当年，云南巡抚袁懋功又疏言："投降人等，皆无籍亡命之徒，应令所到地方，准其入籍，酌量安

[①] 《清世祖实录》卷67。
[②] 《清世祖实录》卷1。

置，随编保甲，严查出入。或有无主田亩，听其开垦，照例起科。"① 据有的学者研究，清代云南、贵州和四川西部的移民总数在 300 万—400 万人，如再加上广西的移民，西南地区的移民总数就更可观了。在外来的汉族移民和当地各族人民的辛勤劳动下，边疆的土地得到了更大规模的开垦和利用。

康熙二年（1663），云南全省开垦田地 1200 余顷②，第二年又开垦 2459 顷。③ 广西全省开垦荒地的统计数字虽不见记载，在《清实录》中广西各州县垦荒的数字屡见不鲜。例如，雍正三年（1725），桂林、梧州等七府开垦田地 29 顷有奇。④ 第二年，桂林等府又开垦田地 66 顷有奇。⑤ 要特别指出的是，随着生产的发展和边疆与内地联系的加强，清代西南地区田地开垦已从交通沿线向边疆扩展。到边疆地区垦殖是得到清政府鼓励的，到云南昭通、东川、元江、普洱四府内开荒的流民，因为是"新辟夷疆，人稀土旷"，政府借给银两，到乾隆二年，还有 10860 余两尚未还纳，可见到这些地方垦荒的流民数目可观，后来，连这些未还的银两也"悉行豁免了"⑥。被称为"外则抵莽缅之背肩，内则为滇省之门户"⑦ 的普洱府，在众多的汉族人到来之后，"或开垦田土，或通商贸易"⑧，通过和当地少数民族共同辛勤的劳动，当地已"人烟稠密，田地渐开"⑨，根据道光年间的统计，边疆的普洱府已有夷田 176 顷 71 亩 8 分 3 厘；永昌府有民田地 1862 顷 7 亩 1 分，屯田地 558 顷 34 亩 2 分⑩。贵州的思南府，乾隆初"尚有未垦之地"，到道光年中已"山巅水涯，殆无旷土"⑪。乾隆十五年（1750），广西巡抚舒辂上奏中谈道："查南（指南宁府）、太（指太平府，府治在今崇左县治太平镇）、镇（指镇安府，府治在今德保

---

① 《清世祖实录》卷 2。
② 《清圣祖实录》卷 12。
③ 《清圣祖实录》卷 15。
④ 《清世宗实录》卷 53。
⑤ 《清世宗实录》卷 66。
⑥ 《清高祖实录》卷 54。
⑦ 道光《普洱府志》卷 7。
⑧ 道光《普洱府志》卷 4。
⑨ 道光《普洱府志》，梁星源《序》。
⑩ 刘三慰：《滇南识略》。
⑪ 道光《思南府续志》卷 3。

县治城关镇）三府所属州、县，与安南接壤者二千余里……有虽在隘外，而仍系内地者，距夷界远则二三里，近则数里不等，向来无业贫民，因属内地，俱赴彼搭盖草房，就地耕种。"① 可见广西边疆地区的田地也得到了开发。

二 水利的兴修

随着耕地面积的扩大，水利工程也显得更为重要，在山多田少的西南地区，农作物要有好的收成，在很大程度上要靠水利灌溉。乾隆皇帝曾说："水利所关农功綦重。云南跬步皆山，不通舟楫，田号雷鸣，民无积蓄，一遇荒歉，米价腾贵，较他省过数倍，是水利一事，无不可不亟讲也。"② 云贵总督鄂尔泰也曾上奏要求云南添设专管水利的官员，"通省有水利之处，凡同知、通判、州同、州判、经历、吏目、县丞、典史等官，请加水利职衔，以资分办"，这个请求得到朝廷的同意③。清代云南的水利工程遍布全省各地。据清实录所记，道光之前，多次修浚昆明海口，使"膏腴田地渐次涸出"，又计划在附近的盘龙江、金汁、银汁、宝象、海源、马料、明通、马溺、门沙等河上建闸筑坝，以进一步解决昆明的水利问题。④ 乾隆四十七年（1782）浚挖了金汁、银汁、宝象、海源、马料五河日渐壅塞的河道，第二年政府组织人力对盘龙江"挑挖深通，并培堤、砌闸、筑坝。分段定限报竣"，得到了朝廷的嘉奖。⑤ 乾隆八年，云南巡抚张允随上奏："安宁州界内有无水荒瘠田地一万三千余亩，若于高处筑坝开渠，引水灌溉，即尽可变膏腴。今勘得西界施家庄、南界多衣者，耳木村、北界古浪河、松坪、下沟、九龙潭口，清即借项起建，于乾隆八年起分限二年催收还项，其余各处渠坝，一并兴修。"这个计划得到朝廷的批准。⑥ 东川府属那姑汛的汉族和少数民族要求于披戛河筑坝引水，开钻山洞放注，这样可以将当地的七八千亩荒地变为水田。朝廷命布政使借给

---

① 《清高宗实录》卷371。
② 《清高宗实录》卷40。
③ 《清世宗实录》卷117。
④ 同上。
⑤ 《清世宗实录》卷1175。
⑥ 《清高宗实录》卷202。

库银1000两,并责成东川府加紧开筑。① 乾隆三十三年,云南巡抚明德上奏:"昆阳州之平定乡六街子等村有田二千余亩,向资龙泉灌溉。近日淤塞,另于旧坝下老田标地方涌出流泉,宜另筑坝开沟,以资汲引。清借项兴修,按照得水田亩分作三年征还。"这个请求也得到了朝廷的批准。② 乾隆年间,大理府邓川境内的弥苴河,上通浪穹,下注洱海,中分东、西两湖。由于河高湖低,每逢夏秋暴雨,河水渲泄不及,同流入湖,附近粮田,俱被淹没。后由当地绅士倡议捐款,将东湖尾入河之处,筑坝堵塞,另开子河,引东湖之水,直趋洱海。又从青不涧至天洞山筑长堤一道,并建立石闸,使河归堤内,水由闸出,这样,历年被淹没的粮田1.22万余亩全行涸出,这个水利工程得到乾隆皇帝的嘉奖。③ 澄江府的抚仙湖,下游有清水河一道,地势较低,迤东有浑水河一道,地势较高。在浑水河上建有牛舌石坝,以御浑水入清水河。乾隆四十六年(1782),因溪流湍急,冲倒石坝20余丈,使浑水流入清水,两条河皆因沙石填塞,不能渲泄湖水,以致湖水逆流为害。后组织人力在牛舌坝之东的象鼻山脚,凿通40余丈,另开子河,泄浑水。又将牛舌坝的坝基移进10余丈,重改石坝。工程完工后,由于河身改直,水势顺下,抚仙湖再无逆流泛滥之患。工程得到当地各族人民的积极支持,有钱出钱,有力出力,使工程"极其坚固",后云南省又令当地有关部门,于每年冬天水干之时,发动民夫,通力合作,将河身堤坝量修一次。这个工程也得到乾隆皇帝的嘉奖。④

除了以上所举的几个较大的水利工程外,据《滇南识略》所记,清代云南境内的水利工程,遍及全省各地,边疆地区也不例外。滇西的永昌府:保山以东河、子河、龙王塘、诸葛堰为大,东河东、西两堰,雨涨易溢,于打鱼洞开子河780丈,循田流入大河。龙王塘、九龙渠,明洪武间度田分水为41号,3坝2沟,溉田1.26万亩。诸葛堰,大堰分水口3,灌田数千亩;中堰,源出九龙池36号水并河沙水,蓄积为堰,分水口3,灌田数千亩;下堰,分水口2,灌田千余亩。又有莲花、纪广等7坝,沙

---

① 《清高宗实录》卷237。
② 《清高宗实录》卷815。
③ 《清高宗实录》卷1150。
④ 《清高宗实录》卷1167。

河、石花等3堰。腾越有侍郎坝，在城西北5里。尚有野猪坡、鹅笼、缅箐、干峨海、海尾5坝。

滇南的普洱府：宁洱有普济渠，在城北30里。掌乃潭堤在城南五里，潭近河，居民筑堤蓄水，渡以木枧，溉田200余亩。又有小河村、西域等6沟。元江州：元江有东沟在城东，有漫林、呼遮、河湾、三家、大茶庵5沟。南沟在城南，有万喇、都峨、万钟、们岛、小燕、都郎、上乾磨、下乾磨、纳整、者戛、龙潭、阿萨、南洒、深沟14沟。西沟在城西，有8沟。北沟在城北，有2沟。西北沟在城西，有5沟。双渠沟在城东。仲夷渠在城西。新平水利有渠、有坝、有堰、有塘、有堤、有坎、有圩、有水龙。①

从所举的这些情况可以看出，清代云南的水利工程，较之明代又有较大的进步，特别是边疆地区更是如此。

清代广西地区，最大的水利工程，是数度修建兴安灵渠和临桂的相思埭。康熙五十二年（1713），广西巡抚陈之龙，对灵渠"旧存陡门十四皆修整，其已废二十一陡门酌复其八"。雍正九年，广西巡抚金珙，重修陡门，"凡陡门十有八，蓄水之堰三十有七，颓者完之"。乾隆十九年，两广总督杨应琚又重修灵渠，他上奏说："粤西兴安县陡河，俗名'北陡'为转运楚米流通商货之要津，久未修浚，坝身坍损，河流渐致浅涸，舟楫难能，临桂具陡河，俗名'南陡'，下达柳庆，溉田运船，亦关紧要。近日陡坝倾颓。且有陡门相离太远，并需酌添闸坝之处，均请动项兴修"②，使"淤者浚之，缺者补之，毁败者重修之"③。雍正年间对临桂的相思埭，也进行了全面的修复。分相思水经由东西两陡门，东流入漓江，西流至大弯通苏桥河，再会永福江至获州。原只鲤鱼一陡，增建"陡二十四座，开浚河如石槽形，长流不竭，农商俱赖"④。乾隆三十年，广西巡抚宋邦绥又奏："粤西临桂、兴安所属南北二十八陡河，为通商利农之要津。今又修复星桥、灵山（今属兴安县）、牛路（今属临桂县）三陡，请每陡设

---

① 刘三慰：《滇南识略》。
② 《清高宗实录》卷477。
③ 黄现璠：《壮族通史》，广西民族出版社1988年版，第384页。
④ 同上书，第385页。

夫二名，并给蓄水器具银两。"① 清代对广西境内"通商利农之要津"的灵渠和相思埭不断进行维修、扩建，使其在广西的交通运输和农田水利方面都发挥了巨大的作用。此外，广西境内还兴修了一些水利工程。乾隆十五年（1750），经广西巡抚舒辂奏准，朝廷借给司库银2400两为工本，庆远府属宜田县境内的垦荒农民筑坝建堤，引洛潢之溪水灌溉境内荒田。经过几年的努力，到乾隆十九年："堤坝石工俱已告竣，实丈得可垦田六千二百余亩，照原报垦户给予印照，管业升科。所借银，分两年完缴。"②乾隆年间，义宁县属安鉴（今属临桂县）一条泄水的老河道，因水冲沙石，将老河壅塞，冲新河两道，屡淹当地田亩。当地人民要求老河挑浚，并于决口处筑坝，使老河流通，既可避免附近田地被淹，又可使邻近各村的田地得以灌溉。估计建筑的决口堰坝，长52丈，宽1丈8尺，水深处高8.9尺，连同挑浚老河，"共需人夫六千工"③。这也是一个不小的水利工程。

清代西南少数民族地区已会使用筒车、桔槔、龙骨水车等灌溉工具，也增加了当地农田的灌溉面积。

三 先进生产技术在边疆地区的推广

清代西南边疆地区农业生产的进步，除了表现于耕地面积的扩大和水利工程的兴修外，还见于生产技术的进步和农作物品种的增加。

清代，西南地区的少数民族除了已会使用筒车、桔槔、龙骨水车等灌溉工具外，还会利用水力带动水碓、水磨等工具进行粮食加工，云南临沧地区的佤族群众从李定国的士兵那里学会了用铁犁耕田。④ 这些先进的生产工具，提高了劳动效率。清代西南大多数少数民族地区已从粗放农业向内地精耕细作的农业生产发展。他们已经懂得按照当地的气候变化来安排一年的农活。在实践中，他们也摸索出根据不同的土壤施用不同种类的肥料，把人畜粪便、草木灰、油枯、绿肥、石灰、塘泥等肥料施用在不同性

---

① 《清高宗实录》卷745。
② 《清高宗实录》卷455。
③ 同上。
④ 段世琳等：《李定国对开发阿佤山的贡献》，《思想战线》1991年第5期。

质的土壤中,有效地提高了土壤的肥力,并根据不同的土质栽种不同的农作物,获得了好收成。选种是作物高产的重要措施之一,西南各少数民族在汉族的影响下,开始注意精心选种,有效地提高了单位面积产量。边疆地区农业生产进步的一个显著特点,是栽培作物品种的增加。西南边疆地区山地居多,能种植水稻的田地有限,清代以前,广大山区大多种荞麦、高粱、旱谷等农作物,产量不高。清代从内地传入的玉米和马铃薯,对解决山区人民的口粮问题起了很大作用。玉米和马铃薯产于美洲,哥伦布发现新大陆后传入欧洲,明代传入我国,先在沿海地区引种,后传入内地各省。明末清初,又由内地的汉族人民传到了西南边疆地区。这两种作物适于在低温、贫瘠的山区种植,产量较高,营养丰富,宜作主粮。因此,传入西南地区后,对边疆民族经济的发展是一个很大的推动。从文献记载看来,清代广西、贵州、云南的广大山区都已普遍种植玉米。乾隆《镇安府志》载:"玉米……向唯天保山野遍种,以其实磨粉,可充一二月粮。"光绪《镇安府志》则说:"近时镇属种者渐广,可充半年之粮。"可见清代广西镇安府的玉米种植面积增加很快。《崇善县志》有:"新和、通康、古坡乡人,山多田少,稻米出产寥寥,人民终岁多食包粟。"为了增加产量,广西有的地方第一年种两季玉米。光绪《归顺直隶州志》载:"包粟杂粮前止种一造,今则连种两造,山头坡脚无不遍种,皆有收成,土人以此充饔餐。"① 道光《威远厅志》有:"云南地区辽阔,深山密箐未经开垦之区,多有湖南、湖北、四川、贵州穷民,往搭寮棚居住,砍树烧山,艺种苞谷之类。此等流民,于开化、广南、普洱三府为最多。"② 按开化、广南、普洱均为云南边陲地区,这条材料很清楚地说明,内地汉族劳动人民已把玉米的栽培传到了云南边疆地区。清代云南巡抚吴其浚说:"玉蜀黍,于古无征,《云南志》曰玉麦,山民恃以活命。"③ 此话并非虚语。《宣威县志》也说:"苞谷即玉蜀黍,宣人谓之玉麦,熬糖、煮酒、磨面,功用甚大,宜人仰为口粮大宗。"④ 可见玉米的传入对改善西南边疆各族人民的物质生活起了很大作用。

---

① 黄现璠:《壮族通史》,广西民族出版社1988年版,第378页。
② 道光《威远厅志》卷3。
③ 吴其浚:《植物名实图》。
④ 《宣威县志》卷3《物产志》。

马铃薯的传入也与玉米类似。吴其浚说:"阳芋（即马铃薯）滇黔有之,疗饥救荒,贫民之储。"① 清代桂西和桂北地区也开始种植小麦,边疆地区的庆远府"旧无种,康熙六十一年郡民陈庆邦买自桂林,散布始广。又燕麦须长,荞麦,春冬二种"②。归顺直隶州也是"嘉庆以前,鲜种麦,自嘉庆二年,遍地皆种,亦大半丰熟,以后种者愈多"③。镇安府清代种植小麦也很普遍。④ 小麦的种植给广西边疆地区的各族人民提供了更多的粮食品种。云南边疆的景东直隶厅,当地的彝族和傣族人民,传统种植秫米,产量较低,雍正、乾隆以后,学习汉族人民,普遍种植水稻。⑤ 威远厅的当地少数民族,也向迁居而来的汉民"学种棉花"⑥。生活在德宏地区和中缅边境山区的德昂族人民,清代以后所种植的农作物主要是苦荞之类的山地作物和少量糯米。清初到此开矿的内地汉人,不适应这种食品,吃后容易生病。为了解决口粮问题,这些矿工在崩龙大山试种粳米,获得成功,并且把这种技术传授给当地的德昂族,使德昂族人民的生产有了发展,粮食也开始有了剩余。⑦

除了粮食作物外,清代传入西南边疆地区的经济作物也不少。根据文献,落花生为僧人应元于康熙初年从日本觅种寄回贵州铜仁,引种成功。⑧ 后在西南地区普遍种植,广西《镇安府志》有:"落花生,各州县皆出……岭南所产甚广,镇属亦不少,以之榨油名生油。"作为木本油料作物的油茶和油桐,清代在广西各地种植也很普遍。作为糖料作物的甘蔗,清代广西东南、西南和南部地区都有栽种,成为我国蔗糖主要生产基地之一。⑨ 此外,油茶、芝麻、向日葵、八角、茴香等经济作物,清代也已在西南边疆地区广泛种植。这些经济作物丰富了边疆各族人民的物质生活,也增加了他们的经济收入。

① 《植物名实图考》。
② 《广西通志》卷9。
③ 《归顺直隶州志》。
④ 光绪《镇安府志》。
⑤ 乾隆《景东直隶厅志》卷3—5《风俗》。
⑥ 道光《威远厅志》卷3《风俗》。
⑦ 周裕:《从征缅甸日记》。
⑧ 侯绍庄等:《贵州古代民族关系史》。
⑨ 黄现璠:《壮族通史》,广西民族出版社1988年版,第375页。

四 边疆茶业的发展

说到清代边疆地区的农业开发,特别值得一提的是边疆茶业的发展。滇南、滇西的边疆地区都是产茶之地,当地布朗、佤、哈尼、傣、基诺等民族皆是种茶的能手。这两地种茶的历史都十分悠久,但茶叶作为当地经济作物的大宗,并在对外的经济文化交流中发挥着日益重要的作用,却是清代。雍正七年,清廷设置普洱府,委派流官知府进行统治,管辖今思茅地区的绝大部分和西双版纳的全部。同年,云贵总督鄂尔泰在思茅奏设总茶店,管理当地的茶叶事宜。本来就有种茶基础的西双版纳地区,清代攸乐、革登、倚邦、莽枝、曼岗、慢撒已成为因生产大叶茶而闻名的六大茶山。由于六大茶山所产的茶叶大部分集中到普洱府进行加工制作,然后行销各地,因此统称为普洱茶。清人阮福曾说:"普洱茶名遍天下,味最酽,京师尤重之。"[①] 清代这里的茶叶生产在品种、生产技术等方面都有长足的进步。由于原料和加工的不同,有毛尖、芽茶、小满茶、谷花茶、紧闭茶、女儿茶、金月天等不同品种。[②] 技术水平也不断提高:"种茶之家,芟锄备至,旁生草木,则味劣难售,或与他物同器,则染其器而不堪饮矣。"[③] 随着普洱茶知名度的提高,内地为数不少的汉族人民也进入西双版纳地区栽种和经营茶叶。乾隆年间,石屏的汉族茶商首先进入西双版纳的武易茶山进行茶叶贸易,也有的石屏汉人到武易茶山直接从事种茶生产。[④] 腾越、下关、玉溪、思茅等地的汉族茶商也纷纷到西双版纳设号经营茶叶。[⑤] 在当地各民族和汉族的共同努力下,普洱茶的生产达到了极盛时期,最高年产量达8万市担,最高级的普洱茶,是作为贡品送到京城,其余大部分普洱茶行销国内外。

[①] 阮福:《普洱茶记》。
[②] 同上。
[③] 同上。
[④] 蒋铨:《古"六大茶山"访问记》,载岩罕主编《西双版纳文史资料》4,云南民族出版社2006年版。
[⑤] 杨毓才:《云南各民族经济发展史》,云南民族出版社1989年版,第300页。

五　农作物产量的提高

　　清代西南地区农业生产发展的一个显著的标志是产量的增加。这从文献资料中所记的一些数字得到了说明。据《清史稿》载：乾隆十三年，广西积谷20万石，而10年之后，到乾隆二十三年，广西贮谷183万石，[①]增加了9倍，可见广西农业生产发展的迅速。道光年间，云南全省民田地所征正耗夏税秋粮麦、米、荞、豆等共16.83022石，边疆地区的永昌府就缴1.1万余石，普洱府也要缴田赋米5600余石，[②] 也反映了云南边疆地区农业生产已具一定规模。

　　清代西南地区土地所有权的变更，也从另一个角度反映了当地农业生产的发展。改土归流以前，西南大部分地区是处于领主经济阶段，土司占有所辖地区的全部土地。辖区内的人民基本都是他的农奴，这种生产关系已越来越成为生产发展的障碍。清代随着农业生产的发展，土地买卖的现象日趋频繁。内地商人和地主到西南边疆地区购买土地的增多，失去政治权势的土司们因为经济日益没落只得出卖土地，据统计，至道光六年，贵州居住在苗族地区购买土地的汉族地主已达31400户，而居住在城市购买苗民土地，并招徕佃农进行耕种的有6400多户。[③] 合计近4万户，这已是一个相当可观的数字。而《清宣宗实录》有："今据查明永北厅属胜土司所辖夷地，典卖、折准与汉民者，自乾隆二十年后，以至于今（道光元年）有典出十之七八者，有十之三四者。"[④] 可见当地典卖土地成风。嘉庆初年，广西地区也已是"汉民占种土司田亩为已久，如概令备价回赎，则土司疲惫无力。若欲分别查办，悉数追还，则汉民资本全亏，必致失所。"朝廷也只有承认这个现实，不加干预了。[⑤] 元明时期在西南地区所置屯田，此时已基本废弛，屯田的土地逐渐变为私田。明代云南沐氏庄田占据了大量土地，康熙年间，朝廷批准云贵总督蔡毓荣之请，将此庄田

[①] 《清史稿》卷120《食货志二》。
[②] 刘三慰：《滇南识略》。
[③] 《贵州通志》卷21《前事记》。
[④] 《清宣宗实录》卷18。
[⑤] 《清仁宗实录》卷47。

折价归并于各府州县的民田,原来耕种的各族农奴,只要交出一定数额的赎金,便可获得所耕土地,这样,也有不少当地各族农奴成了对官府直接负担田赋和徭役的自耕农民。总之,随着生产的发展,西南边疆地区封建农奴制的经济基础逐渐被瓦解、破坏,以租佃关系和土地买卖为特点的封建地主制经济迅速发展起来,这种与内地趋于一致的土地所有制,在当时的历史条件下,对促进农业生产的发展是有利的。

从以上所举几个方面的情况可以看出,清代前期西南地区的农业生产有了长足进步,而农业生产的发展又为当地手工业的发展和商业的繁荣提供了物质基础,使西南边疆地区的经济实力得到较大增强。当然,也应看到,这里的农业生产发展水平也是不平衡的,较之内地,仍存在不小的差距。鸦片战争以后,这里的农业生产状况出现了新的变化,关于这方面的情况,将另撰文论述。

(刊于《中国边疆史地研究》1997年第2期)

清代前期西南边疆地区商品经济的发展

　　清代西南边疆地区商品经济的发展，既是西南民族史研究中的一个重要课题，也是经济史中的重大课题。本文利用文献资料和调查材料进行综合研究，从边疆地区与内地贸易往来的频繁、各种贸易中心城镇的形成、农村集市的兴起、边贸的发展等几方面对此问题进行探讨，旨在说明清代西南边疆地区商品经济发展的原因、状况和特点。

　　本文中所说的西南边疆，主要是指与越南、缅甸、老挝等国相接壤的广西、云南地区，同时也涉及地处祖国西南的贵州。西南边疆为少数民族聚居区，有清一代，由于清朝对边疆的积极治理，大量汉族人口进入西南地区，边疆与内地联系和交流的加强等诸多原因，在各族人民的辛勤劳动下，边疆得到了进一步开发，商品经济也有了长足的进步。

一　与内地贸易往来的频繁

　　随着清代西南边疆地区农业和矿业的发展，其与内地的贸易往来也更加频繁，更多的汉族商人来到西南边疆，推动了当地商品经济的发展。桂东的梧州、桂平等城镇由于靠近广东，清代不少汉族商人迁到此地居住。据《创造粤东会馆碑记》所载，清代广东商人到桂平、大湟江镇、金田圩等少数民族地区做生意的情况是："四方商贾，挟策贸迁者，接迹而来。舟车辐辏，货购积聚，熙来攘往，指不胜屈，而以我东粤之商旅于桂平永和、大宣两圩者尤盛。"《桂平县志》也载："江地圩又名湟江圩，旧为瑶人贸易场，乾隆间迁今地，清世瑶人远遁，外籍日众，圩渐繁盛。嘉同光而后浔州府城设立厘金人口加税，石咀、新圩、南绿与平南之思旺圩来趁者皆有水路可达。故昔日县城繁盛之景象尽为此圩所夺，为全省各圩镇之冠。"① 云南的情况也是："历年内地人民贸易往来纷纷如梭织，而楚、粤、黔之携眷世居其地，租垦营生者几十之三四。""客民经商，投向夷地，家而往者，渐次已繁，更有本属单子之身，挟资潜入，至于联为婚姻，因凭藉夷妇，往来村寨。"②"视云南全省，抚人（按指江西抚州商人）居什五六，初犹以为商贩止城市也。既而察之，十州土府，凡不能白致于有司者，乡村间征输垦役，无非抚人为之矣。"③"（云南）城市中皆汉人，歇店、饭铺、估客、厂民以及夷寨中客商、铺户皆江西、楚南两省之民，只身至滇经营，以致积攒成家，娶妻置产。虽穷村僻壤，无不有此两省人混迹其间。即碧髓、宝石之物，在夷地，亦惟江、楚人冒险越界兴贩，舍命以博财货。"④ 可见清代云南各地都已遍及内地商人的足迹。据有的学者认为，明清时期外地到云南的商人，就其数量而言，则以江西商人和湖广商人为最多，浙江、山陕、四川商人次之，闽粤、贵州商人又次之，安徽商人最少。⑤ 外地商人在西南边疆主要从事商业贸易、高利贷、投资矿业等经济活动。乾隆四年，广西巡抚安图上奏时谈道：广西地区"于新谷登场恣意卖与客贩，冀来年贱买官米"⑥。可见商人已深入广西农村收购粮食。滇南的个旧"户皆编甲，屋皆瓦舍，商贾贸者十八九，土著无几"⑦。大理地区也是当地人"不好商贾，人自地方来，贸易缯采至厚蓄，故水土之利皆供客商"⑧。这些内地商人来到西南边疆地区所从事的商业活动，主要是把内地的商品贩运到边疆，也把边疆的一些土特产品运到内地，促进了边疆和内地之间的经济交流。同时，在内地商人的影响下，一些西南边疆地区的少数民族也开始从事商业活动。乾隆年间，广西与越南接壤的南宁、太平、镇安三府与越南通商频繁，明江五十三寨（今属宁明县）的村民"全赖挑贩营生，若将由村隘封禁，恐失业者聚而

---

① 转引自黄现璠等《壮族通史》，广西民族出版社1988年版，第401页。
② 江浚源：《条陈稽查所属夷地事宜议》。
③ 王士性：《广志绎》卷4。
④ 吴大勋：《滇南闻见录》。
⑤ 林文勋：《明清时期内地商人在云南的经济活动》，《云南社会科学》1991年第1期。
⑥ 《清高宗实录》卷105。
⑦ 康熙《蒙自县志》卷2。
⑧ 嘉庆《大理府志》卷2。

为匪，必百计包货偷越，转于边防无益"①。可见这些人已主要是从事商业活动。在云南维西藏族地区，"交易皆与妇人议，妇人辨物高下不爽，持数珠会计报捷，西吴、秦人为商于其地，皆租妇执贸易"②。这些藏族妇女也已谙于从事商业活动。大理府的太和县，其民"合群结队旅行四方，近则赵、云、宾、邓，远则腾、顺云。又或走矿场，走夷方，无不各挟一技一能暨些资金，以工商事业，随地经营焉"③。白族也有了专门从事商业活动的人。

二 各种贸易中心城镇的形成

随着商业的发展，清代西南地区形成了一定规模的贸易中心，这些贸易中心往往又是当地的政治、文化、经济中心，即是大小不等的各种城镇。各省的省会是各种商品的集散地，昆明"乃百货汇聚，人烟辐辏之所也"④。来自江、楚、蜀"贸易客民，毂击肩摩，籴贱贩贵"，"置产成家"，定居贵阳。⑤ 清代广西的政治中心桂林是广西粮食和食盐运销最大的商业活动中心。一些原有的商业城市更加繁荣，如广西的梧州市清代已是广西商品进出口的门户和集散地。桂平县也是沟通两广的经济文化要道和物资集散地。⑥ 云南的大理，"商贾辐辏，甲于他郡"，为"一大都会"。⑦ 还有一些因为农业、矿业的发展而形成的新城镇，这些新兴城镇大多是在边疆和偏僻闭塞之地。例如：东川汤丹、宁台等矿区，已是"人烟辐辏，买卖街场，各分市肆"⑧。"路（南）民犁城西象羊地得矿苗，呈请开之，远近来者数千人，得矿者十之八九，不数月而荒巅成市。即名之曰象羊厂。"⑨ 在滇西徼外的波龙银厂兴盛后，当地"商贾云集，

---

① 《清高宗实录》卷219。
② 余庆远：《维西见闻记》。
③ 《大理县志稿》卷3。
④ 陈鼎：《滇游记》。
⑤ 《黔南职方纪略》。
⑥ 参见黄现璠等《壮族通史》，广西民族出版社1988年版，第399—400页。
⑦ 道光《云南志钞》。
⑧ 吴其波：《略南矿场图略·滇矿图略》。
⑨ 张泓：《滇南新语》。

比屋列肆俨一大镇",①这里已成为中缅人民交换贸易的场所。清军到此后,"夷民咸相率来观,以米、粮、腌鱼、盐、烟等物至营货卖"②。滇南的茂隆银厂也成为当地的交换贸易中心。由于"各土司及徼外诸夷一切食用货物,或由内地贩往,或自外地贩来,不无彼此相需,是以向来商贾贸易不在禁例"③。清政府承认了当地民间贸易的合法性,剑川的弥沙井盐厂附近也形成了集市,张泓在《滇南新语》中对此作了生动的描述:"剑川有夜市在禁鼓初动之后,剑处滇之极西,为进藏门户……州之沙溪甸尾皆有市。悄悄长昼,烟冷街衢,日落黄昏,百货乃集,村人蚁赴,手然松节,曰明子,高低远近,如萤磷负女携男,趋市买卖。多席地群饮,和歌跳舞,酗斗其常,而藉此以为桑间仆上。"④这个云南进藏门户的小镇,已成为当地经济、文化的中心。

清代西双版纳地区茶叶生产达到极盛时期,优质、量多的普洱茶吸引了国内外大量的茶商前来进行贸易。六大茶山之一的倚邦茶山,每年春、夏两季,云南、四川等地的汉、藏族商人赶着马帮云集于此,购买茶叶。⑤并在此地建有四川、楚雄、石屏会馆。倚邦每年要交贡茶100多担,全靠人背马驮至昆明,山高坡陡,交通十分不便,清廷特别由昆明直达思茅、倚邦、易武修了一条石块铺的贡道。这条贡道的修筑大大改善了当地的交通条件,倚邦也逐渐人口增加,集镇兴隆,学校、会馆、庙宇随之出现,呈现出一片繁荣景象。⑥中甸、德钦的藏族商队每年有驮马300—500匹到西双版纳运茶叶,销往西康、西藏,称为"边销茶""蛮装茶",每年约3000担。⑦边疆重镇普洱和思茅也因"普茶远销"而盛极一时,商旅云集,市场繁荣。当时普洱茶的销售路线有三条:其一,以普洱为集散地,由滇西的巍山、腾冲、喜洲用马帮运往下关集中,再转运至四川泸州、叙府、重庆、成都和转运到西藏、西康销售;其二,由勐海至打

---

① 周裕:《从征缅甸日记》。
② 同上。
③ 《清高宗实录》卷269。
④ 张泓:《滇南新语》。
⑤ 曹仲益:《倚邦茶山的历史传说回忆录》,载岩罕主编《版纳文史资料选辑》第4辑,云南民族出版社2006年版。
⑥ 同上。
⑦ 杨毓才:《云南各民族经济发展史》,云南民族出版社1989年版,第300页。

洛，一路至泰国曼谷，一路到印度新德里，一路到马来亚、新加坡；其三，易武茶叶由马帮驮至老挝丰沙里，再转运至河内，由火车运至海防上船，远销南洋一带。①

贵州的情况也是如此：毕节靠近云南，是黔滇两省铜运总汇处；遵义是著名的丝绸市场，由于遵绸价廉物美，秦晋之商，闽粤之贾均相争购。兴义棉布销售兴旺，"滇民之以（棉）花易布者源源而来"②。四川、湖北等地的商人也远道贩运棉花到此推销，因此，这里成了贵州最大的棉花、棉布生产集散地；清水江边的锦屏是贵州的木杉贸易中心，江西、安徽、陕西等地的木材商人到此收购；务川、开州等地是著名的水银、朱砂市场；仁怀则是川盐入黔的主要码头。此外，还有不少贵州各具特色的城镇市场。③

三 农村集市的兴起

清代西南边疆地区商业的发展，除了表现在商业城镇的增多外，还表现于广大农村市场的兴起。农村市场是当地人民进行交换和贸易的场所，历史非常悠久，有清一代，西南边疆地区的农村市场在原有的基础上又有发展变化。以云南为例，清代农村市场可分为集会集市、定期市、常市几种类型。集会集市与各少数民族的节日有关，在各民族喜庆节日聚会之时，往往也有物资交流活动，到了清代，这种集会集市已约定俗成。例如大理白族的三月街，明代已是"至期则天下商贾皆来贸易"，④ 全国"十三省物无不至，滇中诸彝物亦无不至"⑤。到清代更是"吴罗蜀锦纷成来，红者珊瑚白者玉；药气薰天种种全，奇形百出摇双目；毡裘毳帽耳坠，缅番戎貌各殊；璀璨疑游五都市，喧嚣如展上河图；对此人山与人海，山河当之色亦改"……⑥此外，彝族的"立秋会""三月会""花街""花会""山街"，苗族的"踩花山"，壮族的"陇端"等民族节日也都已形成集

---

① 张顺高：《西双版纳茶叶的过去、现在和未来》，载岩罕主编《版纳文史资料选辑》第4辑，云南民族出版社2006年版。
② 《黔南职方纪略》卷2。
③ 侯绍庄等：《贵州古代民族关系史》，贵州民族出版社1991年版，第316—318页。
④ 谢肇淛：《滇略》。
⑤ 徐弘祖著，朱惠荣校注：《徐霞客游记·滇游日记八》，云南人民出版社1985年版。
⑥ 师范：《月街吟》。

会集市。邓川的鱼潭会，在每年中秋，届时"洱滨游人为彩舟至此玩月。商贾并集，近则滇西州县人士，远则川广估客亦多至，凡五日而后散会。中凡百货物皆备……亦滇中一大贸易场也"①。定远县（今牟定县）的彝族每逢农历三月二十八日"赴城南东岳宫赶会，卖棕笠、羊毡、麻线"②。这种集会集市，在清代西南边疆地区的经济生活中起到调剂有无的作用。有些经济较为发达的地区，清代农村中定期的市场已形成，而且"街期各处错杂，以便贸迁"，③这种定期集市是清代西南地区农村中最常见的一种贸易形式。根据各地的具体情况，有每月一集、每月二集、六日一集、四日一集、三日一集的，随着经济的发展，较之明代，清代西南地区的集市有街期缩短的趋势。在此基础上，有的地方已发展为常集，有了较多的固定铺店，每天都有交易进行。丽江城西关外"有集场一所，宽五、六亩，四面皆店铺，每日巳刻，男妇贸易者云集，薄暮始散"，④说的就是这种情况。

  清代西南地区的农村集市已有一部分具有专业化的性质。广西各县城几乎都有大大小小的药市，每年农历五月初五日，各地的壮族人民都将自采的多种药材拿到县城摆摊出售，药市上多者有数百种药材，少者也有一百多种，清代广西的靖西、隆林、忻城等县城都是著名的药市。⑤云南的丽江骡马会主要交易骡马，棒棒会则主要交易农具；大理的草帽街交易草帽，阿迷州（今开远）的集市"以红糖为大宗，远销宜良、省垣"⑥。另一些农村集市则主要是当地人民所需的日常生活用品之间的交易，云南云龙各集市"营业以盐米为主"，⑦嵩明各集市"货物亦为日用品"⑧。

  总之，清代西南边疆地区的农村集市，提供了当地各民族之间互通有无的场所，促进了当地生产和经济的发展，有的集市已具有商品集散地的功能。当然，西南各地的农村市场发育也是不平衡的，少数后进闭塞的民

---

① 《新纂云南通志》卷143《商业考一》。
② 康熙《定远县志》。
③ 张泓：《滇南志略》。
④ 吴大勋：《滇南闻见录》。
⑤ 黄现璠：《壮族通史》，广西民族出版社1988年版，第633页。
⑥ 《新纂云南通志》卷143《商业考一》。
⑦ 同上。
⑧ 同上。

族地区，直到清末，还无农村集市产生。①

四　边贸的发展

作为边疆地区，商业贸易的另一个特点是与周边国家的贸易往来。有清一代，云南永昌地区与缅甸的贸易有所发展，腾越各集市"交易品除农作物外，玉器、陶器、布、革、竹、藤等亦多，盖与缅甸相邻故，商业至为繁盛"②。"中原亡命之徒，出关（腾越州之八关）互市者，岁不下千百人，人赍锣锅数百远赴蒲甘，足缅人不费斗粟，徒以瓦砾无用之物，岁收铜触数十万。"③还有一些新的边贸市场也已兴起，如靠近边地的龙陵，"粮食、棉纱由缅甸输入，绸布由省运销。土产则有紫梗、土炮、土碗、土布，行销缅甸、腾越、芒市等地"。④由于边境贸易势不可当，清政府只有从强行禁止改为设官收税：乾隆五十七年，云贵总督富纲上奏酌筹开关通市事宜说："除腾越、永昌现有原设税口杉木笼、暮福二处，业已设汛驻兵查验、收税外，应于扼要之顺宁府城及南河止两处，设卡稽查。其自内地贩货出边者，在府城收税给照，于南河验票。外边贩进内者，在南河口收税给照，至府城验票。并于内地汇总之云南驿地方，责成大理府设卡查察。又：思茅同知之南关，亦为出入必经要道，应于该处拨役稽查，挂号给照。"乾隆批谕："立法难周，行之在人，勉力实办，无为空言。"⑤

广西的情况也与之类似。乾隆九年（1744），广西巡抚托庸上奏："南宁、太平、镇安三府属，紧接交夷，原设三关、百隘。经原任抚臣金洪题定，平而（今属凭祥市）、水口（今属龙州县）二关许商民出入，镇南一关（今友谊关）为该国经由贡道，其余百隘悉行封禁。惟三关、百隘之间，皆有小径，瘴深雾毒，人迹罕至，而土苗生长彼地，惯于越山逾岭，巡查偶疏，奸徒即已偷越。嗣又请将太平府明江（今属宁明县）同

---

①《云南边地研究》，云南省立昆华民众教育馆，1933年；刘云明：《清代云南农村市场探析》，《云南民族学院学报》1995年第2期。

②《新纂云南通志》卷143《商业考一》。

③ 刘昆：《南中杂说》。

④《新纂云南通志》卷143《商业考一》。

⑤《清高宗实录》卷1259。

知所管之由村（今属凭祥市）一隘开放出入以便商民。……缘由村联距宁明州一百一十里，宁明商贩愿从出入，盖因由村隘系通交趾禄平、文渊、驱驴等处，为货物聚集之所。若从平而、水口两关出入，必须绕道数百里，计程十余日，不如径从由隘出入之便。虽经封禁，逾越终不能免。且明江五十三寨土民，原系思明（今属宁明县）土府管辖。……此等土民全赖挑贩营生，若将由村隘封禁，恐失业者聚而为匪，必百计包货偷越，转于边防无益。又访得交趾、滨海，产盐最多，且无私盐之禁，听夷人自晒自卖。贩卖者纳官钱二十文，即尽力挑运，及挑回内地，每斤可得银一、二分至五、六分。"[①] 同年鄂尔泰也奏及此事："由村一隘，当年题定封禁，原以平而、水口两关既开，商民得出入贸易，殊不知交趾、驱驴地方为货物聚集之所，距由隘远，径捷利倍，宁明商贩多愿从由口出入，况明江汛近设新太协右营宁备驻防，客商尤为辏集。即明江五十三寨无业贫民，挑担营牛，亦藉就近为商雇觅。……查宁明州向置会馆，设立客长，以为由隘出入之货物及发往何处，一一注册，报该州查实，给与印票，并刊立木榜，不许客长藉端需索。其五十三寨挑夫，亦令该州将姓名、住址、造册取结，给与印票，令理土同知于该隘查明印票，给腰牌放行。有腰牌印票者，方许放入。其入关客人姓名，从何处卖货入内，令该同知注册，报宁明州查对。倘有滥给印票者，责在宁明州；滥给腰牌，私放出入者，责在理土同知。凡客人在外贸易者，彼处若有回头客货，自应路为等待，应酌给半月限期，过期即饬头人、保人严询究处。是由村一隘，实因便商养民起见，应请嗣后开放，责地方官慎密稽查。其平而、水口两关俱属河道，虽设弁兵防守，当夏秋水发之时，夜深人静，一槎飞渡，应设立铁链横江拦截。每月逢五、逢十开放，夜则锁截。至商贩由平而、水口出关贸易者，止许在太源、牧马附近之处交易，从由隘出口贸易者，止许在谅山、驱驴附近处交易，不得逗留交境。倘冒险远出，许夷官拦回责处。又现在逗留番地者，给半年期限，概令夷官查明，陆续驱回，安插原籍。如无籍可归者，分拨梧、浔、平、柳等府安插。又从前在彼已娶番妇，生有子女，与夷结有姻娅并庐墓田园，情甘异域者，照例安插彼处，永不许进口。嗣后如有商民在彼私娶番妇者，应令该夷官查明离异，

---

① 《清高宗实录》卷219。

驱逐进口，押回原籍，交地方官照例杖责。"① 当时广西边境贸易的情况，可见一斑。但闭关自守的清政府总的说来是不赞成对外贸易的。乾隆四十年，两广总督李侍尧即上奏："乾隆九年，前督臣马尔泰奏请开放由村隘口，以通商旅，自此内地人民得以出入货贩。惟是愚民趋利如鹜，往往滋生事端。若不立法防闲，内地匪徒，频往外藩滋事。请嗣后给照出入，止许殷实良民挟有资本者，由平而、水口两关验照放出。其由村一隘，照旧封禁。至小贩及挑夫人等，仍禁止出关。"② 关闭"商客尤为辏集"的由村隘口，并禁止当地少数民族出境贸易，必然缩小边境贸易的范围和规模。但民间的贸易往来是行政命令所无法禁止的。乾隆五十八年（1793）两广总督、广东巡抚郭世勋又上奏："安南通市，前经奏准。平而、水口两关商人，在该国之高凭镇牧马铺立市，由村隘来商在谅山镇之驱驴铺立市，分设太禾、丰盛二号，并置厂长、市长各一人，保护、监当各一员。嗣据署龙州同知王抚棠禀称，该国另于谅山镇属之花山地方，添设铺店，招徕平而关出口之商。……因从平而关出口之商，必由水路先抵花山，计程仅二百余里。且花山附近村庄稠密，添设行铺，商民更为两便。"③ 边贸发展，对加强与邻国之间的往来和交流，促进边疆经济的发展和政局的稳定，都起到了积极的作用。

由上所述，可以看出清代前期西南边疆商品经济发展的概况。当然，必须着重指出的是，清代前期，中国还处于封建社会，自给自足的自然经济在整个经济生活中占有主导地位，西南边疆地区也不会例外，况且比之内地，这里的生产水平较低，发展不平衡，因此，本文中所说商品经济的发展，是对该地进行历史上的纵向比较而言。清代后期鸦片战争之后，中国的社会性质发生变化，边疆地区的商品经济也呈现出新的情况，对此，将另行撰文论述。

（刊于《民族研究》1997年第2期）

---

① 《清高宗实录》卷226。
② 《清高宗实录》卷982。
③ 《清高宗实录》卷1434。

试论清代西南地区民族关系的新特点

清朝，是我国历史上封建王朝的最后一个朝代。多民族国家的重新统一，有利于社会经济的发展，也有利于各民族之间的友好往来和文化交流。就西南地区而言，随着与内地政治上的联系日益密切，使当地民族关系的发展和演变也出现了新的特点。总的说来，清代西南地区各民族之间（包括汉族和少数民族以及各少数民族之间）的交往更加频繁，他们的分布更加交错杂居，基本形成了今天各民族之间的"大分散、小聚居"的格局，而他们在政治、经济乃至文化诸方面的联系日趋紧密，在中华民族的大家庭中，"谁也离不开谁"的凝聚力日益增强。本文拟就清代西南地区民族关系的新特点进行一些剖析，以求教于大方之家。要特别说明的是，本文所探讨的时间范畴，是顺治元年（1644）至道光二十一年（1841）这段时间。

一

清军入关后，1646年桂王朱由榔在广东肇庆称帝，改元永历，史称南明。第二年，肇庆被清军攻破，永历帝迁桂林，后辗转于桂林、柳州、象州、梧州、南宁等壮族地区。1656年，永历帝在农民起义军将领李定国的护卫下退入云南，后又向滇西节节败退，最后到缅甸，为缅人所俘。永历帝从广东辗转到广西壮族地区，后又到云南多民族地区的这一过程，实际上也是一个规模可观的移民过程。他从昆明动身到滇西时，"从之西者数十万人"。[①] 有的文献更明载："滇官兵男妇马步从者数十万人，从古

[①] 南沙三余氏：《南明野史》。

乘舆奔播，未有若此之众者。"① 看来，在跟随永历帝西行的数十万人中，绝大多数是汉族军民，这支庞大的队伍在沿途的颠沛流离中人数不断减少，随永历帝到达缅甸的只有646人②，那么这数十万人到什么地方去了呢？除了部分死亡外，绝大多数流落到了当地的少数民族地区。清初在滇西中缅边境开采波龙银矿的桂家及其首领宫里雁，即是跟随永历帝入边人员的后裔。除了这些跟随永历帝西行的数十万汉族官军外，护卫永历帝的汉族农民起义军也为数可观。李定国率领的军队到昆明时还号称十万大军，白文选部军队的人数也不少。永历帝在缅甸被俘后，这两支军队又转战于德宏和西双版纳之间达三四年之久，这些汉族士兵也大多数后来同化于当地的傣、佤、拉祜等少数民族之中。现在佤族中的"李"姓特别多，据调查，这是佤族人民对李定国的崇敬以及李军士卒与佤族人联姻而融合为"李"姓。沧源县的班老、南腊、班洪、勐角、勐董、岩帅等乡镇的很多佤族老人都说他们的祖父是汉族"李"姓，当地傣、拉祜族中也有不少"李"姓的。③ 这数十万汉民同化于当地的少数民族之中，对当地生产的发展、社会的进步起了促进作用，对于各民族之间的交往也起了推动作用。

应该指出的是，清代除了由于政治上的原因有大量汉民移居西南少数民族地区外，由于经济上的原因，汉民移居少数民族地区的情况更为普遍。清代雍正年间在西南地区所实行的大规模改土归流，从某种意义上说，是一次巨大的变革，经过改流，废除了历史上的土官土司制，西南绝大多数少数民族地区和内地一样，改由流官进行统治。这样，由当地土官土司控制的一个个封闭的小社会群体被打破了，代之以在辽阔的中华大地上开放的大社会，这就为各族人民之间的往来和交流创造了条件。西南各少数民族地区大多是人少地多，而内地却多半是人多地少，因此改土归流之后，内地更多的汉族劳动人民到西南少数民族地区谋生。例如：清初贵州的人口不足90万，各地人烟稀少，田地荒芜严重，清政府多次下令，招民垦种。改土归流之后，大量的汉族劳动人民到了贵州从事农业生产，到乾隆三十一年（1766）贵州的垦田数比清初增加一倍多，人口也比清

---

① 邓凯：《求野录》。
② 同上。
③ 段世琳、赵明生：《李定国对开发阿佤山的贡献》，《思想战线》1991年第5期。

初增加2倍多①，这当然意味着贵州汉族人口的迅速增长。云南的情况也是如此。滇东北的昭通地区经过战乱后土地荒废严重，改土归流后，清政府在昭通附近招募了1000户愿往耕作的汉族农民到昭通彝族地区耕种。②《张允随奏稿》中还谈道："镇雄一州原系土府，并无汉人祖业，即有外来流民，皆系佃种夷人田地。雍正五年改流归滇，凡夷目田地俱免其变价，准令照旧招佃收租纳粮。昭东各属，外省流民佃种夷田者甚多。"③大量汉族人口进入西南少数民族地区从事农业生产，不但带来了内地先进的生产技术，而且和当地各族人民在共同的生产劳动中结下了深厚的情谊。

　　清代汉人大量迁入西南地区的另一个经济方面的原因，是西南少数民族地区矿藏的大量开采。随着西南地区与内地政治上联系的日益紧密，国内统一市场的逐渐形成，交通路线的开通，清代西南少数民族地区的矿业开采日趋兴旺。而当地矿业开采的特点，是内地汉族人口大量到少数民族地区开矿，当地少数民族酋长给予方便，并收取一定数额的矿税。西昌的马边、峨边、雷波、昭觉等地在清初都曾有内地的汉族人民和当地的彝族人民共同开发的铁、铜、铅矿。其中在昭觉地区的乌抛铜矿是清嘉庆年间流寓昭觉的汉人开办的，他们从西昌和云南等地招来汉族矿工，也有当地的彝族劳动人民参加，集众至千余人。铜矿倒闭后，还有矿工的子孙住在昭觉。④贵州思南、铜仁等地开设的硃砂水银场局，思播、普安、乌撒等地开采铅矿，都有大量的汉族人口参加。⑤至于云南徼外，这方面的情况就更突出了。德宏地区中缅边境著名的波龙银矿，是随永历帝入边人员的后裔开办的。吴楷《征缅纪略》中有："波弄山产银，以江西、湖广及云南、大理、永昌人出边商贩者甚众，且屯聚波弄以开银矿为生，常不下四万人。"⑥孙士毅于清代中缅战争中在波龙银矿遗址见到的情况是："（波

---

① 侯绍庄、史继忠、翁家烈：《贵州古代民族关系史》，贵州民族出版社1991年版，第324—325页。
② 《张允随奏稿》雍正十年三月十二日，云南大学图书馆传钞四川大学图书馆藏稿本。
③ 《张允随奏稿》乾隆七年二月十七日。
④ 方国瑜：《彝族史稿》，四川民族出版社1983年版，第587页。
⑤ 侯绍庄、史继忠、翁家烈：《贵州古代民族关系史》，贵州民族出版社1991年版，第352页。
⑥ 吴楷、王昶：《征缅纪略》，《永昌府文征》记载17。

龙银）厂是为贵家采银厂，民居遗址竟数十里，计厂丁不下数万，已俱为贼冲散。"① 当时汉人在此开矿的盛况，可见一斑。滇南佤族地区的茂隆银矿在明末即由李定国和佤族葫芦王、孟定土司三方盟誓合办。此矿清代乾隆年间成为云南最大的优质银矿之一，石屏汉人吴尚贤到此开矿，与当地佤族酋长蜂筑关系友善，得到当地佤族群众的支持，采银业发展很快。"在彼打槽开矿及走厂贸易者不下二三万人。"② 佤族酋长蜂筑主动要求按照内地厂例，将所采银两抽课作贡，计每岁应解银一万一千余两。③可见银矿具有一定规模。江浙、湖广、川黔、云南等地的劳动人民大量到此开矿谋生。最兴盛的时期，波龙、茂隆两矿的外来人口不下八万，这些汉族劳动人民促进了边疆的繁荣发展和与内地的物质文化交流。

　　内地到西南少数民族地区经商的汉人，各代都不少，清代在这方面也有自己的特点：随着边疆地区开矿业的兴起，到矿区做生意的汉人日益增多，清人周裕于中缅战争中在波龙银矿看到的情况是："往时内地贫民至彼采矿者以万计，商贾云集，比屋列肆，俨一大镇。自边地不宁，商民尽散，山麓下败址颓垣，弥望皆是。"④ 从中透露出清初波龙银矿的繁荣景象。还有一个情况是，到边疆少数民族地区经商的汉人，有的破产后在当地做了矿工；同时，多数矿工也兼做一点生意，总之，到边疆少数民族地区的汉人大多数是身兼两职。当时茂隆银矿的矿工就有"贸易民人或遇资耗，欲归无计，不得不觅矿谋生。今在彼打槽开矿及走厂贸易者不下二三万人。其平时出人，莫不带有货物，故厂民与商贾无异"⑤。

　　综上所述，可知清代通过各种渠道进入西南少数民族地区的汉族人口很多，而且这些汉族人口较之前代移民，更多的是深入到从前汉族很少深入的边疆地区和凉山地区，这样，汉族人口在西南地区的分布由聚居点、交通沿线扩展到面上，汉族人民和当地各族人民于更为广阔的地区，在政治、经济、文化诸方面都建立了更为广泛而密切的联系。

---

① 孙士毅：《绥缅纪事》，《永昌府文征》记载18。
② 《清高宗实录》卷269乾隆十一年六月甲午条。
③ 同上。
④ 周裕：《从征缅甸日记》，《惜月山房汇钞》7。
⑤ 《清高宗实录》卷269乾隆十一年六月甲午条。

二

西南地区由于离内地较远,清代以前,虽然随着历代王朝对此地统治的不断深入,西南地区与内地在政治上的联系日趋紧密,但正如当地流行的一句话——"山高皇帝远",历来中央和内地一些大的政治事件似乎与西南少数民族的关系不太直接。但清代由于特殊的历史条件和时代背景,很多重大事件均在西南地区发生,或与西南地区有直接关系,这样,西南各族人民和内地血肉不可分割的密切关系体现得尤为突出和明显。

明末清初,抗清的农民武装辗转到西南少数民族地区后,得到了当地各族人民的支持和配合,与之共同战斗。李定国的军队中就有彝、傣、壮、佤、苗、瑶等少数民族士兵。在一段时期内,这些少数民族军队成为李定国战斗部队中的主体力量,特别是少数民族特有的战象,屡次在战争中出奇制胜。[①] 元江傣族土知府那嵩,在李定国的联络号召下,起兵抗清,被永历帝任命为云南巡抚。虽然这个任命只是一纸空文,但自元代以来,任命当地少数民族为主持云南政务的主要官员,这还是第一次。那嵩联络远近的少数民族和一些明朝遗臣,组织了一支由傣、汉、彝、壮等族人民组成的反清武装,转战于滇南元江、石屏一带,后起兵失败,那嵩全家自焚以殉。[②] 这是西南少数民族与汉族农民起义军并肩战斗的又一例。李定国能在西南坚持抗清斗争十余年,和西南各族人民的支持是分不开的。他曾在阿佤山区屯兵三年,和当地的佤族人民建立了深厚的情谊。农民起义军在阿佤山区开沟引水,为佤族人民做了好事,他们开的河至今佤族人民仍称为"饶姆李",汉译为"李河",以志不忘。在沧源等地的阿佤山区现在还有一种长约三米、宽一米、高一米左右的土堆长坟,与佤族的坟墓不同,据考证,这是李定国部下的坟墓。由于当年李军部队人多,军粮不足,又不准侵扰佤族兄弟,有的士卒就只能吃树皮草根,也有的因饥饿而死,佤族人民出于友情,以大土堆掩埋,保存至今,这也是汉族农民起义军与佤族人民情同手足的又一见证。[③] 边疆各族人民对祖国内地有

---

① 江应樑:《李定国与少数民族》,《江应樑民族研究文集》,民族出版社1992年版。
② 刘健:《庭闻录》。
③ 段世琳、赵明生:《李定国对开发阿佤山的贡献》,《思想战线》1991年第5期。

着深厚的感情，与祖国的内聚力日益增强。在清代乾隆年间的中缅战争中，清军在中缅边境地区的崩龙大山遭到缅军阻截，处境十分危急，在这紧要关头，当地德昂族人民主动为清军提供粮食，充任向导，德昂土司还"遣人贡土物，极为恭顺"，"遣弟以牛、米迎犒，夷民咸相率来观，以米、粮、腌鱼、盐、烟等物至营货卖"，①助清军脱离险境，边疆少数民族人民心向祖国的心迹可见一斑。

清代随着汉族人口迁到少数民族地区，汉族和少数民族通婚，同化于少数民族之中的情况也不断增多。清初在波龙银厂采银的南明后裔宫里雁即娶傣家女囊占为妻，桂家集团的成员后来也大多融合于当地的少数民族之中，现在佤族中"李"姓很多，如前所说，这是佤族人民对李定国的崇敬和李军士卒和佤族人民联姻的结果。沧源县的南腊、班洪、勐角等乡佤族中姓"吴""杨""王""张"的人也不少，这则是佤族人民崇尚吴尚贤和与吴尚贤的工匠联姻所致。②清代西南各族人民在政治上与祖国内地血肉不可分割的联系进一步密切，是全国各民族凝聚力不断增强的重要标志之一。

汉族和少数民族之间的关系，各少数民族之间的关系，更多地表现为经济方面的交流、互助和合作。清代西南少数民族地区这方面的情况显得更为典型。大量进入西南地区的汉族人口是下层劳动人民，他们来到西南地区后，和当地的各民族一道用自己辛勤的劳动开发祖国的边疆，并带来了内地先进的生产技术，促进了当地经济的发展。关于这方面的例子更是不胜枚举，本文试举数例加以说明。凉山彝族地区由于历史的原因，生产比较落后。清代以后，汉族劳动人口进入凉山，传入了先进的生产技术，到解放前，凉山彝族农业生产的工序和技术，大体与汉区相同，这是他们向汉族农民学来的。雍正八年任雷波卫守备的胡漪，历十三载，令民开垦田畴，教以播种，并且提倡兴修水利，灌田数千亩。③生活在德宏地区和中缅边境山区的德昂族人民，所种植的农作物主要是苦荞之类的山地作物以及少量糯米。清初到此开矿的内地汉人，不适应这种食品，吃后容易生病，为了生计，这些矿工在崩龙大山试种粳米，获得成功，不但解决了粮

---

① 周裕：《从征缅甸日记》，《惜月山房汇钞》7。
② 段世琳、赵明生：《李定国对开发阿佤山的贡献》，《思想战线》1991年第5期。
③ 方国瑜：《彝族史稿》，四川民族出版社1983年版，第582页。

食问题，还把种植粳米的技术传授给当地的德昂族。德昂族人民接受以后，生产有了发展，粮食也开始有了剩余①，这是一个很大的进步。

在手工业、采矿业方面，汉族人民从内地带来的先进生产技术更是对西南各少数民族经济的发展起到了推动作用。乾隆年间，贵州遵义知府陈玉璧，看到当地的仡佬、苗、汉等族人民对本地所产的檞树只知用其作建筑材料和柴薪，便派人去他的家乡山东购回蚕种，请来师傅传授放养柞蚕缫丝之法②，使当地出现了"家家门前种青杠（即檞树），家家虔拜马头娘。小姑缫丝大姑织，蚕事忙于农事忙"的景象。③ 清代，汉族所使用的织布机，已在贵州的各族人民中逐渐推广。④ 凉山地区的手工业不发达，生产工具大都从汉区输入，也有汉人到凉山打造工具，传播技术。⑤ 佤族使用铁三角煮饭、铁犁耕地都是李定国、吴尚贤等汉人教给的，现在，佤族的民谣里还有"么老李的金，西老吴的银，汉族师傅教会腊家（佤族）打铁、木工、盖房屋"⑥ 的话。

前已提及，清代到西南少数民族地区开矿的汉族很多，他们和当地的少数民族一道开发了边疆的宝藏，同时也促进了边疆少数民族地区商业的繁荣。矿区的开发，给边疆少数民族地区经济的发展注入了新的活力。上举阿佤山区的茂隆银矿，当地佤族酋长蜂筑每年愿解银一万一千余两作为课税；德昂族居住地的波龙银厂，每年在此采银的矿工也有一百余万金带入内地，⑦ 这些可观的数字，说明矿区经济的繁荣，这又为商业的兴旺创造了条件。边疆和内地无论从政治上或是经济上都历来是一个不可分割的整体。在经济上通过贸易互通有无，自古有之，清代数万汉族人民到边疆少数民族地区开矿、经商，更是把这种交流大大推进了一步。清政府对边疆徼外管理较严，不准汉族人民擅自到边疆地区。但是，清统治者也看到："各土司及徼外诸夷一切食用货物，或由内地贩往，或自外地贩来，

---

① 周裕：《从征缅甸日记》，《惜月山房汇钞》7。
② 《张允随奏稿》乾隆六年五月十三日。
③ 侯绍庄、史继忠、翁家烈：《贵州古代民族关系史》，贵州民族出版社1991年版，第330页。
④ 同上。
⑤ 方国瑜：《彝族史稿》，四川民族出版社1983年版，第561页。
⑥ 段世琳、赵明生：《李定国对开发阿佤山的贡献》，《思想战线》1991年第5期。
⑦ 《清高宗实录》卷269乾隆十一年六月甲午条。

不无彼此相需",因此,"是以向来商贾贸易,不在禁例,惟查无违禁之物,即便放行"。经济交流是双向的,不仅内地的物产运到边疆,而且"以夷境之有余,补内地之不足,亦属有益"。从文献记载上看,内地运往边疆民族地区的有丝、绸、纸、针等物品,而从边疆运到内地的,有棉花、食盐等物。① 永昌徼外"地方辽阔,人民繁庶",又与缅甸接壤,所以到此做生意的内地人很多,连清政府也只得承认:"滇省腾越以外,所在与缅地毗连,防范难于周密。从前虽有查禁商贩偷运之条,率皆具文塞责,沿边奸民,周知惩儆,私越贩卖之弊,实所不免。"② 云南的开化府(今文山州)、广南府(今广南县、富宁县),广西的龙州厅(今龙州县)是壮族居住地,皆与越南接壤。清代从内地到这些地区做生意的汉人也不少。乾隆年间,清廷在开化府属设立关口,内地有人前往交趾贸易者,由藩司给予印票出口,每年约能做税银两千两。③ 可见此地的商业贸易规模不小。由于文献资料的缺乏,难以得知清代在西南少数民族地区进行边境贸易的全貌。从记载清代中缅战争的文献中对波龙银矿的零星记载来看,这种贸易对加强内地和边疆经济、文化方面的交流和联系,促进少数民族地区商品经济的发展皆起到了积极的作用。如前所说,居住在中缅边界一带的德昂人,由于和外界联系较少,他们的情况一向鲜为人知。清初,南明王族的后裔宫里雁等在此采矿,波龙大山、波龙银矿的名称开始在史籍中出现。乾隆年间,中缅在这一带发生战争,清军官兵到达波龙银矿,有些人把在这里的所见所闻记录下来,成了珍贵的史料。吴楷、王昶的《征缅纪略》中说:"波龙山者产银,是以江西、湖广及云南大理、永昌人出边商贩者甚众,且屯集波竜,以开银矿为生,常不下四万人。"④ 孙士毅《绥缅纪事》中也说,乾隆三十三年,清军将领明瑞与缅军战于蛮化,在情况十分危急的时候,"有波竜人引以间道,得至波竜厂,是为贵家采银处,民居遗址竟数十里,计厂丁不下数万,已俱为贼冲散"⑤。周裕《从征缅甸日记》中也谈到波龙银厂的情况:"往时内地贫民至彼采矿

---

① 《清高宗实录》卷1106 乾隆四十五年五月己酉条,卷905 乾隆三十七年三月戊午条。
② 《清高宗实录》卷1061 乾隆四十三年闰六月癸未条。
③ 《清高宗实录》卷1106 乾隆四十五年五月戊子条。
④ 吴楷、王昶:《征缅纪略》,《永昌府文征》记载17。
⑤ 孙士毅:《绥缅纪事》,《永昌府文征》记载18。

者以万计，商贾云集，比屋列肆，俨一大镇。"① 从这些记载中可以看出，德昂人居住的波龙大山，在清初曾是一个外地人云集的大矿区。由于矿区的开发，导致当地出现了兴旺景象。商贾之多，市肆之盛，是一般人想象不到的。一向与世隔绝的波龙大山，因为外地商人的大量涌入而形成了一个小城镇和交易场所，商品经济的发展，又推动着德昂族生产的进步和内部经济联系的加强。当地的德昂族通过收取矿税、商业贸易、种茶、农业生产等，经济实力大为增强。乾隆三十二年，清代官员明瑞来到波龙大山后，上奏皇帝："该地米粮甚丰，酌量采买作为木邦兵丁口粮，可省内地转运。"② 第二年，大山土司果然办粮数百石给明瑞。③ 这对于一个人口不多的山区土司地来说，已经是一个相当可观的数目了，没有一定的物质基础是不可能做到的。除了当地经济得到发展外，波龙大山德昂族的观念也开始发生了转变。波龙银矿开采之前，他们极少与外界有交往的机会，商品观念十分淡薄，内地商人大量到此地做生意，对当地的德昂族也具有很大的潜移默化影响。当清军到达波龙大山时"夷民咸相率来观，以米、粮、腌鱼、盐、烟等物至营货卖"④。可见当地的德昂族人民已经开始有了商品观念，用当地的一些土特产品和通过交换得来的商品去和清军做生意。

　　清代，汉族商人不仅到了西南徼外边境地区的少数民族中做生意，他们的足迹也到了从前较为闭塞的凉山彝族地区。当时彝族聚居的雷波地区已是"土产沃富，远货他乡，而白布红盐，则取资于外郡；是以道途虽险，商贾流通，远方之人，闻帼集"⑤。在当地的中山坪、罗三溪两地，每逢街期，都有七八百彝族和汉族群众前来赶集贸易。据调查资料，昭觉清代已有汉人居住。同治年间设"交脚汛"，筑了城，成为彝汉人民交换物资的场所，后逐渐形成市镇。到了赶街的日子，汉族人民带着盐巴、布匹、铁锅、农具、针线、粮食等货物，彝族人民则携贝母、黄连、附子、厚朴、察香等中药材和各种兽皮到此进行交易，互通有无。在马边彝族地

---

① 周裕：《从征缅甸日记》，《惜月山房汇钞》7。
② 《清高宗实录》卷801乾隆三十二年十二月戊寅条。
③ 《清高宗实录》卷805乾隆三十三年二月乙亥条。
④ 周裕：《从征缅甸日记》，《惜月山房汇钞》7
⑤ 《雷波厅志》，转引自方国瑜《彝族史稿》，四川人民出版社1983年版，第581页。

区也有这样的交换市场。最初这种交换主要是以物易物,后来随着交换的频繁,开始使用白银作为货币。[①] 凉山彝族地区商业的发展,也是当地彝汉等族人民关系密切的表现。

(刊于《云南社会科学》1994 年第 3 期)

[①] 方国瑜:《彝族史稿》,四川人民出版社 1983 年版,第 581—582 页。

略论清初西南少数民族
地区的新变化

清朝,是我国历史上封建王朝的最后一个朝代。它结束了明末以来的战乱,实现了多民族国家的重新统一。国家的统一,稳定的政治局面,有利于社会经济的发展,也有利于民族团结。就西南地区而言,较之其他地区和别的朝代,又有其自己的特点:清初一些重大的政治、军事事件,均与西南少数民族地区有密切的关系,诸如明末的抗清斗争、永历帝建立的"南明"政权、"改土归流"、乾隆年间清朝与缅甸的战事等皆涉及西南少数民族地区,这些事件对当地的少数民族产生了巨大影响,促使西南少数民族地区发生了新变化。笔者认为,这种新变化主要表现在少数民族地区内地化的加深和边疆地区得到进一步开发,下面拟就这两方面的情况略作剖析。

一 少数民族地区内地化的加深

雍正年间在西南地区进行的大规模改土归流,虽然清统治者的主观愿望是"为翦除夷官,清查田土,以增租赋,以靖地方事",[①]一句话,是为了巩固和加强其在西南少数民族地区的统治,但在客观上却为西南地区少数民族和汉族之间关系的进一步密切和发展创造了条件。正如魏源对这次改土归流的评价:"小变则小革,大变则大革;小革则小治,大革则大治。"[②]这场波及西南地区政治、经济、文化方面大变动的事件,打破了土司各设樊篱、独霸一方的状况,土司所统辖的各个"小王国"被取消,在少数民族改土归流地区实现了与内地划一的统治和管理。清朝在这些地

---

① 鄂尔泰:《改土归流疏》,《雍正朱批上谕》。
② 魏源:《雍正西南夷改流记》下,《圣武记》卷7。

区设立了与内地相同的府、厅、州、县制，派流官进行统治，在此基础上，撤销了明代在当地建立的卫、所和屯田机构，将这些机构管理的大量汉族军民并入所在的府、厅、州、县，此举推动了汉族和少数民族之间的同化和融合，使二者之间的差距迅速减小，加快了少数民族地区内地化的步伐。

改土归流之后，随着西南地区与内地政治、经济、文化诸方面联系日趋密切的客观要求，交通状况也相应得到改善，这有利于边疆和内地的交流，也为更多的汉族人口进入西南、西南少数民族地区内地化的加深创造了条件。

如前所说，改土归流之后，西南少数民族的大部分地区已由土官改为流官统治，在建制方面与内地划一，中央政权对西南民族地区已由间接指挥过渡到和内地相同的直接统治了。内地在基层政权中所采用的一些做法，此时也已在西南少数民族地区实施。例如：保甲制度是为了加强对基层百姓的统治和管理而在内地早已实行的一种制度，在西南民族地区改流之后，也在基层组织中设立了保甲制。虽然乡、保、甲长仍由当地少数民族的上层人物担任，但与土司制下的村寨酋长不同，他们直接由当地的流官管辖，成为流官在基层单位的代理人，负责治安、收税等事宜，和内地相同。通过保甲制度，清廷对当地少数民族的控制更加严密，封建地主阶级的统治进一步深入到西南少数民族地区。

改土归流以后，大量汉族人口进入西南少数民族地区，他们中间大部分是劳动人民，带来了内地先进的生产技术，推动了西南地区经济的发展；同时，也有一部分内地的地主和大商人到来，他们的到来，则加速了西南大部分民族地区领主经济的解体。清初西南少数民族地区在土地所有制方面内地化的显著标志，是由封建领主制向封建地主制的转化。西南实行土司制的大部分地区，清初是处于封建领主制阶段，土司是其所辖土地和人口的世袭统治者。在土司统治地区，极少或没有土地买卖的现象；而改土归流之后，维护其封建领主经济的上层建筑已被摧毁，汉族地主和商人在当地购买土地的事件日趋频繁，而失去政治权势的土司们因为经济日益没落也只得出卖世袭的土地，贵州、云南等改土归流地区土地买卖的情况已十分普遍。贪婪的汉族地主除了向土司购买土地外，还千方百计施展各种手段掠夺当地各族自耕农所有的少量土地。据统计，至道光六年，贵州居住在苗族地区购买土地的汉族地主已达31400余户，而居住在城市购买苗民土地，并招徕佃农进行耕种的有6400多户，①合计近4万户，这已是一个相当可观的数字。而《清宣宗实录》有："今据查明永北厅属北胜土司所辖夷地，典卖、折准与汉民者，自乾隆二十年后，以至于今（道光元年）有典出十之七八者，有十之三四者。"② 可见当地典卖土地成风，已引起朝廷注意。元明时期在西南地区所设置的屯田，此时已基本废弛，屯田的土地逐渐变为私田。明代云南沐氏庄田占据了大量土地，康熙年间，朝廷批准云贵总督蔡毓荣之请，将此庄田折价归并于各府州县的民田，原来耕种的各族农奴，只要交出一定数额的赎金，便可获得所耕土地。这样，也有不少当地各族农奴成了对官府直接负担田赋和徭役的自耕农民。通过以上几条途径，西南少数民族地区封建农奴制的经济基础逐渐被瓦解、破坏，以租佃关系和土地买卖为特点的封建地主制经济迅速发展起来。这种与内地趋于一致的土地所有制，在当时的历史条件下，对促进社会和农业生产的发展是有利的。

清代西南少数民族地区内地化在农业生产方面，主要表现为生产工具的改进、生产技术的提高和栽培作物品种的增加，这当然是与汉族人口的大量进入有直接的关系。清代广西、贵州、云南的少数民族地区已会使用筒车、桔槔、龙骨水车等灌溉工具，并利用水力带动水碓、水磨等工具进行粮食加工，这些从内地传入的先进工具，提高了效率。西南大多数民族地区已由粗放农业向内地精耕细作的农业生产发展，他们已经懂得按照当地的气候变化来安排一年的农活。在实践中，他们也摸索出根据不同的土壤施用不同种类的肥料，把人畜粪便、草木灰、油枯、绿肥、石灰、塘泥等肥料施用在不同性质的土壤中，有效地提高了土壤的肥力，并根据不同的土质栽种不同的农作物，获得了好收成。选种是作物高产的重要措施之一，西南各少数民族在汉族的影响下，开始注意精心选种，有效地提高了单位面积产量。西南地区山地居多，能种植水稻的田地有限，清代以前，广大山区大都种荞、高粱、旱谷等类作物，产量不高。清代从内地传入的玉米和马铃薯，对解决山区人民的口粮问题起了很大作用。玉米和马铃薯原产于美洲，哥伦布发现新大陆后传入欧洲，明代传入我国，先在沿海地区引种，后传入内地各省。明末清初，又由内地的汉族人民传到广西、贵

---

① 《贵州通志》卷21《前事志》。
② 《清宣宗实录》卷18。

州、云南的少数民族地区。由于这两种作物适于低温、贫瘠的山区种植，并且栽种粗放而产量较高，营养丰富，宜作主粮，因此传入西南地区后，对各地山区民族经济的发展是一个很大的推动。从文献记载来看，清代广西、贵州、云南的广大山区都已普遍种植玉米。道光《威远厅志》载：

> 云南地方辽阔，深山密箐未经开垦之区，多有湖南、湖北、四川、贵州穷民，往搭寮棚居住，砍树烧山，艺种苞谷之类。此等流民，于开化、广南、普洱三府为最多。①

开化、广南、普洱均为云南少数民族分布区，这条材料很清楚地说明，内地汉族劳动人民已把玉米的栽培传到了这些地区。清代云南巡抚吴其濬说："玉蜀黍，于古无征，《云南志》曰玉麦，山民恃以活命。"② 此话并非虚语，《宣威县志》也说：

> 苞谷即玉蜀黍，宣人谓之玉麦，熬糖、煮酒、磨面，功用甚大，宣人仰为口粮大宗。③

可见玉米的传入对改善西南少数民族人民的物质生活起了很大作用。马铃薯的传入也与玉米类似，吴其濬说："阳芋（即马铃薯）滇黔有之，疗饥救荒，贫民之储。"④ 在苗语中称红苕为"拉母丢"，玉米为"曾母丢"，"丢"意为汉族，从这两种称呼可知这两种作物是汉族带去的。⑤ 除此之外，清代从内地传入西南地区的作物品种还有花生、烟草等。根据文献，落花生为僧人应元于康熙初年从日本觅种寄回贵州铜仁，引种成功。⑥ 油菜、向日葵、芝麻等油类作物清代也已在西南少数民族地区广泛种植。

---

① 道光《威远厅志》卷3。
② 吴其濬：《植物名实图考》。
③ 《宣威县志》卷3《物产志》。
④ 吴其濬：《植物名实图考》。
⑤ 侯绍庄、史继忠、翁家烈：《贵州古代民族关系史》，贵州民族出版社1991年版，第325、326页。
⑥ 同上。

总的看来，清代西南少数民族地区的农业生产与内地汉族地区之间的距离有较显著的缩小，这说明了西南地区农业生产的长足进步。

清代西南少数民族地区的内地化，也表现在手工业方面。广西壮族人民善于制作铜鼓，历史悠久，到了清代，由于受到汉族的影响，铜鼓的社会功能发生变化，由权力的象征演变为人民大众喜庆、丧葬等仪式上使用的一种乐器，因此在造型、质地方面都相应发生了变化。[1] 乾隆、嘉庆年间，贵州兴义、兴仁一带出产棉花，从湖广、四川等地迁来的一些汉族棉纺工匠在此地"交易有无，以棉易布，外来男妇……尽力耕纺，布易销售，获利既多，本处居民共相效法",[2] 学习了内地先进的纺织经验后，兴仁和兴义的棉织业得到迅速发展，成为这个地区的棉纺织中心。乾隆初年，遵义从山东历城引进柞蚕种，并聘请汉族蚕师传授"放养缫织之法"，使遵义成为贵州的丝织业中心。[3] 清代云南少数民族地区开发的茂隆、波龙银矿以及东川铜矿，皆具有一定规模，这种新产业，也是内地的汉族劳动人民和当地的少数民族群众共同兴办的。

随着清代西南少数民族地区农业和手工业内地化程度的不断加深，他们与内地的贸易往来也更加频繁。更多的汉族商人来到西南少数民族地区，推动了这些地区商品经济的发展。文献资料记载清代云南少数民族地区的情况是：

> 历年内地人民贸易往来纷如梭织，而楚、粤、蜀、黔之携眷世居其地租垦营生者几十之三四。
>
> 客民经商，投向夷地，絜家而往者，渐次已繁，更有本属单孑之身，挟资潜入，至于联为婚姻，因凭藉夷妇，往来村寨。[4]

由此看来，清代汉族商人已经不仅在西南地区的城市和交通沿线上做生意，而且深入到了少数民族聚居区。广西的桂林地区是历史上汉化较早的地区，这里是广西与中原的交汇之处，所以受汉族的影响较深，商品经

---

[1] 黄现璠、黄增庆、张一民：《壮族通史》，广西民族出版社1988年版，第386页。
[2] 《黔南职方纪略》卷2。
[3] 周春元等：《贵州古代史》，贵州人民出版社1982年版，第352页。
[4] 江睿源：《条陈稽查所属夷地事宜议》。

济也比较发达，清代此地已成为壮族地区粮食和食盐运销最大的商业活动中心。而桂东的梧州、桂平等城镇由于靠近广东，清代也有不少汉族商人迁到此居住，使这里成为两广的经济交流中心。据《创造粤东会馆碑记》所载清代广东商人到桂平、大湟江镇、金田圩等壮族地区做生意的情况是：

> 四方商贾，挟策贸迁者接迹而来，舟车辐辏，货购积聚，熙来攘往，指不胜屈，而以我东粤之商旅于桂平永和，大宣两圩者尤盛。①

当时这些壮族地区经济繁荣的景象可见一斑。

贵州清代商业发展的内地化又有其自己的特点：各个城镇根据各自所处的地理位置、特产而确定自己的经营贸易内容。省会贵阳是汉族商人云集之地，据《黔南职方纪略》记载：当时江、广、楚、蜀"贸易客民，毂击肩摩，籴贱贩贵"，"置产成家"，定居贵阳。② 毕节靠近云南，是黔滇两省铜运总汇处；遵义是著名的丝绸市场，由于遵绸价廉物美，秦晋之商，闽粤之贾均相争购。兴义棉布销售兴旺，"滇民之以（棉）花易布者源源而来"。③ 四川、湖北等地的商人也远道贩运棉花到此推销，因此，这里成了贵州最大的棉花、棉布生产集散地；清水江边的锦屏是贵州的木杉贸易中心，江西、安徽、陕西等地的木材商人到此收购；务川、开州等地是著名的水银、硃砂市场；仁怀则是川盐入黔的主要码头。如此等等，还可举出不少各具特色的城镇市场，可见清代贵州各城镇已向内地经营专业化的方向发展。还有更多的汉族小商人肩挑马驮各种小商品走村串寨，深入贵州的少数民族山区，送去兄弟民族所需的日常用品，同时收购山区的农副产品，他们对推动少数民族山区经济发展的作用也是不容低估的。④

文化作为一种特有的社会现象，不同民族、地区的文化都有自己的特

---

① 转引自黄现璠、黄增庆、张一民《壮族通史》，广西人民出版社1988年版，第401页。
② 《黔南职方纪略》卷1。
③ 《黔南职方纪略》卷2。
④ 侯绍庄、史继忠、翁家烈：《贵州古代民族关系史》，贵州民族出版社1991年版，第316—318页。

点，而不同的异质文化，往往在载体民族的交往中相互汇合、影响。汉文化是中国历史上发展水平最高的一种文化，清代随着更多的汉族人口到了西南各少数民族地区而对当地的民族文化产生深刻的影响。

历代统治阶级都非常重视对少数民族地区的"教化"，向被统治的少数民族灌输封建社会传统的儒家思想和伦理道德，以达到巩固其统治地位的目的。清代，汉族文化在西南少数民族地区渗透的情况更为突出。学校书院是传播汉文化的主要场所。清代共在广西壮族地区的 50 个府、州、县创办学校书院 85 处以上。① 在贵州，统治者认为，在少数民族地区"必崇文治而后可以正人心，变风俗"，② 很重视在当地创办学校。除了在贵阳扩建贵山书院（原阳明书院）外，又建立正习书院、正本书院，成为省城传授汉文化的重要场所。在各府、厅、州、县也扩建和新建了不少学校，据统计，一共 66 所。③ 较之明代，有所增加。云南的情况与贵州类似，除以对明代原有的学校进行扩建外，在一些比较偏僻的少数民族地区也新建了学校。康熙年间，由于"滇省广西、丽江二府百姓久归版图，人民日繁，尚未设学"，皇帝应云南巡抚之请，批准在当地设立学校。④ 雍正二年，又在藏族聚居的中甸县"建主学宫以崇文教，礼乐法度、衣冠文物咸遵圣朝仪制，百余年间，恪守奉行，未尝变易"⑤。清廷在西南少数民族地区广建学校，主要是为了在当地少数民族中培养忠于封建朝廷的知识分子，以巩固其统治地位。因此，清廷对滇、黔、桂少数民族地区参加科举考试的人员，制定了一些优待、变通的政策：除了提供差旅费用外，还对西南地区考生中的"土著""寄籍"者各规定一定的名额。其中"土著"即当地的少数民族，对他们可以放宽条件，以保证一定数额的人员入选。雍正年间皇帝又下诏：

  今滇、黔、楚、粤等省苗民向化，新增土司入学额数，为学臣者尤宜加意禁饬，毋使不肖士子冒其籍贯，阻土民读书上进之路。⑥

---

① 黄现璠、黄增庆、张一民：《壮族通史》，广西民族出版社 1988 年版，第 539 页。
② 田雯：《黔书·附请建学疏》上。
③ 周春元等：《贵州古代史》，贵州人民出版社 1982 年版，第 371 页。
④ 《清圣祖实录》卷 22。
⑤ 光绪《新修中甸志书稿本·序》。
⑥ 《清世宗实录》卷 66。

这样，确实有一些西南少数民族的子弟接受了汉文化，成为封建统治阶级中的一员。当然，这只是少数，而这些学校在西南少数民族地区传播儒家思想、封建伦理道德，对中原文化所起到的潜移默化是不可低估的，也对加强各民族之间的思想文化交流起到了积极的作用。例如，清代云南马龙州的情况是：

> 所居彝、汉杂处，汉人系马龙所军籍，皆中州人……其土著者有僰一种，衣冠饮食亦与汉人同焉，亦喜读书，出身仕宦，代不乏人。①

傣、傈僳、白、彝等民族杂居的普洱地区，清代建立学校后已是"户习诗书""士敦礼让"，② 而大量汉族进入傣族居住的威远地区后，对当地少数民族在文化方面也有很大影响。道光《威远厅志》说：

> （汉族）子弟聪颖者多读书，事半功倍；夷人渐摩华风，亦知诵读，子弟多有入庠序者。③

西南各少数民族接受汉文化的熏陶，除了学习汉文外，还表现在各个方面，封建的儒家思想伦理道德也渗透到少数民族的思想意识之中。一些与汉人接触较多的少数民族已经能不同程度地讲汉语，贵州兴义府的苗民男子已是"衣则汉装，通汉语"④。白、布依、侗、仡佬等民族中均有借用汉字标音来记录本民族语言的碑刻和祭祀经文。白、彝、傣、侗、苗、土家、布依等民族在汉文化的影响下，此时大多已有汉姓汉名。在各族土司的思想中，封建的伦理道德、儒家思想已打上了深深的烙印。他们效仿汉族，修纂族谱、家谱，认为子孙努力学习"四书五经"，在朝廷组织的科举考试中中举，便能光宗耀祖；三纲五常、封建礼教更是人人必须遵守的条规。汉文化的内容是丰富的，除了封建的伦理道德外，汉族的生活习

---

① 康熙《马龙州志》。
② 道光《普洱府志》卷9。
③ 道光《威远厅志》卷3。
④ 爱必达：《黔南识略》卷27。

俗、婚丧仪式乃至节日等方面随着汉文化在西南地区的传播，也对当地的少数民族产生深刻的影响。清代普洱地区已是："夷俗渐革而文教兴焉"，"风俗人情，居然中土"。① 当地居住的傈僳、傣、彝、白等民族，接受汉文化以后，已是"士敦礼让，日蒸月化，骎骎乎具有华风"②。康熙年间马龙州的白族"衣冠饮食亦与汉人同焉"③。西南各民族在汉文化的潜移默化下，清代大都和内地一样使用碗筷吃饭。汉族婚礼过程中的一些仪式也为他们所接受。还有一些少数民族仿效汉族，实行棺葬，并于坟前竖立墓碑，写明死者身份、姓名。在各个民族的杂居相处中，汉族的一些喜庆节日成了当地各族人民的共同节日。春节是汉族最隆重的节日，各少数民族也非常重视春节。在春节期间除了汉族的一些传统活动外，又加进了各具民族特色的新内容，例如：壮族在春节期间举办歌圩、抛绣球、唱彩调等娱乐活动；布依族青年男女则在节日期间跳"糠包舞"；苗族有"踩年"、赛马、斗牛、踩鼓、游方等活动。汉族纪念屈原的端午节，也传到了壮、苗、彝、布依、侗、瑶、白、哈尼等民族之中。至于汉族的歌舞戏曲与当地的少数民族歌舞相融合，例子就更多了。苗、布依、侗、土家、仡佬等民族都吸收了汉族的傩活动，发展为各有特色的民族傩戏。嘉庆、道光年间，布依族开始表演以汉族民歌小调为基础的贵州花灯剧；侗戏也把汉族的一些民间故事改编为其表演的主要内容。

二 边疆地区的进一步开发

清代西南地区的另一新变化，是汉族和少数民族间的经济文化交流，进一步扩展到边疆地区，在各族人民的共同努力下，祖国的边疆得到进一步开发。

清初，由于连年战乱，西南地区也和全国一样，残破不堪。一方面大量土地荒芜，另一方面众多的流民造成了社会的不安定。为了解决这个问题，清廷下诏：

---

① 道光《普洱府志》，梁星源《序》。
② 道光《普洱府志》卷9。
③ 康熙《马龙州志》。

滇、黔田土荒芜，当亟开垦，将有主荒田令本主开垦，无主荒田招民垦种，俱三年起科，该州、县给以印票，永为己业。①

又特别命令对流民，"应令所到地方，准其入籍，酌量安置，随编保甲，严查出入。或有无主田亩，听其开垦，照例起科"。② 可以看出清廷是采取鼓励流民到边疆垦荒的政策。到云南昭通、东川、元江、普洱四府内开荒的流民，因为是"新辟夷疆，人稀土旷"，政府借给银两，以资鼓励，到乾隆二年，还有10860余两尚未还纳，可见到这些地方垦荒的流民数目可观。后来，连这些未还的银两也"悉行豁免"了。③ 清代到边疆地区开荒的汉族人口较之明代，有较大的增加。据道光《普洱府志》所载，道光年间，普洱府的宁洱县（驻今宁洱县城）有土著4901户，汉族屯民3036户、客籍汉族3434户；思茅厅的土著1016户，汉族屯民2556户、客籍汉族3105户；威远厅土著3602户、汉族屯民5171户、客籍汉族432户，④ 从中反映出清代到普洱府的汉族人口已超过当地的少数民族人口。在被称为"外则拊莽缅之背肩，内则为滇省之门户"⑤ 的普洱府，众多的汉族人口到来之后，"或开垦田土，或通商贸易"，⑥ 通过和当地少数民族共同辛勤的劳动，已使当地"人烟稠密，田地渐开"，⑦ 边疆大量的荒地被开垦为良田。根据道光年间的统计，边疆的普洱府已有夷田地一千七百六十顷七十一亩八分三厘；永昌府有民田地一千八百六十二顷七亩一分，屯田地五百五十八顷三十四亩二分。⑧ 除了边疆地区的耕地面积扩大外，内地汉族人民还带来了先进的生产技术。例如，生活在德宏地区和中缅边境山区的德昂族人民，所种植的农作物主要是苦荞之类的山地作物以及少量糯米。清初到此开矿的内地汉人，不适应这种食品，吃后容易生病，为了解决口粮问题，这些矿工在崩龙大山试种粳米，获得成功，而且把这种

---

① 《清圣祖实录》卷1。
② 《清圣祖实录》卷2。
③ 《清高宗实录》卷54。
④ 道光《普洱府志》卷7。
⑤ 道光《普洱府志》卷4。
⑥ 道光《普洱府志》，梁星源：《序》。
⑦ 道光《普洱府志》卷9。
⑧ 刘慰三：《滇南识略》。

技术传授给当地的德昂族，使德昂族人民的生产有了发展，粮食也开始有了剩余。① 清代边疆地区永昌府、普洱府的农业生产水平均有较大提高，从粗放的刀耕火种农业发展到一些地区开始注重采取措施提高单位面积产量，并且卓有成效，这可以从道光年间永昌府每年田赋要缴夏税秋粮麦、米、豆、谷共一万一千余石，普洱府每年也要缴田赋米五千六百余石②的记载中看出。此外，农作物的品种也有所增加，除了传统的稻、麦、荞外，前面已提到，清代新传入云南的马铃薯和玉米，在边疆地区也开始种植。道光年间，普洱府的威远厅已是"深山密箐未经开垦之区，多有湖南、湖北、四川、贵州穷民，往搭寮棚居住，砍树烧山，艺种苞谷之类"，并说"此等流民，于开化、广南、普洱三府为最多"。③

清代边疆地区进一步开发的另一个显著特点，是茶叶栽培和销售的迅速发展。滇西、滇南郡是产茶之地，当地布朗、德昂、佤、哈尼、傣、基诺等民族都是种茶的能手。这两地种茶的历史都十分悠久，但茶叶成为当地经济作物的大宗，并在对外的经济文化交流中发挥了日益重要的作用，却是清代。雍正七年，清廷设置普洱府，委派流官知府进行统治，管辖今思茅地区的绝大部分和西双版纳的全部。同年，云贵总督鄂尔泰在思茅奏设总茶店，管理当地的茶叶事宜。本来就有种茶基础的西双版纳地区，清代攸乐、革登、倚邦、莽枝、曼崙、慢撒已成为生产大叶茶而闻名的六大茶山，由于六大茶山所产的茶叶大部分集中到普洱府进行加工制作，然后行销各地，因此统称为普洱茶。清人阮福曾说："普洱茶名遍天下，味最酽，京师尤重之。"④ 清代这里的茶叶生产在品种、生产技术等方面都有长足的进步。由于原料和加工的不同，有毛尖、芽茶、小满茶、谷花茶、紧团茶、女儿茶、金月天等不同品种。⑤ 技术水平也不断提高："种茶之家，艺锄备至，旁生草木，则味劣难售，或与他物同器，则染其气而不堪饮矣。"⑥ 随着普洱茶知名度的提高，内地为数不少的汉族人民也进入西双版纳地区栽种和经营茶叶。乾隆年

---

① 周裕：《从征缅甸日记》。
② 刘慰三：《滇南识略》。
③ 道光《威远厅志》卷3。
④ 阮福：《普洱茶记》。
⑤ 同上。
⑥ 同上。

间，石屏的汉族茶商首先进入西双版纳的易武茶山进行茶叶贸易，有的石屏汉人也到易武茶山后直接从事种茶生产。① 腾越、下关、玉溪、思茅等地的汉族茶商也纷纷到西双版纳设号经营茶叶。② 在当地各民族和汉族的共同努力下，普洱茶的生产达到了极盛时期，最高年产量达八万市担，最高级的普洱茶，是作为贡品送到京城，其余大部分普洱茶行销国内外，优质、量多的普洱茶吸引了国内外大量的茶商前来进行贸易。六大茶山之一的倚邦茶山，每年春、夏两季，云南、四川等地的汉、藏族商人赶着马帮云集于此，购买茶叶，③ 并在此地建有四川、楚雄、石屏会馆，可见这些地区的商人到此做生意的并非个别。除了内地的茶商直接到各茶山收购、加工茶叶外，中甸、德钦的藏族商队每年有驮马300—500匹到西双版纳驮运茶叶，销往西康、西藏，称为"边销茶""蛮装茶"，每年约3000担。④ 边疆重镇普洱和思茅也因"普茶远销"而盛极一时，商旅云集，市场繁荣。当时普洱茶的销售路线有三条：其一以普洱为集散地，由滇西的巍山、腾冲、喜洲用马帮运往下关集中，再转运至四川泸州、叙府、重庆、成都和转运至西藏、西康销售；其二，由勐海至打洛，一路到泰国曼谷，一路到印度新德里，一路到马来西亚、新加坡；其三，易武茶叶由马帮驮至老挝丰沙里，再转运至河内，由火车运至海防上船，远销南洋一带。⑤ 由此看来，清代云南边疆所生产的茶叶已行销国内外。随着普洱茶的兴盛，西双版纳地区得到了更进一步的开发。六大茶山之一的倚邦，每年要交贡茶一百多担，全靠人背马驮运至昆明，山高坡陡，交通十分不便。为了加强对边疆地区的管理和联系，有利于贡茶运输之便，清廷曾由昆明直达思茅、倚邦、止于易武，修了一条石块镶的马路，这条贡道的修筑，大大改善了当地的交通条件，倚邦也日益呈现出繁荣景象，人口增加、集镇兴隆，学校、

---

① 蒋铨：《古"六大茶山"访问记》，载岩罕主编《版纳文史资料选辑》4，云南民族出版社2006年版。

② 杨毓才：《云南各民族经济发展史》，云南民族出版社1989年版，第300页。

③ 曹仲益：《倚邦茶山的历史传说回忆录》，《版纳文史资料选辑》4，岩罕主编：云南民族出版社2006年版。

④ 杨毓才：《云南各民族经济发展史》，云南民族出版社1989年版，第300页。

⑤ 张顺高：《西双版纳茶叶生产的过去、现在和未来》，《版纳文史资料选辑》4，岩罕主编：云南民族出版社2006年版。

会馆、庙宇也随之出现。总之，茶叶生产的兴起给边疆地区带来了新的变化。

清代西南边疆得到更进一步开发还有一个显著特点，就是采矿业的兴起。在滇西德昂族地区兴办的波龙银矿、滇南佤族地区的茂隆银矿和澜沧县拉祜族地区的募乃银矿，都使当地发生了巨大变化。过去鲜为人知的崩龙大山，南明王族的后裔宫里雁等人在此开采银矿后，已是"商贾云集，比屋列肆，俨一大镇"。①"民居遗址党数十里，计厂丁不下数万。"② 从江西、湖广、大理、永昌等地到这里开矿和做生意的汉族人民，带来了新的活力，使一向与世隔绝的边陲地区成了一个小城镇和交易场所，也推动着当地德昂族生产的进步和内部经济联系的加强。他们通过收取矿税、商业贸易、种茶、农业生产等方式，经济实力得到加强，物质生活也得到改善。而滇南佤族地区的茂隆银矿是明末由李定国和佤族葫芦王、孟定土司三方盟誓合办的。清初石屏人吴尚贤到此开矿，得到当地佤族酋长和群众的支持，采银业发展很快，乾隆年间已成为云南最大的优质银矿之一，"在彼打槽开矿及走厂贸易者不下二三万人"。③ 他们也和当地佤族人民和睦相处，并把内地先进的生产技术传到佤族地区。佤族群众传说，他们使用铁三角煮饭、铁犁耕地都是李定国、吴尚贤等汉人教给的。现在，佤族的民谣里还有"么老李的金，西老吴的银，汉族师傅教会腊家（佤族）打铁、木工、盖房屋"④ 的话。

思茅、临沧和西双版纳等地在历史上又是著名的产盐地区，清代，这些地区的盐井也得到进一步开发。位于镇源县的按板盐井，清末年产量已达424万斤；墨江普洱之间的磨黑井是滇南最大的盐矿，清末年产达722万斤，磨歇井则位于西双版纳和老挝接壤的勐腊县，所产盐供西双版纳及老挝北部数省居民食用，清代年产盐200多万斤。⑤

---

① 曹仲益：《倚邦茶山的历史传说回忆录》，载岩罕主编《版纳文史资料选辑》4，云南民族出版社2006年版。
② 孙士毅：《绥缅纪事》。
③ 《清高宗实录》卷269。
④ 段世琳、赵明生：《李定国对开发阿佤山的贡献》，《思想战线》1991年第5期。
⑤ 杨毓才：《云南各民族经济发展史》，云南民族出版社1989年版，第287页。

结　语

　　西南地区是中国不可分割的一个部分，西南各族人民都是祖国大家庭中的一员。在历史的长河中，随着统一多民族国家的不断发展，西南与内地的联系也日趋密切。从清初西南少数民族地区出现的新变化可以看出：汉族和西南各少数民族之间是谁也离不开谁、血肉相连的关系，他们共同在祖国的西南大地上，用自己勤劳的双手，谱写了新的篇章。

（刊于《思想战线》1994 年第 3 期）

清代前期西南地区边境贸易中的有关法规

我国西南地区与东南亚越南、缅甸、老挝等国相毗邻，有着悠久的边境贸易历史，到了清代，随着双方经济的发展，这种传统的边境贸易有所加强，专门研究清代边境贸易的文章已经不少，但探讨这段时间西南地区边境贸易中清政府有关法规的论文似不多见，本文拟就此问题作一剖析研究，以求教于大方之家。

一 清政府对西南地区边境贸易的态度

清朝是我国封建社会的最后一个朝代，政治上的专制和保守更加明显。清朝统治者为了维护自己的统治，继续推行"重农抑商"的传统政策，限制、摧残资本主义萌芽的发展，清朝法律中的海禁政策和限制，禁止对外贸易的有关规定，便是典型的一例。《大清律例》规定："凡将马、牛、军需、铁货、铜钱、缎匹、绸绢、丝棉私出外境货卖及下海者，杖一百；受雇挑担驮载之人减一等；货物、船只并入官；于内以十分为率，三分付给告人充赏。若将人口、军器出境下海者，绞；因而走漏事情者，斩；其该拘束官司及守把之人，通同夹带或知而故纵者，与犯人同罪；失觉察者，官减三等，罪止杖一百，军兵又减一等。"[①] 乾隆年间海禁的条例又有所增加。从这些条例中可以看出，清政府实行闭关锁国的方针，严禁对外贸易，西南地区也不例外。根据西南地区的具体情况，在这些条例之外，朝廷又以"诏"的形式制定了若干法规。先从与东南亚各国贸易的指导思想上看，清朝从维护自己的统治出发，在总的限制对外贸易的方

---

① 《大清律例》卷20 兵律·关津。

针下，对与东南亚各国边境贸易的态度不尽相同。清代泰国与我国关系较好，没有发生大的战争，相比之下，清政府对与泰国的贸易规定较为宽松。康熙三年，特别批准暹罗国于进贡方物之外，在边界进行了一次贸易，这是康熙年间特批的两次边贸之一。[①] 康熙、雍正、乾隆年间，暹罗国运至我国贸易的米、谷等物，免征船货税银。[②] 越南与我国接壤的边境线较长，广西有"三关百隘"之称，但清政府由于越南政局不稳，对与越南的边境贸易控制较严，乾隆初年曾在广西开平而、水口两关和由村一隘例许客商行走，后因越南内讧，清廷担心边境不靖，又于乾隆四十年关闭了由村一隘。[③] 西南地区与缅甸的边境贸易历史悠久，往来频繁，但因乾隆年间中缅之间的战事，中缅边贸关闭了三十余年。西南地区虽然与老挝接壤，但清代没有正式的开关贸易，非法越境贩卖的个别商人，被发现后受到流放西藏、新疆等地的严厉制裁。[④]

总的看来，清政府对西南地区边境贸易的态度，并不是支持，而是限制、禁止，这也和其闭关锁国的政策是一致的。在这种思想的指导下，他们对西南地区的边境贸易又制定了一系列的具体法规。

二 西南地区对外贸易中的具体法规

（一）贸易地点

西南地区和与其接壤的几个东南亚国家边境线很长，但清廷对边贸的地点作了十分明确而具体的规定。如前所说，广西和越南的边境有"三关百隘"之称，但乾隆九年以前，只开平而、水口二关，许商民出入，镇南一关，为越南经由贡道，其他百隘，悉行封禁。乾隆九年增开由村一隘许商民出入。[⑤] 但乾隆四十年又将由村隘口关闭。我国商人在越南所设商号、铺店，均要报清朝廷批准。[⑥] 清廷与缅甸恢复边境贸易以后，对边

---

① 《清圣祖实录》卷25。
② 《清圣祖实录》卷298；《清世宗实录》卷66；《清高宗实录》卷204。
③ 《清高宗实录》卷982。
④ 《清高宗实录》卷1080。
⑤ 《清高宗实录》卷219。
⑥ 《清高宗实录》卷1434。

贸的地点也有明确规定，只能在永昌徼外，潞江、缅宁等处则不准永昌府发给印照，不许商货通过。① 为了禁止在清政府规定以外的地方贸易，也有一系列的法规措施。清政府下令在广西边境建有若干关卡，各关卡"悉用砖石垒塞，平坦散漫处用坚木竖栅，并派拨兵勇防守。第恐稽察不密，年久又复废弛，请嗣后每年冬月，饬知府、协将亲巡一次，补栅浚壕，并查验兵勇有无缺少，各出印结备案，庶不视为具文"②。并规定"沿边各隘，各制巡旗一面，号簿一本，令各隘兵勇每日持旗执械，自本隘巡至邻隘，即将该隘兵勇姓名，查到缘由登记号簿，逐日互巡。如巡查不到，许邻隘首禀；不首并罪。夜则击梆谨守。防汛各弁逢五逢十彼此会哨外，不时于所管卡隘往来查察。该管都、守每日清查一二次，如兵勇偷安，汛弁懈弛，究革详参"③。从这些规定不难看出，清政府对西南地区边境贸易地点控制十分严格。

（二）贸易时间

除了贸易地点外，清政府对西南地区边境贸易的时间也有具体的规定。乾隆年间从广西前往越南贸易的客商，一般给予半个月的时间，过期不归者，"即饬头人、保人严询究处"。平而、水口两关均为河道，每月逢五、逢十开放，夜则锁截……④

（三）贸易物品

按《大清律例》的规定，马牛、军需品、铁货、铜钱、绸缎、丝棉均属不许出境的违禁物品。由于西南地区与东南亚各国的具体情况不同，在边境贸易中关于物品的规定也有所不同。泰国出口清朝的多为大米，因对清朝有利，给予免税优待。后来商人发现泰国的木料便宜，易于造船，便在泰国买木料造船，载米运回，此举受到清廷的限制，"其无米载回，只造船载货归者，应倍罚船税示儆"。⑤ 乾隆元年，泰国因修造佛寺，欲

---

① 《清高宗实录》卷1061。
② 《清高宗实录》卷489。
③ 《清高宗实录》卷373。
④ 《清高宗实录》卷226。
⑤ 《清高宗实录》卷285。

从广东购买铜七八百斤，因铜是清廷严禁出口的物资，不能破例，最后采取变通之法，由乾隆皇帝赏赐 800 斤铜给泰国国王，并"后不为例"①。乾隆九年，泰国急需铜器，但无工匠制作，买了本地红铜，运进广州，请工匠制作。制好后因有铜器不许出口的规定，不许运出，后来广东巡抚以"暹罗自行买备进口，请工制造，与兴贩不同"，奏请皇帝，恩准放行。②乾隆年间，为了争取泰国共同对付缅甸，朝廷特地批准泰国购买一定数量的硫磺、铁锅等清廷违禁物资的请求。③ 在与缅甸的边境贸易中，出口到缅甸的有钢铁、锣锅、绸缎、毡布、瓷器、烟茶等物，黄丝、针线等物尤为缅甸所需，从缅甸进口的则是珀玉、棉花、牙角、盐鱼等，尤以棉花为大宗。④ 乾隆年间因中缅战事，清廷禁止中缅边境贸易，特别严禁内地的丝、纸、针、绸等物出口缅甸，⑤ 也严禁缅甸的棉花进入内地。但民间的贸易往来、互通有无是清政府的法规无法完全禁止的。不久就发现，缅甸的棉花仍然从海道由广州进入内地，缅甸的玉石在广东、云南也颇多售卖，内地的纸、丝、针、绸等物也仍流到缅甸，清朝官吏也不得不承认："似滇省闭关禁市，有名无实。"⑥

（四）税收

虽然比起与俄罗斯等地的边境贸易来，清代西南地区边贸的税收额不算多。乾隆三十九年，云南永昌等处的关税，只有五六千金；⑦ 乾隆四十五年，云南开化府与越南贸易的税收有银两千两。⑧ 但清政府对西南地区边地间贸易的税收从不放松，也有具体的规定。乾隆五十七年，云贵总督富纲上奏酌筹中缅边贸开关通市事宜中说："除腾越、永昌现有原设税口杉木笼、暮福二处，业已设汛驻兵查验、收税外，应于扼要之顺宁府城及南河口两处，设卡稽查。其白内地贩货出边者，在府城收税给照，于南河

---

① 《清高宗实录》卷 21。
② 《清高宗实录》卷 225。
③ 《清高宗实录》卷 990。
④ 《清高宗实录》卷 679。
⑤ 《清高宗实录》卷 1106。
⑥ 《清高宗实录》卷 1031。
⑦ 《清高宗实录》卷 954。
⑧ 《清高宗实录》卷 1106。

口验票。边外贩货进内者,在南河口收税给照,至府城验票。"可看出清政府对西南地区边境贸易中的税收是很重视的,但收税的定额具体多少,史料不见记载,看来各关卡情况各异,收税的定额可能不完全一致,乾隆皇帝对富纲奏章的批谕是"市法难周,行之在人,勉力实办,无为空言"①。除了进出口货物正常收税外,对于一些特殊情况收税有所变通。如前所举,泰国商人贩米到内地,免税给予鼓励。泰国政府每年到京城进贡时,也有商船随行,清廷谕旨:"除正、副贡船仍照办理免税外,所有夹带商船,俱着查明一体按货纳税。"② 泰国商船运货物到内地,一船载米 5000 石以上,船上的其他货物便可减税 20%,③ 这些是酌情减免税收,以示奖励的,但也有的是增加税收,以示惩罚。对于中国商人到泰国购买木料造船,运货回国者,如果未按有关规定运米回国,"只造船载货归者,应倍罚船税示儆"。④

(五) 管理

对于西南地区边境贸易的管理,清政府也有一套具体的规定。各地边贸的管理机关,由当地的行政机构兼管,并未设专门的部门。但为了使当地的行政机构便于边贸管理,将有的地方行政机构名义上升格。例如:乾隆五十六年,广西太平府龙州因为"开关通市,稽查商民,所关尤重,通判职分较小,难资弹压",清廷特准将龙州通判升格为同知,其下属的浔州府通判升格为同知,主要是"改铸官防铃记",但"一切廉俸役食衙役仍旧"⑤。清廷对西南地区边境贸易的管理,除了前述交易的地点,货物种类、时间、税收等方面都有严格的规定外,进出关贸易的人员,要办理相应的手续。各关口都要"设立腰牌、铃烙火印,凡遇客商出口贸易,查无违禁货物,填给腰牌,于进口时,缴验查销"。⑥ 乾隆初年开广西由村一隘为边贸关口后,客商辏集,附近五十三寨的贫苦农民以挑货物为生,当局对出入由村的会馆也作了具体规定:在当地慎选老诚殷实的数人

---

① 《清高宗实录》卷 1359。
② 《清高宗实录》卷 1251。
③ 《清高宗实录》卷 275。
④ 《清高宗实录》卷 285。
⑤ 《清高宗实录》卷 1388。
⑥ 《清高宗实录》卷 191。

充当会馆的客长，"凡客货出隘，许客长将客人姓名、籍贯、货物及发往何处，一一注册，报该州查实，给与印票，并刊立木榜，不许客长藉端需索"。其五十三寨挑夫，"亦令该州将姓名、住址，造册取结，给与印票，令理土同知于该隘查明印票，给腰牌放行。有腰牌印票者，方许放人"。越南入关贸易的商人，他们的姓名，从何处卖货入内，也要令同知注册，报宁明州查对。① 乾隆四十年，由村隘口关闭后，出入平而、水口两关的手续规定更为苛严：对于单身小贩和挑抬脚夫，停止给照验放出关。只有"殷实良民挟有资本者"，才能验照放出，而且要限期返还。② 由于西南与东南亚国家接壤的地区绝大部分是少数民族聚居区，清政府为了加强对边境贸易的管理，对民族地区也实行保甲编查，一些遗漏未设保甲的村寨，乾隆皇帝命令"汉、土各官，实力稽察"③。当地的少数民族土司，也有协助当地官员盘查非法越境贸易的责任。与老挝接壤地区的土官刁士宛，查到内地五名商人未办手续，从老挝携带象牙、犀角、鹿茸、孔雀尾等货入境，即"连人一并解究"，他的行为受到清廷的嘉奖。④

（六）违法处理

为了保证西南地区边境贸易的法规能得到切实地执行，清廷对违反法规的行为也制定了严厉的制裁措施。乾隆年间由于中缅战事，与缅甸的贸易活动一律停止。朝廷宣布："嗣后奸民贩货出口，拿获即行正法。隘口兵丁，审系得财卖放者，一并正法。失察之文武官弁，查日参革。如能拿获者，即将货物给赏。"⑤ 看来这些规定并不是一纸空文，而是付诸实施了的。边民波岩，由于违禁到缅甸私贩食盐，被判处死刑，其地土司艾连春由于"失察"，云贵总督判为杖徒，乾隆皇帝尚认为太轻，决定"艾连春应于本律杖徒上加一等，改拟杖一百，流三千里"⑥。对越关私贩的王世学等人，分别处以斩刑和绞刑。⑦ 清军抓获收买边外野人货物的左国

---

① 《清高宗实录》卷226。
② 《清高宗实录》卷982。
③ 《清高宗实录》卷237。
④ 《清高宗实录》卷1080。
⑤ 《清高宗实录》卷813。
⑥ 《清高宗实录》卷856。
⑦ 《清高宗实录》卷906。

兴，即解赴腾越正法枭首示众。① 私自出境前往老挝贩货的陈文清等人，云贵总督拟照例发配边远充军，乾隆认为不妥："陈文清五犯系两广及云南人，若照例发边充军，不过仍发于此数省，距各犯籍不远，既不足以示惩，并后日久乘间窜逸。此等奸徒胆敢私越边境，逗留贸易，殊属不法，竟应解交刑部，酌其情节，改发乌喇及新疆等处，以昭炯戒。"② 除了私自出境贸易处以死刑流刑外，还严令不准云南内地人民进入与缅甸接壤的少数民族地区，"其在土司留寓汉民，俱饬查勒令回籍，并饬府、州、县谕所属，十家连环互保"③。对负责边境贸易的各级官员，职责也作了明确的规定，以广西与越南接壤的宁明州为例："倘有滥给印票者，责在宁明州；滥给腰牌，私放出入者，责在理土同知；凡客人在外贸易者，彼处若有回头客货，自应略为等待，应酌给半月限期，过期即饬头人、保人严询究处。"如果商客超出了清廷规定在边境贸易的地区，"许夷官拦回责处。又现在逗留番地者，给半年期限，概令夷官查明，陆续驱回，安插原籍。如无籍可归者，分拨梧、浔、平、柳等府安插。又从前在彼已娶番妇、生有子女，与夷人结有姻娅并庐墓田园，情甘异域者，照例安插彼处，永不许进口。嗣后如有商民在彼私娶番妇者，应令该夷官查明离异，驱逐进口，押回原籍，交地方官照例杖责"。各级官员的履职情况，三年考核一次，"倘有因循怠忽贻误边防者即参"④。从上举的这条材料还可看出，清廷对在境外逾期不归和与私娶番妇者的处理也是严厉的。

三　结语

综观清代前期在西南地区边境贸易中的有关法规，可以明显看出，清廷对这种边境贸易，并不是积极支持，而是消极限制。究其原因，从根本上说，清廷是为了维护和巩固其统治地位。统治者担心的是边贸引起边境不靖，因此对边贸的地点、时间、贸易物资和边贸管理都作了严格的规定。特别是在双方战争期间，更是怕在边贸的过程中走漏军事情报，刺探

---

① 《清高宗实录》卷818。
② 《清高宗实录》卷1080。
③ 《清高宗实录》卷855。
④ 《清高宗实录》卷226。

军事秘密的事时有发生，所以干脆停止边贸活动。当然，也有利用边贸作为军事活动补充的考虑，在战事期间严禁对方日常生活必需的物资出口，以给对方施加压力。西南边境地区大多是少数民族聚居区，内地人民要到边境做生意，首先要到达少数民族聚居区，加之云南边境地区矿藏丰富，清代著名的波龙银矿和茂隆银矿均在中缅边境，内地到这些矿区开矿的人不少，在茂隆银矿开矿的内地人"不下二三万人"，在波龙银矿开矿的也有数万人，这些矿工大多附带做点生意，"贸易民人或遇资耗，欲归无计，不得不觅矿谋生……其平常出入，莫不带有货物，故厂民与商贾无异"。清廷担心这些矿工在少数民族地区"滋事"，与当地的少数民族共同反对朝廷，所以对前往边疆地区的内地人民控制很严，"民人往来番地，巡防宜密。或有逃犯奸徒私入外番厂滋事，仍令该督严饬汛口官弁，实力稽查"①。从思想根源上看，清廷对外贸持限制和禁止的态度，与清统治者认为"天朝物产丰盈，无所不有，原不藉外夷货物，以通有无"的心态有关，清朝统治者对外面的世界所发生的巨大变化知之甚少，还以为清朝是天下第一强国，外国与清朝贸易都是"仰仗天廷"，而清朝除了一些统治阶级的奢侈品外，其他物资可以自给自足，因此，他们在对外贸易上实行闭关锁国的政策。然而，历史发展的必然趋势不是统治阶级的主观愿望所能逆转和阻止的，随着经济和社会的发展，各个国家之间交往和贸易的日益频繁已是大势所趋，清朝闭关锁国的结果是使我们国家孤立于世界民族之林以外，丧失了一次发展的大好机遇，逐渐沦为被动挨打的地位。在改革开放的今天，回过头来反思这一段历史，可以使我们从反面接受很多教训和经验，一个国家、一个民族只有对外开放，面向世界，才能充满活力，得到更快的发展。

（刊于《贵州民族学院学报》1997年第3期）

---

① 《清高宗实录》卷269。

四、民族法制史研究

夜郎国法制初探

夜郎是我国战国至秦汉时期西南民族的先民所建立的国家，地理范围在今贵州省的绝大部分及与之相连的滇黔、黔桂交界地带。汉文文献《史记》《汉书》《华阳国志》均对此有所记载，但由于过于简单，难以从中看出夜郎国的法制状况。四川民族出版社于1998年出版彝文手抄本《夜郎史传》的汉译本，书中详细记载了夜郎国的政治、经济、文化等多方面的情况，可以和汉文史料相互补充、印证。特别值得注意的是该书第一卷中专门有一节为"夜郎君法规"。记录了夜郎布告天下臣民不可违反的20条法规和两个执法的典型案例。这是目前所能见到的夜郎地区保存最为完整的成文法律，从中可以看出夜郎地区的法制状况，是一份十分难得而珍贵的材料，现摘录如下：

  武夜郎君长，他在可乐城，坐定了之后，他的思想明，他的心里亮，在他地盘上，要有新法规。他是这样说，也是这样讲："凡是我的民，凡是我的臣，都听我命令。"这样一来呢，夜郎的城池，所有的人们，只要长大后，力气大又好，健壮要当兵，勇敢要从军。这样一来呢，有着不少人，不断去服役，还有不少人，去为夜郎家，上山去放羊，到处去牧马。四方的百姓，家家都一样，定时交租粮。所有的山区，所有的林地，划好的良田，指定的沃土，全属武夜郎。条令还规定，所有男和女，都属君的民。不管是哪方，无论是何人，若是不照办，君长的强兵，就前来征服。条令发下后，四方的百姓，各地的臣民，彝人和濮人，或是武家人，全都要听从。君长的法令，服从君施政，听君发号令。凡是国中人，都得按令行，谁要是不听，死期就来临，说的是这样，传的是这些。武夜郎君长，他下的禁令，条条都苛刻，条条都严峻。法令二十条，条条都如此，看来是不错。说起那刑法，全部是严刑。看起心肉麻，听来耳刺痛，看起眼发花。如此的法令，世上实罕见。凡君的臣民，人人要牢记，个个要遵守，不准谁违抗。夜郎这道令，四方都传到，八面都知晓。

　　第一条禁令，凡属于臣民，切记莫遗忘。一不许偷盗，若谁敢违抗，就得砍手指，一次砍五根；二次砍十指。

　　第二条禁令，一不准骗人，二不准抢人，若不听从者，定将眼珠挖，一次挖一只，二次挖两只。

　　第三条禁令，凡人须敬老。如有不孝子，对父若不孝，对母若不顺，绝不轻饶他，轻者则重罚，重者则剥皮。

　　第四条禁令，一不准聚众，二不准结伙，若是不听从，聚众谋反者，不论是大臣，或者是平民，一律要处死。

　　第五条禁令，凡属于臣民，要缴纳租税。牛马羊都交，按规定交齐，不许谁违抗。若有违抗者，收回种的地，没收所有物，轻者进牢房，重者要处死。

　　第六条禁令，四方的臣民，每年要向君，献美女三十。若有谁不从，主管者坐牢。

　　第七条禁令，凡是君臣民，人间的四方，无论是哪方，大人和小孩，一律不准哭，哭者要挖眼，男哭挖左眼，女哭挖右眼。

　　第八条禁令，君令要遵守，对君无二心。若有哪一方，对君有嫌言，君就要下令，出兵讨伐他。

　　第九条禁令，四方的民众，所有的臣民，男女婚姻事，不准许硬逼，男女相慕爱，歌场定终身。男女各双方，相互都愿意。要是谁违犯，以强去欺弱，违反了规章，重者要砍头，轻者就说教。

　　君令第十条，凡是君臣民，每年十月间，到初一那天，要为君祝寿。若有不从者，轻者要坐牢，重者要斩首。人人都一样，定不留情面。

　　君令十一条，凡属君臣民，要认真耕作，家家要丰收，年年有肥猪，月月有肥羊。各家与各户，要在每年里，交一头肥猪，交一只肥羊。谁家不丰收，交上瘦猪来，交上瘦羊来，这样的臣民，就用人抵押，抵押的这人，终身为奴仆。

　　君令十二条，凡属君境内，所有的男子，都可娶三妻。由于战争多，男的战死多，如今的人间，女多男子少，便作此规定。各地的民众，要多子多孙，多生男儿者，奖大牛一头，奖田土三块。

君令十三条，凡在战争中，所俘的奴隶，都可在各地，安家分田地，同样成平民。若其不听从，私自逃跑的，偷偷逃跑的，无论到哪方，只要一抓获，就当场处死。

君令十四条，凡文字书契，经典与书籍，祭经和医书，各支史书等，全归呗耄管。平民和百姓，不得乱收藏。这样一来后，百姓没有书，无法识文字。凡是平民中，有书不交者，严惩不宽容。

君令十五条，凡是当兵将，人人都一样，做到这四条：一不准学偷，二不准抢劫，三临战不逃，四不准卖主。谁要是不从，当一次逃兵，立刻就处死。

君令十六条，凡是将帅卒，都要孝忠君。谁要乱言者，谁敢乱行者，只要一查出，立刻就用刑。

君令十七条，君长的兵将，作战要上前，斗敌要勇敢。宁可上阵死，不可临阵逃，谁退却一步，谁就是怕死，谁就是逃兵，就立刻斩首。军规从无情，君令遵守了，就可打胜仗。

君令十八条，凡是善战者，战死疆场者，他就是英雄。这样的英雄，要好好祭献，让活人跪拜。若不是英雄，死尸无好葬，由鸟兽去吃，放河里喂鱼，让他的灵魂，永不能超度。逃死和战死，是这样检验：凡是将帅卒，若是战死者，箭从前胸进，这就是英雄。若是逃跑死，箭伤在后背，这样的死卒，他准是逃兵。定是他怕死，心想往后逃，自己人看见，一箭把他射。君令这样定，兵将齐上战，只要一开战，有进而无退；拼死往前冲，人人都卖命。

君令十九条，将帅的条令，带兵的将帅，一要带好兵，二要打好仗，三要严军纪，将帅和士兵，都要扣得紧，在打仗当中，将帅知敌情，要心中有数，这就可取胜。将帅和士兵，只要打胜仗，各自都有赏。有的赐马匹。有的给金银，按功来奖给，若要是败兵，若要是败卒，就找将帅问，若是说不出，战败的根源，就将他处死，杀死示军威。

君令二十条，对外的战争。凡是外族人，故意来犯者。武家的人们，人人要齐心。谁要去卖主，引敌入内者，只要一查明，先将手脚砍，再挖去双眼，一律不留情。君长定的令，四方都遵守，臣民无不从，君令二十条，条条说分明。武夜郎君长。

法令二十条，条条都严厉，条条都完备，这些法令呀，定得真高明。这样一来后,四方各地呀,都按君令行,各地的臣民,都安分度日,谁犯上半条,就有死无生。"①

这份材料给我们复原和展现了古代夜郎地区的法制状况。虽然制定这个法规的具体时间不好确定,但从《史记·西南夷列传》的记载:"西南夷君长以什数,夜郎最大"② 看来,夜郎是当时西南地区数十个少数民族部落群体中实力强大的一个,武夜郎君长通过对外扩张战争,征服了其他部族和人民后,开始想到要制定法规,"在他地盘上,要有新法规"③,而制定法规的目的在于"凡是我的民,凡是我的臣,都听我命令"④。十分明确,法规是为了维护武夜郎统治集团的统治而制定。夜郎国君已意识到用法律手段来加强和巩固自己的统治。法规用书面的形式规定,夜郎国所有的土地皆属国君武夜郎所有,所有的国民都是武夜郎的臣民,都要承担服兵役、缴租税,替武夜郎家放牧牲畜的义务,如果不照办,就要受到国家强制力的镇压:"不管是哪方,无论是何人,若是不照办,君长的强兵,就前来征服。""君长的法令,服从君施政,听君发号令。凡是国中人,都得按令行,谁要是不听,死期就来临。"⑤ 从这些规定可以看出,夜郎的社会性质属于奴隶社会,以武夜郎为代表的奴隶主占有全部生产资料和奴隶本身,广大平民是只尽义务,没有任何权利的。如对 20 条法规略加分析归纳,可分为以下几方面的内容。

第一,夜郎国臣民要绝对服从以武夜郎为首的奴隶主贵族的统治。法规中具体规定,如有聚众谋反者、对君主有二心者、每年十月初一不为君祝寿者、卖主投敌者,甚至随意哭啼、影响武夜郎情绪,或每年各地不向武夜郎献 30 个美女,都要受到严厉惩罚,大多是处以极刑。

第二,维护夜郎地区的社会秩序。法规中规定,夜郎国的臣民不许偷盗、骗人、抢人,要孝敬老人,违犯者也要处以严刑,甚至死刑。

第三,对于夜郎地区平民劳动生产方面的规定。规定所有的臣民都要

---

① 王子尧、刘金才主编:《夜郎史传》,四川民族出版社 1998 年版,第 53—76 页。
② 司马迁:《史记》卷一一六《西南夷列传》,中华书局 1959 年版。
③ 王子尧、刘金才主编:《夜郎史传》,四川民族出版社 1998 年版,第 53 页。
④ 同上书,第 53—54 页。
⑤ 同上书,第 55—56 页。

按时缴纳租税，如有违抗者，要收回种的地，没收所有物，轻的坐牢，重的处死。而且规定，每一家每年要交一头肥猪、一只肥羊，如交的是瘦猪、瘦羊，则要用人作抵押，被抵押的人终身为奴。

第四，对于婚姻家庭方面的规定。这方面的规定颇具民族特色，与汉族地区的情况有很大差别，夜郎法规规定，男女婚姻自由，"男女相慕爱，歌场定终身"，如有违犯者，轻者说教，重者砍头。由于夜郎境内战争频繁，男女人口比例失调，男少女多，所以规定夜郎境内所有的男子，都可以娶三个妻子。而且鼓励多生多育，繁衍人口。多生男孩的，可以奖励大牛和土地。

第五，对所俘奴隶的规定。战争中俘虏的奴隶，只要归顺武夜郎，都可以安家分到田地，成为平民；但如果反抗，私自逃跑的，一旦抓获，当场处死。

第六，军法方面的规定。由于武夜郎是依靠军事征服建国的，所以关于军事方面的规定在20条法规中占有相当大的比重。对将士英勇作战的，战死疆场的，称为英雄，受到很高的礼遇。但如果临阵逃脱，贪生怕死，卖主投敌的，一律处以死刑。

第七，其他方面的规定。20条法规中还特别规定，凡文字书契、经典、书籍，只有夜郎国中从事宗教活动的呗耄管理，一般的平民和百姓不准收藏，平民有书不交者，也要受到严惩。

"夜郎法规"中体现了当时社会血淋淋的刑罚制度，具体有如下几类：

第一，死刑：剥皮、处死、讨伐、砍头、斩首、箭射死、喂鸟兽、喂鱼。

第二，肉刑：砍手指、挖眼珠、砍手脚。

第三，自由刑：坐牢、终身为奴。

轻的还有说教、责骂。至于第三条禁令，对于不孝顺父母的，轻者，原译为"轻者则重罚"，但认真核对其对译，原意并非处以罚金，而是严厉的斥责。[①] 在夜郎法规中并未见处罚金的规定。

总的看来，这20条法规反映了武夜郎统治时期较为全面的法制状况，

[①] 王子尧、刘金才主编：《夜郎史传》，四川民族出版社1998年版，第59页。

涉及政治、经济、军事、婚姻家庭、文化诸方面。法规体现了以武夜郎为首的奴隶主贵族对奴隶和平民的残酷压迫和剥削，以及血腥的镇压。这一章里边两个典型的案例更说明了这方面的情况。武夜郎晚上听到哭声，是一个女奴在哭，武夜郎不问原因，便命令随从侍从把女奴的双眼挖掉，愤怒的女奴起而反抗，武夜郎又下令把女奴的手砍掉一只。连一岁的小孩哭泣武夜郎也不放过。有一个女奴出去挑水，她一岁的孩子没人看管，哭泣被武夜郎听见，他认为这个一岁的小孩也违反了他制定的"不准啼哭法"，不顾侍从的求情，把这个孩子丢到河里去喂鱼了。① 这20条法规"谁犯上半条，就有死无生"②。

武夜郎制定的法规，除了奴隶制法律维护奴隶主统治的实质外，还有自己的特点。

第一，刑罚特别残酷，挖双眼、砍手指、砍手脚等酷刑随处可见，动辄剥皮、砍头、乱箭射死、喂鸟兽、喂鱼，酷刑种类不亚于中外法制史中的酷刑。

第二，军法在法规中占很大比重。由于夜郎国主要是靠用武力征服其他部族而建立，因此法规中特别强调士兵要英勇善战，服从指挥。如果贪生怕死，临阵逃脱，卖主投敌，均要处以极刑。这也为中国法制史上"刑起于兵"的观点提供了佐证。

第三，在婚姻家庭方面，法规与内地有极大的区别。与同一时间汉法对婚姻成立要件"父母之命，媒妁之言"的规定正好相反，夜郎法规认可彝族先民习惯法中，男女自由恋爱，"歌场定终身"的习俗，明文规定，男女婚姻事，不准旁人干涉，如有违反者，严重的可以处以死刑。同时，与汉族地区统治阶级中实行一夫一妻多妾制不同，武夜郎时期实行一夫三妻制，三个妻子的地位平等，并无主次之分，在这方面的规定颇具民族特色，说明当时夜郎国受汉族正统思想的影响较小。

第四，从这些规定中也可以看出，彝族先民的法律制度尚处于早期发展阶段，法规的制定还有不少体现了君主的随意性，例如，武夜郎讨厌哭啼的人，便专门制定一条"禁止哭啼法"，虽然哭啼对整个社会并无大多危害，但武夜郎仍然规定，不论大人、小孩，夜间哭啼者，都要处以挖眼

---

① 王子尧、刘金才主编：《夜郎史传》，四川民族出版社1998年版，第76—93页。
② 同上书，第75—76页。

的酷刑，这在其他民族地区的法律中似还不多见。

第五，夜郎国的法律与宗教有极其密切的关系。法规中专门有一条规定，夜郎国的文字书契、经典、书籍，只能由主持彝族先民宗教仪式的祭司——呗耄（毕摩）管理，平民不得过问、收藏。这也开了彝族历史上从事宗教职业的毕摩又是彝族的知识分子，掌握彝族文化、典章传说合法化的先河。

（刊于《民族法学评论》第 6 卷，2008 年）

历史上我国南亚语系民族与周边民族的经济文化交流

在我国多民族组成的社会主义大家庭中，从语言上看，属于南亚语系的有佤、德昂、布朗族和克木人，他们居住在云南省的西部和南部，人口约45万。这几个民族历史悠久，从民间传说和考古发掘资料看来，从新石器时代，甚至更远古的时候，他们的先民就生息和繁衍在中国这块土地上了①。在我国汉文的文献资料中，唐代以前南亚语系民族的先民被统称为"濮人"，根据其经济生活习俗而分别称为"闽濮""木棉濮""文面濮""折腰濮""赤口濮""墨㸑濮"等等。唐代以后，布朗族和德昂族的先民在史书中被称为"朴子蛮""蒲人""崩龙"；而佤族的先民则被称为"望蛮""望苴子蛮"或"古剌""哈剌""哈瓦""卡瓦"等。解放后，根据本民族自己的意愿，卡瓦改称佤族，崩龙改称德昂族，蒲人称为布朗族。

南亚语系民族居住的云南，特别是滇西和滇南，历来是百越、氐羌、南亚等不同系统的民族交错杂居地区。在历史发展的进程中，各个民族内部的政治经济情况、分布区域，以及各个民族之间的相互关系都几经变迁，才形成今天的状况和格局。民族之间的关系，既包括政治上各个民族之间地位的变化，也包括民族间的经济文化交流，从某种角度上说，后者的内涵更为广泛、丰富多彩，对各个民族自身的发展和整个民族地区的进步都起着明显的促进作用。

南亚语系民族在历史上和傣、汉、景颇、拉祜、阿昌等民族都曾有过较为密切的关系，那么，南亚语系民族和这些周边民族在经济、文化上的交流状况如何？这些交流对南亚语系民族和周边民族产生了怎样的影响？

---

① 参见李昆声《云南文物古迹》，《佤族历史故事司岗里的传说》，云南人民出版社1984年版，第22页。

这些问题，似尚未见专文论及。本文拟利用零星的文献资料和民族调查材料，对此问题进行一些探讨，不妥之处，还望专家学者指正。

一

首先看经济上的交流。从制茶业、纺织业、农业、畜牧业、冶铁业、采矿业、贸易等方面加以论述。

（一）制茶业

在德昂族的经济生活中，茶叶生产占有特殊的地位。在他们民族的创世长诗中这样写道："茶叶是德昂的命脉，有德昂的地方就有茶山，神奇的传说流传到现在，德昂人的身上还飘着茶叶的芳香。"① 德宏州内的各族人民都一致公认德昂族是当地古老的茶农。笔者1983年在瑞丽进行民族调查时，曾收集到一个关于德昂族的先民种茶的传说。大意为：麻列节素是德昂人，缅甸补干国的国王，太阳神把天山（神界）的茶叶种放到一只金鸭子的嗉子里送给麻列节素。麻列节素和随员们在航行途中看到这只大嗉子的金鸭子感到很奇怪，打开它的嗉子一看，里面尽是茶叶种，大家都尝了一点，觉得很甜。麻列节素的母亲双目失明，她尝了茶叶种后，眼睛就亮了，于是大家把茶叶水称为"牙热"，在德昂语中，意思为老奶奶的眼睛亮了；茶叶种叫文布色别，德昂语意为"脖子里的东西"；茶叶就叫金鸭子的名字麻宁诺喊撒，后简称为宁。麻列节素在佛历510年把茶叶种分别交给他六个妻子的父亲，让他们回去试种，首先种在德昂山上。侗马、侗蔑、南散、章南这几处山上长出来的茶叶最好（均为德昂居住的地名），其中又数南散的茶叶为上选。他们制作的干茶、湿茶（即沽茶）、红茶、绿茶都受到买主的欢迎，所以他们比其他地方先盖起平房，先称王。茶叶一年采三次，泼水节前采的叫"岁"，第二次采的叫"哈干"，第三次采的叫"哈患"（意为把全部叶子采光）。采茶的时候很热闹，德昂、傣、景颇族都到山上去采茶。茶叶运到了很远的地方。所以现在德昂族还流传着这样的话："德昂的生计是茶叶，茶叶的种子是麻列节

---

① 陈志鹏记录、整理：《始祖的传说——达古达拐格莱标》，《山茶》1981年第2期。

素带来的。"从民族学的观点来看，这个优美的民间传说反映了德昂族历史上缺乏文字记载的史实，从中可以看出茶叶在德昂族经济生活中的地位，也可看出就茶叶方面德昂族和周边各族人民所进行的交流。德昂族人民用自己的双手栽种出茶树，又制作出各类茶叶来满足各族人民的需要，正如传说中所说，他们制作的茶叶受到各族买主的欢迎。元人李京在谈到元代德宏地区的贸易活动时曾说："交易五日一集，旦则妇人为市，日中男子为市，以毡布茶盐互相贸易。"① 可见当时德昂族先民生产和制作的茶叶已成为当地各族人民的生活必需品。明初钱古训在德宏地区看到已成为当地统治民族的傣族酋长举行宴会时，也是"先以沾茶及萎叶、槟榔吠之"②。直到今天，德昂族仍是当地茶叶的主要栽种者和制作者。现在德宏州境内的交易市场上，傣族向德昂族妇女买茶时，仍称其为"咩宁"，意为"茶叶妈妈"，这又是德昂族是当地茶叶主要生产者的一个有力证明。

德昂族在德宏州内不仅自己善于种茶，向周边民族提供各类茶叶，而且还向当地的其他民族传授栽种茶树、制作茶叶的技术和经验。在上举的民间传说中就谈到，采茶的时候德昂、傣、景颇族都到茶山去采茶。直到现在，每值采茶的季节，傣、景颇、阿昌等民族仍有很多人到德昂族种茶的主要基地——缅甸境内的德昂大山去采茶，他们都不同程度地从德昂族那里学到了种茶、制茶的技术。同时，德宏州在历史上曾是南方丝绸之路的必经之地，德昂族生产的这些茶叶也随着这条丝绸之路上的马帮运到了更为遥远的地方。

布朗族居住的西双版纳地区，栽种茶树、制作茶叶的历史也很悠久。解放后，在西双版纳州勐海县布朗族居住的巴达乡原始森林中发现了野生的大茶树群，据专家考证，是迄今世界上发现的最古老的茶树。唐代樊绰的《蛮书·云南管内物产第七》就有"茶出银生城界诸山，散收无采造法，蒙舍蛮以椒、姜、桂和烹而饮之"的记载。银生城界诸山唐代是朴子蛮的分布地，从这条史料可以看出唐代当地南亚语系民族的先民已会种茶，而且所制作的茶叶已流传到了蒙舍蛮居住的蒙化（现大理州巍山县）。国内外闻名的普洱茶，产于西双版纳和思茅地区，当地的布朗族和

---

① 李京：《云南志略·诸夷风俗》。
② 钱古训撰，江应樑校注：《百夷传校注》，云南人民出版社1980年版。

傣族都是种茶的能手，他们在长期的种茶实践中积累了丰富的经验。历史上云南少数民族与内地的贸易交流中，布朗族和傣族所生产的普洱茶占有重要的地位，后来，普洱茶又远销国外。可见，在历史上茶叶作为南亚语系民族与周边民族进行物质文化交流的媒介，起到了特殊的作用。

（二）纺织业

南亚语系民族在历史上的另一大功绩便是用木棉进行纺织。常璩《华阳国志》载：（永昌地）"有梧桐木，其华柔如丝，民绩以为布，幅广五尺以还，洁白不受污，俗名曰桐华布。以覆亡人，然后服之及卖与人"①。

范晔《后汉书》中的记载与之基本相同。据学者考证，桐华布应是用木棉织成②。而学术界一般认为，桐华布的主人应是当时被称为"木棉濮"的南亚语系民族的先民。用木棉作为原料织布，是纺织史上的一大进步，因为较之丝、麻，木棉取材更为广泛、易得，木棉布也更为结实、实用。因此，木棉布的出现使南亚语系民族及其周边民族的衣着情况得到很大改善。唐代樊绰所著《蛮书》载："自银生城、拓南城、寻传、祁鲜已西，蕃蛮种并不养蚕，唯收婆罗树子破其壳，其中白如柳絮，纫为丝，织为方幅，裁之为笼缎，男子、妇女通服之。"③不仅南亚语系民族的先民朴子蛮"以青婆罗缎为通身袴"，望蛮外喻部落的妇人"以青布为衫裳"，茫蛮部落"皆衣青布短寸袴露骬"；傣族的先民黑齿蛮、金齿蛮、银齿蛮也是"以青布为通身袴，又斜披青布条"，绣脚蛮"衣以绯衣，以青色为饰"④。可见在滇西和滇南等地与南亚语系民族的先民交错杂居的傣族的先民也受其影响，开始以木棉布作为主要衣着原料，他们也向南亚语系民族的先民学习木棉布的纺织技术，并有所创新和发展。后来他们的纺织技术超过了南亚语系民族。近代以来，德昂、布朗、佤等民族人民都有自己纺好线，或买棉线，请当地的傣族妇女帮织布的情况。这又是历史

---

① 常璩：《华阳国志·南中志》。
② 刘琳校注：《华阳国志校注》，巴蜀书社1984年版，第43页。
③ 樊绰著，赵吕甫校释：《云南志校释》卷7 云南管内物产，中国社会科学出版社1985年版。
④ 《云南志校释》卷4。

上南亚语系民族和周边民族相互学习、交流的一例。

(三) 农业

南亚语系民族的先民历史上曾是滇西和滇南分布极为广泛的民族群体，在其内部生产力发展水平也是不平衡的。一部分居住在坝区，和傣族的居民交错杂居，农业生产水平和当地的傣族先民基本一致。笔者在德宏州内进行民族调查时发现，德昂语和傣语虽然属于不同的语族，在语言上有较大的差异，但两种语言中相同的"借词"不少。在农业生产方面，犁田、撒秧、栽秧、堆谷子等基本农业生产中的操作词汇相同，花生、豌豆、蚕豆、黄豆等农作物的名称也相同。说明古代当地的德昂族和傣族先民曾有过交错杂居，在共同的生产实践中互相学习、交流，才会在双方的语言中留下这些借词的痕迹。元代以后，傣族各方面发展较快，成为德宏地区的统治民族，而德昂族的先民却逐渐向山区迁徙，后与景颇等民族杂居。据当地的调查资料说："景颇族在迁入各县山区时……和山区的德昂族接触，德昂族以种水田为主，生产力较高……社会发展比景颇族先进，一些景颇族学会种水田主要是受德昂和傣族的影响，种水田所需的生产工具从外面输入，耕作技术也逐渐从德昂和傣族学来。"[①] 现在景颇族耕种的水田，很大一部分都是德昂族迁走后留下的，德昂族把从事农业生产的技术和经验教给了附近的景颇族。

临沧地区的佤族在农业生产方面与当地的傣族交流甚为密切。据西盟大马散佤族社会历史调查的情况，500多年前，迁居动角、动董一带的佤族与当地的傣族合种田地，从傣族那里知道了一些新的耕作技术，学会并耕作过水田。[②] 佤族在历史上和拉祜族的关系也较为密切，大约100多年前，拉祜族的一个首领三佛祖率众进入西盟山区，部分拉祜族与佤族交错杂居，佤族的农业生产也受到拉祜族的影响，接受了拉祜族较为先进的生产方式，从拉祜族那里传入了犁头，荞、黄豆和草烟的籽种。[③]

汉族虽然与南亚语系各民族大量直接交往的时间不算很长，但汉族的

[①] 国家民族委员会编：《景颇族调查材料之三》，内部打印稿，1958年，第420页。

[②] 云南省编辑委员会编：《佤族社会历史调查》（一），云南人民出版社1983年版，第111页。

[③] 同上。

生产技术对南亚语系民族农业生产的发展产生了深远的影响。清初，流落云南边疆的抗清官兵和一些内地汉人，先后在德昂族聚居的德昂大山开办波龙银矿、佤族居住的班老地区开办茂隆银厂，大批的汉族劳动人民到了德昂族和佤族地区，对当地农业生产的发展起了极大的推动作用。德宏地区的傣、德昂族群众习惯栽种糯米，或是粳米、糯米杂种，不但产量较低，而且内地人不适应，吃后往往容易生病。内地汉族到波龙银厂开矿后，带去了内地先进的生产技术，在当地种植粳米，并把这些技术传给了当地的德昂人。德昂人学会种植粳米以后，粮食产量有了提高，可以"贮谷地窖"①。不少内地汉族矿工到了佤族地区的茂隆银厂后，在当地边开矿边进行农业生产，对佤族的农业生产也起到了很大的推动作用。据说当地佤族使用的条锄、铁三脚架和银子，都是这时汉族传入的。②

（四）畜牧业

云南地处云贵高原，山地居多，山大坡陡，交通不便。在这种特定的地理环境中，马匹在各族人民的农业生产、交通运输、物资交流中均占有重要地位。南亚语系各族在历史上是善于养马的民族，他们所豢养的越赕骢是唐代云南著名的良马。《蛮书》载："马出越赕川东面一带，岗西向，地势渐下，乍起伏如畦畛者，有泉地美草，宜马。初生如羊羔，一年后纽莎为拢头縻系之，三年内饲以米清粥汁，四五年稍大，六七年方成就。尾高，尤善驰骤，日行数百里，故世称越赕骢。"③ 这是有关唐代西南少数民族养马情况的一条珍贵记载。越赕可作为地名，地望在今云南腾冲县境内；也可作为族名，《蛮书》中有："越赕、朴子，其种并是望苴子，俗尚勇力，土又多马。"④ 越赕、朴子、望苴子同是南亚语系民族的先民，其意甚明，他们所豢养的越赕骢，是南诏、大理国境内著名的良马。南亚语民族的先民都善于骑马，又剽悍英勇。《蛮书》上说："望苴子蛮……在澜沧江以西……其人勇捷，善于马上用枪铲"，骑马不用鞍"……驰突

---

① 周裕：《从征缅甸日记》，《借月山房汇钞》第7集。
② 云南省编辑委员会：《佤族社会历史调查》（四），云南民族出版社1987年版，第88页。
③ 《云南志校释》卷7云南管内物产。
④ 《云南志校释》卷6云南城镇·永昌城条。

若飞"①。在南诏的军队中,南亚语系民族的先民占相当的比重,因此,越赕骢也是南诏军队中的主要战骑之一。越赕骢不但用于生产和作战,而且由于品种优良,在各族人民之间、中原和边疆之间的经济文化交流中也占有一席之地。唐贞元十年(794),南诏国王异牟寻接受唐朝的册封,进贡给唐朝的"方土所贵之物"②,其中就有越赕马。这是唐朝和南诏官方之间的物资交流,至于民间,这种交流就更多了。宋人周去非的《岭外代答》中有:"南方诸蛮马皆出大理国,一闻南诏越赕之西产善马,日驰数百里,世称越赕骢者,蛮人座马之类也。"③可见当时越赕骢不但在大理地区,而且在内地都很有名。宋人范成大在《桂海虞衡志》中谈道:"蛮马,出西南诸蕃,多自毗那、自祀等国来。自祀取马于大理,古南诏也,地连西戎,马生尤蕃。大理马,为西南蕃之最。"④从中看出宋朝和西南少数民族地区进行的贸易中,"蛮马"中的上乘是大理马,而大理马中又以越赕骢闻名。当时从大理到宋朝边境的路有两条:一条自善阐府经特磨道到广西境;一条经自祀、罗殿等地到广西,两条道都直通当时宋朝官方指定与西南少数民族进行以马匹为主的交易场所——广西横山寨。此地除了进行官方贸易以外,还有民间贸易。自祀国内专门有人到大理国买马,然后运到横山寨交易。传自祀国"以锦一匹博大理三马,金镯一两博二马"⑤。可见,包括越赕骢在内的大理马进入祖国内地并非少数,它们驮着各种西南地区的特产,跋涉千里到达内地,为内地与边疆的经济文化交流做出了贡献。

(五) 冶铁业

南亚语系民族冶炼的情况,各地发展不平衡。《经世大典》载:至元二十四年(1287),"林场蒲人阿礼、阿伶叔阿郎及阿蒙子雄黑皆为行省招出,阿礼岁承差发铁锄六百,雄黑布三百匹"⑥。据考证,林场地当即在镇康路。可见元代林场的蒲人已经懂得冶铁,并且能打制铁锄,数量不

---

① 《云南志校释》卷4名类。
② 《云南志校释》卷6云南城镇·永昌城条:附录一。
③ 周去非:《岭外代答》卷9《蛮马》。
④ 范大成著,齐治平校补:《桂海虞衡志校补·志兽》,广西民族出版社1984年版。
⑤ 同上。
⑥ 《经世大典·征伐》招捕·大理金齿条。

少，所以每年才能承担六百把铁锄的差发，这大约是目前所见的南亚语系民族先民冶铁的最早记载。他们是受何种民族的影响，现已难考证，但可以肯定冶铁技术是由其周边民族传入的。联系明初《百夷传》中谈到德宏地区的傣族已能"用锄锄地"的情况看来，抑或是从傣族中传入的，有俟续考。

而在阿佤山佤族地区，则传说佤族使用铁三角煮饭、铁犁耕地是汉族"李大爷"和"吴老爷"教给他们的。直到现在佤族中还流传着这样的民谣："么老李的金、西老吴的银，汉族师傅教会腊家（佤族）打铁、木工、盖房屋。"① （按：么老李指李定国；西老吴指吴尚贤）西双版纳州内山区的布朗族，直到清初以后才由先进的民族地区传入了斧头、砍刀、镰刀等铁质工具；解放前的十多年间，才从傣族、拉祜族和汉族手工匠那里初步学会了打制铁农具的技术。② 所以社会发展缓慢，直到解放前仍处于原始社会末期向阶级社会过渡的农村公社阶段。

（六）采矿业

德昂族居住的德昂大山（位于中缅边界地区）和佤族居住的阿佤山区都蕴藏着丰富的银矿资源，明、清时期，汉族人民和当地德昂、佤族群众一道，共同开发了这里的银矿，为促进边疆和内地的经济文化交流写下了光辉的篇章。据史书记载，明朝阿佤山区的茂隆银矿已"开采甚旺"。明末清初，李定国领导的抗清武装大西军进入阿佤山区，与当地的佤族首领葫芦王和孟定土司三方盟誓合办茂隆银厂，使该厂初具规模。乾隆年间，云南石屏汉人吴尚贤到此开矿，与当地的佤族酋长蜂筑关系很好，得到他的支持和合作，采银业迅速发展。鼎盛时"在彼打峪开矿及走厂贸易者不下二三万人"③。蜂筑主动要求按照内地厂例，将所采银两抽课作贡，计每岁应解银1.1万余两，云南总督张允随都感到"为数过多"，奏请皇帝允许"减半抽收"④。当时茂隆银厂的规模可见一斑。中缅边境地区的波龙银厂（又称老山银厂），明末清初主要是跟随南明永历帝流亡到

---

① 段世琳、赵明生：《李定国对开发阿佤山的贡献》，《思想战线》1991年第5期。
② 《布朗族简史》，云南人民出版社1984年版。
③ 《清高宗实录》卷269，乾隆十一年六月甲午条。
④ 同上。

缅的官兵后人桂家宫里雁等在此开采，此后，内地各省也有人到此开矿。乾隆年间中缅战争之前，在此采银的矿工多达4万人，每年常有100余万金带回内地①。波龙银厂和茂隆银厂都有一个共同的特点，就是当地的德昂、佤等族人民"不习烹炼法"，所以，欢迎富有经验的内地汉族人民前去开采，他们收取矿税。数万汉族人民到了银厂，带来了内地先进的生产技术，当地德昂族和佤族地区出现了新的变化，同时，当地生产的银两，又对内地的经济收入是一个有力的支持。上文提到的在波龙银厂开矿的内地汉族人民向当地德昂族群众传授种植粳米的技术就是一例。阿佤山区的佤族妇女在茂隆银厂兴盛后，带上了金属做的头箍、耳筒、项圈、手镯②等。

（七）贸易

随着矿山的兴起，给当地的德昂族和佤族地区带来了新的变化。内地大量的汉人到达这些地区后，这种经济上的相互交流大为加强。清人周裕在中缅战争中路经波龙银厂看到的情况是："往时内地贫民至彼采矿者以万计，商贾云集，比屋列肆，俨一大镇。自边地不宁，商民尽散，山麓下败址颓垣，弥望皆是。"可见中缅战争以前，波龙银矿已成了一处小城镇，不但到此开矿的汉族劳动人民很多，也有不少商贾随之而至，他们带来了内地的产品、运走德昂族地区的特产；同时，他们的行动使商品观念在当地的德昂族人民心目中产生了影响，以至清军到达波龙大山后，当地的德昂族群众"咸相率来观，以米、粮、腌鱼、盐、烟等物至营货卖"③，便是一例。除了商贾到此地专门做生意外，数万名矿工也大多兼做一些小生意。曾到过波龙大山的清人吴楷说："波龙山者产银，是以江西、湖广及云南大理、永昌人出边商贩者甚众，且屯集波龙，以开银矿为生，常不下千万人。"④ 阿佤山茂隆银厂的情况也与之类似，《清高宗实录》中有："向来商贾贸易，不在禁例（按：指清政府规定禁止内地人民到阿佤山等边徼地区开矿），惟查无违禁之物，即便放行，贸易民人或遇资耗，欲归

---

① 赵翼：《粤滇杂记》，《永昌府文征》记载18。
② 《李定国对开发阿佤山的贡献》。
③ 《从征缅甸日记》。
④ 吴楷、王昶：《征缅纪略》，《永昌府文征》记载170。

无计，不得不觅矿谋生。今在彼（指茂隆很厂）打峪开矿及走厂贸易者不下二三万人。其平常出入，莫不带有货物，故厂民与商贾无异。若概行禁止，此二三万人生计攸关，况内外各厂，百余年来，以无不靖。以夷境之有余，补内地之不足，亦属有益。"① 可见清朝统治者也看到：内地和边疆的经济文化交流，官方想禁止也是禁止不了的，而且"以夷境之有余，补内地之不足"，也是对政府有利的事。从当时的文献记载看，"各土司及徼外诸夷一切食用货物，或由内地贩往，或自外贩来，不无彼此相需"②。从内地运往滇西、滇南的物品有丝、纸、针、绸等项③，缅甸的棉花、盐等物品也通过这些南亚语系民族居住地运往内地。可以说，历史上清乾隆年间波龙、茂隆两大银矿的开设，使南亚语系民族与汉族之间的经济文化交流发展到了一个新的阶段。

二

南亚语系各民族在与周边民族长期的相处中，文化方面的相互影响和交流也是必然的事。大量的民族调查材料证明，在历史上，南亚语系民族曾是滇西和滇南地区分布广泛的民族群体，他们曾和当地的傣族交错杂居，在文化方面的交流十分密切，这可以从双方的语言中找到痕迹，绝大多数民族的语言产生可以追溯到原始社会时期。傣族的语言属汉藏语系藏缅语族壮傣语支，与南亚语系的语言有很大的差别。现在傣族住坝区，南亚语系民族多住山区，双方住地相距较远，平时交往不多，但不少民族学者和语言学者在研究中都不约而同地发现：德昂语、佤语都和当地的傣语有很多相似之处。李方桂教授和邢公畹教授认为德昂语和傣语很接近。④ 罗季光教授以及王敬骝、陈相木教授也注意到了这个问题。他们认为：佤语和西双版纳傣语相同的词约占总词汇的30％，两种语言的语法相似，语音结构、语言系统也完全相同，甚至连一些语音演变的内部规律也是相同的。他们从对西双版纳老傣文56个字母的考释入手，从语言学的各个

---

① 《清高宗实录》卷269，乾隆十一年六月甲午条。
② 同上。
③ 《清高宗实录》卷1106，乾隆四十五年五月乙酉条。
④ 转引自云南民族研究所编《民族学报》第2期，1982年。

方面论证了以上看法。① 笔者在德宏州内进行民族调查的过程中，曾对潞西县三台山区帮外寨（德昂族红、花支系）、勐戛区茶叶箐（黑支系）、梁河县河西区动来乡二古城（红支系）、陇川县章凤区费岗寨（花支系）等德昂族居住较为集中的村寨和多个傣族村寨进行了语言调查，也发现当地德昂语和德宏傣语有部分词汇相同。据潞西县地名普查办公室王桂林同志介绍，他们调查的情况是两种语言中相同的词汇占总词汇的40%以上。从相同的"借词"来看，有日常生活中常用的名词、农作物和水果的名称、亲属称谓和一些常见的动词，可见在历史上两族的先民经历过交往密切、交错杂居的时期，在经济、文化诸方面的交流中才会在这些"借词"中体现出来，傣族、佤族、布朗族、德昂族居住的房屋皆是高脚屋的干栏式建筑，而且在文身、黑齿、儋耳等方面的习俗相同，且有共同的歌舞、乐器、民族节日，这些都显示了历史上南亚语系民族和周边的傣族在文化方面的相互影响和交流。关于这方面的情况，笔者已有专文论述，兹不赘述。② 光绪《永昌府志》记载："崩龙（即德昂族），类似摆夷（即傣族），惟语言不同。"③ 这对两族间的文化交流是一个很好的说明。

　　德昂族、布朗族和佤族都有自己的原始宗教，他们的原始宗教与傣族的原始宗教并不相同，但由于与周边的傣族长期共处，并受其影响，德昂族和布朗族皆先后改信南传上座部佛教。德昂族信奉的时间较早，而根据民间传说，南传上座部佛教大约200年前由傣族地区传入布朗山一带，解放前数十年间得到发展。④ 宗教信仰是各个民族精神文化的一个组成部分，相同的宗教信仰也可以从一个侧面反映出两个民族之间精神文化的交流情况。

　　汉族大量进入云南是明代以后的事。汉族在经济上文化上对周边的南亚语系民族各方面的影响都是深刻的。值得注意的是：明代以后，《明史》和地方史乘中关于南亚语系民族先民——蒲人的记载，有了"生蒲""熟蒲""野蒲"之分，这当然是汉族统治者对蒲人的一种带有侮辱性的称呼，不足取，但其所代表的意义大体是指这些蒲人"汉化"的程度，

---

① 参见王敬骝、陈相木《西双版纳老傣文五十六字母考释》，《民族学报》第2期。
② 参见拙作《德宏地区历史上傣族与蒲人的关系刍议》，《思想战线》1991年第5期。
③ 光绪《永昌府志》。
④ 参见《布朗族简史》，云南人民出版社1984年版。

即社会生产发展水平和文化水平,从中可以看出汉族对周边蒲人的影响之大。一些接近内地地区与汉族杂居的蒲人情况,刘彬在《永昌土司论》中谈道:"姑即永郡之彝论之,有内地之彝,有外地之彝,有沿边之彝,有虽在沿边而实同于内地之彝。内地者如永平之土县丞、土巡检、保山潞江安抚司是也。此皆地界通衢、境连郊邑、井闾相望、阡陌相错,与汉人杂处而居者也……虽在沿边而实同于内地者如腾越之南甸司、保山之十五喧、二十六寨是也。其境界相连、田里相杂,犹夫永平之土县丞、土驿站、保山之潞江安抚司也"①(按:文中所说永平、潞江、保山之十五喧二十六寨等地明代皆是蒲人聚居区)。明末,这些地区已是蒲汉杂居,阡陌交错,境界相连,田里相杂,分不那么清楚了,其在各方面受汉族的影响可见一斑。景泰《云南图经志书》中所记金齿地区蒲人的情况,无论是经济方面或是文化方面都是比较落后的②。正德《云南志》全袭其文,但在后面增加了"衣冠礼仪,悉效中土,婚姻论门第,夷俗丕变"③。万历《云南通志》在谈到永昌地区蒲人的情况时,也全文照抄景泰《云南图经志书》中的有关记载,但在末尾加上"今近城居者,咸慕汉俗,而吉凶之礼多变其旧"④。可见靠内地区的蒲人在文化方面受到汉族的深刻影响,习俗已有了很大变化。清代的情况更为突出。顺宁县(今凤庆县,历史上是蒲人聚居区)的情况是:"顺郡在明实土司之地,汉民即与土夷杂处,然汉少夷多,无可稽考,自改流后,汉人流寓日众,落叶者渐繁。土夷或远迁边外,未徙者渐沾汉化,范围缩小……相传当时郡中著姓,有禹、鲁、毕、蒋、字、乐、茶、袁八大姓为大头目……诸大姓中又以蒋氏为著,世袭右甸守御所土千户,清顺治六年(1649),因蒋朝臣称乱,始削其职,自是华族之迁蒲门者日踵而至。"⑤可见明清以来,南亚语系民族受周边汉族的影响颇大,以至于一部分已逐渐同化于汉族之中了。值得一提的是,明末清初,先后到边疆德昂族、佤族地区的李定国部下和吴尚贤等内地汉族,对当地人民经济、文化上的影响也是不可忽视的。李定国

---

① 刘彬:《永昌土司论》,《永昌府文征》第1册。
② 景泰《云南图经志书》卷6金齿军民指挥使司·风俗条。
③ 正德《云南志》卷13永昌军民府·风俗条,云南省图书馆藏钞本。
④ 万历《云南通志》卷2地理·永昌军民府·风俗条,云南省图书馆藏钞本。
⑤ 民国《顺宁县志初稿》卷9氏族·著姓纪略条,云南省图书馆藏钞本。

对开发阿佤山的贡献,已有专文论及①。原是"无籍马脚"的吴尚贤和楚人赵宏榜"少为波龙厂丁,习缅事,野人头目皆与之善"②。还有很多没有留下姓名的汉族普通劳动人民到波龙、茂隆银厂开矿后,就留在当地,与当地的佤族人民通婚,他们带去了先进的生产技术和文化知识,为开发祖国的边疆做出了贡献。

(刊于《中国边疆史地研究》1993年第1期)

---

① 参见段世琳、赵明生《李定国对开发阿佤山的贡献》,《思想战线》1991年第5期。
② 孙士毅:《绥缅纪事》,《水昌府文征》记载180。

德宏地区历史上傣族和蒲人关系刍议

一　问题的提出

傣族是现德宏傣族景颇族自治州的主体民族之一，人数较多；而德昂族据1990年人口普查统计，在德宏州内只有11465人。从语言上看，傣语属汉藏语系藏缅语族侗台语支傣语；德昂语属南亚语系孟高棉语族佤德语支德昂语。从生活的自然环境，生产力发展水平上看，傣族居住在坝区，以种水稻为主，生产较为先进；德昂族多居于山区和山脚，种旱谷、玉米、荞子和一些豆类、杂粮，解放前，生产和生活都比较落后。表面上看来，很难找出这两个民族的共同之点。笔者曾在当地进行过几次民族调查，在调查中却发现：傣族和德昂族在言语、习俗、宗教等方面竟有许多相似之处。这些调查材料引起了我们的思考，联想起多年来民族史学界对濮、哀牢、茫蛮、金齿等滇西地区一些古代民族群体族属的讨论，也与傣族和蒲人（或称扑子蛮，德昂族和布朗族的先民）息息相关。问题的争论，有助于研究的进一步深入，我们暂不考虑双方的论点不同，却注意到双方所举的论据，往往相同或相似。例如：赤口、文身、金齿、纺织等等，这又从另一个角度向人们提出了一个问题：傣族和德昂族在历史上的关系究竟如何？是否与现实一样在各方面相距较远？由于文献资料缺乏，德昂族自己没有本民族文字记载等原因，应该说，目前对这方面的研究是不够的，本文拟从对几条民族调查资料的分析入手，试图就以上问题谈谈看法。

二　德宏地区的古老居民

傣族的先民居住在德宏地区的最早记载，见于《史记·大宛列传》：

"昆明之属无君长……终莫得通。然闻其西千余里有乘象国，名曰滇越。"学术界一般认为乘象国地望在今德宏州境内，滇越是傣族的先民，但从民族调查的结果看来，实际上傣族先民在此居住的历史，远比文献记载为早。德昂族先民于何时在当地居住的记载，无文字可考，但在德宏州内调查的结果，当地的各民族人民都说德昂族是居住在德宏地区的古老居民。[①] 根据出土文物，考古工作者认为，从新石器时代开始，澜沧江中游为百濮文化分布区，下游（西双版纳）为百越文化分布区，中、下游系濮、越交错杂居地区，并认为"越、濮在云南的很多地方交错杂居，经济、文化往来十分频繁"[②]。而引文中所说的濮，已明确说明是澜沧江以西属于佤德语支民族的先民，可见傣族和佤德语支民族的先民交往的历史十分久远，而体质人类学的调查结果也从另一方面说明了这个问题。复旦大学人类学教研室和上海自然博物馆人类学组的同志组成中国民族体质调查组，于1979年调查了德宏州瑞丽县姐线区1009名傣族人的体质形态；又于1980年到云南勐海县布朗山对1009名布朗族人进行了体质调查。众所周知，生活在同一区域的不同民族可能包含有不同的种族成分或体质特征，但同一区域内相同的自然条件、生活条件、民族之间的密切交往、婚姻关系等因素，又会对该地区各民族的体质特征产生一定的影响，因此，体质人类学所提供的资料对搞清当地的民族源流、分布、迁徙、民族关系等问题是颇有裨益的。民族体质调查组的同志们在当地调查了大量可靠数据，又经过分析、研究，得出的结论是："根据布朗族的肤色、发色、眼色黑色素含量多，颜色较深，身材短，体重轻，以及唇形、鼻形和头形、脸形等特征，布朗族具有蒙古人种中较多的南亚类型成分"[③]，"从发色黑，发形平直，蒙古褶微显，面部中等扁平来看，傣族在体质特征上属于蒙古人种。但从肤色较深，鼻指数较大，唇稍厚，身材较短看，傣族较接近南亚类型"[④]。从结论可以看出：布朗族具有蒙古人种中较多的南亚

---

① 孙承烈、张摇:《云南德宏傣族景颇族自治州边六县和腾冲县各民族的地理分布及历史来源调查报告》，《德宏傣族社会历史调查》（三），云南人民出版社1983年版，第48页。
② 李昆声:《云南原始文化族系试探》，《云南社会科学》1983年第4期。
③ 郭常富等:《布朗族体质形态的初步研究》，载中国人类学学会编《中国八个民族体质调查报告》，云南人民出版社1982年版，第35页。
④ 吴融西等:《傣族体质形态的初步研究》，载中国人类学学会编《中国八个民族体质调查报告》，云南人民出版社1982年版，第81页。

类型成分；傣族也是属于蒙古人种而较接近南亚类型，而布朗族和德昂族同属南亚语系孟高棉语族佤德语支，都是从古代蒲人中分化形成的，这说明傣族和蒲人的先民都是由蒙古利亚海洋系南下与当地的尼格利陀人和印度尼西亚人混血而成（当然，两族混血的比例不同），所以两族在体质特征上有相似之处，这除了显示两族在种族上有一定的渊源关系外，也可看出两族是长期生活在共同的自然环境中，而且相互之间交往密切，傣族和蒲人都是在澜沧江以西居住较久的土著民族。

三　两族的先民在经济、文化方面的密切关系

既然傣族和蒲人都是居住在澜沧江以西的土著民族，那么，在漫长的历史岁月中，两族之间的关系如何呢？民族调查材料也在这方面提供了一些值得思考、研究的线索。语言不但是人类进行思想交流的重要工具，而且也是划分民族的重要依据之一。由于有社会存在之时就有语言存在，各民族的语言都有其自己产生和发展的过程，因此，研究各个民族的语言，必须和这个民族的历史联系起来；反之，研究一个民族的历史，也必须研究这个民族的语言。历史上民族关系的变迁，例如杂居、迁徙等情况往往也会在这些民族的语言中找到一些痕迹。这是因为现代各民族语言中的基本词汇和词法构造都是在长期的历史发展过程中形成的。如果两种民族长期相互接触，虽然不可能产生第三种新的语言，但是在词汇方面往往会交互渗透，出现大量借词现象，这是两个民族人民交往，文化交流的结果。[①] 所以。如果对历史上曾有关系的两种或几种不同民族的语言加以分析比较，往往可以从另一个侧面看出这两个或几个民族在历史发展进程中的关系演变。如前所说，傣语和德昂语的语系不同，按理说这两种语言不论从词汇还是从语法结构上差别都是很大的，但令人感兴趣的是这两种语言竟有很多相似之处，此问题已引起了国内外语言学家的注意。例如：李

---

① 黄典诚、张笃仁、周长揖：《人类学与语言学》，载中国人类学学会编《人类学研究》，中国社会科学出版社1984年版，第74页。

方桂教授和邢公畹教授认为德昂语和傣语很接近，① 罗季光教授、王敬骝、陈相木等同志也注意到了这个问题。他们认为：佤语和傣语相同的词汇占总量的30%左右，两种语言的语法相似，语音结构、语言系统也完全相同，甚至连一些语音演变的内部规律也是相同的，他们从对西双版纳老傣文56个字母的考释入手，从语言学的各个方面论证了以上看法。② 这些专门研究语言学的前辈们提出的看法是有根据的，可信的。佤语和德昂语同属佤德语支，是很接近的两种语言。王、陈二同志发现傣语和佤语有很多相似之处，而我们在民族调查的过程中也注意到了德昂语和德宏傣语也有类似的现象。王、陈二同志已从语言学的角度进行了比较充分的比较研究，兹不赘述，我们想从历史发展的另一角度，以德昂语和傣语中相同的词汇（即借词）为基础，进行分析比较，试从中反映的情况来看德宏地区历史上傣族和蒲人的关系。

我们在德宏地区进行民族调查的过程中，曾对潞西县三台山区帮外寨乡（德昂族红、花支系）；勐戛区茶叶箐（黑支系）；梁河县河西区勐来乡二古城（红支系）；陇川县章凤区费岗寨（花支系）等德昂族居住较为集中的村寨和多个傣族村寨进行了语言调查，结果发现当地德昂语与德宏傣语的词汇有部分相同。据潞西县地名普查办公室王桂林同志介绍，他们调查到的情况是当地德昂语和傣语相同的词汇约占总量的40%以上。③ 傣语和德昂语中存在着大量的借词是众所周知的，但如何解释这个现象，则有不同的看法，有的认为由于德昂族人数较少，大多会说傣话，这些借词是德昂族受傣族影响的缘故。我们认为这种看法不能完全令人信服，因为语言作为思想交流的工具，产生于史前时期，是和劳动生活紧密相连的。傣语和德昂语作为语系不同的两种语言，词汇、语法、语音却如此相似，只能说明在两种语言形成之初，两族的先民交错杂居，往来密切，相互影响，才会在语言方面产生这种"借词"现象。我们试用民族学的观点，把收集到的借词分成几组，略加比较分析，第一组是日常生活中的一些常

---

① 李方桂著，邢公畹综述：《侗傣语概论》，载中国社会科学院民族研究所语言研究室、中国民族语言学术讨论会秘书处编《汉藏语系语言学论文选译》，转引自王敬骝、陈相木《西双版纳老傣文五十六个字母考释》，载云南民族研究所编《民族学报》第2期。

② 王敬骝、陈相木：《西双版纳老傣文五十六个字母考释》，载云南民族研究所编《民族学报》第2期。

③ 笔者1983年到潞西县进行民族调查时，潞西县地名普查办公室负责人王桂林同志提供。

用名词，如：衣、裤、锅、筷、桌、凳、床、竹帽、街、脸、身体、活计、田、月份等等。这些都是日常生活中的常用词，也是语言中最基本的词汇。可以肯定，这些词汇产生的时间较早，不可能是在傣族成为当地的统治民族后，德昂族在傣族的影响下才产生的，只能说明两族在很早的时候关系密切，所以在日常生活中才会有些基本词汇相同。第二组是一些作物和动植物的名称：如花生、豌豆、蚕豆、黄豆、竹子、茶叶、秧、孔雀、鸟、水牛、螺丝、山羊等。按：豆类、竹子在德宏州内种植的历史都很悠久，两族对这些农作物的叫法相同，只能说明两族在古代皆种植这些农作物，而且两族交往密切，才可能在这方面也产生"借词现象"。特别值得注意的是"茶叶"一词，滇西各族人民都公认德昂族和布朗族的先民是当地古老的茶农，茶叶在德昂族语中称"宁"，意为"老奶奶的眼睛亮了"，并有不少关于栽种茶树的民间传说。直到现在，在德宏地区，傣族群众向德昂族妇女购买茶叶时，仍称其为"咩宁"（茶叶妈妈）[①]，从这些情况看来，傣语和德昂语中对茶叶的称呼相同，可能是傣族先民受蒲人的影响。不但农作物的名称一致，甚至德宏州内品种繁多的水果，傣语和德昂语的称呼也基本相同，所不同的只是傣语在各种水果名称之前加"麻"字，例如"麻窝"（柚子），而德昂语则在水果名称前加"布列"，如"布列窝"（柚子）。还有部分动物的称呼相同，水牛、山羊都是豢养较早的牲畜，孔雀则在唐代樊绰的《蛮书》中已见记载。这些都说明，古代傣族和蒲人居住的自然环境相同或相似，而且交往密切，才会出现这种状况。第三组为一些亲属称谓，如亲戚、奶奶、媳妇、女婿、母亲等，而且两族对男、女孩的取名方式也相同，这也很值得研究。特别引起我们注意的是，相同的称谓多是以女方称谓为主，这使人联想到，是否在母系社会中，两族的先民就有某种联系呢？第四组为一些常见的动词和副词，如跳舞、唱歌、吹、种、切、放、煮、打等词在两族语言中是相似的。再如撒秧、犁田、栽秧、堆谷子等基本操作方面的词汇，两族也完全一致，还有如新、冷、热、快等副词也是一致的。上举动词都是一些最基本的生产活动，而从其他调查材料可以说明，一部分居住在坝区的蒲人栽种水稻的历史也是比较悠久的。如果把这些借词和两族历史的发展联系起来研

[①] 笔者1985年到瑞丽调查时，滇弄寨莫喊帅·旺（女，傣族）提供。

究，就可以看出，在傣族和蒲人历史发展的过程中，曾有过交往密切、互相影响的时期，他们最基本的生产活动一致，生产力发展水平大致相同。第五组为一些宗教词汇，如经文、庄房、鬼、琵琶鬼等。按：傣族和德昂族皆信仰小乘佛教，小乘佛教传入德宏地区的时间不会早于元代，应该说这些宗教词汇进入傣语和德昂语的时间较晚，而鬼、琵琶鬼等称呼相同，则可能是在早期原始宗教信仰鬼神时期相互影响的结果。需要说明的是，德昂族内部又分为黑、花、红、白等支系，各支系的语言不尽相同，其中红、花支系的语言大致相通，而与黑支系的语言差别较大，互相间通话比较困难。上面所调查的借词，有些是在德昂族各支系中共有的，有的是黑支系独有的，调查表明黑支系语言中与傣族语言中共同词汇特别多。为什么会出现这种情况呢？这也可以从历史的发展过程中找到合理的解释，据大量调查材料看来，黑支系是生活在德宏州境内最早的德昂族先民，而红、花支系大多是从缅甸大山迁徙来的，时间并不太长，由于黑支系在历史上与傣族先民的关系更为密切，所以其语言与傣语中的"借词"现象特别多。这也从另一个侧面说明这种"借词"现象是傣族和蒲人在历史上长期交错杂居，来往密切的结果。

民俗是表现于民族文化特点上的共同心理素质的核心部分。在同一民族中，习俗有稳定性、长期性、连续性和全民性。对民俗进行纵向、横向的比较研究，往往可以看出该民族在历史上与其他民族的关系，我们在进行民族调查的过程中发现：虽然在现实生活中傣族和德昂族无论从生产、生活、自然环境诸方面都存在着较大的差异，德昂族与景颇族、汉族交错杂居，但其很多生活习俗却与傣族一致。清代关于德昂族的一条史料说：

> 崩龙：类似摆夷，惟语言不同。男以背负，女以尖布套头，以藤篾圈缠腰，漆齿，文身，多居山巅，土司地皆有。①

按：文中所说的崩龙是德昂族，摆夷是傣族。作者已注意到了崩龙类似摆夷的情况，文中所提到德昂族漆齿、文身的习俗，皆与傣族相同。傣族的这两种习俗，在唐代《蛮书》中已有记载，书中所说的"黑齿蛮"

---

① 光绪《永昌府志·种人》卷57。

"绣面蛮""绣脚蛮"等傣族的先民,就是由其习俗而得名。而德昂族的先民在晋代就有被称为"文面濮"的,"其俗刻面。而以青画之"①。说的就是文面的情况。黑齿,主要是嚼食槟榔的结果,现在一部分傣族妇女仍保持此习俗。但在调查中发现。现实生活中似乎德昂族的此习俗盛似傣族,不但男女老少见面时皆传递嚼之,烟盒(内放草烟、石灰、槟榔、芦子)又是男女青年恋爱时定情之物,男方同女方求婚时聘礼中槟榔也是少不了的。男方还要专门编织100—200对小竹篓送到女方家,以备婚礼上供宾客嚼槟榔时吐残渣所用(此风俗傣族也有),可见食槟榔在德昂族的日常生活中仍占有重要的地位。

我们在调查中发现,瞻耳也是滇西傣族和德昂族的共同习俗。此习俗由来甚早,据文献记载汉代永昌郡的民族中就有"儋耳种"②,到了晋代,《华阳国志》更明确指出,永昌郡内有"穿胸瞻耳种,闽越濮、鸠僚"③,虽然现在对"瞻耳种"的民族成分说法不一,但傣族和蒲人都有此习俗,是可以肯定的。景泰《云南图经志书》有:

> 木邦军民宣慰使司……其夷类数种,以金裹两齿曰金齿蛮,漆其齿者曰黑齿蛮,纹其面者曰绣面蛮,绣其足者曰花脚蛮……妇人上衣白衣,下围桶裙,耳带大金圈,手贯象牙镯。④

康熙《顺宁府志》载:

> 摆彝一种,郡西境、锡腊里多有之,男贯耳成大孔,留发辫……女贯耳戴小坠,细摺长裙。⑤

道光《云南通志稿》:

---

① 《通典·边防三·南蛮上》文面濮条。
② 《后汉书·明帝纪》永平十七年三月条。
③ 常璩:《华阳国志·南中志》。
④ 景泰《云南图经志书·外夷衙门》木邦军民宣慰使司条。
⑤ 康熙《顺宁府志》卷之一。

僰夷，妇盘发于首，裹以色帛，系丝线分垂之，耳带银环。①

关于傣族瞻耳的记载还很多，兹不复述，对于蒲人瞻耳的记载也可以举出几条，景泰《云南图经志书》载：

(蒲蛮妇女) 腰系海巴，手带铜钏，耳有重环。②

天启《滇志》有：

(蒲人) 其流入新兴、禄丰、阿迷、镇南者，形质纯黑，椎结跣足，套颈短衣，手铜钏，耳铜圈。③

康熙《顺宁府志》：

蒲蛮一种，男女耳带大环，箅帽赤足。④

在民族调查中可以看到，傣族和德昂族迄今都保持着瞻耳的习俗。但傣族只是妇女，耳孔较小；德昂族则不分男女，耳孔较大，男子仅瞻左耳。

此外，在日常生活中的婚、丧、嫁、娶、民间娱乐活动等方面，两族也有很多近似的风俗。李京《云南志略》记金齿百夷的产子风俗为：

(妇女) 既产，即抱子浴于江，归付其父，动作如故。

钱古训《百夷传》亦载：

凡生子，贵者浴于家，贱者浴于河，逾数日，授子于夫，仍服劳

① 道光《云南通志稿、南蛮志三之二·种人二》卷183僰夷条。
② 景泰《云南图经志书·顺宁府·风俗》服食陋恶条。
③ 天启《滇志·种人》卷30蒲人条。
④ 康熙《顺宁府志》卷之一。

无倦。

我们在潞西县三台山进行民族调查时，当地群众介绍，三台山的德昂族生小孩，生下三天后就用冷水洗澡①，说明他们也有此习俗。

钱古训在《百夷传》中对傣族人民的民间娱乐活动作了详细介绍：

> 铜铙、铜鼓、响板，大小长皮鼓，以手拍之，与僧道乐颇等者，车里乐也。村甸间击大鼓、吹芦笙、舞干为宴。

而蒲人民间娱乐的情况却是：

> 蒲蛮一种，四时庆吊，大小男女，皆聚吹芦笛，作孔雀舞，踏歌顿足之声震地，尽欢而罢。②

傣族和德昂族的这一习俗在日常生活中还可以见到，每逢喜庆佳节，傣族和德昂族的群众都打起芒锣，敲响象脚鼓，男女老少围成一圈，随着锣鼓声翩翩起舞。

虽然傣族和蒲人喜食的口味不同，但所食的异物却有相同之处。傣族"其饮食异者，鳅、鳝、蛇、鼠、蜻蜓、蚊、蛟、蝉、蝗、蚁、蛙、土蜂之类以为食；鱼肉等汁暨米汤信宿而生蛆者以为饮"③。蒲人则"酷嗜犬、鼠，其土蜂、蛇、尴、蝮、蟆、蜻蜓、蜘蛛、螺、蚁、水虫无不食之"④。

除了上举的相同习俗外，在调查中还可以发现：两族的干栏式住宅、丧葬仪式也基本相同，至于相同的民族节日就更加显而易见了。民族的节日是民族风俗习惯的重要组成部分，也是民族特点的重要内容和表现形式。它全面、集中、典型、形象地反映出一个民族共同的心理素质、性格

---

① 笔者1983年在潞西县三台山进行民族调查时，三台山小学教师许本菊（女，汉族，已在德昂族村寨教书17年）介绍。

② 康熙《顺宁府志》卷之一。

③ 钱古训、李思聪著，江应樑校注：《百夷传校注》，云南人民出版社1980年版，第113页。

④ 景泰《云南图经志书·顺宁府》风俗条。

特征、理想和愿望。① 同时，民族的节日又是该民族在一定历史时期内的产物，是受一定的生产方式、生活条件所制约的。对两个不同民族的共同节日加以分析比较，往往可以从另一个侧面看出这两个民族在历史上的关系。现在傣族和德昂族皆信仰小乘佛教，他们共同的节日，除了与宗教有密切关系的进洼、出洼、烧白柴、赶摆外，最重大的是泼水节。光绪《永昌府志》载：

摆夷以立春前数日为烧白柴，以清明前数日为泼水，男女以竹筒汲水，互相泼洒为乐。②

蒲人的此风俗不见文献记载，但在现实生活中泼水节也是德昂族的盛大节日。关于泼水节的由来，说法不一。无论哪一种说法，都可以看出泼水节至少在我国已有数百年的历史。

而在德宏地区的多种民族中，把泼水节作为盛大节日的就是傣族和德昂族。我们曾于1983年4月15日在潞西三台山观看过德昂族群众的泼水节活动，附近几个寨子的傣族群众也来参加，两族的青年们跳起了优美的孔雀舞，并互相泼水表示祝福，两族群众的感情水乳交融，除了服饰外已很难看出是两个不同的民族了。

傣族和德昂族信仰的宗教相同也是很突出的。我们调查时曾在盈江县弄璋区南算寨（傣族居住）佛寺内看到一面大鼓，当地傣族群众称之为德昂大鼓。鼓长2.8米，呈圆台形，大面直径为1.15—1.2米，小面直径为1米，鼓面用黄牛皮绷面，鼓身由木质制成，上有若干条用牛皮胶浸透的布条纵向绷于鼓身表面，鼓横放。据南算寨的父老说，从前南算寨旁边有一个德昂寨，叫拉换暖，这个寨子的德昂族人迁到缅甸后，南算的傣族人就把拉换暖佛寺中的这面大鼓搬到南算佛寺，并进行过修理。③ 既然傣族和德昂族佛寺中的器物能够通用，这也说明他们的宗教信仰完全相同。

我们在调查中还发现，德昂族与邻近景颇、汉等民族通婚的较少，但

---

① 范玉梅：《我国少数民族的节日》，《社会科学战线》1983年第3期。
② 光绪《永昌府志·摆夷》卷57。
③ 笔者1982年在盈江调查时，盈江县人大常委会副委员长寸时忠同志（傣族）提供，并陪同笔者前往南算调查。

与傣族通婚却并不少见，瑞丽县团结乡滇弄寨就是典型的一例。滇弄位于瑞丽坝子中心，距离县城3公里，1982年人口普查时全寨共有545人，除了几户1972年从施甸迁来的汉族移民外，全为傣族，是瑞丽县较大的一个傣族寨子。笔者曾于1982年、1983年、1984年三次到滇弄，对其建寨的经过进行了多方调查。据寨中老人说，从前瑞丽江从滇弄流过，水退后这里成为一片荒地。滇弄，傣语为"大堤"之意。后来梁河来的四家旱傣，还有几家德昂族和信仰左抵教派的当地傣族都到此地安家。汉傣性格刚强，德昂性格柔和，他们相处很好。左抵派因为宗教戒条较严，对汉傣养鸡、打鱼十分反感，因此汉傣、德昂经常和他们产生龃龉，后来矛盾激化，左抵派在此无法立足，搬到滇弄下面左抵派势力较大的寨子——大别去了。梁河来的汉傣和德昂族就在此繁衍生息，发展为一个大寨。建寨的具体年代无法考定，按照寨子里老人介绍的情况推算，可能已有七八代了。寨中的老社长广相（傣族，1983年为78岁）的前三代从梁河来，他的爷爷娶了一位德昂族女子为妻，如今在寨子里已繁衍为一个大家族。类似的情况在滇弄还有两家，拔罕娘（傣族，女，1983年为65岁）的奶奶牙歪罕也是德昂族。现在寨子中岩板家，老姚家（汉族，到傣族家上门，已傣化）、喊木帅·撒家、拔罕娘家、庄相家都有德昂族亲戚。滇弄的德昂族亲戚多在瑞丽的南撒、光色别、回蚌等德昂寨，还有的已迁到缅甸大山去种茶了。他们和这些德昂族亲戚都有联系和往来，凡有红、白喜事，都要互相通知、走动。笔者认为，这个例子是否能看成是历史上傣族和蒲人关系密切的一个缩影呢？联系到在德宏州内，傣族称德昂族为"傣雷"，意思为"山傣族"，这也是令人寻味的。

以上列举了不少我们在调查中发现的傣族和德昂族在语言、习俗、宗教等多方面的相似之处，这些现象引起了我们的兴趣，也引起了我们的思考。在现实生活中，傣族和德昂族一般住地相距甚远，傣族住坝子，德昂族住山区，除赶街外平时两族交往的机会不多，德昂族和景颇族居住、生产、生活条件更为接近，可是为什么他们的语言、习俗、宗教信仰会与傣族接近，甚至互相通婚，而与景颇族相差较远呢？这是一个很值得研究的问题。我们认为，这些调查材料在某种程度上反映了德宏地区历史上傣族和蒲人之间的密切关系。因为语言、习俗都是一定社会物质生产的产物，是受生产活动、社会制度、经济生活、地理环境等多种因素制约和影响的。同时，语言和风俗又具有稳定性、长期性、连续性，从中可以找出该民族在历史发展的进程中留下的痕迹。既然傣族和德昂族的语言和风俗有如此多的相似、相同之处，可以推断，在历史上傣族和蒲人曾经历了生产力发展水平大致相同，社会生产活动和经济生活也大致相同，两族交错杂居、交往密切的阶段，才会在语言、习俗等方面留下了相同或相似的痕迹。

四 傣族和蒲人之间民族关系的变动

如果以上推论成立，历史上傣族和蒲人确实经历过生产力发展水平相似，交错杂居、交往密切的阶段，那么，这种情况与现实中傣族和德昂族的现状相去甚远，这又应作出何种解释呢？民族调查材料也为此提供了线索，我们曾几次在德宏州各县调查过德昂族先民的遗址，又经各县地名普查办公室、政协、人大常委会等单位核实，较为可信的遗址有百个以上。我们试把这些各县历史上蒲人居住过的村寨和现在德昂族居住的村寨进行分析比较。便可以看出：

1. 古代蒲人在德宏州内的分布地区要比现在广阔得多，而且现在的潞西、陇川、盈江、梁河等县的县城都曾有蒲人居住过。

2. 过去蒲人的村寨有的在坝区，也有的在山脚和山区，而现在德昂族村寨却基本上都在山区。蒲人迁徙及生活环境改变的一般规律是由坝区向山区移动。

3. 过去蒲人居住过的一些村寨，现多为傣族、汉族和景颇族居住，从中可以看出历史上傣族和蒲人之间关系发生变动的蛛丝马迹。

这方面的情况，还可举出一个典型的例子。盈江县弄璋区1982年人口普查有傣族10631人，景颇族1547人，德昂族3人，傣族人口占绝对优势，此地现在是盈江县傣族主要聚居区之一。传说弄璋是傣族在盈江居住较早的地方，当地有不少关于傣族白头王的传说。姐闷章，傣语为有一万头象的寨子，并说此地是盈江县境内较早的傣族土司衙门所在地。据宋恩常先生等在《德宏傣族土司制度调查》中说："干崖土司司署初建于龙口城，傣语称姐搞，明正统时，因与陇川土司发生战争，被迫迁到万象城，傣语叫姐闷章。"① 这段材料与我们的调查资料相印证，可以确定，

---

① 宋恩常：《德宏傣族土司制度调查三·干崖宣抚司概况》，《德宏傣族社会历史调查》（二），云南人民出版社1984年版，第11页。

这里傣族土司衙门的建立是明代正统年间的事。有趣的是上文提到的蒲人村寨拉换暖，就与姐闷章相毗邻。弄璋地区历史上有蒲人居住过是可信的，而该地处于大盈江左岸。在盈江坝子中心，蒲人似不可能于傣族在当地建立统治政权后还在土司衙门附近建寨，所以拉换暖寨的蒲人应是明代正统年间以前就在当地居住了，后因民族关系发生变化而迁走。

　　民族调查材料提示德宏地区的民族关系曾发生过重大变动。结合史实，我们认为这个变动发生在元代。元朝在云南实行了行省制，加强了对各少数民族地区的管理。这种政治形势的变化，对傣族产生了深刻的影响。由于德宏地区的傣族主要居住在坝区，生产条件较好，接受内地传入的先进技术和元政府所推行的封建化措施较快、较早，与外来人口的接触也较易、较多，这些有利的因素，推动了其农业和手工业的发展，商业也更加繁荣，这样，反映在政治上必然要由不相统属的群体结成为统一的社会组织，而这一变革过程，是伴随着元蒙政权与新兴的傣族首领之间的战争实现的。14世纪中叶，麓川傣族首领思可法据麓川为王，收并了德宏境内傣族各部及其邻近的广大地区，成为云南西南部最大的封建领主。元朝几次派兵征讨，而终无功，只有承认既成事实，设了一个平缅宣抚司，以思可法任其事，思可法的势力迅速扩大。傣族终成为德宏地区的统治民族。李思聪《百夷传》有：

　　　　（思可法）然惧再举伐之，于是遣其子满散入朝，以输情款。寝而不问，虽纳贡赋，奉正朔，而服食器用之类，皆逾制度，元不能制，百夷之强始于此。

　　从此，傣族在德宏地区政治上和经济上都居于领导地位。而蒲人就渐渐退居到被统治的从属地位了。傣族和蒲人各方面的距离越来越大，最终形成了近现代的状况。关于这方面的问题，笔者已另撰文论述，兹不赘述。①

---

① 参见拙作《明代蒲人内部的不同发展情况》，《史学论丛》第3期，云南人民出版社1986年版。

五　余论

　　以上我们通过对民族调查材料的分析，谈了对历史上德宏地区傣族和蒲人关系演变的一些看法。我们认为：傣族和蒲人都是在德宏地区居住较久的土著民族。在历史上曾有过交错杂居，来往密切，生产力发展水平相近的时期。元代之后，由于政治局势的变化，引起当地的民族关系发生重大变动：傣族成为德宏地区的统治民族，而蒲人却逐渐衰落，人数减少，由坝区向山区迁徙，傣族和蒲人之间的关系也随之发生变化。

　　最后要着重指出的是，无论傣族和蒲人的关系在历史上曾经发生过什么变化，毕竟都已经成为历史，在今天的社会主义大家庭中，各族人民之间平等、互助的新型民族关系正在形成，傣族和德昂族人民都在为祖国的繁荣昌盛而贡献着自己的聪明才智，历史已经翻开了新的一页。

（刊于《思想战线》1991 年第 5 期）

略论元、明、清时期的傣族法律

傣族是居住在云南省西部和南部的少数民族，历史悠久，文化流长。傣族历史上的习惯法已引起了中外学者的广泛兴趣，但傣族历史上从习惯法向成文法的演变以及傣族法律的特点等问题，深入研究的文章似不多见。本文拟就汉文史料和傣文史料有关这方面的记载，结合民族调查材料，对以上问题作一大概的剖析比较，以求教于大方之家。

一　元、明、清时期傣族法律的变化

(一) 元代傣族地区的法律

元代是云南历史上具有重要意义的时期，元朝在云南实行的行省制，使云南在政治上和内地其他地区划一，引起了云南政治、经济、文化、民族关系等诸方面发生重大变化，傣族在这个时期的变化更是引人注目。江应樑教授认为，公元10世纪左右，是傣族社会发展的一个极其重要的阶段，即进入奴隶社会的发展阶段。[1] 西双版纳的傣族于公元1180年建立了统一的政权——景龙金殿国，而德宏地区的傣族四大部落：孟生威、孟兴古、孟底、孟卯也于公元11世纪组成"赏弥国"。这两个国家的建立，标志着傣族社会已进入奴隶社会发展阶段。从元代的文献资料记载来看，这一时期的法律也反映了奴隶制度的特点。元朝的官吏李京为了措办军需，于大德五年至七年（1301—1303）在云南少数民族地区，包括傣族聚居的金齿、百夷地区在内，"奔走几遍，于是山川地理、土产、风俗，颇得其详"[2]，将自己的亲身见闻写成《云南志略》4卷，成为研究云南

---

[1]　江应樑：《傣族史》，四川民族出版社1983年版，第176页。
[2]　王叔武校注：《云南志略辑校》，云南民族出版社1986年版，第66页。

元代少数民族历史最为真实可靠的史料。在此书中，他曾谈及元代傣族的法律情况是："金齿百夷，记识无文字，刻木为约。酋长死，非其子孙自立者，众共击之。"① 短短数十字，反映的内容颇为丰寓。其一，说明当时傣族还没有文字，但已有习惯法，"刻木为约"，这方面的情况，元代曾到云南旅游的意大利人马可·波罗在他的游记中也谈道，（傣族）"彼等无字母，亦无文字，土人缔约，取一木杖，或方或圆，中分为二，各刻画二三符记于上，每方各执一片，负债人偿还债务后，则将债权人手中所执之半片收回"②。马可·波罗的话印证了李京的记录。在民间借贷方面，元代傣族地区实行的是"刻木为信"的习惯法，当时还没有出现傣族的文字。其二，由于元代傣族已进入奴隶制社会。统治阶级在权力的继承方面已由"禅让"变为世袭，所以李京说："非其子孙自立者，众共击之。"但值得注意的是，李京只说"子孙"，看来在继承制度上还没有实行严格的嫡长子继承制，当时是以父死子继为主，同时也有兄终弟及的情况出现，这方面在记载元代麓川王朝继承状况的傣族史料《麓川思氏谱牒》中得到了印证。③ 李京还谈道："杂霸无统记，略有雠隙，互相戕贼。遇破敌，斩首置于楼下，军校毕集，结束甚武，髻插雉尾，手执兵戈，绕俘馘而舞，仍杀鸡祭之，使巫祝之曰：'尔酋长、人民速来归我！'祭毕，论功名，明赏罚，饮酒作乐而罢。攻城破栅，不杀其主，全家逐去。不然，囚之至死。"④ 从这段珍贵的史料中也可以看出元代初期德宏傣族地区政治、法律的一些情况。元初，德宏地区的傣族虽然已进入奴隶社会，但在麓川王朝崛起之前尚未形成统一的政权，还处于"杂霸无统记"的状况，各个集团之间为了争夺人口和土地战争频繁。没有统一的政权，当然也不可能有统一的法律。揭开神秘的宗教面纱，我们可以看出这个活动中已有了习惯法的实质内容，战争的目的是"尔酋长、人民速来归我"，因此习惯法对军士"论功名，明赏罚"，维护奴隶制统治的实质昭然若揭。这段话中还有两个细节引起了我们的注意。对于战败的酋长，并不处以死刑，而是"全家逐去"，或是"囚之至死"，从刑法的角度来看，施

---

① 王叔武校注：《云南志略辑校》，云南民族出版社1986年版，第91页。
② 沙海昂注，冯承钧译：《马可波罗行记》中册，商务印书馆1937年版。
③ 方国瑜笺证：《麓川思氏谱牒笺证》，载云南省民族研究所编《民族学报》第1期。
④ 王叔武校注：《云南志略辑校》，云南民族出版社1986年版，第92页。

行的是"流放"或是"终身监禁",这两种刑罚在汉族的刑罚中并不少见,我国封建社会的五种基本刑罚"笞、杖、徒、流、死"中就包括这两种。但从傣族的法律来看,无论从史料记载或是调查材料,这两种刑罚似乎都不见普遍施行,除了元代李京的记载外,只有《泐史》中谈到因统治阶级内讧而对失败者"逐之"①。傣族的《西双版纳封建法规》中有"杀死父母,判处比死刑更重的刑法,就是砍去手脚,赶出勐界,让其活受罪一辈子"。

由于历史资料的缺乏,难以对元代傣族法律进行全面的考察,但管中窥豹,从上举的史料中还是可以看出元代傣族地区法律的大致轮廓:当时傣族地区处于尚未统一的奴隶社会,也没有自己的文字,还不具备制定法律的条件,因此没有成文法,也没有统一的法律,用于调整对立阶级之间、统治阶级内部关系及民间民事纠纷的是由原始社会习惯发展而来的习惯法,但与原始社会的习惯不同,已具有鲜明的阶级性,保护的是傣族奴隶主阶级的利益。

(二) 明、清时期傣族法律的变化

较之元代,明代在云南少数民族地区推行的土官土司制更为周密和健全,傣族地区也不例外。随着边疆地区与内地政治、经济、文化诸方面的交往进一步频繁,傣族的经济有了较快的发展,进入了封建领主制经济时期。政治也趋向统一,作为上层建筑的法律,也发生了显著而深刻的变化。

明初,朝廷官吏李思聪、钱古训,受明太祖朱元璋的派遣,到德宏地区调解傣族麓川王朝首领思可法和缅甸王国之间的纠纷,曾亲自到了德宏傣族地区。回京后,就傣族地区的所见所闻写了调查报告上奏朱元璋,这便是后来的史书《百夷传》。由于此书是作者耳闻目睹情况的记录,因此真实可信,是研究傣族史的第一手资料。对于明初德宏傣族地区的法律状况,钱古训的记载是:"无中国文字,小事刻竹木,大事作缅书,皆旁行为记。刑名无律,不知鞭挞,轻罪则罚,重罪则死。或杀,或用人杀,或用象打,或投于水,或以绳帛缢。男妇不敢为奸盗,犯则杀之。"② 李思

---

① 朱德普:《泐史研究》,云南人民出版社1993年版,第96—120页。
② 江应樑校注:《百夷传校注》,云南人民出版社1981年版,第80—81页。

聪则记:"无中国文字,小事则刻竹木为契,大事则书缅字为檄,无文案可稽。""刑名无律可守,不施鞭扑,犯轻者罚,重者杀之;或缚而置之水中,非重刑不系累。"①从二人的记载来看,较之元代,傣族的法律有了重大的变化,虽然比起中原王朝,仍是"刑名无律可守",没有规范的法律条文,但基本的法律原则比起元代要明确得多:轻罪则罚,重罪则死,根据罪行的轻重分别处以罚款和死刑,奸盗是死罪无疑。死刑的种类有杀、绞、淹死、用象打、扱杀等多种。扱杀即把犯人举高摔死,用象打则汉族刑罚中不见,据《宋史·外国传·占城》载:"若故杀劫杀,令象踏之,或以鼻卷扑于地。象皆素习,将刑人,即令豢养之人以数谕之,悉能晓焉。"②从中可看出用象打死犯人的大致情况。到了明代万历年间,傣族法律"刑名无律可守"的情况又有所变化,据万历《云南通志》所载:"其刑法三条:杀人者死,犯奸者死,偷盗者全家处死,为贼者一村皆死。"③死刑的罪名有杀人、犯奸、偷盗、为贼四种,而且为贼者"一村皆死",虽然未见具体的材料,但此时傣族的法律已有株连则是可以肯定的。

综观明代傣族法律的变化,除以上所说的刑名、刑罚规范化、条文化,法律的内容增多,明显体现出其维护封建领主制度外,笔者认为最显著的变化,是傣族的法律已实现了由习惯法向成文法的转化。细绎明初钱古训、李思聪关于傣族文字的记载,则与元代李京和马可·波罗的记载有明显的区别。李京和马可·波罗皆肯定元代傣族"记识无文字","彼等无字母,亦无文字",看来当时傣族没有自己的文字是事实,既然没有文字,当然也不可能有成文法。而明代钱古训、李思聪则是说当时傣族"无中国文字",也即没有汉文,但"大事作缅书,皆旁行为记","大事则书缅字为檄",可见当时傣族已使用某种文字,据有关专家考证,所谓"缅书",即是傣文。④有了自己的文字,便为成文法的出现创造了条件。明中叶的云南地方史志则载:"百夷不通汉书,惟用缅字。凡与其同类交易借贷等项,则以缅字书其期约,而刻其多寡之数于上以为信。其行移官

---

① 江应樑:《傣族史》,四川民族出版社1983年版,第148—149页。
② 《宋史》卷489《外国·占城》。
③ 李元阳:万历《云南通志·僰夷风俗》。
④ 江应樑:《傣族史》,四川民族出版社1983年版,第348页。

府，则译之而后通其意。"① 从中可看出，当时傣族在民事法律活动中已使用傣文书写有关的交易借贷收据，借据中的部分内容，并已有书面文件送交官府。虽然同时还保存着"刻木为契"的一些痕迹，但从中已可明显看出傣族由习惯法向成文法过渡的变化过程。

传统法学根据法律的创制和表达形式不同，将法分为成文法和习惯法两类。就傣族地区的情况来看，元代实行的是傣族最高统治集团认可的习惯法，而明清以降，情况有所变化，明洪武十七年在今西双版纳地区置车里军民府，十九年改宣慰使司。历明至清，延续到解放以后，中原王朝对宣慰使的继承、任命有严格的规定，对当地的政权设置和对外活动均进行具体管理，但对傣族内部的政治结构、经济结构则保持不变，因此，沿袭至解放西双版纳傣族地区皆有自己的法律，中原政权通行全国的法律并不在傣族地区实施。明清以来在西双版纳地区建立的车里宣慰使司是西双版纳最高政治机构，召片领是全西双版纳土地之主，也是西双版纳政治、经济、军事、法律上的最高统治者，下面有一个严密的统治集团。四大臣中就有专门掌管司法户籍的官员槐朗曼轰，八大头目和各类头目中专管监督审讯罪犯的官员召弄西养，管处极刑的官员召弄纳影，管刑罚的官员召弄那郢；此外，在召片领之下还设有议事庭，是西双版纳最高立法及行政机关。由此看来，西双版纳宣慰使司已具有较为完善的立法司法机关。已具备创制法律的条件。笔者认为，上举明清时期的傣族法律，已是统治阶级制定的成文法。

傣族有成文法，这可以从民族社会调查中所收集到的文献资料中得到证实。1958年中国科学院民族研究所云南民族调查组在西双版纳调查时曾经发现旧傣文典籍中有关于法律的部分。② 刀国栋等人翻译整理《西双版纳傣族的封建法规和礼仪规程》③，高立士等人翻译整理《西双版纳傣族封建法规》④，刀永明、薛贤等人翻译整理《芒莱、干塔莱法典》《坦

---

① 景泰《云南图经》卷6《景东府风俗》。
② 中国科学院民族研究所云南民族调查组、云南省历史研究所编：《云南省傣族社会历史调查资料：西双版纳地区之九》，内部刊印本，1958年版，第136—128页。
③ 参见《民族问题五种丛书》云南省编辑委员会编《傣族社会历史调查·西双版纳之三》，云南民族出版社1983年版，第26—36页。
④ 高立士：《西双版纳傣族的历史与文化》，云南民族出版社1992年版，第213—238页。

麻善阿瓦汉绍哈》（即 25 种难案裁决法）[1]，虽然这些资料的来源不同，但傣族历史上此时已有成文法则是可以肯定的。从这些成文法反映的内容来看，应是封建领主经济阶段的法律，同时其中还包含有较多的奴隶制法律残余。傣族进入封建领主经济阶段的时期约是 13—15 世纪，各地傣族地区由于经济、政治各方面发展不平衡，进入封建领主经济阶段的时间也有前有后，并不完全相同，这种封建领主经济，基本延续到 1956 年在傣族地区实行民主改革之前，时间跨度大。而上述所见傣族成文法的资料，由于缺乏其他史料作为有力的旁证，对其具体制定年代的考证较为困难，因此，把它定在明清时期这个较大的时间范围内应该是可以的，本文采取这种划分法，即将元代傣族的法律和明清时期的法律进行比较，而明清时期则不再分开。

由于历史上到过傣族地区的汉族知识分子不是很多，把自己在傣族地区的亲身经历记录下来的更是凤毛麟角，傣族人民懂汉字的并不很多，从而傣族自己所写的汉文史料明清时期基本未见，因此只从汉文史料中研究傣族的法律很难窥其全貌，但如果结合傣文的文献资料来看，很多问题便豁然开朗。从所见的几个傣族封建法规来看，最多的有 180 条[2]，而法规的内容有地方行政法规、民事法规、刑事法规、诉讼法规、礼仪、节日和宗教法规等。[3] 较之元代的习惯法，明清时期傣族的法律显然发生了质的飞跃，由习惯法发展为成文法，法律制度的内容由"刑名无律"发展为初具封建制法的雏形，司法制度也向规范化发展。

二 明清时期傣族法律的特点

纵观明清时期傣族的法律，可以看出，作为傣族封建领主制经济上层建筑的法律，维护封建领主的统治，维护封建领主制的社会秩序，其阶级本质体现得十分清楚。《西双版纳封建法规》中规定百姓路上遇着"倒叭"（头人）、"召勐"（土司）不及时让路，罚蜡 3000 支"松玛"（赎罪）。百姓得罪了土司头人，要按该土司头人受封时所出的"买官费"处

---

[1] 参见刀永明、薛贤等翻译整理《孟连宣抚司法规》，云南民族出版社 1986 年版。
[2] 高立士：《西双版纳傣族的历史与文化》，云南民族出版社 1992 年版，第 213—238 页。
[3] 刀永明、薛贤等翻译整理：《孟连宣抚司法规》，云南民族出版社 1986 年版。

以罚款，名曰"布扎"（赔礼道歉）。杀死召勐，判处死刑，其子女罚为召勐的家奴。类似的条文在所见的几个法规中皆随处可见。同时，笔者也注意到，由于文化背景、历史发展、地理环境等诸多原因的影响，明清时期傣族的法律除了具有封建法律所具有的共性外，还有自己独有的特点，试为分析如下。

（一）成文法尚未公布，成文法与习惯法并行

从发现的几份傣族封建法规的出处来看，《孟连宣抚司法规》是原孟连宣抚司署御职官员帕雅龙干塔腊还乡后，通过回忆撰写下来的，[1] 而《西双版纳傣族封建法规》的手抄本是藏于曾任西双版纳八大"卡真"（大臣）之一的"召龙纳占"（管象官）之家。[2] 还有一种《西双版纳傣族的封建法规和礼仪规程》则是根据西双版纳勐笼的头人叭龙桃收藏的5种手抄本整理而成。[3] 所见资料，并未发现由傣族各地最高统治者公布的法规，看来明清时期傣族的成文法还处于"藏于官府"的阶段，并未像春秋时期郑国子产公布成文法那样，"铸刑书于鼎，以为国之常法"[4]。究其原因，也与傣族的历史发展紧密相关。元末明初，德宏和西双版纳地区的傣族先后进入封建领主制阶段后，整个傣族地区并未形成统一的政权，德宏地区是在麓川思氏的统治之下，西双版纳则是由世袭召片领管辖，其他傣族地区也有各自的地区政权。既然没有统一的政权，便不可能有统一的成文法，所见的一些封建法规，内容不完全相同，显然是各地方政权制定。再者明清时期虽然傣族地区普遍进入封建领主制经济，但尚未出现土地自主买卖，也未出现政治上要求权力的强大的地主阶级集团，因此公布成文法便还未能提上议事日程。虽然明初已出现了傣族的文字，但未能在民间普及，能写读傣文的知识分子不多，广大傣族群众并不识傣文，这就使成文法"设之于官府，而布之于百姓"[5]，没有广泛的社会基础。

---

[1] 参见刀永明、薛贤等翻译整理《孟连宣抚司法规》，云南民族出版社1986年版。
[2] 参见高立士《西双版纳傣族的历史与文化》，云南民族出版社1992年版，第213—238页。
[3] 《民族问题五种丛书》云南省编辑委员会编：《傣族社会历史调查·西双版纳之三》，云南民族出版社1983年版，第26—36页。
[4] 《左传·昭公六年》。
[5] 韩非：《韩非子·难三》。

从所见的这几份成文法规看来,案例在其中占一定的比重。例如,在《孟连宣抚司法规》中,除了《芒莱、干塔莱法典》中有大量的案例外,还专门有《坦麻善阿瓦汉绍哈》(即25种难案裁决法)。这本藏于孟连宣府司中的傣文抄本,曾以《孟连傣族的封建习惯法》为名,译为汉文发表于《思茅、玉溪、红河傣族社会历史调查》一书。[①] 从这份文献的全文看来,笔者认为,称为法规较妥,但称为习惯法也有一定的道理,因为其中的案例显然属于习惯法的内容。从中可看出傣族法律由习惯法向成文法过渡的轨迹,这是明清时期傣族法律的特点之一。明代,麓川王朝已建立以思氏为昭(即君主),下有叨孟总统政事,兼领军民,昭录领万余人,昭纲领千余人,昭伯领百人,昭哈斯领50人,昭准领10人的政权机构,看来是行政长官兼管司法。而西双版纳地区在召片领(意为广大土地之主)之下有召版纳、召勐、召陇、召火西、召曼组成的各级政权,也是行政长官兼管司法,如有重大案件,则由各级行政长官按藏之于官府的成文法处理,前举的《西双版纳傣族的封建法规和礼仪规程》就是根据西双版纳勐笼地方的行政长官叭龙桃家的藏本整理的。但在基层行政单位——曼(即村社政权),不少地方还保留着原始民主制的残余形式——"村社议事会"和"村社民众会",民间的一些纠纷由其解决,解决的方式主要是根据习惯法。由于傣族特殊的社会历史背景,从明清时期直到解放前,傣族地区的法律都存在成文法和习惯法并存的情况。

(二) 傣族封建法律深受佛教的影响

明清时期由于绝大多数边疆傣族地区的群众信仰南传上座部佛教,虽然历史上傣族地区并不存在政教合一的政权,但佛教深入傣族社会的各方各面,对傣族社会产生了深刻的影响。如将傣族地区的成文法与内地封建法律加以比较,不难看出,内地封建法律是以儒家思想作为指导,内地封建法律中的"十恶""八议"等是明显体现出君主拥有至高无上的权力,依礼制律、礼法合一贯穿于内地封建法律之中。而傣族的法律则另有特点。在傣族的法律中,并不掌握政权的宗教领袖几乎与当地的行政长官享有同等的地位,甚至更高。《傣族封建法规》规定:"倒叭"(头人)、

[①] 云南省编辑部编:《思茅、玉溪、红河傣族社会历史调查》,云南人民出版社1984年版,第38—69页。

"召勐"（土司）不让路给佛爷和尚，罚赎罪的蜡条5000支。拆毁佛像、佛寺、佛塔，砍菩提树，杀害无罪的僧侣、圣贤、祭佛师者，判处死刑，其子女罚为寺奴。杀死召勐，判处死刑，其子女罚为召勐的家奴。①《孟连宣抚司法规》中的25种难案裁决法，第一种就是"不准抢占佛寺"②。在傣族的成文法中，拆毁佛寺佛像、盗窃佛寺财物、盗窃佛像金身财宝，皆属不能轻判的重罪，而偷佛祖的钱，拆毁佛像佛塔的，则要判处极刑。③这些规定，在内地的封建法规中是没有的。究其原因，则与傣族的历史文化密切相关。中原王朝早期对傣族地区实行羁縻政策，并不直接进行统治，元代后在傣族地区实行土官土司制，虽然统治有所深入，但基本还是依靠傣族上层进行管理，所以儒家思想在傣族地区的影响不如在内地深入、广泛，但自明初从东南亚国家传入的南传上座部佛教，却在一定程度上取代了傣族的原始宗教，对傣族社会生活的各个方面产生了巨大的影响，作为上层建筑的法律制度也不例外，这是明代以前傣族的习惯法中所没有的，也是内地封建法律制度中没有的，因此是明清时期傣族成文法的特点之一。

（三）傣族成文法的结构是刑、民并重

就内地的封建法律而言，一个突出的特点是诸法合体、以刑为主的结构形式。由于内地长期的封建社会中商品经济不发达，民事法律关系的分量很小，加之历代封建统治者推行"重农抑商"的政策，所以在法律上更多地体现为利用刑法调整民事法律关系。傣族地区情况则有所不同。傣族多聚居于云南省的南部和西部边境，其居住地是我国与东南亚国家交往的要冲，而且傣族多居住于土地肥沃的平坝，自然条件较好，商品经济相对发达，"重农抑商"的情况并不突出。元代李京描写德宏傣族地区"交易五日一集，且则妇人为市，日中男子为市，以毡、布、茶、盐互相贸易"④。到了明代，更是"鱼盐之利，贸易之便，莫如车里"⑤（车里泛指

---

① 高立士：《西双版纳傣族的历史与文化》，云南民族出版社1986年版，第213—238页。
② 刀永明、薛贤翻译整理：《孟连宣抚司法规》，云南民族出版社1992年版。
③ 同上。
④ 王叔武校注：《云南志略辑校》，云南民族出版社1986年版，第66页。
⑤ 佚名：《西南夷风土记》，附载于、朱震孟《宦游余谈》，《学海类编》本。

西双版纳)。这种情况体现在法律制度上,则表现为调整平等主体之间财产关系的民事法规内容较多。《孟连宣抚司法规》中,民事法规包括权力继承、财产继承、婚姻、房屋、山水、果园、地界纠纷、借贷、租赁、税务、财物纠纷等方面的内容,规定颇为详尽,仅财产继承方面的规定就有39条之多。这比起内地封建法规以刑法为主的情况来,显然有较大的不同。再从明清时期傣族封建法规中关于刑罚的规定看,也比内地刑罚简单。内地封建法律中刑罚的规定,从隋朝开始,确立了以答、杖、徒、流、死为主的封建制五刑,而傣族刑罚仍以死刑和赎罪、罚款为主,答、杖、徒、流极为少见。当然,必须指出的是,虽然因历史、文化、经济发展诸方面因素的差异,傣族封建法规和内地封建法规具有各自不同的特点,但是,作为维护封建制度的法律,它们的本质是一致的。

(四) 傣族封建法规中体现出的民族关系

傣族聚居的德宏和西双版纳地区均为多民族杂居区,两地历史上均发生过重大的民族关系变动,西双版纳和德宏的傣族先后成为当地的统治民族。明初,德宏地区已是"诸夷言语习俗虽异,然由大百夷为君长,故各或效其所为"[①]。而西双版纳这种变动则是在宋代景龙金殿国成立之后。虽然明、清时期傣族地区已在中央王朝的管辖之下,建立了土司制,但就当地其他民族而言,傣族仍是统治民族。有的学者注意到这样一个有趣的现象:西双版纳地区自景龙金殿国建立以来几百年的时间内,傣族统治集团内讧频繁,与境外的战事也时有发生,但这么长的时间内,在当地居于统治地位的傣族和被统治的山区土著民族之间,竟然从来没有发生过一次记载在册的战乱,民族之间始终和睦相处。[②] 这确实是一个值得研究的问题,显然与傣族统治集团对山地民族的政策有关,从其法律制度中也可以看出大概。在《西双版纳傣族封建法规》中规定:山区民族与傣族妇女通奸,罚330 罢滇(白银计量单位);傣族与山区民族妇女通奸,罚550罢滇;山区民族与山区民族妇女通奸,罚330 罢滇;傣族与傣族妇女通奸,罚990 罢滇。从这些规定中不难看出,傣族统治者对其统治下的山区民族比较宽容,同样的案情,对山地民族的处理比对傣族的处理要轻,从

[①] 江应樑校注:《百夷传校注》,云南人民出版社1981年版,第80—81页。
[②] 朱德普:《泐史研究》,云南人民出版社1993年版,第389页。

中也看不出明显的民族歧视内容,这样的法律对于处理好傣族和其统治之下的各山地民族的关系,显然是起到了积极的作用。

(五) 傣族封建法规中保存了较多的奴隶制残余

与内地封建法律相比,傣族封建法规还有一个特点是保存了较多的奴隶制残余。从法规中的一些条文可以看出,明清时期傣族地区的奴隶仍然是被当作会说话的工具,家奴和家畜并列,可以买卖,而且买卖还有一定的试用期,在试用期内,若发现有疾,可以退回原主;奴隶主打死奴隶不必偿命;对于逃跑的奴隶,任何人不得留宿,否则以窝藏奴隶罪论处。凡此等等,对奴隶各方面的规定颇为详尽。这也与当时傣族社会状况有关,由于历史的原因,直到解放前,傣族地区还保持有奴隶制残余,[①] 明清时期的傣族法规中关于这方面的规定的确真实地反映了这方面的情况。

(六) 傣族封建法规受内地和东南亚地区法律的影响

傣族地区自古是我国领土不可分割的一部分,与内地政治、经济、文化诸方面的交往密切,特别是从元代在傣族地区实行土司制后,中央政权对傣族地区的统治大为加强,虽然是通过傣族酋长对当地进行统治,但傣族地区各方面受汉族的影响是显而易见的,在法律方面也不例外。明清时期傣族的法律由习惯法向成文法转变,除了是傣族自身经济、文化的发展的必然外,受内地封建法律的影响也是一个十分重要的因素。《西南夷风土记》说明代傣族地区"治理多如腹里土司",可见政治上深受内地的影响。傣族封建法规中有不准下告上的规定:学生告老师,徒弟告师傅,俗人告僧侣,随从告主子,儿女告父母,百姓告召勐,即便有理也不能让他们告赢,显然和封建法律中的"非公室告"有异曲同工之处。傣族法规在审理杀人案中要区分故意和过失,而且在审理过程中也强调重在事实,不能轻信口供,这和内地封建法律的司法原则也是一致的。傣族的法律从元代简单的习惯法过渡到明清时期内容较为全面、系统的成文法,无论是立法或司法方面都深受汉族的影响。

傣族与东南亚国家同信仰南传上座部佛教,而且地域相连,人民跨境

---

① 《傣族史》,第 213—228 页;傣族简史编写组:《傣族简史》,云南人民出版社 1986 年版,第 63—71 页。

而居,因此法律也受东南亚国家法律的影响。前举明初德宏地区傣族法律中死刑的一种"用象打",国内没有却可以从东南亚国家的刑罚中看到。[①] 在法律中对佛教的特别尊崇也与东南亚国家相同。

三 余论

我国自古以来就是一个多民族的国家,各族人民用自己的勤劳和智慧共同创造了光辉灿烂的中华文化,也包括法律文化在内。我国各民族的法律文化各具特色,都是中华民族宝贵的文化遗产。但是,由于历史的原因,在我国的法制史研究中,研究汉族法制史较多,研究少数民族法制史却很少,这不能不说是我国法制史研究工作中的一个缺陷,今后也应加强这方面的研究。正是基于这种考虑,笔者写了这篇文章。由于这是一个新的领域,笔者的学识和所见资料有限,提出的看法不一定成熟,有的问题有待深入探讨,主要是想抛砖引玉,引起有关专家和研究人员的关注,使少数民族法制史的研究工作得到加强和重视,让少数民族法律文化这枝奇葩在百花齐放的学术园地中开得更加绚丽。

(刊于《云南社会科学》1998年第6期)

---

① 参见《孟连宣抚司法规》。

天历兵变中的大理总管段氏

一

天历兵变又称天历镇兵之变，发生于元代天历三年即至顺元年（1330），这是天历年间元朝两都争位的余波。在两都争位的斗争中，四川行省平章囊加台依附上都，举起叛旗，后失败被杀，而云南以诸王秃坚为首的乱事继起。秃坚原在上都参与王禅跟大都的作战，兵败后逃回云南，天历三年，与万户伯忽、阿禾等抗命起事，攻陷中庆，拘杀行省官吏，秃坚自署云南王，伯忽为丞相。乱事逐步扩大，元政府调集了四川、陕西、湖广、江浙、河南、江西等数省十余万大军进讨，历时约两年，乱事始平，是为天历兵变。

天历兵变是元代云南，乃至全国的一件大事，可以说是在元朝日趋衰乱的形势下，云南阶级矛盾、民族矛盾、统治阶级内部矛盾的总爆发，也是元朝在云南的统治趋向没落，出现动乱不稳的转折点。当时有人慨叹，"天历建元以来，云南久安之境，乃以弗率闻"①。后来的史家也说："云南安静将五十载，变起仓卒，人心危惧。"② 其影响至深且远。直到顺帝元统二年，中书省臣还上言说："云南大理、中庆诸路，囊因脱肩（秃坚）、败狐（伯忽）反叛，民多失业，加以灾伤民饥，请发钞十万锭，差官赈恤。"③

史实表明：在兵变中，各少数民族上层从自己的切身利益出发，分别站在不同的立场上，卷入了这场统治阶级内部斗争的旋涡。由于叛军声势

---

① 虞集：《道园学古录》卷10。
② 诸葛元声：《滇史》卷9。
③ 《元史》卷38《顺帝纪》。

颇大，行省无力抵抗，只有"檄各州举兵，即以土人督师"，① 向土官求援。姚安路总管高氏的宗子阿海"率邦人御贼于险，俘馘甚多"。② 至顺元年十一月，仁德府（今寻甸县东）权达鲁花赤曲术纠集义兵以讨云南，首败伯忽兵于马龙州。③ 按曲术族属待考，必非土著，但他所纠集的兵众应多是当地的少数民族。又芒部路九村夷人阿斡、阿里"愿备粮四百石，民丁千人，助大军进征"④。此外，顺元土军、朵甘思、朵思麻及巩昌等处吐蕃军也参与了对秃坚的征讨，他们显然都是支持行省平叛的。站在秃坚一方的少数民族上层也不少。史载"天历初，镇兵扇诸蛮作乱"，⑤ 知诸蛮附于秃坚者不少。乌撒土官禄余降于秃坚后，罗罗斯诸蛮俱叛，其土官撒加伯合乌蒙蛮兵万人攻建昌县，⑥ 致使云南秃坚、伯忽等势愈猖獗，乌撒禄余亦乘势连约乌蒙、东川、茫部诸蛮，欲令伯忽弟拜延顺等兵攻顺元。⑦ 少数民族上层的加入，使统治集团内部的斗争又具有民族矛盾的成分，两种矛盾交织在一起，呈现出一种错综复杂、头绪纷繁的局面。

二

令人奇怪的是，作为云南最大土官的大理总管段氏，在这次兵变中态度如何，充当了什么角色？遍查史料，竟无一字的明确记载。然而这对研究元代云南民族关系的演变又至关重要，故笔者试利用元碑和《元史》及地方史等零星材料，进行疏通排比，以探讨段氏在天历兵变中的表现。

首先，乱事是否延及大理？当别作考察。新出元碑《大光明寺瑞岩长老智照灵塔铭并序》载："逮天历庚午，中庆镇兵叛，师避乱大理、腾冲之初，蒙土官高侯延之以金轮寺。既经年，□□苍洱间，时总管段奉训

---

① 《滇史》卷9。
② 欧阳玄：《升姚安路记》，附载《新纂云南通志》卷93《金石考》所收《妙光寺记》后。
③ 《元史》卷35《文宗纪》至顺二年春正月己卯条。
④ 《元史》卷34《文宗纪》至顺元年七月癸未条。
⑤ 《新纂云南通志》卷94《金石考》所收《中庆路学礼乐记》。
⑥ 《元史》卷34《文宗纪》至顺元年六月乙巳条。
⑦ 同上。

复任以大光明寺。"① 所指即天历兵变事。大理既和腾冲一样，成为避乱的场所，可见无预于战事。《元史》至顺二年四月有一条记事说："诸王朵列捏镇云南品甸，自以赀力给军，协力讨贼，诏以袭衣赐之。"② 按品甸即今云南祥云县，元设千户所，后称云南州，又降为县，属大理路。③ 盖朵列捏因自以赀力给军讨贼受赏，并非由于战火蔓延及之而直接参与作战。那元统二年中书省臣上奏战祸所被，包举大理、中庆而言之，又当作何解释呢？这大概与姚安的兵事有关。据欧阳玄撰写的《升姚安路记》说："子（高）明袭。天历戊辰，又入朝，文宗皇帝嘉其世济忠孝，自远述职……命升姚州为姚安路，明为姚安路军民总管，留未遣。明年己巳，今云南兵祸方起。又明年庚午，高氏之宗子阿海率邦人御贼于险，俘馘甚众，适土人督师，权委阿海摄姚州判官，行州事。至顺辛未夏，明始还镇，贼退兵解，民驯复业，乃创姚州路军民总管府。"④ 查《元史·地理志》，姚州原属大理路。据碑记，天历元年（戊辰）升姚州为姚安路，不久秃坚乱起，及于姚州，高氏的宗子阿海奋力抗击，以姚州判官行州事。至顺二年（辛未），乱事平定以后，正式成立姚安路军民总管府，高明还镇。可知在战乱中，姚州升为姚安路虽有成议而没有实现，其设路在乱定之后。因此在当时人们的心目中，依然把姚州当作大理路所属，归于兵祸所被之列，这也是理中或有之事。据现有史料，可以说，除姚州以外，段氏所直接控制的大理路各州县，看来是没有被兵的。

那么，这期间段氏到底干了些什么？跟后来的段元关系恶化又有什么关系呢？

考《元史》《滇载记》《南诏野史》诸书，对段氏在天历兵变中的活动迄无著录。惟各本《野史》于段义传中有一条记事说："阿容禾据中庆叛，（段）义助兵讨平之，功升参政。"（文字间有异同）。阿容禾之名，此据淡生堂本《野史》，他本或作阿容未、阿容木，《滇考》又作阿容术。其年份，各本都系至顺元年，而《增订南诏野史》系至顺三年。《滇云历

---

① 王云、方龄贵：《大理五华楼新出元碑选录并注释》，《西南古籍研究》1985年第1期。
② 《元史》卷35《文宗志》至顺二年夏四月乙卯条。
③ 《元史》卷61《地理志》云南诸路行中书省·大理路军民总管府·云南州；《大明一统志》卷86《云南布政司》大理府·云南县。
④ 欧阳玄：《升姚安路记》。

年传》至顺二年四月下有按语云："蜕按：《野史》载权寻甸府土官曲木集义兵讨云南叛贼伯忽于马龙，追至金马山生擒之。《滇考》又载：段义以蒙化知州平叛贼阿禾功升参政。然则此番大功，皆两土官之力也，各省十余万官兵皆口打贼耳。乃史书竟不记曲木段义事，何也？"① 检《滇考》实作："（段）俊死，族弟（段）义，初授蒙化知州，以平叛贼阿容术功升参政。"这是直录《野史》原文，既未系年代，亦未视阿禾、阿容禾（术）为一人。《滇云历年传》所引乃非冯甦本意。按：段义平阿容禾事，没有旁证，待考。倘果如《滇云历年传》所说，阿容禾即阿禾，段义讨平之，则段氏在平定天历兵变中是效忠元朝立了大功的。但此说十分可疑，不足凭信。笔者认为，阿容禾跟阿禾断非一人。据《元史》，阿禾与秃坚、伯忽并列，系万户，官不算小，② 是发动兵变的主要人物之一，于至顺元年十二月二十八日兵败被杀，《元史》明载其事。据载："镇西武靖王搠思班、豫王阿剌忒纳失里及行省、行院官同讨云南，兵十余万。以去年（按：至顺元年）十一月十一日，搠思班师次罗罗斯，期跃里铁木儿俱至三泊郎，仍趋小云失会于曲靖、马龙等州，共进兵。跃里铁木几倍道兼进，夺金沙江。十二月十七日，大兵与阿禾蒙古军相值，战败之，阿禾伪降。明日，率共兵三千为三队来袭我营，搠思班、跃里铁木儿等分十三队又击败之，阿禾窜走。大兵直趋中庆，二十六日，遇贼党蒙古军于安宁州，与再战，又大败之。二十八日，阿禾来逆战，遂就擒，斩于军前。"③ 这里一语不及于段义。阿禾显然是在强大的搠思班、跃里铁木儿联军的攻击下，失败而被擒斩的，与段义无干。复查《新纂云南通志》"金石考·待访"有一条云："《增建大园济宫碑》，碑在园济宫，至顺三年辛未正月十九日承事郎蒙化州知州段信苴义立石，乐山后人赵良撰文，园护行书。见道光《云南通志》卷一九六金石门。"并加按语云："按道光志注，文见寺观，惟《寺观志》不载此碑文。至顺三年当为二年之误。段义亦见《蒙化州志》，赵良未详。"④ 今按此碑已毁，但原文仍存于《金石萃编未刻稿》，末署正作"至顺二年岁次辛未正月十九日承事郎蒙

---

① 倪蜕：《滇云历年传》卷5。
② 《元史》卷34《文宗纪》至顺元年春正月丁卯条。
③ 《元史》卷35《文宗纪》至顺二年二月乙巳条。
④ 《新纂云南通志》卷95。

化州知州段信苴义立石"①。这就令人至少产生两个疑点：一、倘使阿禾跟阿容禾是同一个人，立碑已在段义平阿禾之后，为什么不署以功升的"参政"，而仍署"蒙化州知州"？二、如果段义参与平定阿禾有功，审时度势，当时乱事正炽，战争方酣，为什么段义不继续效命疆场，却在二十来天（至顺元年十二月二十八日至二年正月十九日）后回大理立了这么一块不急之务的碑呢？答案只能有一个：段义并没有出兵攻杀阿禾。

因此，如果《南诏野史》所记有据，那段义助兵讨平的也只能是至顺三年的叛贼阿容禾，而不是天历兵变中的阿禾。这就是说，在天历兵变中段氏没有参加平乱。实际上段氏此时的态度是按兵不动，意在观望。元政府只好远从四川、陕西、湖广、江浙、河南、江西调兵遣将，近则求援于其他土官，而未闻动用大理之兵，而段氏也不见有请缨助平乱事之举。事颇可疑，此必有说。

三

表面上看，段氏在天历兵变中的表现似乎有些出人意料，但其原因应当深远求之。这要从兵变前全国以至云南的形势说起。从全国来看，元朝最盛的时期在至元大德之世，至大、延祐年间，局面尚可维持，及至英宗即位，开始走向衰乱。从至治元年（1321）到兵变发生前的天历二年（1329），八九年的时间里，竟先后换了五个皇帝，时间最长的在位四年（泰定帝），最短的只有一个月（天顺帝阿剌吉八），英宗是在上都南坡被权臣铁失杀死，明宗被其弟文宗的支持者燕帖木儿毒死。两都争位的战争遍及晋冀关洛，生灵涂炭，共惨相连。累次出入战地的大将述律杰也不忍看下去，为此归来后写了一首长诗《去冬行》。诗今不存，看他的好友吴师道读了此诗后所写的一首题词，可知诗里描写战区的光景是："载怀战斗苦，况乃饥馑并，流离泣道路，白骨何纵横。"② 其情状可想而知。四川方面的战事所造成的灾害，不会比这轻些。

统治阶级内部连年不断的争夺厮杀，动摇了元朝统治本身，使之日趋于衰落。这自然不能不影响到云南。显而易见，在这前后，元政府对云南

---

① 参见《金石萃编未刻稿》中所收《增建大园济宫记》。
② 吴师道：《吴礼部文集》卷3。

等边疆地区的管辖放松了。宗王、行省对大理总管段氏等土官的控制也不那么顺手了,这就为段氏拥兵坐大提供了条件。据史料记载:从仁宗时代起,派到云南做官的人也和派到广海、甘肃等边远地区的人一样,都不愿去,元政府无计可施,只好规定到这些地方任职的人官加一等。① 在封建社会里,升官即可发财,这些人为升官而来,不少贪残之辈到云南后声名狼藉,有作为的不多。延祐四年,"诸王脱脱驻云南,扰害军民,以按灰代之"②。至治二年"云南行省平章答失铁木儿,朵儿只坐赃杖免"③。三年"云南行省平章政事忽辛坐赃杖免"④。这不过是有记载可考的几个事例。至正初,述律杰以都元帅出使车里,总管寒赛出黄金采女遗之,一无所受,寒赛感叹说:"入我土而不为金妇饵者,此帅一人而已。"⑤ 其间离英宗在位约20年,足证当时官吏已贪暴成风。

在这种情况下,阶级矛盾和民族矛盾不可避免地激化了。各族人民的反抗斗争此起彼伏,仅大理地区,就有至治三年"护子罗蛮为寇",⑥ 泰定元年"蒙化州高兰神场寨主照明罗九等寇威楚",⑦ 又"你囊为寇",⑧ 余不悉举。元朝统治者对此等所谓的"寇",不是行省直接出兵征讨,就是实行招抚。泰定二年,"威楚,大理诸蛮为寇,云南行省请出师,不允,遣亦剌马丹等使大理,普颜实立等使威楚,招谕之"。⑨ 致和元年,"大理怒江甸土官阿哀你寇东辰诸寨,命云南行省督兵捕之"。⑩ 非常奇怪的是:事情出在大理,然而好像没有大理总管段氏的事,不见其有何动作。《南诏野史》也一字不载,这未免令人费解。是否可作这样一种揣测:第一,此时段元关系已非昔比,元政权转向衰微,而段氏势力又复崛起,消长之间,显见段氏已不足恃,因此各怀疑忌,只求相安而已,不能

---

① 《元史》卷24《仁宗纪》皇庆二年六月乙卯条。
② 《元史》卷26《仁宗纪》延祐四年春正月乙卯条。
③ 《元史》卷28《英宗纪》至治二年五月乙酉条。
④ 《元史》卷28《英宗纪》至治三年五月壬寅条。
⑤ 道光《云南通志稿》卷127秩官志·循吏·元·述律杰条。
⑥ 《元史》卷29《泰定帝纪首》至治三年九月乙未条。
⑦ 《元史》卷29《泰定帝纪》泰定元年六月戊午条。
⑧ 《元史》卷29《泰定帝纪》泰定元年六月己卯条。
⑨ 《元史》卷29《泰定帝纪》泰定二年秋七月庚午条。
⑩ 《元史》卷30《泰定帝纪》致和元年五月癸酉条。

望其助平乱事。第二，看来，当时各地起义锋芒所向，主要指向元朝统治者，而非段氏，因此段氏不愿直接插手，说不定还有挟以自重，乐于见到元朝政权和起义力量虎斗两伤，坐收渔利的用心。这虽是推测之辞，但当时双方关系的转变是有事实可以取证的。这里举出两条：其一，在元代，土官入京朝觐，本来是对朝廷表示忠诚、恭顺，以加强联系的一种方式。元朝早期，段氏北上朝觐为常有之举，段兴智就死在入朝的路上。从段实到段庆，更是"始终七觐阙廷，赏赉无算"①。可是从段正起，不见有入朝的记事了。只是延祐四年，征讨叛王有功的床兀儿入朝，仁宗"念其功而悯其老，召入商议中书省事，知枢密院事，大理国进象牙，金饰轿，即以赐之"②。也不闻有入朝之事。这恐怕是不能完全用政局不稳、地方不靖，段氏不能像往常一样经常入朝来解释，天历元年姚州土官高明自远述职，就是一个反证。③ 其二，关于姚州升路一事。按：姚州原属大理，天历兵变前后，却乘高明入朝的机会升为路。高氏一族在抵抗乱军中表现不错，事具前举《妙光寺记》和《升姚安路记》两碑。这很引人深思，特别《升姚安路记》里有这样几句话："姚安父老黎庶咸自庆幸如病初起，如醉遽醒，相率言曰：'州升为路，以高侯之故，若之何相与改观，以求无负圣天子之命？以无忘我高侯之惠？'……文宗改州为路，将以固远人之心志，此柔远之经也。上以昭时之制，下以著诸侯之节，可不务乎？虽然，为姚安之吏民者盍亦思曰：昔为州，赋贡附庸于大邦，狱讼受成于上府，今为路矣，言可以专达，事可以专决，谁实使之然哉？……为邦侯亦盍思曰：州升为路，恩至渥也。"细玩文义，一则可知姚安士民对摆脱大理管辖的喜庆之情，再则显见元朝政权升姚安为路，不外借此笼络土官高氏，使姚安归于行省直接统管，从而削弱段氏的职权范围，实行分而治之。段氏对此自然不会不心领神会的。情况如此，元政权怎么还会依仗段氏出兵平叛，而段氏又怎么能如前之任凭行省调动呢？据此，泰定二年段隆所立的大崇圣寺碑，就可从另一角度来考察。诚然，碑序中说了许多元朝统治者待段氏如何优渥及段氏不胜感恩的话。查崇圣寺是段实就蒙氏旧建而重新修缮的，段隆有什么必要在经三任总管，时过六七十年之

---

① 《新纂云南通志》卷93《金石考》所收《大崇圣寺碑铭并序》。
② 《元史》卷128《土土哈传附床兀儿传》。
③ 参见《升姚安路记》。

后,"遣介走书"请行省参政李源道撰文来立碑呢?且碑文于感戴之余,累述段氏"臣属天朝,勤劳王家"的"忠勤",实兼寓炫功之意,而李源道在碑文中所加的一段议论,尤其触目。他说:"尝试论之……天何尝贵报于人哉!人蒙厚施而不食其报,亦理之常,无足怪者。……为段氏之子孙者,无他焉,在乎迁善远恶,毋羞尔祖,厉尔民,以悲愿悯生识,以忠勤报国家,如斯而已矣……"这口吻,无疑是警告段氏不要蒙厚施而不报,有羞尔祖,而以远恶迁善、忠勤报国来期许了,措辞相当严厉。可以设想:立碑并不足以表明此时段元交好,段忠于元,而是已表露出某些段元关系趋于紧张的迹象。

那么,《南诏野史》载"天历元年授俊云南省平章",并说"段平章之名始于此",① 又作何解释呢?第一,此事不见于《滇载记》,确否不可知;第二,即使果真授段俊为平章,大概也是遥领的虚衔而非实职。这样的例子是有的。《元故文林郎同知重庆路泸州事罗君墓志铭》载:"伯胡拥兵以叛,累岁不能讨,曲靖宣慰使鬼宗亦蛮酋也,助兵一万夹攻之,伯胡就缚。幕府上功,擢鬼宗参知政事。将上,省臣上下莫不与之,君力争曰:'云南亲王临莅之地,辨章而下,多八座大臣,何得有蛮酋位耶!苟录其功,使以参镇之名,自镇其土足矣。'……"② 是其证。综上种种,段氏在天历兵变中没有参与平叛,是不难索解的。屠寄注意到了这一点,他说:"至顺初,秃坚不花之变,大理不附逆,亦不助王师。"夹注:"颇疑当时大理独立,不受王府、行省节制。"③ 笔者认为,此时"独立"还说不上,但"不受王府,行省节制",却已见端倪了。

(刊于《民族研究》1990 年第 5 期)

---

① 王崧本:《南诏野史·段俊传》。
② 《宋文宪公全集》卷11。
③ 屠寄:《蒙兀儿史记》卷110《段实传》。

天历兵变之后的段元关系

至元十一年云南行省建立后，元政权和大理总管段氏的关系进入了行省、宗王、段氏并立时期。元朝中叶以后，云南虽然仍有行省、宗王、段氏并存，但国势渐趋衰乱，段氏乘机坐大一方，与行省分庭抗礼，终成尾大不掉之势，乃至以兵戎相见，形成所谓段元"分域构隙"的新局面，时间是至顺元年至至正二十六年（1330—1366）。至于段元"分域构隙"从什么时候开始，各书所记不一，但有一相同之点，即段元交兵乃在段光主国事时。据考，段光并未做过总管，但主持过军事，时间应在至正十二年段功任总管之前。需要指出的是，笔者认为，段元双方由于关系恶化而导致战争，不过是矛盾的总爆发，其分域构隙的契机，视此为早。有迹象表明，天历兵变乃是一个真正的转折点，因此段元分域构隙，段氏势力坐大时期，应定为至顺元年至至正二十六年，亦即由天历兵变讫于段功见害于梁王把匝剌瓦尔密之年。

一 几条值得注意的信息

在这段时期，段元关系的演化方面有以下几条信息颇为重要。

第一，在元代，通常是云南王驻大理，而梁王驻中庆。但天历兵变后的两个云南王阿鲁和孛罗，驻地却都在中庆，并不在大理，这显然表明，大理此时已不容云南王插足。昆明筇竹寺回鹘式蒙古文《云南王藏经碑》是阿鲁于后至元六年立的，碑里说："俺云南王阿鲁的言语：俺来到此地无一件善举，怎地这里耆宿百姓给俺树碑了呢？这里耆宿百姓说：伯忽、阿禾、秃坚诸王叛后，俺的百姓非常困乏，死者被弃下，残存者缺乏食物，寻食物去了。俺的逃亡者很多啊。如今俺的死者如同复活了一般，俺的逃亡者全都归来了。太师来后，俺的田禾好起来了，俺的百姓做生意也如从前一般了。树碑的缘故如是。'这些耆宿百姓这般说着树碑。"① 按：筇竹寺在今昆明西郊玉案山，据碑文，显然是云南王阿鲁长驻昆明的口气。在近年来凤仪北汤天所发现的经卷中，很大一部分是明朝初年由昆明搜集、运载而去的。其中有的钤有"阿禄云南王国补觉照寺藏经"的印章，阿禄即阿鲁，译字偶异。检《新纂云南通志》引雍正志及光绪志，觉照寺在昆明城南土桥，俗名大东寺，清咸丰七年毁于兵燹②。这也可见阿鲁是长驻中庆的。其次，关于孛罗，据邓麟《至正桥记》云："……三公协心废举弊除，越明年（按至正十一年），政通人和，乃亦有秋。冬十月因经桥所，见横波植柱，栈木布土，往来者动摇惊惧，如临履渊冰然。……岳（柱）公曰：'古人云，桥梁不修，刺史过也。矧兹桥西抵通衢，东犍驿路，而控制方面，雄伟尤称，苟改作，徒劳民力，事有似缓而实急者，正谓此欤?'二公及僚属等闻而是之，谋不再集，各割俸金，以藏厥事。云南王孛罗暨本道宪副也先、明德等嘉是役便也，竟以资俸先界。"③ 此亦是孛罗驻昆明之证。阿鲁和孛罗以云南王之位本应驻守大理，却长驻昆明，从中透露出天历兵变后段元关系新变化的信息。

第二，自把匝剌瓦尔密至正十六年以梁王镇守云南，直至二十六年，除十六年有识里木为云南行省左丞的一条史料④外，其余平章参丞者无一人可考。至正二十三年封段功为平章，不过是虚应故事而已，此时梁王实际上已取代行省而揽大权于一身，所谓段元关系已具体化为段梁关系了。

第三，这期间，段元关系还是有张有弛，有所松动，不是从始到终都是水火不容的。梁王的政令也并非完全不能行于大理。支渭兴所撰的《中庆路增置学田记》说："至正十六年秋七月，诏以正议大夫，西蜀四川道肃证廉访副使汉中蒲机为云南诸路肃政廉访使。……公谓学校风化之原，人才自出，宪政所当先也。于其劝诱之方，经理之道尤尽心焉。迺与副使秃鲁，佥书阿鲁温察、王钦，幕宾经历张怀义，知事崔有恒，照磨干赤共议，差官编诣州县考正，阅其地凡归侵疆以双计者若干，得逋租以石计者若干，备书田之所在，界之所在，与其双数于籍，有司、学官、宪府

---

① 道布：《回鹘式蒙古文"云南王藏经碑"考释》，《中国社会科学》1981年第3期。
② 《新纂云南通志》卷114祠祀志·寺观·云南府·昆明县。
③ 《新纂云南通志》卷94金石考。
④ 《元史》卷142《答失八都鲁传》。

各藏其一，且识于碑阴，以备他日取证。又总新故租，度岁用外粜其余以济贫民，得中统宝钞五百八十余锭，移文中庆总府转达行省，请于梁王，以市大理路赵州没官田二百一十九双三角。王曰：'善事也'。乐允所请，行省诸公亦赞成之，岁增租一百三十八石六斗，于是仓廪充，财用足，师勤士励，教化大行。"① 此梁王当即把匝剌瓦尔密，② 《新纂云南通志》"族姓考"以之属云南王孛罗，并据平显《建立华严寺碑记》称周王，说："此周王即孛罗，《元史》称云南王孛罗，以所在地称之"③，误甚，同书金石考已考订华严寺碑为伪作，不足据。④ 从此碑可以看出：一方面，在梁王把匝剌瓦尔密在位时，还可以到大理路所属的赵州去买没官田以为中庆路学田，可见大理总管段元功犹奉朝命，所以梁王后来得以借助段功的兵力镇压红巾军，而复省治。可是另一方面，也从而可知，此时大理早已拥有重兵，与梁王分庭抗礼，非如从前可以随意调遣了。

二　天历兵变中的段氏

既然在这段时间内段元关系的变化是以天历兵变为转折点，研究这个问题就必须先从天历兵变入手。

天历兵变发生于天历三年即至顺元年（1330），乃是反映了整个元朝政局大动荡的两都争位的余波。事情大致是这样：泰定五年（亦即天历元年，1328），泰定帝也孙帖木儿病死于上都，留守大都的金枢密院事燕帖木儿等人乘机发动政变，迎立武宗的儿子和世㻋。和世㻋远在西北不能遽回，由他的弟弟图帖睦尔先行即位，改元天历，是为文宗。上都以曾经以梁王镇守过云南的王禅为首的群臣得讯，也拥立了泰定帝的儿子阿剌吉八即位，改元天顺。双方兵连祸结，最后以上都的失败告终。和世㻋即位不到一年，是为明宗，旋为燕帖木儿害死，文宗复位。在两都争位中，西南方面先有四川行省平章囊加台依附上都，举起叛旗，后失败被杀。而云南以诸王秃坚为首的乱事继起。秃坚原在上都参与王禅跟大都的作战，兵

---

① 《新纂云南通志》卷94，金石考所收，误字据《景泰云南图经志书》所收原文校正。
② 据《蒙兀儿史记》卷105《把匝剌瓦尔密传》，至正十六年把匝剌瓦尔密在梁王位。
③ 《新纂云南通志》卷172族姓考·元代云南诸王世系·孛罗条。
④ 《新纂云南通志》卷94，金石考所收《建立严华寺碑记》跋语。

败后逃回云南，至顺元年，与万户伯忽、阿禾等抗命起事，攻陷中庆，拘杀行省官吏，秃坚自署云南王，伯忽为丞相。乱事逐步扩大，元政府调集了四川、陕西、湖广、江浙、河南、江西等数省十余万大军进讨，而时约两年，乱事始平，这就是天历镇兵之变。

天历兵变是云南，乃至全国的一件大事，可以说是在元朝日趋衰乱的形势下，云南阶级矛盾、民族矛盾、统治阶级内部矛盾的总爆发，也是元朝在云南的统治趋向没落，出现动乱不稳的转捩点。当时有人慨叹"天历建元以来，云南久安之境，乃以弗率闻"①。后来的史家也说："云南安静将五十载，变起仓卒，人心危惧。"② 其影响至深且远。直到顺帝元统二年，中书省臣还上言说："云南大理、中庆诸路，曩因脱肩（秃坚）、败狐（伯忽）反叛，民多失业，加以灾伤民饥，请发钞十万锭，差官赈恤。"③ 前引《云南王藏经碑》对此记得就更为具体了。

历史记载表明，在兵变中，各少数民族上层，从自己的切身利益出发，分别站在不同的立场上，卷入了这场统治阶级内部斗争的旋涡。由于叛军声势颇大，行省无力抵抗，只有"檄各州举兵，即以土人督师"④，向土官求援。姚安路总管高氏的宗子阿海"率邦人御贼于险，俘馘甚多"⑤。至顺元年十一月，仁德府（在今寻甸县东）权达鲁花赤曲术纠集义兵以讨云南，酉败伯忽兵于马龙州。按：曲术族属待考，必非土著，但他所纠集的兵众应多是当地的少数民族。又芒部路九村夷人阿斡、阿里"愿备粮四百石"，"民丁千人，助大军进征"⑥。此外，顺元土军、朵甘思、朵思麻及巩昌等处吐蕃军也参与了对秃坚的征讨。这些，显然都是支持行省平叛的。相反，站在秃坚一方的少数民族上层也不少。史载："天历初，镇兵扇诸蛮作乱"⑦，知诸蛮附于秃坚者不一。乌撒土官禄余降于秃坚后，罗罗斯诸蛮俱叛，共土官撒加伯合乌蒙蛮兵万人攻建昌县⑧，致

---

① 《道园学古录》卷10《题萧从道平云南诗卷后》。
② 诸葛元声：《滇史》卷9。
③ 《元史》卷38《顺帝纪》元统二年六月丁巳朔条。
④ 诸葛元声：《滇史》卷9。
⑤ 欧阳玄：《升姚安路记》，附载《新纂云南通志》卷93金石考所收《妙光寺记》后。
⑥ 《元史》卷35《文宗纪》至顺二年春正月己卯条。
⑦ 《元史》卷34《文宗纪》至顺元年七月癸未条。
⑧ 《新纂云南通志》卷94金石考所收《中庆路学礼乐记》。

使"云南秃坚、伯忽等势愈猖獗，乌撒禄余亦乘势连约乌蒙、东川、茫邮诸蛮，欲令伯忽弟拜廷顺等兵攻顺元"。看来在这次兵变中，很多民族上层都怀着不同的目的加入了对立的双方，使统治集团内部的斗争又加入了民族矛盾的成分，两种矛盾交织在一起，形成一种错综复杂、头绪纷繁的局面。令人奇怪的是，作为云南最大土官的大理总管段氏，在这次兵变中态度如何，充当了什么角色？遍查史料，竟无一字的明确记载。笔者经过多方考证（因篇幅所限，考证内容将作为单篇文章另行发表，兹不赘述），认为段氏在天历兵变中既没有参加兵变，也没有参与平叛，而是拥兵自重，忙于发展自己的势力。这一点，其实早有史家察觉到了。屠寄就说过："至顺初，秃坚不花之变，大理不附逆，亦不助王师。"夹注，"颇疑当时大理独立，不受王府、行省节制"①。平心而论，此时"独立"还说不上，但"不受王府、行省节制"，确已发其端了。

三 梁王总揽大权，行省有名无实，段氏坐大一方

天历兵变虽被敉平，但云南的局势并没有完全稳定下来。领兵平叛的镇西武靖王搠思班就认为，"蒙古军及哈剌章、罗罗斯诸种人叛者，或诛或降，虽已略定，其余党逃窜山谷，不能必其不反侧。今请留荆王也速也不干及诸王锁南等各领所部屯驻一二岁，以示威重"②。果然，不出两个月，"乌撒、罗罗蛮复杀戍军黄海潮等，撒加伯又杀掠良民为乱。命云南行省及行枢密院，凡境上诸关戍兵，未可轻撤，宜视缓急以制其变。"③加上连年交兵，灾伤饥馑相仍，民多失业，至顺三年，元朝政府接连下令"免云南行省田租三年"④，"赈钞十万锭"。直到顺帝元统二年，还在"差亩赈恤"。局势的动荡不安，自然是在所难免的。

前已指出，天历兵变后，云南王已长驻中庆，不临大理。梁王把匝剌瓦尔密在位，行省更如同虚设，政令一出王府，集大权于一身。这就事实上在云南出现了壁垒分明的两个政权——中庆的梁王和大理的段氏，分域

---

① 《蒙兀儿史记》卷110《段实传》。
② 《元史》卷35《文宗纪》至顺二年夏四月壬戌条。
③ 《元史》卷35《文宗纪》至顺二年六月丙寅条。
④ 《元史》卷38《顺帝纪》元统二年六月丁巳朔条。

构隙的局面形成了。《蒙兀儿史记》说："梁王国中庆，而段氏世守大理，一恃宗亲，一恃故物，两不相下。王府陪臣多骄恣，凌轹段氏，渐构瑕隙。"①按：此语实本《续弘简录·大理传》，传云，"时梁王围善阐，而段氏世守大理，一恃宗亲，一恃故物，两不相下。王府诸人多骄恣，凌虐段氏，渐构成隙"②。但《续弘简录》云云又似乎出于《滇史》。《滇史》说："梁王出封，专居鄯阐，而段氏总管世守大理，一恃贵族，一恃敌物，两不相下。王府诸人多骄恣凌虐，段氏渐不堪。于是猜疑日甚，遂相构隙。信苴潜戢兵以防宗王，滇东西遂成敌国。"③这说得明明白白，其"潜戢兵以防宗王"一语，更可为大理段氏暗中扩充实力，不出兵助平天历兵变的注脚。《滇史》的作者诸葛元声是明朝中叶人，所说应当有据。

　　各书皆说梁段的正面冲突是在段光的时候。段光虽然没有做过总管，初时官位不甚高，但善能将兵。关于段梁之争的年代以及段光的对手，则各书各记有所不同。《滇载记》说：八代总管信苴段光，"时元大德中，中原板荡，梁王以元宗室镇善阐，与段氏分域构隙。至大二年，梁王大破光兵"④。《南诏源流纪要》所记同。⑤《滇略》说："武宗至大元年，以诸王老的袭封梁王。梁王伐大理，破总管段光兵，杀其将高蓬。"⑥《滇史》："至大二年（己酉）三月，梁王在云南有风疾，以诸王老的袭封梁王代镇云南。至滇之日，即信臣下挟谋，举众向大理，大破段光兵。"《滇考》亦将此事系于至大二年。⑦《滇黔志略》又说："成宗大德中，梁王帖木不花以宗室镇善阐，与段氏分域构隙，武宗至大二年，梁王攻总管段光，兵败光死，子功继之。"⑧师范《滇系》记为："武宗至大元年，以诸王老的袭封梁王。梁王伐大理，破总管段光兵，杀其将高蓬。"⑨各本《南诏野史》于此事所记年代和段光的对手又与上举各书不同。淡生堂本《南

---

① 《蒙兀儿史记》卷110《段实传》。
② 《续弘简录》卷42。
③ 《滇史》卷9。
④ 《滇载记》八代总管信苴段光条。
⑤ 蒋彬：《南诏源流纪要》。
⑥ 谢肇淛：《滇略》之七《事略》。
⑦ 冯甦：《滇考》下《元云南诸王》。
⑧ 谢圣纶：《滇黔志略》卷1《云南沿革》。
⑨ 师范：《滇系·事略》。

诏野史》说："至顺乙丑，光主国事，番兵化耗，孟州判官李生等守白崖，适高蓬卖国，番兵乘胜长驱，破河尾，我兵败之，河赤不流。……二年，段光遣张希矫、杨生、张连与梁王报仇，光兵大败，止存三人。次年（三年）梁王复侵大理，段兵大胜。"① 按至顺无乙丑，观下文有二年，次年（三年）的记事，则此处或为"元年"之误。"番兵"当指蒙古兵。王崧本《南诏野史》所载时间稍后，说："顺帝至元元年乙亥，光主国事，番兵作乱，孟州判官李生等守白崖。适高蓬卖国，番兵乘胜长驱，破河尾，我兵败之，河赤不流。……三年，光遣张希矫、李生、杨连与梁王报仇，光兵大败，止存兰人。次年（四年）梁王复侵大理，段兵大胜。"② 《增订南诏野史》于此所述又异，说："段光，元顺帝妥懽帖睦尔癸酉元统元年袭，朝命止授为承务郎、蒙化州知州，番兵作乱，孟州判官李生等守白崖，值高蓬新败，番兵乘胜长驱，破河尾关，光率兵大败之，斩馘无算，河水尽赤，为之不流。元统二年，光以先与梁王把匝剌瓦尔密孛罗因分域构隙，至是遣张希矫、杨生、张连等发兵攻梁王，不胜，士卒多死，希矫等遁归。顺帝至元元年，梁王侵大理，光自督兵，与战于昆弥山，梁王大败，凯还。……（至正二年）梁王刺杀段氏臣高蓬。先是光令蓬督兵罗那关，梁王使人暗招之，蓬不从，答之诗云：'寄语下番梁王翁，檄书何苦招高蓬。'……梁王忌之，乃重赂蓬庖人刺杀之。"③

综上各书所记，则梁段交兵的年代，有至大元年、二年，至顺元年、二年、三年，后至元元年至四年，元统元年，二年诸说。与段光交兵的对手有梁王帖木不花、梁王老的、云南王阿鲁、梁王把匝剌瓦尔密孛罗（按以为一人）等人，众说纷纭，必须加以考辨。

首先，以《滇载记》为代表，把段梁战事系于至大年间这种迄今仍为广泛引用的传统说法，是大有疑问的，因为此时在任的是第三任总管段正，与至正年间主持军事的段光相差三十多年，而且至大年间任云南王的老的罕未任梁王，时间、对手均对不上，查其间并无段梁兵争之事，证以段正的继任总管段隆，泰定二年还曾立石，请行省参政李源道撰文，以寄

---

① 淡生堂本：《南诏野史》段光传·高蓬卖国条。
② 王崧本：《南诏野史》段光传。
③ 《增订南诏野史》段光传。

其"先人臣属天朝,勤劳王家,建崇圣佛刹思报国恩"①之心,此意甚明,所以此事发生于至大年间之说可排除。

再看至顺元年至三年说,此时正值天历兵变,云南无宗王,唯秃坚自立为云南王,后兵败不知所终,至顺元年的大理总管为段隆,二年至三年的大理总管为段俊。如前所说,天历兵变是元朝统治者的内讧,而段氏在这段时期内是忙于发展自己的势力,所以段梁无从交兵。《增订南诏野史》把作战之年系为元统元年、二年,至元元年,对手则定为梁王把匝剌瓦尔密孛罗。按:把匝剌瓦尔密为孛罗之子,此处似当作一人,恐不可信。问题还在于,元统元年云南无宗王镇守,元统二年至至元元年乃是云南王阿鲁在任,且阿鲁并未封梁王,所以元统元年、二年和至元元年之说也不能成立。

从至大二年到至正年间,在云南的梁王先后有孛罗和把匝剌瓦尔密。孛罗哪一年代阿鲁镇守云南无考,至迟似不会晚于至正六年,②他后来在至正十五年晋封为梁王,所以也可以称为梁王。③ 核以段功至正十二年继为大理总管,而其时他跟梁王把匝剌瓦尔密的关系尚可相安,段光主持军事工作在至正十二年之前,所以颇疑孛罗与段光的兵争发生在至正六年至十二年之间,无可取证,录以备考。

四 段功的被杀,段梁关系急转直下

段梁关系过此曾一度趋向缓和,可证之以合力征讨思可法及剿灭红巾军二事。自然,这是由他们的阶级本质所决定的。段梁皆属统治阶级,他们之间的矛盾虽然交织着民族矛盾的成分,但总的说来,仍属统治阶级内部的矛盾,当他们的利益一致、休戚相关的时候,是可以暂时化除前嫌、联成一气的。元朝末年,今德宏地区的麓川政权兴起,其土官思可法"数侵扰各路"④,这是一个野心很大的新兴封建领主,"不仅把元朝廷在

---

① 《大崇圣寺碑铭并序》,《新纂云南通志》卷93《金石考》所收。
② 《蒙兀儿史记》卷105《把匝剌瓦尔密传》。
③ 同上。
④ 钱古训:《百夷传》。

这一带地区建置的百夷土司大部分兼并了,还跨过怒江,侵扰内地"①。此举不仅给元朝在云南的统治造成威胁,也直接影响段氏的势力范围,在这个共同点上,使得段梁又联合起来,对付思可法。元政府一面"命河南参政贾敦熙督师,会云南路兵讨之",同时以段功为前锋,"屡战克捷",叙功升段功为大理总管,寻升参政。②段功参加了讨伐思可法的战事,是不能排除此种可能的,至于说他"屡战克捷",未免有些夸大,事实上思可法此时并没有被制服,而是"乘胜并吞诸路而有之,乃罢土官,以各甸赏有功者"③。胡蔚系此事于至正六年,及说段功本年因征思可法有功而为总管,在年代上有点靠不住。《滇云历年传》以段功至正四年袭蒙化知州,而以十二年袭大理总管,并加按语说:"至是八年而始奉朝命,以与梁王争构而罪之也"④,隐隐透露出段梁关系多少有些松动的消息,所说较为真实。行省买大理路赵州没官田以为中庆路学田,正在这个时期。

接着有段功助梁王剿灭红巾起义军之事。元朝末年,统治阶级内部的倾轧日甚,政治、军事、财政混乱不堪,极端腐败。人民在层层重压和剥削下无以为生,起来反抗的增多了。一些蒙古大臣对汉人、南人也愈加恐惧和猜忌,采取了更加残暴的手段进行镇压,有人竟然提出"请杀张、王、刘、李、赵五姓汉人"的毒辣建议,连元顺帝也不敢采纳。⑤加上这时水、旱天灾不断发生,给人民造成很大的祸害,饥民流离载道,出现了"沟中人哭尸,道上母抛儿"⑥的惨状。因此,趁着贾鲁集中十七万军、民工挖黄河,使复故道之机,在"石人一只眼,挑动黄河天下反"这一口号的鼓动下,掀起了波澜壮阔的大起义,其主力就是韩山童(后牺牲)和刘福通领导的汝、颍一带的红巾军。

另外有湖广、江西徐寿辉所领导的农民起义军,也是红巾军的一支。至正二十年(1360),徐寿辉为部将陈友谅所杀,自立为汉,先期入川的另一部将明玉珍遂也于至正二十二年(1362)在重庆称帝,

---

① 江应樑:《百夷传校注》序言,云南人民出版社1980年版。
② 《增订南诏野史》段功传。
③ 李思聪:《百夷传》。
④ 《滇云历年传》卷5。
⑤ 《元史》卷39《顺帝纪》至元三年十二月是岁纪事。
⑥ 张翥:《张蜕庵诗集》卷1《书所见》。

国号夏。次年，派部分红巾军攻云南。分兵三路；万胜由界首入、邹兴由建昌入、芝麻李由八番入。胜兵不满一万。皆以一当十，一路势如破竹，锐不可挡。"初临乌撒（今威宁），蛮酋纳款以供输，继次马隆（今马龙），敌望风而奔溃，遂由驿路踏入滇池。士民冒雨以争降，官吏叩头而请罪，一毫不染，万室皆安"。① 大军胜利进驻中庆，此际"梁王及宪司皆奔威楚，诸部悉乱"②，无已，只好"征各处兵救援"③，特别"乞援于（段）功"④。段功并没有立即应召赴命，而是在面临红巾军追击梁王、兵迫大理的情况下，谋于员外杨渊海，对形势做出估计，谋求对策，最后"渊海卦之吉"，为求自保，才决定出兵，又和梁王在镇压农民起义军这一共同点上联合起来，一致对付红巾军。《滇载记》记载作战经过说，"（段功）乃进兵至吕阁，败红巾军于关滩江，杀获千计。红巾收合余衅，再战复胜，杀段功骁酋铁万户。红巾屯古田寺，段氏夕潜火其寺，红巾军乱，死者什七八，又追至回蹬关，大败之。红巾大呼之曰：'待明年来复仇！'……遂急收军，功追之至七星关，又胜之而还。"⑤ 于是"万胜以孤军不可深入，士多战伤，乃留建北元帅聂千户守之，遂引还重庆"⑥。入滇的红巾军，就这样回师了。

从这一战争过程可以看出。经过三十多年的苦心经营，段功此时已拥有一支战斗力很强的部队，连梁王也不敢正眼看他，要仰仗他来救难。因而曲意奉之，不惜以自己的女儿阿盖下嫁，奏授之为云南平章，段功从此威震西南。但是段梁之间的矛盾并没有从根本上解决，梁王对段功依然存有戒心，所谓"虽阳德之，心实忌之"⑦。次年，段功因思念阿盖，不听劝阻，又从大理回到中庆。有人私下向梁王进谗言说："平章此来，有吞金碧之心"⑧，这正中梁王的大忌，因而谋于阿盖，以孔雀胆害之。阿盖

---

① 黄标：《平夏录》。
② 《滇载记》九代总管段功条。
③ 《滇史》卷9。
④ 《蒙兀儿史记》卷110《段实传》。
⑤ 《滇载记》九代总管段功条。
⑥ 黄标：《平夏录》。
⑦ 《万历云南通志》卷16《羁縻志》南诏始末。
⑧ 《滇载记》，各本《南诏野史》。

不肯，把这话对段功说了，段功不信。至正二十六年，梁王以请段功到东寺演梵为名，设伏于通济桥杀之。从此，段梁关系急直下，完全破裂而不可收拾了。

（刊于《云南社会科学》1989年第6期）

略论元明时期云南白族地区所有权的变化

云南白族地区在唐宋时期处于南诏国和大理国的统治之下，所有权形式与内地有较大的不同，土地基本属于国家所有，白族群众没有土地所有权，其他个人财产也很少自由买卖。元代在云南实行行省制，政治上的统治和全国划一后，随着经济的发展，与内地各方面交流的加强，各方面的情况发生重大变动。白族地区也是一样，其中所有制方面的变化尤为明显，明代随着中央王朝对大理地区统治的进一步深入，当地的所有权形式又发生新的变化。本文拟利用所见的历史文献和金石文契中反映的材料，从法制史的角度对这种变化进行剖析，以求教于大方之家。

一 元代的变化

元代云南中庆、大理等经济较为发达的白族聚居区已经进入地主经济。在这些地区，国家法律承认并保护私人的所有权。土地是农民赖以生存的基础和最重要的生产资料，在这些地区，私人占有土地已是较为普遍的现象。元政府承认土地的私人所有权，并用法律的手段保护土地的私人所有，允许土地可以自由买卖。历史文献、金石文契中反映出大量这方面的情况。元代中庆（今昆明）《盘龙禅庵诸人舍施常住记》中记有对寺院施舍田亩的人名、田地坐落四至，还记有买田所用真巴或中统钞的数额（按：巴即海贝，是古代云南少数民族地区普遍使用的货币）。碑中记载了22项买卖田地事宜。从碑中所载内容来看，买卖土地的有僧户、站户、寸白军户、当差户、一般农户，体现了元代云南白族地区土地买卖已经比较普遍，而不是个别现象。这种私人所有土地之间的买卖，用碑刻形式记录下来，是为了"以志不朽"，[①] 承认买卖的合法有效。从《盘龙禅庵诸

[①] 《太华寺常住田地碑记》，原碑存于昆明西山太华寺。《通海普光山智照兰若记》，《云南蒙古族简史》所载。

人舍施常住记》的记载来看，元代云南已经有了用于土地买卖的文契。记载第 14 项说李姓生前买到水田禾地三双，分在两处舍施作常住，各记四至为凭。"后伊婿赵寺等告争，有阿弥和劝本庵出备中统钞四十定，连先买契据立契。"即在原契之外，添价立新契。① 买卖契约显然是承认所有权合法化的手段之一。方国瑜教授认为这些记载"有详或略，盖据契约摘抄，故多田契成语，足资考究"②。由此看来当时云南已有土地买卖契约。大理地区有一段典型的史料说明政府利用法律手段保护当地白族群众的土地私人所有权："南诏海中积葑成淤，而浮游水上，夷僚耕种之，号曰葑田。田如不系舟，西东无定，人交相为盗，人君命记字为号，疏其步亩及四至所属上于官，官为给券，使有所冯（凭），复植木栈海岸，严其畛域，不相淆乱，或海潮漂荡，有藉以为奸者，俾出券环为证之，竟归其旧。"③ 文中所说的官员是任宦云南的罗文节，这是云南行省用法律手段保护私人田地所有权的典型证据。仔细分析这段史料，可以看出：其一，当时白族群众耕种的葑田，由于浮游水上，东西无定，容易发生"交相为盗"的纠纷。当地官员为了解决这个问题，采取措施"记字为号，疏其步亩及四至所属上于官，官为给券，使有所冯（凭）"，政府承认白族群众的葑田的私人所有权，并发给凭证，又"复植木栈海岸，严其畛域，不相淆乱"，由官府采取措施，维护当地葑田的秩序。其二，如果发生"有藉以为奸者"，霸占别人葑田的情况，政府出面干预解决，"俾出券环为证之"，只要葑田所有人能出示占有葑田的凭证，政府便利用法律手段"竟归其旧"。这条史料有力地说明元代白族地区的田地所有是受到法律保护的。除前面所举罗文节在大理地区颁发凭证，承认和保护白族人民的私有田地外，赛典赤等人在中庆建文庙时，曾买田八双作为庙学的日常开支费用，又后增到五百九十二双。这些田地被当地异端豪民霸占，为了维护庙学对这些土地的所有权，云南诸路肃政廉访使蒲机与副使秃鲁，佥事阿鲁、温察王钦，幕宾经历张怀义，知事崔有恒、照磨干赤专门研究了这件事，派遣当地官员实地调查，对这些田地的四界所在、双数

---

① 双为古代云南白族地区特有的土地单位，一双等于四亩。
② 方国瑜：《盘龙禅庵诸人舍施常住记概说》，《云南史料丛刊》（第三卷），云南大学出版社 1998 年版，第 346 页。
③ 宋濂：《宋文宪公全集》卷 11《元故文林郎同知中庆路泸州事罗君墓志铭》。

都进行了登记,有司、学民、宪府存档,并刻于碑上,"以备他日取证"。① 这样,通过法律手段把田地归还庙学,保护了庙学对这些土地的所有权。云南行省右丞也对此事进行过处理,"按庙学旧籍夺归之"。

云南是元代屯田的重要地区之一。屯田分为军屯和民屯两种。云南的民屯在行省建立之前就已经开始,元政权在云南设立了专门的官员管理屯田事宜。至元四年张立道任大理等处劝农官时,就兼领屯田事。② 但屯田的规模较小,行省建立后,大规模的民屯在行省组织下进行。元代云南组织民屯的地方有中庆路、威楚路、鹤庆路、大理金齿等处宣慰司、曲靖等处宣慰司、罗罗斯宣慰司、临安宣慰司等地。③ 其中很大一部分是在白族地区。参加民屯的人员,大部分是漏籍人口,至元十一年,白族聚居的中庆路达鲁花赤爱鲁阅中庆版籍,得隐户万余,以4000户即其地屯田。④ 可见参加民屯的也有一部分是新划出来的编民。至于民屯的土地,无地的漏籍户和编民,由官府拨给土地;有土地的民户,则自带土地参加屯田,这些自带的土地称为"已业田"。元代云南以白族为主的"爨僰军"参加屯田的记载颇多,其中大部分是自带"已业田"。乡兵参加官府组织的屯田后,与原来本民族封建领主之间的依附关系相对松弛,已有寸白军、"爨僰军"军户卖土地的记载。⑤ 可见元代白族群众已可支配和处理自己的土地。

除了田地外,白族群众的房屋等私有财产也受到法律的保护。宗王府养的马匹很多,没人管理,到农民的田地里损害庄稼,而牧马的人在老百姓家食宿,使当地群众不得安宁。当时的云南行省官员忽辛专门划地,置草场,并且修建了牧人居住的房子。这样就保护了当地老百姓的田地和房屋不受侵扰,"民得以安",维护了他们的所有权。⑥《通海普光山智照兰若记》中谈道:"廉访司省会拟付洒扫户成升等,置到:一户来保,一户福生。一住宅一院,东至玉君,南至道,西至杨福,北至王应。"⑦ 方国

---

① 支渭兴:《中庆路增置学田记》,《新纂云南通志》卷94《金石考》。
② 《元史》卷167《张立道传》。
③ 《元史》卷100《兵三》。
④ 《元史》卷122《昔里钤部传附爱鲁传》。
⑤ 李源道:《为美县尹王君墓志铭》,《新纂云南通志》卷93《金石考》。
⑥ 《元史》卷125《赛典赤赡思丁传附忽辛传》。
⑦ 《通海普光山智照兰若记》,《云南蒙古族简史》所载。

瑜教授认为，这是廉访司判案，没收住宅一院，作普光寺产业，有二户居民（来保、福生）解省会议，拟付洒扫户永充劳役。① 这也是官方通过判决，改变房屋所有权的例子。

二 明代的变化

明代随着生产的发展和中央政权在白族地区统治的逐渐深入，当地的房契、地契、田契较之元代增加很多，说明当地的白族人民个人所有权的意识增强，而且懂得用契约的形式将所有权固定下来，以便受到政府和法律的保护。所有权涉及房屋、田地等私有财产。以下列举数个契约分析说明。

明代白族地区买卖房屋的地契有：

> 立绝卖房契人临安卫右千户下舍董一言同男董志良，为因家下急钱使用，别无得处，情愿将自己原买到的楼房一所，前后上下四间并天井平房一间，门扇俱全，东至郑秀房，南至张儒房，西至街，北至祁发信房，四至分明，坐落北门内正街。其房因为歪斜倒塌，不堪住坐，凭中议作时价纹银贰拾肆两重，其银恐有杂色不及银水，每两估时值海巴玖拾卉，共该巴贰仟壹佰陆拾卉整。立契绝卖与前所乡百户所军丁钟大用，钟大节名处永远为业，听从修理住坐。当日房银两相交付明白了当。自卖之后，人尚有口（分）换及各人争竞，买主乙面承当，成交之后，二家各无番悔，如有番悔者口罚白米五斗入官公用。其银色足并无口口，私债准口是二家两相情愿，别无异词，今恐人信难凭，立此绝卖房契永远为照。
>
> 实绝卖楼房一所，四至价值在前，门扇俱全。嘉靖贰拾柒年柒月二十七日立绝永远绝契有照。②

按：这个卖房契约可看出不少明代云南民事关系中所有权转移的情

---

① 方国瑜：《盘龙禅庵诸人舍施常住记碑概说》，附说《通海普光山智照兰若记》，《云南史料丛刊》第三卷，云南大学出版社1998年版。

② 马德娴：《明嘉靖时用贝买楼房的契约》，《文物》1963年第12期。

况。首先楼房的卖主董一言是临安卫的农民,买主钟大用、钟大节却是当地的军丁,说明当时百姓和当地驻军之间是存在买卖关系的。其次,地契中写明,出卖的这座房屋是卖主买到的,并非祖传产业,可见明代白族地区房屋买卖并不是个别现象。

现见到明末大理洱源西山卖山地契为:

卖山地契(洱源西山)

立卖山地契书人(罗)男杨奴今立地契为因家下急缺使用,别无辏备,情愿将大麦地处卖与载名下,议作地价税九百索,当日每年纳租三石五斗不得过户,如有过欠、少之日,杨成一面承当,二家各不许反悔,如有追悔之日,再罚地价一半入官公用,恐后无凭,立此地契存照

实山地价九百索纳三石五斗

崇祯十一年腊月初日

立山地契书人　罗杨奴

凭中人　罗羊城

山地存照

知见人段保生代字　借笔①

天启年间洱源西山的地价收付书:

地价收付书(洱源西山)

立与收付书人罗享奴系浪穹县下江嘴巡检司三板桥哨兵民,今立收付,为因原日故父罗文秀备价买到□岩场杨伦杨豹子等陆地壹段,今无力出卖与族兄罗三忍名下耕种,令地价海巴前后共收三次,约共巴二千五百索足,其巴一一收受明白,中间并无欠少压高,尚有日后享奴兄弟等不得异言,如有此人等甘□挟害之罪,今恐无凭立此收付存照

---

① 白族社会历史调查组编印:《云南省大理白族自治州碑文辑录附明清契文抄》(油印本),此书并未正式出版,系已故云南民族大学教授王叔武先生提供,谨此说明,并再次表示感谢。

宴收地价海巴贰仟伍佰索足前后共收割食羊酒叁席整
天启元年十一月二十九日立收付绝词书人罗享奴
同弟人　罗双添
凭中人　罗保子
楷笔杨汝泉①

鹤庆金敦万历年间的卖山地契：

宴卖山地契（鹤庆金敦赵家登）
立宴卖山地契文约书人杨神佑系本府表一图金茨禾住，为因缺用，情愿将自己祖遗山坡一面出卖与本图赵家登，合族祭需名下为业。其山坐落江东西山山脚，北至大井，南至杨姓买小井，东至山顶，西至开明山后，随税五合，受价海巴壹佰捌拾索，自此立契之后任从买主安置坟墓，神佑子子孙孙不得异言争说，如有异言争说之人，神佑一面承担，如违甘罚白米拾石入官，恐后无凭，立此宴卖山地契存照宴卖山坡一面系坐落江东，受价海巴壹佰捌拾索，山后随税五合，买主折入本户上纳再照
万历八年五月初七日立定卖山地书人杨神佑十
凭中人高三哥
代字杨眉泽②

从这些买卖田地的契约中可以看出，其一，明代云南白族地区的田地买卖是自由合法的，卖主既有白族农民，也有当地的白族乡兵。所卖田地的来源有祖传的遗产，也有自己买后转卖的，总之，自己所有的田地田主均具有所有权，可以自由处置。其二，这种买卖是合法的，得到官府的认可，因地契中明确写道："如有追悔之日，再罚地价一半入官公用""尚有日后享奴兄弟等不得异言，如有此人等甘囗挟害之罪""如违甘罚白米拾石入官"，可见田地买卖受到官府和法律的保护。其三，从这些买卖契

---

① 白族社会历史调查组编印：《云南省大理白族自治州碑文辑录附明清契文抄》（油印本）。
② 同上。

约中还可看出，明代白族军民签订买卖契约的程序基本与内地相同。除了卖主在契约上签字画押外，凭中人和见证人也要签字画押，买卖双方的权利义务在契约中一一书写明白，有的还要摆上几桌酒席，借此告知亲戚和乡邻。特别值得注意的是，在前面所举的洱源西山罗享奴卖田地的事例，一年之后，原卖主杨豹子的儿子又向第三任买主罗三忍索要"加添盖字费"：

> 杜绝加添盖字地契（洱源西山）
> 立重复加添杜绝地契书人杨豪系下江嘴民，今立因添为因故父杨豹子存日将索买得杨世荣等山场一处卖与罗文秀名下为业。至后伊男罗享奴将此地转卖与罗三忍名下，前后价贯具收明白□，因父卖子绝凭中仍向罗三忍添找盖字□后海巴六十索，当日兑众，地价收受明白，日后不得明生事端，族内弟兄毋得收害口陷，如违甘当重罪，恐后无凭，立加添杜绝重复盖字永远存照
> 寔受加添盖字海巴陆拾索整
> 天启二年九月初八日立　　加添书契人杨豪
> 凭中人罗子固
> 和见人罗享奴
> 代字人罗应时①

索要的理由是"父卖子绝"，内地也有类似的情况。
在大理地区还发现一通明末有关产权的碑刻：

> 云南分守金沧道参政王，为禁谕事。照得悉檀寺原系丽江府用价银贰佰伍拾两买到僧人洪时山场，经今一十四年，业已奏准建寺，并敕赐藏经矣。乃奸僧普种、普祥计串周严、石书等，生端谋骗。批行宾川州究明，仍断归悉檀。除批行外，合行出示禁谕。为此示仰本寺僧人遵守。仍照管业焚献。普种、普祥此番姑示宽政，宜痛自改悔，不得如前垂涎谋骗。如再生端，定行从重究治不贷。须至示者。

---

① 白族社会历史调查组编印：《云南省大理白族自治州碑文辑录附明清契文抄》（油印本）。

崇祯三年七月初二日示①

这通石碑为官府所立,碑中确定了悉檀寺对山场的所有权,并记述了官府审理企图霸占寺庙的奸僧普种、普祥等人谋骗的经过,同时警告企图霸占他人私产的人,"如再生端,定行从重究治不贷"。说明当时的法律是保护白族地区的私人所有权的,类似的碑刻不少,看出明代当地白族群众私人所有权的观念增强,并意识到运用法律保护自己的所有权。

大理《崇恩寺常住碑记》有:"其僧恐后有不矜细行之徒,侵损常住田土,磨灭良图,爰勒真石一座,将本寺所置田地亩条段数目,备书于铭记,作万年常住之纲。"② 这是用勒石的方式证明田地所有权的例子。《赵州南山大法藏寺碑》也有:"本寺施主董清和室人杨氏梅姐,喜舍常住田坐落参庄壹丘,东至本主,南至大河,西至董璧,北至路,秋粮叁升。一丘坐落柳冲门,东至河,南至董仕俊,西至官路,随秋粮米叁升,永远侍奉,子孙不得妄争,土主作证。"③ 这是田地所有者自愿捐赠、处分自己私有田地的证明。大理感通寺的《班山常住田记》有"先祖土官巡检董公禄,捐资建寺,喜舍常住……迄今已数代矣。常住被人侵占,寺宇几至顷废,特为修理,俾祖善功,不致泯灭,今将见在田亩坐落、佃户姓名、租谷数目,及名枝子孙世系,并刻于石,以垂永久云"。后还有"四房公同证收纳粮供僧,侍奉香火,修理本寺,不得侵占盗卖,永为遵守。伽蓝作证"④。这是对数人共同财产的一种约定。

《大理府为清查学田碑记》则是官府对学田公有财产的公示。碑中详细写明学田的情况后有:"将开去学田丘亩、坐落、土名、佃户姓名、纳租税粮、里甲各换数目,写刊于上。择于府学无碍去处竖立以垂久远,以防侵换侵欺之弊。如有侵欺拖欠者径自查情况。究招详。"⑤

大理喜洲出土的《石碑宅祖庙记》中,写明捐给寺庙的田财后有

---

① 杨世钰主编:《大理丛书·金石篇》(10),中国社会科学出版社1993年版,第131页。
② 大理市文化丛书编辑委员会编:《大理市古碑存文录》,云南民族出版社1996年版,第72页。
③ 同上书,第85页。
④ 同上书,第361—362页。
⑤ 同上书,第1311页。

"若有各人并子孙侵夺前项田财之人，全家大小，生家作祸落于地狱"①。说明当时白族群众的意识中对私人财产所有权已有一定认识。

明代白族地区除了可以自由出卖私人的房产、田地外，还可将私有财产作为抵押。明末剑川西山的典陆地契为：

> 立与典地契书人系浪穹县桥后里壹甲甲首杨世美
> 今立典契，因为家下悉缺使用，无处凑备，情愿将祖父遗下陆地壹霸，坐落地名庄房，其地东至路南至买主西至横路北至路四至开写明白，随纳夏税伍合。凭中杨奴矧说和，出典与本里三甲甲首杨豹子名下为业，三面言定议作典价海巴壹百肆拾索，当日地巴两相交付了。中间再不必重写，收付。其地不拘年限，钱到归赎，地无税，巴无利，系是二家情愿交易，并不系准折私价逼迫成交。倘有户内亲族叔伯兄弟等人不得争说。若有当争说之人，卖主一面承当。立契之后，二家各不许退悔，如有先悔之人，甘罚地价一半入官公用，恐后无凭，立此典契存照。
> 寔立典陆地壹霸随纳夏粮五合议交海巴壹佰肆十索整
> 万历二年八月二十六日
> 立与典契书人扬世美十
> 凭中说合人杨奴矧
> 知征（证）人杨奴寺
> 知见人杨添福火
> 代字人杨显凿
> 拜羊酒一付②

契约中写明："其地不拘年限，钱到归赎，地无税，巴无利，系是二家情愿交易，并不系准折私价逼迫成交。倘有户内亲族叔伯兄弟等人不得争说。若有当争说之人，卖主一面承当。"这样看来，明代白族地区已有不出卖永久所有权的"典卖"，而官府对这种行为也是承认的。

---

① 白族社会历史调查组编印：《云南省大理白族自治州碑文辑录附明清契文抄》（油印本）。

② 同上。

三 结论

通过以上对元明时期云南白族地区所有权变化的具体分析，可以看出以下问题：第一，元明时期所有权情况的变化，从一个侧面反映了这段时期云南白族地区生产力的发展和社会的进步。如前所说，南诏国和大理国时期云南白族地区基本上属于奴隶制经济和领主经济发展阶段，土地属国家所有，广大白族群众只有土地的使用权而无所有权，所以不可能自由买卖土地，由于生产力发展水平较低，没有更多的产品用于交换，基本上是低水平的自给自足自然经济，属于白族群众自己所有的东西很少，这段时期很难找到白族群众自由支配自己财产的材料。而元明时期白族地区当地群众自由支配自己财产的材料很多，显然表现了当地生产的发展和社会的进步，究其原因，又与当地政治制度的变迁有直接关系。南诏国和大理国即是国内的少数民族政权，和中原王朝的关系若即若离，并不直接在其统治之下，因此，中原王朝的政治制度和法律体系不在这些地区推行。但元代在云南实行行省制后，政治体制与全国划一，中央直接派遣官员到云南进行统治，全国的法令在此推行实施，使云南各方面情况发生很大改观，政治、经济、文化诸方面与内地的联系大为加强，极大地推动了云南生产的发展和社会的进步，为白族地区当地群众私人所有的发展奠定了基础。

第二，元明时期白族地区所有制的变迁，明显看出国家法律在少数民族地区逐步推行的过程。如前所说，随着元代云南在政治体制上与全国划一，国家法律开始在云南实施，而所有制方面的变化颇具代表性。首先，封建法律是保护私有财产的，这种理念在当地官员的施政中得到体现，元代官员罗文节发给白族群众凭证，以保证他们的私人土地不受侵占就是典型的例子。当地白族群众也逐渐接受了这种理念，他们也开始通过刻石记载、书写文契等方式来确认自己的所有权。其次，当地政府通过法律手段保护私人所有权，这方面的例子很多。官府除了通过强制手段解决所有权纠纷外，还运用经济制裁手段对侵占他人所有权的行为进行惩罚，看来这些举措是卓有成效的，私人所有权在一定程度上得到保护，而且在自己的所有权受到侵犯时，利用法律途径解决问题的理念已逐渐深入人心，元明时期白族地区大量文契中都写明"如违甘罚白米拾石入官""如违甘当重罪""如再生端，定行从重究治不贷"等等，说明国家法在白族地区已逐渐推进，而且为当地白族群众所接受。应该说，这对国家法制的统一是有积极意义的。

第三，仔细分析元明时期白族地区关于所有权的碑刻文契，还可看出与内地的不同之处，白族民间处理所有权纠纷的一些习惯法仍然在起作用，和很多其他少数民族一样，历史上处理所有权纠纷曾有神判等习惯法，利用上天和神灵的力量来解决纠纷。虽然元明时期经济较为发达的白族地区用国家法解决所有权纠纷已占主导地位，但习惯法并未完全退出这个领域。碑刻文契中所反映出来的"土主作证""伽蓝作证""若有各人并子孙侵夺前项田财之人，全家大小，生家作祸落于地狱"等等，都从一个侧面表现出白族习惯法在这一时期与国家法并行不悖，而且在某种程度上互相补充，共同维持着当地的社会秩序，这又是一个值得研究的很有意思的课题。同时，必须指出，由于白族地区经济发展不平衡，在一些经济发展滞后的白族地区，此时所有权形式有所不同，而且习惯法占主要地位。

[刊于《云南大学学报》（法学版）2008年第5期]

试论八思巴

八思巴（1235或1239—1280），本名罗古·罗思监藏，吐蕃萨斯迦地方人，曾任元朝国师、帝师，并兼管总制院院务。他不但是一位大喇嘛，而且还是我国历史上一位杰出的少数民族政治家，对于维护祖国的统一，加强藏、蒙、汉各民族之间经济、文化交流，促进西藏地区的发展，都做出了自己的贡献，值得作深入研究。

一　归向元朝，维护祖国统一

八思巴的最大贡献，是能顺应历史潮流，对西藏归入元朝版图作出了自己的努力。尽人皆知，西藏是我国领土不可分割的一个组成部分，在历史上跟中原王朝政治、经济、文化等方面的联系历来是十分密切的。但自公元842年达摩赞普被刺之后，在四百多年的时间里，西藏处于世俗和宗教的首领纷争割据，小邦林立的局面，而中原地区自唐末以来也一直长期处于分裂状态，双方联系不免趋于松弛。13世纪初，铁木真统一蒙古诸部，并迅速向外扩展，先后收附畏兀儿，灭掉西辽、西夏，逐渐和西藏有了直接接触。元太宗窝阔台次子阔端了解到西藏萨迦寺的座主佛法造诣较深，在当地有较高的威望，决定邀请萨迦寺座主、萨迦派第四代祖师萨班·贡噶坚赞到凉州商议举藏归顺事宜。在这个历史转变的关键时刻，萨班不顾自己年事已高，毅然决定前往凉州。公元1247年，萨班和阔端在凉州会面，萨班代表西藏地方势力和蒙古王室建立了政治上的联系，经过一段时间的磋商，达成西藏归顺蒙古的协议。萨班写了一封给西藏各地僧俗地方势力的公开信[1]，说明归顺蒙古乃是大势所趋，现西藏已成为蒙古

---

[1]《萨迦班智达贡噶坚赞致蕃人书》，收录于《萨迦世系》，王尧译，载王辅仁、索文清编著《藏族史要》附录三，四川民族出版社1980年版，第245页。

的属地，萨班已成为蒙古委派管理西藏的官员，要求各地方势力要看清形势，接受这一决定。西藏归入祖国版图，是历史发展的必然趋势，萨班的这一行动是对祖国的统一和进步事业有功劳的，而继续推进和完成这个事业的却是八思巴。

八思巴是萨班的侄子，他自幼聪颖，"七岁演法，辩博纵横犹不自足，复遍咨名宿，勾玄索隐，灵通三藏"①。他十岁时和弟弟随同萨班到凉州会见阔端，时萨班因事滞留拉萨，实际上八思巴等比萨班还早两年到凉州，受到阔端的赏识和关怀。阔端认为"八思巴兄弟如此年幼，能偕从人一道携来，吾已深思矣"②。他让八思巴继续学习萨伽佛教。而阔端之"于八思巴兄弟尤为关切"③之举，也是使萨班深受感动，毅然决定归顺蒙古的主要原因之一。八思巴到达凉州时年纪虽小，却已粗明事理，因与蒙古统治集团有较多的接触、了解，也亲眼看到其叔父萨班深明大义的果敢行动，这些，都为八思巴一生的行实打下了思想基础。蒙古统治者之所以重视西藏地区，原因之一：统一西藏是统一全国这个总的战略目标的重要一环；原因之二，元统治者决定对南宋采取出其不意的军事行动，出师西南，以为"斡腹"之举，而吐蕃举足轻重，其对蒙古的态度如何至关重要。是时萨班已死，八思巴为萨迦派第五代座主，而就在忽必烈征云南的途中，他和忽必烈建立了政治上的联系。据《元史》和《百丈清规》及藏文史料记载，这次见面是在六盘山（今宁夏回族自治区固原县西南）进行的，双方谈得很好，互相加深了了解。④《萨迦世系史》记载，在这次会面中，八思巴向忽必烈讲述了唐朝和吐蕃交战的经过，以及双方联婚，迎来公主和本尊神像的情形，并特别指出："此事实有，佛书虽不载，但有文书记载，请查阅即知。"⑤可见八思巴虽然是一个喇嘛，但他对历史上吐蕃和中央王朝的密切联系是十分了解的，也意识到今天跟元朝的关系乃是唐蕃关系的继续和发展，是具有政治意义的。从此，八思巴一

---

① 参见频伽精舍校刊《大藏经》所收僧念常集《佛祖历代通载·八思巴行状》。
② 《萨迦班智达贡噶坚赞致蕃人书》，收录于《萨迦世系》，王尧译，载王辅仁、索文清编著《藏族史要》附录三，四川民族出版社1980年版，第245页。
③ 同上。
④ 参见频伽精舍校刊《大藏经》所收《百丈清规》帝师涅槃条；《佛祖历代通载·八思巴行状》；《元史·释老传》"八思巴条"。
⑤ 陈庆英译注：《萨迦世系史·八思巴生平》，《西藏研究》1986年第1期。

直拥戴忽必烈，为吐蕃归向元朝，为维护祖国的统一，做了不少工作。《萨迦世系史》载："据说汗王为第一次灌顶所献的供养是十三万户，每一万户有拉德（指受佛教寺院管辖的属民）四千户，米德（指受世俗封建主管辖，但向寺院承担一定义务的属民）六千户。"[1] 忽必烈把西藏地区13万户赐给八思巴，授予他西藏最高统治权，但这绝不意味着八思巴是西藏地区的独立统治者。意大利人杜齐说：忽必烈给八思巴的所谓13万户和3个区的供养，"这实际上不是像西藏文献上要我们相信的那样一个给予八思巴的真正的供养，毋宁是为了皇帝而特设的对西藏土地的代理总督权。一句话，住持们并不是国王或王公，而是官员，每次都须经过皇帝下诏，颁赐印信，加以任命的官员"[2]。此说有理。忽必烈把13万户赐给八思巴，是元朝对西藏治理的具体步骤之一，元统治者把西藏作为元朝的版图，在西藏充分行使了自己的主权：委派八思巴为西藏最高官员，并于1260年派遣以达门为首的官员到西藏清查户口，设置驿站、规定赋税的定额。1268年，八思巴返回西藏时，忽必烈又派了阿衮、弥林等3位官员到西藏进行精确的人口调查。这两次调查，对于建立西藏地方行政体系以安排驿站供应，起了决定性的作用。

而这两次调查皆得到西藏地方政府的充分合作，元政府在西藏修筑驿站、征收赋税的工作也得到西藏地方政府的配合，这些都跟八思巴的努力有直接关系。应该充分肯定，他为西藏统一于祖国做出了贡献。

八思巴由于自己的聪明才智和对元政府的忠诚，深得世祖忽必烈的信任。正如藏文史料对八思巴的赞美道："你曾对元帝传经说教，获得无上光荣，授与你不分僧俗和尊卑，你都有发号施令和统治的权威。"[3] 按八思巴曾于中统元年被"尊为国师，授以玉印，任中原法主，统天下教门"[4]。至元初年，忽必烈在中央设立了掌管全国佛教事务和藏族地方行政事务机关——总制院，后改为宣政院，又授命八思巴以国师身份兼管总制院的院务，使他成为中央政权中的一名高级官员。宣政院是元朝中央的

---

[1] 陈庆英译注：《萨迦世系史·八思巴生平》，《西藏研究》1986年第1期。

[2] 杜齐著，李有义、邓锐龄译：《西藏中世纪史》，中国社会科学院民族研究所民族史室、民族学室，1980年，第24页。

[3] 第五世达赖喇嘛著，郭和卿译：《西藏王臣记》，民族出版社1982年版，第2页。

[4] 《佛祖历代通载·八思巴行状》。

四大机构之一，由于这个机构特殊的职能而"僧俗并用""军民通摄"，八思巴作为这个机构的最高官员之一，可以说在元朝的宗教事务和对西藏的治理中起到了一定的决策作用。至元七年，八思巴因创制蒙古新字被封为帝师后，地位更提高了一步。按：帝师在元代地位极高，权力极大。据载："帝师之命与诏敕并行于西土。百年之间，朝廷所以敬礼而尊信之者无所不用其至，虽帝、后、妃、主皆因受戒而为之膜拜。正衙朝会，百官班列，而帝师亦或专席于坐隅。"① 从元代发现的法旨碑文看来，元代帝师的法旨不仅与皇帝的诏令一起"并行于西土"，有时也并行于中原。在宗教方面，帝师颁布的法旨，在中原地区与皇室的各类旨书（圣旨、懿旨、令旨等），具有同样的法律效力。② 元代有人赞美八思巴说："皇之启运北天，奄荒区夏，世祖皇帝奋神武之威，致混一之绩，思所以去杀胜残，跻生民于仁寿者，莫大释氏，故崇其教，以敦其化本。以帝师拔思发有圣人之道，屈万乘之尊，尽师敬之节。咨取至道之要，以施于仁政，是以德加于四海，泽洽于无外，穷岛绝屿之国，卉服椎结之民，莫不草靡于化风，骏奔而效命。白雉来远夷之贡，火浣献殊域之琛，岂若前代直羁縻之而已焉？其政治之隆而仁覆之远，固元首明，股肱之良，有以致之。然而启沃天衷，克弘王度，实赖帝师之助焉。"③ 虽然文中不免有溢美之词，但从中可看出，八思巴以国师和帝师的身份跻身于元朝最高统治集团，在参与元朝的政治生活，以宗教的力量维持巩固元政府的统治方面确实起了不小的作用。

八思巴作为忽必烈的亲信，还做过一些荐贤的工作。畏兀儿人阿鲁浑萨里由于八思巴的推荐成了元朝的一个著名的翻译家。④ 刘容也由于八思巴的引荐"入侍皇太子于东宫，命专掌库藏"⑤。特别应当提到的是，八思巴在吐蕃建造黄金塔的过程中，发现尼波罗（尼泊尔）人阿尼格很有

---

① 《元史》卷202《释老传》八思巴条。
② 常风玄：《元代传旨碑四种》，载翁独健先生主编《中国民族关系史研究》，中国社会科学出版社1984年版，第501页。
③ 参见释源法主法洪撰《帝师殿碑》，载频伽精舍校刊《大藏经》所收《佛祖历代通载》卷三六。
④ 《元史》卷130《阿鲁浑萨里传》。
⑤ 《元史》卷134《刘容传》。

才能，"塔成，请归，帝师勉以入朝，乃祝发受戒为弟子，从帝师入见"①。八思巴又为元朝发现了一个很好的建筑师，后来阿尼格在元朝的建筑雕塑业上做出了很大的贡献，还培养了一个弟子宝坻人刘元。凡此等等，八思巴的荐贤是功不可没的。

二　八思巴在西藏的作为

就西藏内部而言，八思巴结束了长期以来各教派、各地方的统治者各自为政的分散状况，使西藏形成了政教合一的统一的政权，这也是他的一大功绩。

如前所说，自达磨赞普被刺以后，西藏一直是小邦林立，而这种情况对西藏社会和生产的发展都是十分不利的。西藏归入元朝版图后，元政府把西藏作为它的一个行省，积极展开了治理工作。忽必烈两次通过赏赐的形式把吐蕃13万户和三区地面（自阿里三部至梭拉郊瓦以上为佛法地面；自梭拉郊瓦至玛曲枯巴以上为人之地面；自玛曲枯巴以下自甲却且噶波之内为马之地面）赐给八思巴。"西藏之地面虽不足一行省，但以其为八思巴住地且传教所在，故作为一省委付予八思巴。"② 元朝任命萨迦派座主八思巴为西藏最高行政长官，后又任命他以国师的身份兼领总制院事，从此，开始了统治西藏地方的政教合一制度。黄奋生先生指出："吐蕃人民在受到酋长长时期割据、压榨和外族掠夺的痛苦下，希望得到统一的国家保护。另一方面，大喇嘛居于社会的领导地位，各教派政教合一的统治已经奠定。八思巴就在这个历史条件下，在受到元朝忽必烈的支持下，在西藏地区，在元中央政府宣政院设官施政的范围内，以帝师兼领总制院（宣政院）事双重身份，建立了镇西武靖王封地上的萨迦政教合一的独特的政权，它是在元中央政府直接管理之下的全国行政制度的一个组成部分。"③ 东嘎·洛桑赤列先生也指出："佛教上层人物主持西藏地方政教事务的政教合一制度，是从八思巴统治西藏地方以后开始的。"④ 八思

---

① 《元史》卷203《方技·阿尼哥传》。
② 《萨迦世系史·八思巴生平》。
③ 黄奋生：《藏族史略》，民族出版社1985年版，第190页。
④ 东嘎·洛桑赤列：《论西藏政教合一制度》，甘肃民族出版社1984年版，第46页。

巴除了配合元朝政府在藏区清查户口、兴修驿站、征收赋税外，至元二年（1265）奉忽必烈之命返回西藏后，还对西藏的地方事务进行了整顿，成立了庞大的行政机构——拉让，负责处理西藏地方日常的行政和宗教事务。又设置了由八思巴直接指挥的地方行政长官——本勤。第一任本勤释加桑波是由八思巴提名，忽必烈任命其为乌思藏三路军民万户的，他协同忽必烈派来的官员进行了第二次人口清查，后又由元朝中央授权他任命了13个万户的万户长，同时明确萨迦为十三万户之首。通过这一系列的措施，西藏地区两个多世纪以来分裂割据的局面结束了，开始了元政府直接领导下的萨迦派政教合一的统治时期。从八思巴到第六代萨迦法王达文罗追坚赞，管理西藏地方政权共89年。① 在这段时间内，西藏地方政权始终是在元政府的直接领导和管理之下。② 政教合一制度对西藏地区的统一起了很大的作用，形成了相对稳定的局面，无论从元政府对西藏的治理、西藏地区社会经济的发展，各民族之间的经济文化交流说来，都是一个不可缺少的前提条件。应当承认，从八思巴开始的西藏政教合一制度，在当时的历史条件下是具有进步意义的。

　　八思巴除了采取一系列的措施保证西藏政治上的统一外，对于西藏各教派八思巴也实行了宽容、团结的方针，当时西藏喇嘛教派很多，势力较大的除萨迦派外，还有噶当派、达垅噶举派、止贡噶举派、雅桑噶举派、蔡巴噶举派、帕竹噶举派、噶玛噶举派，等等。当初忽必烈曾下令西藏各教派一律改信萨迦教，八思巴认为："各从先所习尚之宗为善。"忽必烈遂不加干涉，保持了西藏各教派③。八思巴能以一个政治家的大度，允许各个不同的宗教派别存在，这对于稳定西藏的局势，巩固元朝在西藏的统治，也起到好的作用。

---

① 陈庆英、祝启源：《"青史"中有关萨迦派记述的译注》，《西北史地》1983年第2期；班钦索南查巴著，黄颢译：《新红史》，西藏人民出版社1984年版，第155页；《萨迦世系史·八思巴生平》。

② 元朝对西藏的治理情况，详见韩儒林《元朝中央政府是怎样管理西藏地方的》，《历史研究》1959年第7期。

③ 宝慧法曰著，刘立千译，王沂暖校订：《宗教流派镜史》，西北民族学院研究室，1980年，第四章第一节；第五世达赖喇嘛著，郭和卿译：《西藏王臣记》，民族出版社1982年版，第93页。

三 促进了各民族之间的友好往来和经济、文化交流

八思巴在增进各民族之间的友好往来和经济文化交流方面做出的贡献也是突出的。首先，随着西藏归入祖国版图和西藏地区的统一，西藏和祖国内地的联系大大加强，特别是元政府在西藏广修驿站，在西藏与内地接界之处设立交易市场后，往来更加频繁，关系更加密切，这些都是与八思巴的努力分不开的。根据汉、藏、蒙文的史料记载，八思巴在加强各民族之间的了解、交往和经济、文化交流方面，是做了很多工作的。

首先要说的是八思巴创制蒙古新字。蒙古族原来没有本民族的文字，"鞑之始起，并无文书，凡发命令，遣使往来，止是刻指以记之"①。"有元肇基朔方，俗尚简古，刻木为信，犹结绳也。既而颇用北庭字，书之羊革，犹竹简也。"② 文字的发明和使用是一个民族文明、进步的标志之一，对社会的发展，经济、文化的交流也起着极其重要的作用。成吉思汗统一蒙古各部后，曾令畏兀儿人塔塔统阿用畏兀儿文字母拼写蒙古语，萨班也曾试创蒙古新字，但没有推广。③ 元朝统一中国后，蒙古族没有文字的状况和他们的社会地位是极不相称的，创制蒙古新字已成为当务之急。忽必烈把这个任务交给了年轻的八思巴。八思巴不负重托，完成创制蒙古新字的任务后，世祖大喜，"称旨即颁行，朝省郡县遵用，迄为一代典章"④。八思巴创制的蒙古新字，在元代推行于全国，对元代政治、经济、文化的发展起到了推动作用。现在所见的元代碑刻、印章、货币、牌符、书籍等均有用八思巴文书写的。有的碑文是八思巴文楷书蒙古语和汉文楷书元代白话文合刻⑤，这对于蒙、藏、汉民族之间的文化交流，也起到了媒介和

---

① 王国维笺证：《蒙鞑备录》，《蒙古史料校注四种》，清华国学研究所印行，1926年，第3页。
② 陶宗仪：《史书会要》卷七·帝师巴思八条。
③ 宝慧法曰著，刘立千译，王沂暖校订：《宗教流派镜史》，西北民族学院研究室，1980年，第四章第一节；第五世达赖喇嘛著，郭和卿译：《西藏王臣记》，民族出版社1982年版，第93页。
④ 《佛祖历代通载》所收王磐等撰：《八思巴行状》。
⑤ 常凤玄：《元代法旨碑四种》，载翁独健主编《中国民族关系史研究》，中国社会科学出版社1984年版，第501页。

桥梁的作用。对于八思巴创制蒙古新字的功劳，各族人民都是不会忘记的，河西僧高沙喇巴说："（八思巴）一人制字书以资文治之用，迪圣虑以改于变之化，其功大且远矣。"① 汉族地主阶级知识分子也认为："世祖皇帝临御中国，思建百度，以兴文治，至元六年乃命国师肇造新字，颁布天下……初以制敕符印改用新字，于是国家语言文字盛行于时，国师之功不细矣。"② 当时有诗云："八思巴师释之雄，字出天人惭妙工，龙沙仿佛鬼夜哭，蒙古尽归文法中。"③ 为了表彰八思巴制字之功，元政府延祐年间曾命于各地建帝师八思巴殿，帝师殿的规模比孔子文庙还大④，泰定年间又绘帝师八思巴像颁各行省，塑像祀之。⑤ 这些都说明了元朝政府和各族人民对八思巴的怀念。

八思巴作为国师、帝师，兼管全国佛教。他在佛学方面造诣很深，与全国各地、各教派的宗教人士多有交往。据《萨迦世系史》记载："八思巴二十三岁时，因冬法师迎请前往五台山，听受大威德、玛哈玛雅、金刚界、时轮等全套密法及疏释，另外还听受了中观六轮、赞颂、俱舍等经论。"⑥ 公元1258年，元宪宗组织了一次佛教和道教的大辩论，规模巨大。佛教方面参加的有少林长老、那摩国师、八思巴国师、西蕃国师、河西国僧、外五路僧、大理国僧、汉地中都园福起长老、奉福享长老、平滦路开觉迈长老、大名津长老、塔必小大师、提点苏摩室利泽言真定蒙古事北京询讲主、大名珪讲主、中都寿僧录资福朗讲主、龙门育讲主、太保聪公（刘秉忠）等三百余僧；儒生窦默、姚枢，政府官员丞相蒙速速、廉平章、丞相没鲁花赤、张仲谦等；道教方面参加的有道士张真人、蛮子王先生、道录樊志应、道刺魏志阳、讲师周志立等。看来参加的有汉、蒙、藏、白等族的各界人士，八思巴作为佛教方面参加辩论的主要代表之一，在这次辩论中崭露头角，他与道教辩论《老子化胡经》的真伪问题，以

---

① 释源法主法洪：《帝师殿碑》。
② 《源溪文稿》十五《元故奉议大夫国子司业眒翰林直学士追封范阳郡侯卫吾公神道碑铭》。
③ 《张光弼诗集》三·辇下曲。
④ 《元典章新集》工部·造作·工役·帝师殿如文庙大条；《元史·英宗纪首》延祐七年十一月丁酉条。
⑤ 《元史·泰定帝纪》泰定元年八月辛未条。
⑥ 《萨迦世系史·八思巴生平》。

其广博的知识和卓越的口才驳倒了道家，取得了胜利。① 这次规模盛大的佛、道大辩论，从某种意义上来说，也是一次广泛的学术争鸣、交流活动，而八思巴在这次活动中扮演了主要角色。

蒙古人原是信仰原始宗教——萨满教的。佛教传入蒙古地区，与八思巴有很大的关系。世祖忽必烈及其后妃皆从八思巴受戒。《蒙古源流》说，自受戒后"由是蒙昧之蒙古地方，升起宗教之日光"②。佛教的传入不仅使蒙古人的宗教信仰发生改变，而且对蒙古的文化方面亦产生深远的影响。按：八思巴曾为太子真金著《彰所知论》，陈寅恪先生认为："《彰所知论》者，帝师为忽必烈太子真金所造。其书依仿世阿毗昙之体，捃摭吐蕃旧译佛藏而成，于佛教之教义固无所发明，然与蒙古民族以历史之新观念及方法，其影响至深且久。故《蒙古源流》之作，在元亡之后将三百年，而其书之基本观念及编制体裁，实取之于《彰所知论》。今日和林故址，至元国字难逢通习之人，而《蒙古源流》自乾隆以来，屡经东西文字之迻译（满文、汉文及德文），至今犹为东洋史学之要籍。然则蒙古民族其文化精神之所受于八思巴者，或转在此而不在彼，殆亦当日所不及知者欤！"③ 陈先生并对此作了具体的考证，其说甚精。由此可见八思巴对蒙古文化的影响之深。八思巴还写了不少著作，翻译了很多佛经。《元史》中记至元十七年曾"敕镂板印造帝师八合思八新译戒本五百部，颁降诸路僧人"④。《帝师殿碑》记："其所撰述辞严义伟，制如佛经，国人家传口诵，宝而畜之。"⑤ 八思巴的这些译作丰富了祖国的文化宝库，加强了各民族之间的文化交流。

元代喇嘛多是藏族的知识分子，他们或多或少都懂得一些医术。《蒙古源流》记载萨班治好了阔端的病，众人都非常高兴。⑥ 八思巴自幼学富

---

① 《大藏经·辨伪录》卷第三、卷第四。
② 萨囊彻辰著，道润梯步译校：《蒙古源流》，内蒙古人民出版社1981年版，第198页。
③ 陈寅恪：《彰所知论与蒙古源流》，载陈寅恪文集之三《金明馆丛稿二编》，上海古籍出版社1980年版，第116页。
④ 《元史·世祖纪》至元十七年丙申条。
⑤ 释源法主法洪：《帝师殿碑》。
⑥ 宝慧法曰著，刘立千译，王沂暖校订：《宗教流派镜史》，西北民族学院研究室，1980年，第四章第一节；第五世达赖喇嘛著，郭和卿译：《西藏王臣记》，民族出版社1982年版，第191页。

五明，五明之一为医方明，即是医药学的知识，他又受其伯父的传授，所以也精通藏族的医术。他到王宫后，曾为蒙古的一些皇室贵族治好了疾病，把藏族地区的医药知识传到了内地。

随着元世祖从八思巴的几次受戒，赐给了八思巴大批的各种物品。《蒙古青史》记，忽必烈为了报答获得密咒显经的法旨厚恩，"赐给八思巴象羊矢大的无孔白珍珠，用黄金制造的须弥山，以及无数的大象、骏马、骆驼、骡子、黄金、白银、绸缎等物品"[①]。《黄金史》则载忽必烈受戒后赐送给八思巴喇嘛饰以黄金珍珠的沙狐皮裘，饰以宝石的袈裟以及法帽、金伞、金床等物品和许多良马、骆驼。[②]《萨迦世系史》说忽必烈除了赐给八思巴上述物品外，还赐了茶叶200包、锦缎80匹、绸子1100匹。[③] 在中国的封建社会里，中央和地方之间的赏赐和进贡，通常是一种官方的物资交流形式。通过元政府给八思巴的赏赐，很多汉族地区、蒙古族地区的物资到了西藏地区，起到了各族人民之间经济相互交流的作用。同时西藏地区一些先进的技术也传到了内地。据史书记载，忽必烈第一次受戒时曾奉纳了吐蕃三万户中的工匠，第二次受戒又奉纳了汉地的一些工匠，一周年时奉纳了十名吐蕃工匠。[④] 这些工匠带去了先进的生产技术，在内地的手工业生产和建筑中发挥了自己的聪明才智。西藏萨迦派著名的寺庙萨迦南寺即是八思巴授意萨迦本勤释迦桑波建造的。建造时征集了全藏13万户中的大量人力物力，又请了内地汉族、蒙古族的许多匠师前来指导，这座寺庙就是各族人民劳动和智慧的结晶。[⑤] 元代，由于八思巴的提倡，在西藏修筑了规模宏大的寺庙，西藏人民在建筑、绘画、雕塑等方面的才能得到了充分的发挥，堪称西藏艺术史上光辉的一页，这也是对丰富祖国文化宝库所做出的一大贡献。公元13世纪时，八思巴的再传弟子蔡巴·噶德贡布曾经七次到内地，把汉族地区的刻板印刷术传到了卫藏地区，这对于西藏地区文化的普及和传播起到了巨大的作用。

当然，不可否认，元代喇嘛教的泛滥，导致作佛事的极大浪费，以及

---

① 谢再善译注：《蒙古青史译注稿》，西北民族学院研究室1980年版，第53页。
② 札奇斯钦：《蒙古黄金史译注》，台湾联经出版事业公司1979年版，第151页。
③ 《萨迦世系史·八思巴生平》，西藏人民出版社1989年版。
④ 札奇斯钦：《蒙古黄金史译注》，台湾联经出版事业公司1979年版，第151页。
⑤ 赤烈曲扎：《西藏风土志》，西藏人民出版社1982年版，第121页。

某些喇嘛的横行无忌等，确实曾经给各族人民带来极大的灾难，这是另一个问题，不否认这与八思巴有直接的关系，但也很难说应由他一个人负责。综观八思巴的一生，他能在当时的历史条件下，顺应历史发展的潮流，为祖国的统一、西藏的繁荣，各民族之间的政治、文化、经济方面的交流做了不少好事，这是他一生活动的主要方面，所以他无愧为藏族历史上的一个杰出人物，也是中国史上中华民族的一个杰出人物，他的业绩是永远值得各族人民怀念的。

(刊于《思想战线》1987年第1期)

从金石文契看明代大理白族地区民事法制状况

大理白族地区从明初元代大理总管段氏退出历史舞台、实行改土设流后，政治制度和法制状况随之发生重大变化。但由于文献资料的阙如，明代大理地区的法制状况究竟如何，很少有人作深入研究，可以说是法制史研究中的空白。本文试图利用金石文契中反映出来的零星资料进行爬梳剖析，还原明代大理白族地区的民事法制状况，并就其相关问题进行研究，以请教于大方之家。

一 明代大理地区民事法律状况

（一）户籍制度和民事主体

户籍制度是封建国家统治的一项重要制度，也是封建国家征收赋税的重要依据，所以为历代封建统治者所重视。元代在云南实行行省制后，改变了以前少数民族人口不上版籍的规定，在云南加强了户籍管理，曾在云南少数民族地区数次清查户口，以增加税收。明朝掌握云南的户籍在元代的基础上有所增加，管理也更严密。按照明朝的规定："国初，令中书省臣，凡行郊祀礼，以天下户口赋籍陈于台下，祭毕，收入内库藏之，其重如此，后著为成式，每岁末报总数，十年攒造黄册，以定赋役，核稳漏，清逃亡，法例甚至详。"[①] 云南也是执行了这方面的规定，从云南布政司掌握的户口来看，洪武二十六年人户59576户，人口259270口；弘治十四人户15950户，人口125955口；万历六年人户135560户，人口

---

① 《明会典》卷20《户部》7。

1476692 口。① 不到 200 年的时间政府掌握的人口增加了近 7 倍，可见户口的管理日趋严密。如前所举，天启年间大理府的户口、田亩数都是在官府有据可查的。随着明朝在云南统治的逐渐深入，汉族人口大量进入云南，少数民族地区经济的发展和一部分地区改土设流的进行等多方面的原因，明代云南民事主体较之元代有所增加，更多的民事行为纳入了法律调整的范围。

对于进入云南的内地人口，包括参加军屯的人员，皆是民事主体，这是没有争议的，要讨论的是，原来是"因俗而治"的云南少数民族明代是否成为民事主体。此问题看来不能一概而论，因为云南民族众多，社会发展水平不平衡，因此明朝政府尚不可能将所有少数民族的民事纠纷都纳入其调整的范围，但其中的一部分少数民族已成为民事主体是可以肯定的。弘治年间，明廷下令："严责成云贵、两广、湖广、四川土官土人争地，争官者，巡抚、巡按等官亲临勘报，如延至一年以上者住俸。"② 很显然，明朝的规定，云南的土官土人都是民事关系的主体。按《明会典》的规定："若边境声息及土人词讼，从都司、布政司、按察司官合同计议行之。其事已行，及承行原由，并填写勘合奏闻。"③ 明代诉讼程序中规定："凡土官衙门人等，除叛逆机密并地方重事许差本等头目赴京奏告外，其余户婚田土等项俱先申合于上司，听其听与分理。"④ 很显然，"户婚田土等项"是属于民事纠纷，从明代的法律规定上看，少数民族已成为民事关系的主体，大理地区的白族亦不例外，嘉靖年间赵州东晋湖塘的用水纠纷就是一个典型案例。赵州有一个陂堰，是当地军屯和民田用水的主要水源。由军屯使用水的单位大理卫后所和民田使用水的草甸里三村共同出资维修。每年九月九日闭塞湖口积水，次年五月五日三次开湖放水，灌溉 600 户农田和军民屯田司千万余亩，"已成定规"。后弘治二年，云南按察副使林某修筑赵州城墙时因经费短缺，将此湖卖给当地豪强陈达等开种为农田，致使附近军民无水插秧。当地军民联名告状，政府非常重视，命令有关官员"俱亲诣湖所踏勘明白"，处理结果是"责令瓒等用水

---

① 《明会典》卷 19《户部》6。
② 《明孝宗实录》卷 175 弘治十四年六月丙午条。
③ 《明会典》卷 108《礼部》66。
④ 《明会典》卷 186《刑部》。

人户照亩出钱，共银一千三百二十四两五钱，给还买湖陈达等，将湖赎出，仍旧积水灌田，刻碑在州"。后又有人破坏湖塘，"潘知州不畏势豪，将各犯枷号责治"。为了保护湖塘，当地居民立碑，"刻石立碑，以垂永久。如有阻霸者，重治枷号"。① 可见当地的白族群众已是民事关系的主体。

（二）有关所有权的法律制度

笔者在收集相关资料的过程中发现，明代大理地区的房契、地契、田契较之前代增加很多，说明当地的白族人民个人所有权的意识增强，而且用契约的形式将所有权固定下来，以便受到官府和法律的保护。所有权涉及房屋、田地等私有财产。以下列举数个契约分析说明。

现见到明末大理洱源西山卖山地契为：

卖山地契（洱源西山）

立卖山地契书人（罗）男杨奴今立地契为因家下急缺使用，别无辏备，情愿将大麦地处卖与载名下，议作地价税九百索，当日每年纳租三石五斗不得过户，如有过欠、少之日，杨成一面承当，二家各不许反悔，如有追悔之日，再罚地价一半入官公用，恐后无凭，立此地契存照

实山地价九百索纳三石五斗

崇祯十一年腊月初日　　　　立山地契书人　罗杨奴

凭中人　罗羊城

知见人　段保生

代字　　借笔

山地存照

天启年间洱源西山的地价收付书：

地价收付书（洱源西山）

---

① 《建立赵州东晋湖塘闸口记》，载大理市文化丛书编辑委员会编《大理市古碑存文录》，云南民族出版社1996年版，第328—331页。

立与收付书人罗享奴系浪穹县下江嘴巡检司三板桥哨兵民，今立收付，为因原日故父罗文秀备价买到口岩场杨伦杨豹子等陆地壹段，今无力出卖与族兄罗三忍名下耕种，今地价海巴前后共收三次，约共巴二千五百索足，其巴一一收受明白，中间并无欠少压高，尚有日后享奴兄弟等不得异言，如有此人等甘□挟害之罪，今恐无凭立此收付存照

实收地价海巴贰仟伍佰索足前后共收割食羊酒叁席整

天启元年十一月二十九日立收付绝词书人　罗享奴

同弟人　罗双添

凭中人　罗保子

楷笔　杨汝泉

鹤庆金敦万历年间的卖山地契：

实卖山地契（鹤庆金敦赵家登）

立实卖山地契文约书人杨神佑系本府表一图金茨禾住，为因缺用，情愿将自己祖遗山坡一面出卖与本图赵家登，合族祭需名下为业。其山坐落江东西山山脚北至大井，南至杨姓买小井，东至山顶，西至开明山后，随税五合，受价海巴壹佰捌拾索，自此立契之后任从买主安置坟墓，神佑子子孙孙不得异言争说，如有异言争说之人，神佑一面承担，如违甘罚白米拾石入官，恐后无凭，立此实卖山地契存照

实卖山坡一面系坐落江东受价海巴壹佰捌拾索，山后随税五合，买主折入本户上纳再照

万历八年五月初七日　　　立实卖山地书人　杨神佑十

凭中人　高三哥

代字　杨眉泽①

从这些买卖田地的契约中可以看出，其一，明代云南白族地区的田地

---

① 白族社会历史调查组编印：《云南省大理白族自治州碑文辑录附明清契文抄》（油印本）。

买卖是自由合法的，卖主既有白族农民，也有当地的白族乡兵。所卖田地的来源有祖传的遗产，也有自己买后转卖的，总之，自己所有的田地田主均具有所有权，可以自由处置。其二，这种买卖是合法的，得到官府的认可，因地契中明确写道："如有追悔之日，再罚地价一半入官公用""尚有日后享奴兄弟等不得异言，如有此人等甘□挟害之罪""如违甘罚白米拾石入官"，可见田地买卖受到官府和法律的保护。其三，从这些买卖契约中还可看出，明代白族军民签订买卖契约的程序基本与内地相同。除了卖主在契约上签字画押外，凭中人和见证人也要签字画押，买卖双方的权利义务在契约中一一书写明白，有的还要摆上几桌酒席，借此告知亲戚和相邻。从这几个买卖土地的契约可以看出明末大理地区的白族可以自行处理自己祖上传下的遗产。特别值得注意的是，在前面所举的洱源西山罗享奴卖田地的事例，一年之后，原卖主杨豹子的儿子又向第三任买主罗三忍索要"加添盖字费"：

杜绝加添盖字地契（洱源西山）
立重复加添杜绝地契书人杨豪系下江嘴民，今立因添为因故父杨豹子存日将索买得杨世荣等山场一处卖与罗文秀名下为业。至后伊男罗享奴将此地转卖与罗三忍名下，前后价贯具收明白□因父卖子绝凭中仍向罗三忍添找盖字□后海巴六十索，当日兑众，地价收受明白，日后不得明生事端，族内弟兄毋得收害□陷，如违甘当重罪，恐后无凭，立加添杜绝重复盖字永远存照
寔受加添盖字海巴陆拾索整
天启二年九月初八日立加添书契人　杨豪
凭中人　罗子固
和见人　罗享奴
代字人　罗应时①

索要的理由是"父卖子绝"，内地也有类似的情况。在大理地区还发现一通明末有关产权的碑刻：

---

① 白族社会历史调查组编印：《云南省大理白族自治州碑文辑录附明清契文抄》（油印本）。

云南分守金沧道参政王，为禁谕事。照得悉檀寺原系丽江府用价银贰佰伍拾两买到僧人洪时山场，经今一十四年，业已奏准建寺，并敕赐藏经矣。乃奸僧普种、普祥计串周严、石书等，生端谋骗。批行宾川州究明，仍断归悉檀。除批行外，舍行出示禁谕。为此示仰本寺僧人遵守。仍照管业焚献。普种、普祥此番姑示宽政，宜痛自改悔，不得如前垂涎谋骗。如再生端，定行从重究治不贷。须至示者。

崇祯三年七月初二日示①

这通石碑为官府所立，碑中确定了悉檀寺对山场的所有权，并记述了官府审理企图霸占寺庙的奸僧普种、普祥等人谋骗的经过，同时警告企图霸占他人私产的人，"如再生端，定行从重究治不贷"。说明当时的法律是保护白族地区的私人所有权的。类似的碑刻不少，看出明代当地白族群众私人所有权的观念增强，并意识到运用法律保护自己的所有权。

大理《崇恩寺常住碑记》有："其僧恐后有不矜细行之徒，侵损常住田土，磨灭良图，爰勒真石一座，将本寺所置田地亩条段数目，备书于铭记，作万年常住之纲。"② 这是用勒石的方式证明田地所有权的例子。《赵州南山大法藏寺碑》也有："本寺施主董清和室人杨氏梅姐，喜舍常住田坐落叁庄壹丘，东至本主，南至大河，西至董璧，北至路，秋粮叁升。一丘坐落柳冲门，东至河，南至董仕俊，西至官路，随秋粮米叁升，永远侍奉，子孙不得妄争，土主作证。"③ 这是田地所有者自愿捐赠、处分自己私有田地的证明。大理感通寺的《班山常住田记》有："先祖土官巡检董公禄，捐资建寺，喜舍常住……迄今已数代矣。常住被人侵占，寺宇几至顷废，特为修理，俾祖善功，不致泯灭，今将见在田亩坐落、佃户姓名，租谷数目，及各枝子孙世系，并刻于石，以垂永久云。"后还有"四房公同证收纳粮供僧，侍奉香火，修理本寺，不得侵占盗卖，永为遵守。伽蓝作证"④。这是对数人共同财产的一种约定。

---

① 杨世钰主编：《大理丛书·金石篇》(10)，中国社会科学出版社1993年版，第131页。
② 大理市文化丛书编辑委员会编：《大理市古碑存文录》，云南民族出版社1996年版，第72页。
③ 同上书，第85页。
④ 同上书，第361—362页。

《大理府为清查学田碑记》则是政府对学田公有财产的一个公示。碑中详细写明学田的情况后有："将开去学田丘亩、坐落、土名、佃户姓名、纳租税粮、里甲各换数目，写刊于上。择于府学无碍去处竖立以垂久远，以防侵换侵欺之弊。如有侵欺拖欠者径自查究招详。"

大理喜洲出土的《石碑宅祖庙记》中，写明捐给寺庙的田财后有"若有各人并子孙侵夺前项田财之人，全家大小，生家作祸落于地狱"①。说明当时白族群众的意识中对私人财产所有权已有一定认识。

(三) 债权法律制度的发展

明代白族地区关于债权方面的法律规定，较之元代有了新的发展，规定得更加细密。在大理白族地区发现的一个借契为：

> 立与借约人罗杨定，系三板桥哨兵，今立借约为因家下急缺使用，情愿借到许名下海巴八百索，每月行利三分，不致欠少，如有欠少之日，将地名座落大麦地陆地壹庄，并青转还钱巴，不得异言，如有异言，甘认设遍（骗）之罪，恐后无凭，立此借约存照
>
> 实借海巴八百索，每月行利三分，如违将地名座落大麦地陆地壹庄，并青转还钱巴整。
>
> 弘光元年柒月贰拾柒日
>
> 　立借约人　罗杨定（押）
>
> 　凭中人　　杨犬定（押）
>
> 　代字人　　张萱（押）
>
> 借约存照。②

还有一个典押契约，明末剑川西山的典陆地契：

> 立与典地契书人系浪穹县桥后里壹甲甲首杨世美今立典契，因为

---

① 参见白族社会历史调查组编印《云南省大理白族自治州碑文辑录附明清契文抄》（油印本）。

② 同上。

家下悉缺使用，无处凑备，情愿将祖父遗下陆地壹霸坐落地名庄房。其地买至路，南至买主，西至横路，北至路，四至开写明白，随纳夏税伍合。凭中杨奴矧说和，出典与本里三甲甲首杨豹子名下为业，三面言定议作典价海巴壹百肆拾索，当日地巴两相交付了军，中间再不必重写，收付。其地不拘年限，钱到归赎地，无税巴无利，系是二家情愿交易，并不系准折私价逼迫成交。倘有户内亲族叔伯兄弟等人不得争说，若有当争说之人，卖主一面承当。立契之后，二家各不许退悔，如有先悔之人，甘罚地价一半入官公用，恐后无凭，立此典契存照。

寔立典陆地壹霸随纳夏粮五合议交海巴壹佰肆十索整

万历二年八月二十六日

立与典契书人　杨世美十

凭中说合人　杨奴矧

知征人　杨奴寺一

知见人　杨添福火

代字人　杨显凿

拜羊酒一付①

契约中写明"其地不拘年限，钱到归赎地。无税巴无利，系是二家情愿交易，并不系准折私价逼迫成交。倘有户内亲族叔伯兄弟等人不得争说，若有当争说之人，卖主一面承当"。这样看来，明代白族地区已有不出卖永久所有权的"典卖"，而官府对这种行为也是承认的。

从中可以看出明代大理白族地区借贷的大致情况。其一，明代云南的借贷是有利息的，利息多少由双方约定，在借契上都书写明白。其二，借契中写明到期不还债的处置。有的是用地抵债，也有的是变卖东西抵债。还有一种是借债时已用号票作为抵押。其三，这种借贷行为也是得到官方保护的。有一个借契中有"如若短少分纹（文），将约赴官取理"，这说明如借债到期不还，或"短少分纹"，是要到官府解决的。还有一个借契更写得明白："如有欠少之日，将地名座落大麦地陆地壹庄，并青转还钱

---

① 白族社会历史调查组编印：《云南省大理白族自治州碑文辑录附明清契文抄》（油印本）。

巴，不得异言。如有异言，甘认设遍（骗）之罪。"如对到期不还债，用地抵债的行为有异言的，要判设骗之罪，是要受到明朝法律制裁的。从以上分析可以看出，明代云南关于借贷方面的法律规定，要比前代严密得多。

（四）婚姻和继承方面的法律规定

明代随着中央政权对云南统治的深入，已开始出现了这方面的法律规定，据《明会典》记载："（正统）十一年，令云南、四川、贵州所属宣慰、宣抚、安抚长官司，并边夷府州县土官衙门，不分官吏军民，其男女婚姻皆依朝廷礼法，违者罪之。"① 嘉靖三十三年规定："题准土官，土舍嫁娶，止许本境同类，不许越省。"② 明初张纮"在滇凡十七年，土地贡赋，法令条格皆所裁定。民间丧祭冠婚咸有定制，务变其俗。滇人遵用之"③。大理白族地区是云南生产发展较为先进的地区，在结婚的礼仪方面已逐步汉化。景泰《云南图经志书》在谈到蒙化府的风俗时说："近城者多汉、僰人，男女勤于耕织。会饮序齿而坐，婚姻必察性行，皆非前代之故习矣。"④ 明代大理地区的碑刻也反映出这方面的变化。喜洲弘圭山出土的《故贞洁尹氏墓志铭》有当地大族之女尹婢"未及笄而具四德，父母奇其耿介，为之择偶而适善人尹仁，及氏归，事姑舅，睦宗族，勤于内助，家道益盛，夫德益修"⑤。可以看出尹氏的婚姻事父母作主，她出嫁后深守三从四德，从而受到褒奖。天启《滇志》卷15专列孝义人物和烈女人物，记录大理地区明代的烈女和孝子多人。⑥ 说明明代大理白族的婚姻家庭观念受到封建儒家思想的影响已发生巨大变化，而法律是支持封建的婚姻家庭观念的。

明代土官由于官位继承引起的纠纷经常导致内讧和仇杀，所以明朝政

---

① 《明会典》卷20《户部》7。
② 《明会典》卷121《兵部》4。
③ 《明史》卷151《张纮传》，中华书局标点本1974年版。
④ 陈文修撰，李春龙、刘景毛校注：《景泰云南图经志书校注》，云南民族出版社1996年版，第298页。
⑤ 大理市文化丛书编辑委员会编：《大理市古碑存文录》，云南民族出版社1996年版，第226页。
⑥ 天启《滇志》，云南教育出版社1991年版，第511—529页。

府非常重视土官继承的顺序问题，基本的规定是嫡长子继承制，但由于云南少数民族地区的特殊情况，也有所变通。从文献记载看来，这方面的法律规定很多，从《明会典》的一段记载可看出明朝在这方面的规定日臻严密："凡土官袭替，洪武二十七年，令土官无子许弟袭。三十年，令土官无子弟而其妻或婿为夷民信服者，许令一人袭。永乐十五年令土官告袭，虽出十年亦准袭。正统二年，奏准土官应袭者，预为勘定造册在官，依次承袭。"① 嘉靖九年，明朝兵部会吏部议上土官袭职条例，请通行各镇巡官转行土官衙门："将见于子孙尽数开报，务见某人年若干岁，系某氏所生，应该承袭；某人年若干岁，系某多所生，系以次土舍，未生子者，候有子造报；愿报弟住若女者听。"② 除了继承的顺序有严格的规定外，承袭的程序也有具体规定："湖广、四川、云南、广西土官承袭，务要检封，司委官体勘，别无争袭之人，明白取具宗支图本，并官吏人等结状，呈部具奏，照例承袭。"③ 而云南在承袭的程序上则规定更为严密：土官承袭 "则全凭宗支一图为据，今惟云南布政司贮有各土司宗系，以故袭替最便，而贵州、广西诸土官，竟自以所藏谱牒上请，以致彼此纷争，累年不决，称兵构难，而不肖监司，又借以收渔人之利，此最大弊事。"④ 白族地区这方面的情况，《土官底簿》中有所反映。正常情况下是嫡长子承袭，特殊情况也有女儿、庶子承袭的，但要得到朝廷调查后的批准。

至于财产继承方面的情况，大理明代《千户杨兴家产遗嘱碑》中谈道："永垂子孙碑记千户系大理府云南县在城里七甲民，为因存其善念，所生廷佐一人，年幼无知，恐其失落田亩山产，凡有住持僧人指点，后代子孙庶不失其根产。家中载存田山簿本记壹百贰拾篇、丘数、段数、田山四至秋税有无，俱载簿内。收存于□□□赏赐七道圣旨，刻于狮山碑后。"⑤ 这可看作明代大理白族地区的一个家产遗嘱。喜洲弘圭山出土的《明两淮盐运司知事肖梅杨公墓志铭》中也提到，肖梅杨去世时，"有遗

---

① 《明会典》卷121《兵部》4。
② 《明世宗实录》卷112嘉靖九年四月甲申条。
③ 《明会典》卷6《吏部》5。
④ 沈德符：《万历野获编》补遗4。
⑤ 大理市文化丛书编辑委员会编：《大理市古碑存文录》，云南民族出版社1996年版，第562页。

书以付敦震"(其子)①,也可作证明代大理白族地区已有遗嘱继承。

(五) 其他方面的法律规定

1. 文化教育方面的法律规定

明朝在"明刑弼教"总的立法思想指导下,十分重视对云南少数民族地区进行儒家思想的教化问题。明朝平定云南之初,便着手在云南各地广置儒学,进行教化。接受教化者,主要是土官子弟。洪武二十八年,户部知印张永清言:"云南、四川诸处边夷之地,民皆罗罗,朝廷与以世袭土官,于三纲五常之道懵焉莫知,宜设学校以教其子弟。"朱元璋很同意,下令礼部说:"边夷土官皆世袭其职,鲜知礼义,治之则激,纵之则玩,不预教之,何由能化?其云南、四川边夷土官,皆设儒学,选其子孙弟侄之俊秀者以教之,使之知君臣父子之义,而无悖礼争斗之事,亦安边之道也。"② 从这段史料能明显看出,明朝在云南兴儒学的主要目的是要对云南的土官进行正统的封建儒家思想教育。但除了土官子弟外,也有民间的少数民族子弟入学的。永乐初年,楚雄府官员上奏:"所属人民类皆蛮夷,不知礼义,惟僰人一种,赋怡温良有读书识字者,府、州已尝设学教养,其县不设,今楚雄县所辖六里,僰人过半,近委官劝集民间俊秀子弟入学读书,而无师范,请立学置官训诲",从之。③ 由此看来,明代楚雄府的白族民间子弟入学学习儒学的并不是个别。明代云南提学副使臣胡尧时在大理桂香书院立石,以政府公告的形式说明政府对儒学的提倡。④ 大理桂香书院还立有《大理府为清查学田碑记》,记录大理府对本府学田的情况进行了认真的清理,重申了学田收益的使用款项,宣布"如有侵欺拖欠者径自查究招详",⑤ 要给予法律手段制裁。

2. 公共事务方面的法律规定

对于当地的公共事务,政府也用公告的形式告知百姓。风仪出土的

---

① 大理市文化丛书编辑委员会编:《大理市古碑存文录》,云南民族出版社1996年版,第414页。

② 《明太祖实录》卷239 洪武二十八年六月壬申条。

③ 《明太宗实录》卷222 永乐元年八月庚中条。

④ 大理市文化丛书编辑委员会编:《大理市古碑存文录》,云南民族出版社1996年版,第310页。

⑤ 同上书,第296、311页。

《建桥事宜碑》是明代赵州知州潘大武提出修建石桥的建议,得到当地父老的支持,特别立碑,"恐人心未集,再申越示","有怀私觅利于其中者,众人攻之,予将置之法,特兹约示,有众咸知","若甲长有私弊,许告言拘究"。官府用这种形式告示百姓必须履行各自承担的义务,如有违反要受到法律的制裁。

二 结论

从以上金石文契中反映的明代大理白族地区民事等方面的法制状况来看,可以看出以下问题。

(1) 大理是历史上南诏、大理国的都城,又是白族聚居区,元代以前基本实行的是当地的法律,其中又以白族习惯法为主,基本不执行中原政权的法律,但通过元代在云南建立行省,实行和全国划一的政治管理,大理和内地的联系大为加强。虽然大理作为元代云南最大的土官大理总管段氏的管辖地,元末明初明军进攻云南时段氏曾以此作为根据地负隅顽抗,但历史潮流毕竟不可阻挡,国家的统一是大势所趋,各民族之间包括法律文化在内的交融也是历史的必然。明代大理白族地区民事方面法律的变迁从一个侧面说明了这个问题。从金石文契中反映的材料可以看出:明代大理地区民事方面的法律规定大大向内地靠近。国家法律开始深入这个领域,官府开始利用国家相关法律规定来处理白族地区的所有权和借贷纠纷。前举金石文契中所反映的"如有追悔之日,再罚地价一半入官公用""尚有日后享奴兄弟等不得异言,如有此人等甘□挟害之罪""如违甘罚白米拾石入官"便是明证。此外,国家对大理土官的婚姻也有了相关规定。

(2) 通过金石文契除了可以看出国家法在大理白族地区的执行外,还可看出民事方面明代大理白族地区的民间习惯法也在一定程度上发挥作用。《石碑宅祖庙记》中,写明捐给寺庙的田财后有"著有各人并子孙侵夺前项田财之人,全家大小,生家作祸落于地狱"[①];大理感通寺的《班山常住田记》还有"四房公同证收纳粮供僧,侍奉香火,修理本寺,不

---

① 白族社会历史调查组编印:《云南省大理白族自治州碑文辑录附明清契文抄》(油印本)。

得侵占盗卖，永为遵守。伽蓝作证"①；《赵州南山大法藏寺碑》也有"子孙不得妄争，土主作证"② 的说法，反映了当时大理白族地区的传统观念、宗教意识也在一定程度上起到了调整社会关系的作用。大多数金石文契都谈到签订契约时有亲戚、乡邻在场，还有见证人、凭中人、代书人的签字，这既是当地习惯法的体现，也体现了当地白族群众对契约的重视。

（3）金石文契中还反映出明代当地官府对大理白族地区的控制较之元代更加深入。对于当地民事纠纷的处理，当地官员根据文契所反映的双方权利义务关系，依据国家有关法律规定对违反者进行处理。触犯刑法的按国家刑法方面的规定处理。违反契约规定的按情节轻重处以罚款、罚实物等，老百姓有民事纠纷找官府解决的情况越来越多，应该说，这对于大理白族地区社会秩序的稳定、经济的发展是有好处的。

（刊于《昆明理工大学学报》2007年第3期）

---

① 大理市文化丛书编辑委员会编：《大理市古碑存文录》，云南民族出版社1996年版，第361—362页。

② 同上书，第85页。

论明末清初德昂族的形成[1]

德昂族原名崩龙族，主要分布于云南滇西地区及缅甸境内。德昂族与蒲人的承袭关系，已为学术界大多数学者所认定，兹不赘述，但对德昂族的形成，研究文章并不多见。本文主要从崩龙族族称探源、德昂族形成单一民族的历史条件这两个方面，来探讨明末清初德昂族的形成问题，以就教于史学界的前辈及诸同道。

一　崩龙族族称探源

德昂族和蒲人的渊源关系，是学术界大多数学者所承认的。蒲人是历史上分布在滇西地区力量较为强大的一个民族群体。由于元、明两代澜沧江以西地区出现了新的局势，居住在这里的蒲人也随之发生了很大变化。一部分迁走了；一部分逐渐与当地的汉族、傣族等其他民族相融合，而留在原地，或退居山区的部分蒲人则在民族关系、生产、生活环境都有所改变的情况下，形成了各自特定的历史条件，从而使这部分蒲人走上了不同的发展道路。思茅和西双版纳地区的蒲人发展为布朗族；而德宏地区内移居山区和缅甸大山的蒲人，则因为与其他地区的蒲人失去联系而独立发展。至明末清初，这部分蒲人逐渐发展成为新的独立的单一民族——德昂族。

德昂族在清代称为崩龙族，关于这一名称的来源，未见有专门的考

---

[1]　此文是笔者关于蒲人历史研究系列文章的第五篇，拙作《明代云南广邑州建置考——蒲人历史新探之一》发表于《民族研究》1985年第3期；《蒲人早期的社会经济状况——蒲人历史新探之二》发表于《西南边疆民族历史研究集刊》1985年第6期；《元代澜沧江以西的蒲人——蒲人历史新探之三》发表于《西南边疆民族历史研究集刊》1986年第7期；《明代蒲人内部的不同发展情况——蒲人历史新探之四》发表于《史学论丛》第3期，云南人民出版社1988年版。

证，现在试作初探如下：

崩龙一称，始见于清代，初时写作"波竜"①。此外，清代著录中还时常出现"坡龙"或"波龙"一称，当与"波竜"同语。值得注意的是它往往指的是地名，有时指一座大山，有时指一个有名的银厂。孙士毅《绥缅纪事》载：乾隆十五年（1750），茂隆银厂头目吴尚贤至缅甸，与贵家头目宫里雁战于木邦，并解释说："贵家者，明永明王官族子孙，沦于缅，自相署目，据坡龙厂采银。"②按：坡龙即波龙，以后的记载都说宫里雁在波龙银厂采银，可证坡龙银厂即波龙银厂。书中所记吴尚贤与宫里雁作战在乾隆十五年，但在这之前宫里雁已采银，再从贵家与明永历部的关系来考察，则坡龙银厂一名清初已有。这里的坡龙是指银厂说的。以后波龙银厂、波龙大山和波龙人的记载就多了。乾隆二十三年（1758）缅酋瓮籍牙劫波竜厂，即称坡龙为波竜。③乾隆三十年（1765），清朝政府与缅甸发生战争，由于战事是在中缅边界上进行的，对于在这一带居住的一向鲜为人知的崩龙族的情况，便有了较为详细的记载：

> 乾隆三十一年（1766），十一月乙亥，杨应琚奏，缅夷大山头目垒管遣弟垒荣等……至驻扎遮放之总兵乌勒登额军营投诚，并献土物。④

《清朝文献通考》云：

> 大山土司，亦名波笼，在永昌府腾越州南境外，处龙川江之南。本朝乾隆三十一年其头目垒管举众内附。⑤

所述当为一事，且云"火山土司一名波笼"。

周裕亦说："大山一名波竜山"。⑥

---

① 《清高宗实录》卷833乾隆三十四年四月壬申条。
② 孙士毅：《绥缅纪事》，《永昌府文征》纪载卷18。
③ 同上。
④ 《清高宗实录》卷773乾隆三十一年十一月乙亥条。
⑤ 《清文献通考》卷289舆地二一·大山土司条。
⑥ 周裕：《从征缅甸日记》，收入《借月山房汇钞》第七集。

足证上引大山头目垒管就是波竜头目无疑，而波笼也就是波竜、波龙或坡龙。

又王昶《征缅纪闻》中说：

> 乾隆己丑（三十四年，1769）八月二十九日，盏达抚夷张芹来云，有波竜二名往官屯探听，知缅日那表布率兵一千四百名，以八月初十日过新街西岸而北。①

此处文中所说的波竜，很明显是指波竜人，即波龙人，而波竜与崩龙读音相近，殆属汉译无定字之故。此外，还有"勃弄"的写法，有人考证也是对崩龙族的称谓。② 笔者还见到过一种傣文，《芒市土司历代简史》的汉译本，其中把崩龙人译为"波弄"人。③ 可见，"勃弄"和"波弄"一样，均即前举波竜、坡龙、波龙、波笼的异译，就是崩龙人。在英语中，波龙和崩龙的译音相同。在哈威的《缅甸史》中，大山波龙之波龙译为（palaung），而崩竜人则译为（palaungs）④，可作为一证。近人尹梓鉴更说："大山土司又为崩笼种，各书作波竜。"⑤ 中国社会科学院地理研究所孙承烈、张霈二同志在德宏州内进行调查后也认为："据说缅甸大山土司地原是崩龙族的根据地，那里称为崩龙大山。"⑥ 缅甸大山至今仍是崩龙族的主要聚居区，这一点可以为证。

从以上分析可以看出，清代文献中以波竜作为族名，首见于乾隆年间，波龙即为崩龙。崩龙族的形成，或在明末清初，且与波竜大山、波竜银厂名称的出现大致同时。至于山、银厂是因波竜人而得名，或是波竜人因波竜大山、银厂而得名，则还需进行进一步研究。

---

① 王昶：《征缅纪闻》，《小方壶斋舆地丛钞》第一〇帙。
② 李道勇：《中国孟—高棉语族概略》，《云南民族学院学报》1984 年第 3 期。
③ 该稿现存潞西县档案室。
④ 哈威著，姚枏译注：《缅甸史》，商务印书馆 1957 年修订版，第 356 页注 104、第 98 页注 3。
⑤ 尹梓鉴：《缅甸史略弁言》"缅甸联合种及其位置"，《永昌府文征》纪载 29。
⑥ 《云南德宏傣族景颇族自治州边六县和腾冲县各民族的地理分布及历史来源调查报告》，载《云南省德宏傣族景颇族自治州社会概况·景颇族调查材料之三》，全国人民代表大会民族委员会办公室编，铅印本，1968 年 3 月，第 93 页。

二 德昂族形成单一民族的历史条件

明末清初德昂族的出现并不是偶然的现象，而是有它特定的历史条件的。斯大林同志指出："民族是人们在历史上形成的有共同语言，共同地域，共同经济生活以及表现于共同的民族文化特点上的共同心理素质这四个基本特征的稳定的共同体。"① 这是目前学术界所公认的马克思主义关于民族的经典性定义。斯大林同志提出的这四点，是一个民族形成的基本条件。但由于各个民族所处的社会经济、政治、文化等各方面情况的不同和地理环境的差异，在民族形成的过程中，又会具有各自不同的特点。以云南情况为例，解放前夕，白族处于封建地主经济阶段，傣族处于封建领主经济阶段，而独龙族、怒族等却还处于由原始社会向阶级社会过渡的阶段。这几个民族虽然处于不同的社会发展阶段，但由于都基本具备了民族形成的四个条件，所以解放后进行民族识别时都把它们定为单一民族。可以认为，德昂族的形成，也基本具备了民族形成的这四个条件，而又有其不同于其他民族的自身特点。

下面就此这部分蒲人形成单一民族的情况作一些探讨。

（一）共同地域的形成

自元末明初以来，生活在德宏地区各地山区的一部分蒲人，延伸到缅甸大山一带，与其他蒲人互相隔绝而进入了独立发展的时期。虽然在这个范围内还可能有部分迁徙，但可以说，共同的地域已基本形成。《清史稿·缅甸传》载：

> 永昌之盏达、陇川、猛卯、芒市、遮放，顺宁之孟定、孟连、耿马，普洱之车里数土司外，又有波龙、养子、野人、根都、卡瓦、濮夷杂错而居。非缅类，然多役于缅土司，亦稍致魄遗，谓之花马礼，由来久矣。②

---

① 斯大林：《民族问题和列宁主义》，《斯大林全集》第 2 卷，人民出版社 1953 年，第 294 页。

② 《清史稿》卷 528《缅甸传》。

这表明：其一，当时波龙已从濮夷中分化出来；其二，波龙的分布地区基本是在永昌顺宁徼外及与缅甸交界一带。按：缅甸大山也为波龙族的主要聚居区。《清文献通考》载：

> 大山土司，亦名波笼，在永昌府腾越州南境外，处龙川江之南。①

既在大山设立土司，可见当地波龙人不少。清将明瑞等率兵征缅，亦曾在大山所属波龙等处土司采办给养。② 又：

乾隆三十四年（1769）四月壬申"经略大学士公傅恒，副将军公阿里衮付将军阿桂等会奏，永昌、顺宁所属十四土司……其边外波竜、养子、野人、摆夷等，如有实心投顺者，亦可供响导之用"③。

据赵翼《皇朝武功纪盛》载：乾隆三十三年（1768），清军还在缅甸大山由波竜人引道，得至波竜厂。④ 考缅甸大山，在木邦土司地，方国瑜先生认为大山土司地在今腊戍⑤，还有的学者考订波龙银厂位于东经98°10′，北纬22°45′⑥，波龙大山也应离此地不远，就地理位置审之，与永昌、顺宁徼外是连成一片的。

又王昶《征缅纪闻》中记：

> 乾隆三十四年四月二十六日，行数里，雨。望道旁山顶丛莽中，略见竹屋，从者云，"此波竜人避缅寇来居此者"。沿海泊江行三十里下营，距铜壁关可望而见。⑦
>
> 八月二十九日，"盏达抚夷张芹来云：'有波竜二名，往官屯探

---

① 《清文献通考》卷299 舆地二一·大山土司条。
② 《清高宗实录》卷801 乾隆三十二年十二月戊寅条。
③ 《清高宗实录》卷833 乾隆三十四年四月壬申条。
④ 赵翼：《平定缅甸略述》，收于《瓯北全集》中《皇朝武功纪盛》篇。
⑤ 方国瑜：《云南史料目录概说》，中华书局1984年版，第528页。
⑥ 宁超：《"桂家"、"敏家"及其与乾隆年间的中缅之战》，《东南亚资料》1982年第1期。
⑦ 王昶：《征缅纪闻》，《小方壶斋舆地丛钞》第一〇帙。

听',知缅目那袭布率兵一千四百名以八月初十日过新街西岸而北。"①

所说到官屯探听消息的波竜人,也应住在盏达土司和缅甸交界之地。从上引史料所记,可知清代德昂人的居住和活动区域都是在德宏地区内山区,中缅交接地段和缅甸大山一带。其间虽然还有部分流动,但总的说来,区域是固定的,并在德昂人居住较为集中的波龙大山地设立了大山土司。看来,明代以来这部分蒲人是在与外地蒲人隔绝的情况下,在以上地区的山区定居下来,生息繁衍,以至于最后发展为单一民族的。这个区域基本上就是德昂族的分布地区,所以,我们可以说,明末清初,德昂族共同的地域已经形成,而这就为加强民族内部的联系,促进本民族经济、语言,乃至心理素质的独立发展,创造了空间条件。

(二) 共同语言的形成

就今天的德昂语来说,属南亚语系孟高棉语族佤德语支。它虽然与同一语支的佤语、布朗语在语法、词汇、语音的对应关系等方面有很多类似的地方,但毕竟有所不同,独立的德昂语已经形成。取以与它最接近的布朗语相比较,可以发现:德昂语的主要特点为元音分长短,还有重读的语音现象,方言之间的语音差异较大,而布朗语最大的特点为有声调②,这说明在历史的进程中,一方面佤、德昂、布朗的先民曾经有过十分亲密的关系,但后来由于互相间的联系减弱,乃至中断隔绝,最终成为有一定关系而又各自独立的语言,独立的德昂语就是这样形成的。笔者在德宏州内各县对德昂语进行调查得知,花崩龙、红崩龙、黑崩龙等德昂族不同支系的语言确是各有差异的。其中花崩龙和红崩龙基本上可以通话,但与黑崩龙的语言则有较大的区别③,但这只能解释为同一语言中的不同方言,与李道勇同志所说:"德昂语的特点之一是各方言之间的差别较大"的看法

---

① 王昶:《征缅纪闻》,收《小方壶斋舆地丛钞》第一〇帙。

② 李道勇:《中国的孟—高棉语族概略》,《云南民族学院学报》1984 年第 3 期;颜其香:《崩龙语概况》,《民族语文》1983 年第 3 期;周植志、颜其香:《布朗语概况》,《民族语文》1983 年第 2 期。

③ 根据笔者 1983 年、1984 年在德宏州潞西县三台山(红—花崩龙支系)、茶叶箐(黑崩龙支系)、梁河二肯城(花崩龙支系)、陇川章凤(花崩龙支系)等地进行语言调查的材料整理。

并无二致。① 而独立的德昂语的形成，无疑是大大有助于加强民族内部的联系，有助于交流思想和生产技术，以及共同心理素质的形成。

（三）共同经济生活的形成

这一部分蒲人，虽然因为居住分散、生产力发展水平不一致等原因，没有能形成独立的经济形态。但是如果对这一部分浦人明末清初的经济状况加以分析和考察，就可以看出：在这段时间，德宏地区的蒲人和中缅边界缅甸大山的蒲人之间，经济上的联系加强了。在这部分蒲人中间已经有了自己独特的经济生活，从某种意义上来说，共同的经济生活已经形成。下面就这个问题作一个简单的剖析。

种茶，从来是德昂族先民的特长，历史悠久，自从被迫迁居山区，环境改变之后，种茶更成了他们的一项重要的生产活动。举凡清代记录德昂族生产状况的史料，几乎无不与茶叶有关。周裕在《从征缅甸日记》中谈道："大山产茶，味亦可饮。"②

尹梓鉴著《缅甸史略弁言》中也说："大山一司又为崩笼种（各书作波竜），话完全与伯夷不同。此种人喜居高山，职业为种茶是务。"③ "又有茶叶产于崩笼大山，因山高受阳光蚕气，香味浓，为全缅是赖。今南坎崩笼人亦多种之，其清香之味差逊于大山所产。"④

在德宏州内进行民族调查，各族群众都说，缅甸大山崩龙族也以种茶为主，有许多很大的茶园，跟德宏州内的德昂族被称为古老的茶农无异。有理由认为：历明到清，种茶已成为一项在德昂族经济生活中占重要地位的生计了。

此外，大山又称波竜山，以波竜银厂而著名，而且历久不衰，直到民国初年，缅甸的银矿情况仍是："银矿最旺者，厥为大山老银厂。"⑤ 大山银矿储量丰富，开采较早。但由于当地德昂人对开采，冶炼等技术掌握不够熟练，所以多是由外来人开采而从中收取赋税。跟随南明永历帝流亡到

---

① 李道勇：《中国孟—高棉语族概略》，《云南民族学院学报》1984年第3期。
② 周裕：《从征缅甸日记》，《借月山房汇钞》第七集。
③ 尹梓鉴：《缅甸史略弁言》"缅甸联合种及其位置"，《永昌府文征》纪载29。
④ 尹梓鉴：《缅甸史略弁言》物产条。
⑤ 同上。

缅的官兵后人桂家宫里雁等人即在波龙银厂开矿，在当地形成一股很大的势力。此外，内地各省也有人到此开矿。《征缅纪略》记：

> 波竜山者产银，是以江西、湖广及云南大理、永昌人出边商贩者甚众，且屯集波竜，以开银矿为生，常不下千万人。①

可见，清初波竜人聚居的波竜山已成为外地人云集的大矿山。由于矿区的开发，导致当地的兴旺景象。赵翼在《粤滇杂记》中对此有过生动的描述：

> 滇边外有缅属大山银厂极旺，而彼土人不习烹炼法，故听中国人往采，彼特税收而已，大山厂多江西、湖广人，自与缅甸交兵后，厂丁已散，故无往采者。明将军曾过此地，老厂、新厂两处民居遗址各长数里，皆旧时江楚人所居。采银者岁常有四万人，人获利三四十金，则岁常有一百余万带回内地。当缅酋攻厂时，各厂丁曾驰禀滇督，谓只须遣官兵三千来助，则厂丁四万自能御敌，时滇督恐启封疆衅，不果。②

孙士毅《绥缅纪事》中也说，乾隆三十三年，清军将领明瑞与缅军战于蛮化，在情况很危急之时，"有波竜人引以间道，得至波竜厂，是为贵家采银厂，民居遗址竟数十里，计厂丁不下数万，已俱为贼冲散。"③

周裕《从征缅甸日记》亦载，清兵到大山后：

> 夷民咸相率来观，以米、粮、腌鱼、盐、烟等物至营货卖……山谷前为波竜厂，有银矿，往时内地贫民至彼采矿者以万计，商贾云集，比屋列肆，俨一大镇。④

---

① 吴楷、王昶：《征缅纪略》。
② 赵翼：《粤滇杂记》，《永昌府文征》纪载卷18。
③ 孙士毅：《绥缅纪事》，《永昌府文征》纪载卷18。
④ 周裕：《从征缅甸日记》，《借月山房汇钞》第七集。

上举史料显示，在乾隆年间与缅交兵之前，波龙大山曾是一个十分繁荣的地方。从内地来采矿的人口数以万计，住房数十里，商贾之多、市肆之盛，可见一斑。德昂人自己主要是收取矿税，这已成为他们经济生活中的一项重要收入。在此情况下，使波龙大山形成一个小城镇和交易所。凡此，都推动着德昂族经济的发展和内部经济联系的加强，以及共同经济生活的形成。

清初，大山的德昂人不但种茶、收矿税，农业生产和贸易交换也有了一定程度的发展。乾隆三十二年，明瑞到大山后上奏："该地米粮甚丰，酌量采买作为木邦兵丁口粮，可省内地转运。"① 第二年，大山土司果然办粮数百石给明瑞，② 这在当时来说，已经是一个很可观的数目了。《从征缅甸日记》还载：

> 其地（指永昌徼外）皆种糯米或粳糯杂种，内地人食之易于遘疾。惟大山往时内地商人聚集开矿，但种粳米，食之无害，夷民素贮谷地窖，官兵往往掘得之。③

可见大山的德昂人已逐渐学会了内地传来的先进生产技术，栽种粳米，农业生产有了一定的发展。因此也才能"贮谷地窖"，以米、粮、腌鱼、盐、烟等物至营货卖，乃至替明瑞采办军粮数百石。这些，没有一定的物质基础是不可能设想的。这说明，明末清初，大山的德昂族不但已有自己的农业、矿业和经济作物，而且一定范围内的交换市场已经形成。还应指出，这些德昂人和住在山区，以种植茶叶和苦荞为主的德昂人，在各方面，特别是在经济上联系密切。在乾隆年间的中缅战争中，有不少大山的德昂人到德宏山区躲避，又清嘉庆年间，德宏地区德昂族起义失败以后，惨遭汉、傣统治者的镇压，也有很大一部分人迁往缅甸大山，就是明证。总的说来，清代德昂族多居偏僻山区，与外界接触较少，但他们内部确有一定经济联系，基本上可以过其自给自足的生活，尽管这种生活可能是十分艰苦的，可以说，明末清初德昂族共同的经济生活已在一定程度上

---

① 《清高宗实录》卷801 乾隆三十二年十二月戊寅条。
② 《清高宗实录》卷805 乾隆三十三年二月乙亥条。
③ 周裕：《从征缅甸日记》，《借月山房汇钞》第七集。

形成，这为德昂族从蒲人中分化为新的单一民族提供了物质基础。

(四) 共同心理素质的形成

共同的心理素质或民族性格，是一个民族的主要特征之一。可以说，它是社会物质生活和文化生活条件综合作用于民族精神面貌的表现和结果，是受该民族的社会经济、历史发展、生活方式、地理环境等方面因素的影响和制约的。一方面，共同的心理素质一旦形成，就具有稳定性和持久性；另一方面，它又是随着社会物质生活条件的改变而改变的。考察德昂族共同的心理素质就可看出：由于元、明以来德宏地区和中缅交接一带战事频繁、风云变幻，以及随之而来德昂族先民生产、生活环境的巨大变化，对德昂族先民性格的形成有着极大的影响。将蒲人和后来分化形成单一民族的德昂族加以比较，不难发现，德昂族的民族性格较之蒲人已有明显的差异，形成了自己独有的特点，下面就此试作一些简单的分析。

元代以前的扑子蛮（即蒲人）曾是滇西力量较为强大的部落族群，分布广泛，具有一定的经济和军事实力。基于他们在当地所处的优越地位，表现在民族性格上是刚强、豪爽、剽悍的，史载他们非常英勇善战，曾是南诏一支重要的军事力量，这不会是偶然的。从唐代樊绰的《蛮书》到元代李京的《云南志略》，对此都有明确的记载。但从清代和近人的著录以及笔者在当地进行民族调查的结果看来，德昂族的心理素质（或说民族性格），较之元代以前蒲人的情况已有很大改变。前举周裕《从征缅甸日记》载：

> 乾隆三十二年，至大山，其王曾于前岁投诚。将军兵过时，遣人贡土物，极为恭顺。至是，遣弟以牛、米迎犒，夷民咸相率来观，以米、粮、腌鱼、盐、烟等物至营货卖。①

吴楷、王昶《征缅纪略》也记：

> 乾隆三十三年，牒者报大山波龙多积谷，乃往趋之。大山土司瓦

---

① 周裕：《从征缅甸日记》，《借月山房汇钞》第七集。

喇遣弟罗旺育特来迎，且率其子阿陇从军三日。①

从上举的史料可以看出，德昂族的性格是很温和的。民国初年周谟《呈报腾冲十土司情形文》中也有"阿昌纯朴，崩龙善良，傈僳胆小"之说②。江应樑教授于1937年到德宏地区进行民族调查，取得了第一手资料，也曾为文指出："崩龙亦山居，性甚和善。"③ "崩龙性情近似㯊夷——懦柔。"④ 李景汉先生在1940年的一篇文章中也说："崩竜人性情和平，不养牲畜，不杀生，不打猎，不饮酒、吸烟，不好与人争论。"⑤

缅甸的崩龙族亦是"习惯于山区生活，很少与其他民族往来。他们生性喜爱清静，不愿与外族人杂居而喜欢到人烟稀少的高山峻岭上生活"⑥。笔者在德宏地区进行民族调查，也发现德昂族和景颇族虽然生活环境类似，有的地方甚至交错杂居，但德昂族温和、诚实、感情较为内向的民族性格，与景颇族勇敢、粗犷、感情热烈奔放的民族性格确实有较大的差别，形成鲜明的对比。德昂族这种特有的共同心理素质，大体可以确定形成于明末清初。德昂族的心理素质和古代蒲人的心理素质为什么会有这么大的不同呢？这也是一个值得深入探讨的问题。我认为，发生这种变化的原因主要有两点：其一是由于自元代后期起他们的生活、生产条件发生了巨大变化；其二是德昂族信仰佛教后，对其心理素质的改变所产生的巨大影响。下面分别加以探讨。

自元代后期起，德宏地区的民族关系发生了重大变动，傣族势力强大并逐渐成为当地的统治民族，而蒲人被傣族征服后，力量削弱，一部分被迫迁往山区。由当地的主体民族而逐渐衰微，最后成为被统治民族的这一过程，不可能不在他们心理素质上有所反映。可以想见，沉重的民族压迫和阶级压迫，在经济上使他们日趋贫困；同时在心灵上也必然被打上深深的烙印。由于逃避各级官吏的残酷盘剥和接连不断的战争纷扰，兵荒马

---

① 吴楷、王昶：《征缅纪略》。
② 周谟：《呈报腾冲十土司情形文》，《永昌府文征》文录卷二一。
③ 江应樑：《云南西部之边疆夷民教育》，《青年中国季刊》1939年创刊号。
④ 江应樑：《云南西部边境中的傈僳等民族》，《益世报》（边疆副刊）1939年1月20日。
⑤ 李景汉：《摆夷人民之生活程度与社会组织》，《西南边疆》1940年第1期。
⑥ 缅甸纲领党中央组织委员会：《缅甸崩龙族和勃欧族的习俗》，《东南亚资料》1982年第1期。

乱，他们只有退居山区，避之唯恐不深，不可能再与其他民族进行更多的交往，而宁愿过一种清静和平的生活。因此，在残酷的阶级压迫和民族歧视之下，产生了一定的民族自卑心理，使蒲人那种本来英勇、刚强的性格有了很大改变，这是可以理解的。德昂族群众经常说，解放前德昂族是"压在石板下的黄芽草，不得见天日"。而且是"见人必称小崩龙"。解放后，情况当然根本不同了，但由于长期形成的民族自卑感一时还难以完全消除，所以在第一、第二次人口普查时，部分德昂族群众顾虑民族歧视，有的不敢申报为德昂族而报傣族，[①] 这就可以说明问题。

再者，最晚自明初起，佛教已成为德昂族普遍信仰的宗教。佛教对德昂族心理素质的改变、民族性格的形成，影响也是明显的。德宏地区的德昂族大多信仰小乘佛教的多列派，这一派的教规较严，规定不准杀生，所谓"见杀不吃、闻声不吃、听杀不吃"，戒酒、戒骂、禁抢劫、禁偷盗，如此等等。小乘佛教主张与世无争，相信来世轮回之说，这些教规与教义，对德昂族民族性格的形成，自然也是有关系的。由于小乘佛教是德昂族普遍信仰的宗教，绝大多数德昂族群众都对佛教十分虔诚。听当地群众说，解放前，德昂族不但严格实行不养牲、不杀生、见杀不吃、闻声不吃、听杀不吃，而且连损害庄稼的野兽、虫鸟都不去驱赶而听之任之，又何况对人呢？总之，佛教对德昂族心理素质的改变，无疑起到了潜移默化的作用。

综上所述，明末清初，德宏地区和中缅边界交接地带的蒲人，在特定的历史条件下，共同的地域、共同的语言、共同的经济生活和共同的心理素质已基本形成。所以说，在这段时间里，这部分蒲人从蒲人中分化出来成为单一民族的条件已经具备，是符合实际情况的。于是，在我国民族大家庭中，一个新的成员——跨境而居的德昂族，出现在历史舞台上了。

(刊于《思想战线》1988年第4期)

---

① 笔者1983年在畹町调查时，畹町镇政府办公室李相成同志提供。

五、相关考证

元代大理段氏总管世次年历考略

元朝灭大理后，云南改设行省，原大理国主段兴智家族在国破之余，仍世袭大理总管，与有元一代相始终。由于段氏是元代西南地区最大的土官，其世次的嬗递情况及与元朝政权关系的演变，体现了元朝的民族政策及元代的民族关系。

关于大理总管段氏的世次年历，各书记载不同，有11总管说、12总管说等等，至于各位总管的系属和在位年限，更属聚讼纷纭，莫衷一是。今据所能见到的文献、碑刻材料，对元代大理总管段氏的世次年历逐一进行考证后认为，传统的11总管说和12总管说是有疑问的，实际应为9总管。

一　段实

段实即信苴日，《元史》卷166有传。该传载："中统二年（1261），信苴日入觐，世祖复赐虎符，诏领大理、善阐、威楚、统矢、会川、建昌、腾越等城，自各万户以下皆受其节制。"《元史》卷4《世祖纪》中统二年六月庚申"赐大理国主段实虎符，优诏抚谕之"，所述显是一事。该诏出王恽手。《秋涧先生大全文集》卷83所收《中堂事记》载中统二年秋八月十六日丙午，"宣谕归附段实曰：'向率我师，往临尔境，重拒国人之请，因从城之下盟，款附而来，忠勤益著，庸示至优之渥，以彰同视之仁；尚修前效，毋负初心，抚安已附之民，招集未降之众。同典有常，卿其勉之。'"此中月份稍异，大概是六月赐虎符而颁诏在八月，本纪终言之而已。《增订南诏野史》认为"段实，又名信苴日"，不误。段实，云南方志中或作段日。

关于段实的系属，史载异辞。《元史》本传说："（段）兴智遂委国任其弟信苴日，自与信苴福率爨僰军二万为先锋，导大将兀良合台讨平诸郡之未附者。"各本《南诏野史》及《续弘简录》①《元史新编》②《元书》③《蒙兀儿史记》④《新元史》⑤《僰古通考浅述》、正德《云南志》⑥等皆从之。一说段实为兴智子,万历《云南通志》卷1《地理·云南总部沿革·沿革大事考》:"元世祖中统元年,段兴智入朝。道卒,以子信苴日为总管,守大理。"天启《滇志》卷1《沿革大事考一·元》、康熙《大理府志》卷3《沿革》均从之。《滇系》卷3之一《事略》:"元世祖中统元年,段兴智入朝。道卒,以子信苴日为总管,守大理。"文与万历《云南通志》全同,当此出于彼,但又注明:"《南诏通纪》作兴智族弟",则亦游移之词。还有一说认段实为兴智诸父。《大明一统志》86《云南布政司·大理府·人物》:"段信苴日,信苴福之弟也,世祖时入觐,诏领大理等城,后为总管。"按《元史》卷166《信苴日传》:"(是岁)乙卯(元宪宗蒙哥五年,1255),兴智与其季父信苴福入觐,诏赐金符,使归国。"《大明一统志》以段实(即信苴日)为信苴福之弟,则显为兴智诸父。前举天启《滇志》、康熙《大理府志》已载段实为兴智之子,但各重出互异,如《滇志》卷14《人物·乡贤·大理府·元》说"段福、段日皆大理国王段兴智诸父",康熙《大理府志》卷19《人物·乡贤·人物·元》又言"段日,福之弟,即信苴日也",前后不一,不知何据。按《新纂云南通志》所收李源道撰《大崇圣寺碑铭并序》云:"中顺大夫总管隆之祖实,中奉大夫,云南行中书省参知政事,赠武定郡公"。"余自翰林国史出参滇省之岁,隆遣介走书,请曰……我先人臣属天朝,勤劳王家,建崇圣佛刹思报国恩,敢请太史之文。"予按"段氏以三百年幅员万里之土,纳款于我,岁癸丑之后,厥祖摩诃罗嵯奉命四征不庭,至于宋境,深入邕管、日南之区而死于事"⑦。按:摩诃罗嵯即摩珂罗嵯,为段兴智,见《元史·信苴日传》段隆为段实之孙。此处于段兴智复云为段隆之祖(当为从祖),可证兴智与段实为兄弟行,因从旧《元史》本传及

---

① 邵远平:《续弘简录》卷20《信苴日传》;卷42《大理传》。
② 魏源:《元史新编》卷37《信苴日传》。
③ 曾廉:《元书》卷86《段兴智传》附著信苴日事。
④ 屠寄:《蒙兀儿史记》卷110《段实传》。
⑤ 柯劭忞:《新元史》卷221《信苴日传》。
⑥ 正德《云南志》卷21《段信苴日传》。
⑦ 《新纂云南通志》卷93。

诸家之说，段实为兴智之弟。

关于段实出任大理总管的年代及其在职的年限，待考。《元史》本传云："（至元）十一年（1274）赛典赤为云南行省平章政事，更定诸路名号，以信苴日为大理总管。""（至元）十九年（1282）诏同右丞拜答儿迎云南征缅之师，行至金齿，以疾卒。信苴日治大理，凡二十三年。"按至元十一年至十九年，只有8年，这里所说的治大理23年，大概是沿本传上文"中统二年（1261）信苴日入觐，世祖复赐虎符，诏领大理、善阐、威楚、统矢、会川、建昌、腾越等城，自各万户以下皆受其节制"而言，然首尾合计，也只有22年（1261—1282）。各本改修《元史》多从《旧元史》，唯《续弘简录》本传著为"中统元年（兴智）入朝，在道卒；世祖悯之，乃以实为总管守大理"，不知何据，疑为牵合《元史》"治大理凡23年"意改。又《增订南诏野史》（坊刻胡蔚本）段实传亦同《元史》，但说"实任职二十二年"，大概也是发现《元史》23年之说有不合，减算一年以实之的；然而王嵩本《南诏野史》（《云南备征志》收本，简称王本，下同）段实传于段实死年所记不同："大德元年丁酉（1297）段实入朝，受敕征缅，至永昌卒。"淡生堂本《南诏野史》（云南图书馆传抄淡生堂倪辂《南诏野史》，简称淡生堂本。下同）段实传同，唯丁酉误作辛酉。道光《云南通志稿》看出了问题，说："《南诏野史》以段实卒于大德元年，较《元史》多十五年，未必如此之久，且征缅事在至元十九年，大德元年无征缅事，当以《元史》为正。"① 《新纂云南通志·大事记》引《元史》本传之文后说："（段）实治大理二十三年，《野史》误为大德元年卒，《阮志》（即道光志）正之。"② 又《新纂云南通志·汉至元耆旧传·段忠传》年份同《元史》③，唯《新纂云南通志·金石考》于《大胜寺修造记》跋语云："碑称云南行省参政昔苴日，即段信苴日，《元史》卷166有传，曰'至元十九年诏迎云南征缅之师，行至金齿，以疾卒'。按《世祖本纪》'至元十九年二月癸巳议征缅，以太卜为右丞，也罕的斤为参政，领兵以行'；《元朝征缅录》'至元二十年宗王先吾答儿、右丞太卜、参政也罕的斤征缅。九月一日，大军发中庆，

---

① 道光《云南通志稿》卷131《秩官志·元十一代总管》条。
② 《新纂云南通志》卷9。
③ 《新纂云南通志》卷188。

十月二十七日至南甸',则信苴日迎征缅师,当是先吾答儿部行至金齿,应在至元二十年,则十九年卒之说不可信。此碑'至元二十一年甲申岁云南省参政段昔苴日奏闻朝廷',是二十一年信苴日犹在也。《南诏野史》段实传、胡蔚本'至元十九年卒',王崧本及两种钞本并曰'大德元年卒'(按:钞本'辛酉'显系'丁酉'误),今得此碑,载至元二十年后事,知信苴日之卒,以王本及钞本《南诏野史》之说为允,而《元史》列传误也。"① 新志所云前后抵牾,大概因为该书成于众手,杀青后又未能细加检对审定之故。此跋语之说合于实情,近年在大理弘圭山新发现的《故正直温良谦和尚墓碑铭并序》,尤足以证其说不谬。碑云:"先君授戒光□□□不德兼著,止下佳服,天定二年,敕授正直温良谦和尚……予前至元岁在己丑十月丁未□□十四日示微疾端然而终,享寿从心有五,时云南诸路参知政事信苴实,美和尚之嘉绩,命先兆,以弘之阳为灵□(下阙)。"② 按前至元己丑当二十六年(1289)。较至元二十一年还迟五年,这也是王本《野史》所载段实卒于大德元年,而不是至元十九年的又一有力旁证。不过,这里有一个难题,《新纂云南通志》所收元《创建大理路儒学碑记》载:"至元乙酉(二十二年,1285)之春,准奏始立庙学,设教官,令赵傅弼充其职,中奉大夫云南诸路行中书省参知政事郝公天挺实倡其议,大理路军民总管段信苴忠闻而喜曰:文物胜事也,力有不给于我取。"③ 又《金石萃编未刻稿》所收《大理新修文庙记》末署"至元二十四岁舍丁亥(1287)闰二月日……太中大夫大理路军民总管段信苴忠立石"。从上举两碑可知,此时段实已卸总管职,专任参政,而推段忠为总管,非如各书所载实死忠继。看来至元十九年并非如《元史》所云,为段实卒年,而是段实卸任总管之年,亦即段忠继任总管之年。此后段实虽不为总管,以意度之,不可能以参政而不干预大理之事,倘从各本《野史》段实卒于大德元年,则段实由至元十一年(1274)任总管至大德元年(1297)谢世,历时正好23年,与《元史》本传"治大理凡二十三

---

① 《新纂云南通志》卷92所收。
② 此条承张增祺先生检示,亦见油印本白族社会历史调查组编印《云南省大理白族自治州碑文辑录附明清契文抄》所收,承王叔武先生慨允借录,均此致谢。此书中信苴实作段信苴宝,盖误。
③ 《新纂云南通志》卷92所收。

年"之说不谋而合，当非偶然；可其任总管一职，实由至元十一年至十九年，仅8年而已。

二 段忠

段忠之名，不见《元史》。其所出，《南诏野史》淡生堂本作道隆之子；大理钞本同。《滇载记》载："（段）祥兴以宋理宗嘉熙三年（1239）立，改元道隆。"是道隆帝即段祥兴。兴智、段实并为祥兴之子。如段忠也是祥兴子，则其与兴智、实为兄弟行；《增订南诏野史》径作"段忠，实之弟"。唯王本《段忠传》作"实之子"有不同。近出大理弘圭山《元故赵相副墓牌》谓："赵公讳良，乃蒙相赵铎些十一代孙也。""中奉大夫段信苴实，正奉大夫元帅信苴忠，执口国家福生，植九招梵字百广一新者……即其伯考也。仲曰福，英迈倜傥，毕修世业，中奉大参爱其能，时宗弟正奉元帅有善阐之封，卑福陪口。"[①] 中奉大参即段实，正奉元帅为段忠。此云段忠为段实"宗弟"，当有所据。是段忠于段祥兴为从子，而非亲生子，更非段实之子。淡生堂本《南诏野史》段忠传有"乙丑（至元二年，1265），元以虎符封忠为鄯阐酋"之语，他本略同，与此碑忠有"善阐之封"相吻合。

《元史·信苴日传》于段实"以疾卒"，"治大理凡二十三年"之后，继书"子阿庆袭爵"，而不及于段忠。张道宗《纪古滇说集》则说："任信苴实为大理宣慰使司，世袭都元帅，阶镇国，复升云南行省参知政事；故，子信苴庆继袭父职，阶亦如之"，并缺段忠一代。但各本《野史》均有段忠一代，且有碑文可证。至于段忠继任总管之年，据上述当在段实卸任之至元十九年，依例应从至元二十年算起；其在位年数则待考。淡生堂本《南诏野史·段忠传》："元成宗大德……己亥（大德三年，1299）段忠故，子庆继立。"王本同。《增订南诏野史·段忠传》作："段忠，元世祖至元二十年袭。是年……冬十二月忠卒……任职一年。"据前引《创建大理路儒学碑记》，段忠至元二十二年在总管位，又据《金石萃编未刻稿》所收《大理新修文庙记》末署"至元二十四年岁舍丁亥闰二月日"，

---

① 据张增祺先生检示。

"太中大夫大理路军民总管段信苴忠立石",证明段忠至元二十四年(1287)仍在位,绝非仅仅在位一年,当以淡生堂本、王本《南诏野史》所载为允。段忠卒于大德三年(1299),其在位约有16年(1283—1299)。

三 段正

继段忠而为总管者,当为段正。关于段正的系属,有四说:一说正为段庆之弟,段忠之子,淡生堂本、王本《南诏野史》说:"段庆,忠之子","段正,庆之弟"即是;一说段正为段庆之子,如康熙《大理府志·沿革》有"段庆死,子正袭"[1];一说段正为段庆弟,段实之子,如《增订南诏野史》载"段庆(即阿庆),实之子","段正,庆之弟";又一说段正为段忠之子,而段庆为段实之子,《续弘简录·大理传》说"段氏自兴智后皆效忠于元,世为大理总管。兴智弟实以攻石城及仁德府功,赐金虎符,为第一代;实弟忠随元帅伐西林,破会川,通善阐,平休林、武定、缅甸皆有功,为第二代;实子庆宿卫东官,尚公主,归授云南参政,为第三代;忠子正为第四代"[2]。《蒙兀儿史记·段实传》[3]《元书·段兴智传》[4]及《新纂云南通志·汉至元耆旧传》[5]皆从之。据前所考,段庆为段实子,段忠为段实族弟。史不载段正为段实子,则段正为段忠子,其说可信,《续弘简录》所载应有据。各本《南诏野史》以段正为段忠之子,本不误,但说段正为段庆弟,不甚妥切。段忠为段实族弟,则段正于段庆为从弟,《增订南诏野史》以段正为段实子,盖碍于"段正,庆之弟"一语,其失与他本《南诏野史》略同。至于说段正为段庆之子,不详所本。

段正为总管的年代,各书所记不同。淡生堂本《南诏野史·段庆传》载:"庚子(大德四年,1300),元授庆云南行省参政,未久故,弟正

---

[1] 康熙《大理府志》卷3。
[2] 《续弘简录》卷42。
[3] 《蒙兀儿史记》卷110《段实传》。
[4] 《元书》卷86《段兴智传》。
[5] 《新纂云南通志》卷118。

立。"又《段正传》："元授正大理军民总管。"大理钞本《南诏野史》同。王本《南诏野史·段庆传》："丁未（大德十一年，1307）元授庆云南行省参政；未久，庆卒，弟正继。"又《段正传》："大德十年元授正大理军民总管。"前后倒误一年。《增订南诏野史·段庆传》："成宗丙午大德十年（1306）……庆卒，弟正袭。"又《段正传》："元成宗大德十一年袭。"考段忠卒于大德三年而段庆未任，继任总管者乃是段正，则淡生堂本及大理本《南诏野史》载段正于大德四年继立者是①，谓段庆卒于是年及段正继之当属无据之说。

关于段正的卒年，淡生堂本《南诏野史》谓"元仁宗皇庆"五年正故，子隆立"。按：皇庆无五年，当有脱讹，以年次推之，实当延祐三年（1316）。王本及大理钞本《南诏野史》同，《增订南诏野史·段正传》则作"延祐三年，正卒，庆子隆袭"与所推吻合，说明段正任总管当由大德四年（1300）至延祐三年（1316），历时十六年。《增订南诏野史》谓"正任职一年"，未为信言。

四　段　隆

段隆所出，并有段正、段庆两说。淡生堂本《南诏野史》一则谓"（皇庆）五年正故，子隆立"，再则说"段隆，庆之子"，前后自相抵触。王本《南诏野史》作"段隆，正之子"，《蒙兀儿史记·段实传》谓"正尝招蒙化山中生爨入版籍，累授云南行省参知政事，仍行总管事；卒，子隆袭"②。又《增订南诏野史》作"段隆，庆之子"。《元史·段兴智传》说"正卒，庆子隆袭"。《新纂云南通志》金石考所收（大崇圣寺碑铭并序）有："大理亦厘为一郡，以段氏宗子袭为长民，中顺大夫总管隆之祖实中奉大夫、云南行中书省参知政事，赠武定郡公。"又"中统初，武定公（按即段实）入觐，上嘉之……子庆番侍春官，父子并以宣慰元帅之节继参大政"等语，末署"泰定二年岁次乙丑（1325）夏六月辛卯中顺大夫大理军民总管段信苴隆立石"。已故方国瑜教授于此有跋语

---

① 《金石萃编未刻稿》卷下《妙观和尚道行碑铭》有"癸卯秋（大德七年，1303）明威将军段公政复迁居再光洎园济宫"之语，亦可参照。

② 《蒙兀儿史记》卷110《段实传》。

云："立碑之中顺大夫、大理军民总管段信苴隆，据《南诏野史》为第五任总管，胡蔚本曰段庆之子，王崧本曰段正之子。碑称段实为隆之祖，则胡本所说为是。"① 但《新纂云南通志·汉至元耆旧传·段实传》却说："忠之子正袭大理军民总管……卒，子隆袭。"② 与方说不同，盖沿《蒙兀儿史记·段实传》之误。按：方说确当。《元故赵相副墓碑》云："袭中奉大参段公庆有知人之鉴，相副官遂委质事之，而忠礼节，伸君臣道契，顾说其嗣蒙化太守信苴隆，俾辅导之，由是陈力就列，自州牧升路侯，官至中顺大夫大理路军民总管，礼观北阙，泽被中南。公莅政十三年，名闻华夷，勋昭邦国，能世祖之休烈者，识者称之。"所说祖考盖即段实，此乃段隆为段庆之子，段庆为段实之子的又一力证，当无可疑。

段隆始为总管的年代，诸书俱系于延祐四年（1317），没有异议。至于其退闲之年，则淡生堂本、王本《南诏野史》并系于致和元年（泰定五年，天顺元年、天历元年均同此年，即1328），唯《增订南诏野史·段隆传》作"庚午至顺元年（1330）……是年隆以老退闲，子俊袭"。段隆任职14年，若按实岁，当作13年（1317—1330）。这跟《元故赵相副墓碑》所记"莅政十三年"不谋而合，当可信。

五　段俊

段俊为段隆之子，各本《南诏野史》《增订南诏野史》《僰古通记浅述》均同。大理五华楼《新出元碑〈□大理□差库大使董逾城福墓志□〉》有"（上阙）总管信苴隆，孙总管信苴俊三代所（下阙）"之语，可证此说不诬。

关于段俊任总管的年代，王本《南诏野史》作"元明宗天历元年（1328）授俊云南省平章……（至顺）三年（1332），是年俊卒"。淡生堂本《南诏野史》略同。唯至顺三年作二年，或系传抄之误。诸书均不言段俊何年为总管，而其曾为总管，却有《□大理□差库大使董逾城福墓志□》为证，可没疑义。《增订南诏野史》说："段俊，元文宗辛未至顺二年（1331）袭，元授段俊为云南省平章……是年俊卒……俊任职一

---

① 《新纂云南通志》卷93。
② 《新纂云南通志》卷118。

年。"所谓"至顺二年袭",盖即袭为总管。据段隆至顺元年退闲考之,其说近是。值得注意的是,大理五华楼新出元碑《大光明寺住持瑞岩长老智照灵塔铭并序》说:"逮天历庚午中庆镇兵叛,师避乱大理暨腾冲之初,蒙土官高侯延之以金轮寺。既经年,□□苍洱间,时总管段奉训,复任以大光明寺。"① 按庚午乃天历三年,即至顺元年(1330);经年则当为至顺二年(1331)。这个总管段奉训是谁呢?《新纂云南通志》所收《大崇圣寺碑铭并序》末署"泰定二年岁次乙丑夏六月辛卯中顺大夫大理军民总管段信苴隆立石"②,此可与前举《元故赵相副墓碑》互证。泰定二年(1325),早于至顺二年(1331)六年。查《元史》卷91《百官志》中顺大夫正四品,奉训大夫正五品。以时间先后核之,至顺二年的总管段奉训非段隆而为段俊,这也是为段俊至顺二年已任总管之证。至于各本《南诏野史》所云"元授俊为云南行省平章"一事,《滇载记》不载,但于9代总管段功却明记元为酬其镇压红巾军"有功","授云南平章"。这是否以段功事误系于段俊名下,存疑俟考。即使段俊果授平章,谅也是虚衔,恐非实职。据《元史》卷91《百官志》载,行中书省每省设平章二员,从一品,与奉训大夫之从五品,颇觉悬殊,但也并非没有其例,段功曾为平章,而止于亚中大夫(见下考),其品秩与平章之为从一品也是不相侔的。

关于段俊的卒年,王本《南诏野史》订为至顺三年,淡生堂本《南诏野史》作至顺二年,而上文已有二年的纪事,则此处疑为三年之讹。《增订南诏野史》则作"至顺二年袭……是年俊卒……俊任职一年"。查前引《□大理□差库大使董逾城福墓志□》于总管信苴隆孙总管信苴俊三代下文有"至顺癸酉秋(四年,亦即元统元年,1333)诸孤以家严之行实求铭"之语,可认为此时段俊仍在总管位。这是段俊卒年的上限,然则其在位至少可订为2—3年。

六 段义

段义的系属,各本《南诏野史》所著互异。淡生堂本《南诏野史》

---

① 王云、方龄贵:《大理五华楼新出元碑选录》,《西北民族研究》1990年第1、2期。
② 《新纂云南通志》卷93。

作"段义，隆之族弟"，王本同。《增订南诏野史》作"段义，俊之族弟"，南京本《南诏野史》作"俊卒，子义立"。是段义所出，已有三说。按近年大理北汤天新出《普宁藏》中《大般若波罗蜜多经》卷31末刻至正九年武林佛日禅寺住持云屋觉瑞所撰《大理赵州南山华藏寺经记》有云："赵州……知州信苴贤，武威公之嫡孙……其长子奉训大夫大理路总管段信苴义、次子知州信苴祥皆戮力以赞襄。"① 是段义为段贤之子。《妙观和尚道行碑铭》也说："明年（按至大四年，1311）明威公委弟信苴贤即今八伯司副使奉训公也，备驳迎还于理。"按明威公即段正，已见上考，是段正为段贤之兄，段义乃段贤之子。前考已得段正于段庆为族弟，段隆为庆之子，段贤既为段正之弟，与段庆并属族弟，则其子段义于段隆亦为族弟。如此，王本、淡生堂本《南诏野史》以段义为段隆的族弟，是有据的，余不足信。

至若段义任总管的年代，各本《南诏野史》均作"至顺三年继立，是年卒"；《增订南诏野史》更明书"义任职一年"。此说可疑，按段俊任总管至少迄至顺四年（即元统元年，1333），则段义继任总管不会早于此年，其上限可推定为元统二年（1334）。又大理五华楼新出元碑《故神功梵德大阿左梨赵道宗墓碑》载："至元二年讨车里泊六年伐大邦之二役，总兵官（中阙）云南省平章爱秃鲁古□□□□丞□□□委路侯总管段信苴义驰檄请公为（下阙）。"按：后至元二年及六年并无讨伐车里、木邦之事，此处至元当为至正之误。② 由此可知，至正二年，六年段义还在世间。又前举《大理赵州南山华藏寺大藏经记》明说至正九年（1349）段义仍在总管任，说明段义之为总管，至少当有15年（1334—1349）之久，绝非止于一年。而且有理由设想，段义之卒或在至正十一年（1351），则其任总管当有17年（1334—1351）。

七　段功

各本《南诏野史》都说段功为段光之弟，因而其父也有段隆、段义两说。按段光没有做过总管，而段功袭的是段义的位，则以段功为段义之

---

① 现藏云南省图书馆，编号黄四0546。
② 王云、方龄贵：《大理五华楼新出元碑选录》，《西北民族研究》1990年第1、2期。

子，于理较顺。各本《南诏野史》并载段义、段功曾为蒙化知州（有的本子记段功作知府），或亦为父子相袭之证。康熙《云南通志》记段光为蒙化知府。① 又康熙《蒙化府志》把段光跟段义、段功并著录为"蒙化路土知州"②。《增订南诏野史》并以三人为"承务郎蒙化州知州"③。这是各本《南诏野史》所没有的，大概是昧于段光、段功并为段义之子一说连带而及的谬讹。段功是段义之子当有据，段光则非。

关于段功为总管的年代，始于至正十二年，已见前引《滇载记》，《滇史》、万历《云南通志》④ 亦无异说，但其卒年即下限却有些疑问。按段功以助梁王镇压红巾军授为平章，并妻以梁王之女阿盖，后遭忌被杀，事具《滇载记》及各本《南诏野史》。其被杀之年，王本《南诏野史》系于至正二十四年（1364），即平红巾军后一年，未免过促。淡生堂本《南诏野史》则系于至正二十六年（1366），《蒙兀儿史记》从之，可信。然则段功为大理总管，任期系自至正十二年至二十六年，为时14年。

八　段宝

段宝为段功之子，《滇载记》，各本《南诏野史》《增订南诏野史》所记一致。大理五华楼新出元碑《大光明寺住持瑞岩长老智照灵塔铭并序》说："土官段亚中于云南有大功勋，册功升为云南行省口平章，本镇大理路升为大理宣慰司。嗣男段信苴宝，字惟贤，升为宣慰司世袭宣慰使兼云南省左丞。"⑤ 这是段宝为段功之子的显证。

关于段宝继任总管的年代，方树梅所藏旧钞乙本《南诏野史》于至正二十四年段功被杀后有"是年段功故，子段宝立"一语。据上考，段功死于至正二十六年，则此处可解为段宝至正二十六年嗣位。王本、淡生堂本《南诏野史》却说："洪武元年，梁王欲占大理，令矢剌平章七攻不克，通使解和，升宝为云南左丞"，不明言其为总管。《滇载记》载：

---

① 康熙《云南通志》卷30《补遗·大理国》，雍正《云南通志》卷30《杂志·殊方·大理国》袭取其文。
② 康熙《蒙化府志》卷4《秩官志·土司·元蒙化路土总管》。
③ 《增订南诏野史》段义、段光、段功各传。
④ 万历《云南通志》卷16《羁縻·南诏始末》。
⑤ 王云、方龄贵：《大理五华楼新出元碑选录》，《西北民族研究》1990年第1、2期。

"十代总管信苴段宝，功之子，洪武元年嗣职。"万历《云南通志》与此略同①；康熙《大理府志》作"功死，子宝继为总管，至正二十七年"云云。此外，还有两条见于碑刻的重要史料：《新纂云南通志》所收至元三十年（1370）立的《段信苴宝立常住记》，段宝署衔"元国奉训大夫都元帅"②。又前举宣光九年（实为北元天元元年，明洪武十二年，1379）立《大光明住持瑞岩长老智照灵塔铭并序》署"资善大夫云南诸路行中书省左丞、大理顺宁等处宣慰司土官宣慰使玉山段信苴宝篆额"。此职衔有的为各书所不载，不遑细考，这里只想提两个问题：一、段宝是否做过总管？二、如做过，又在哪一年？《蒙兀儿史记》于此为之捏合疏通如下："（至元）二十六年，梁王期（段）功会中庆寺演梵，功行至通济桥，马逸，王令备将掖杀之。长子宝以父见害，自称平章于大理。梁王虑为后患，七攻之，皆不克。大理土官杨宝极意和解。王从之，奏升宝云南行省右丞，袭世职大理总管如故。"③ 据此，段宝洪武元年（按：当元至正二十八年，1368年即元朝灭亡之年）被元朝正式命为总管，同时又加上云南行省左丞（据碑文及各本《南诏野史》"右丞"非）的头衔，这应当与事实相去不远。"左丞"可与《大光明寺住持瑞岩长老智照灵塔铭并序》的署衔对得起来。至于碑中不署"总管"，或加为"左丞"远比"总管"官阶为高的缘故。应当认为洪武元年乃是元朝正式以总管之职授予段宝的年代，其实任总管当在至正二十六年段功遇害之后。因此，他开始为总管照例应从段功死后第二年，即至正二十七年（1367）算起。

关于段宝的卒年，即任总管的下限，各本《南诏野史》《增订南诏野史》并系洪武十四年（1381）。段宝为大理总管，历时14年。

九　段明（附段世）

段明是《滇载记》和各本《南诏野史》及《增订南诏野史》所列举的第11代大理总管，其乃段宝之子，洪武十四年继任，实为第9代总管。《滇载记》说："壬戌（洪武十五年，1382）三月，傅（友德）、沐（英）

---

① 万历《云南通志》卷16《羁縻·南诏始末》。
② 《新纂云南通志》卷94，"中训大夫"原误"中顺大夫"，此据原碑拓片校正。
③ 《蒙兀儿史记》卷110《段实传》。

二将分兵宵缘点苍颠，绕出下关之背，先树旗帜，迟明段兵惊溃，大军策马乱流而济，（段）明遂就擒。"王本《南诏野史》作"段氏恃田奄和尚妖术列兵五万拒下关，沐英命（王）弼趋上关，胡海暗渡点苍，段兵自溃，段氏就擒。时洪武十五年三月二十三日也"。据《滇载记》"段氏"应当就是段明，但《增订南诏野史》所记略异，于段明之后多了段世一代。据载："段世，宝之弟，明之叔……洪武十五年袭……一左副将军蓝玉等率师径进，兵至品甸，（段）世恃田奄和尚有术，列兵五万扼下关，沐英自将攻之；不克，乃命王弼出洱之东，趋上关，英自率兵缀下关为犄角势，别遣胡海洋将一军夜渡，从右门间绕道，出点苍山后，缘岩而上，张旗帜，迟明英先驱渡河，斩关而入，海洋之师亦从山而下。腹背夹攻，世众惊溃；拔其城，世就擒，并执明之二子苴仁、苴义。时二月二十三日也。"是城破被擒的系是段世，不是段明。这不能令人无疑。不过，此说也有所本，《明太祖洪武实录》载：洪武十五年闰二月癸卯"征南副左将军永昌侯蓝玉、右副将军西平侯沐英进兵攻大理，克之。大理城倚点苍山，西临洱海为固。土酋段世闻王师且至，聚众扼下关以守。……玉等至品甸，遣定远侯王弼以兵从洱水东趋上关为犄角势，自率众抵下关，造攻具，遣都督胡海洋夜四鼓由石门间道渡河，绕出点苍山后，攀木援崖而上，立我旗帜。昧爽，我军抵下关者望之，踊跃欢噪。酋众惊乱。英身先士卒，策马渡河，水没马腹，将士随之莫敢后，遂斩关而入；山上军望见，亦下攻之。酋兵腹背受敌，遂溃；拔其城，段世就擒。"①《明史·云南土司·大理传》所述略同。②《增订南诏野史》所载，谅出于此。然则被擒者究竟是段明或是段世？查景泰元年大理《三灵庙记》碑有云："迨我圣朝洪武壬戌，大理臣服，胤子段名赴京。"③按：壬戌当洪武十五年。这里说的就是明兵攻下大理之事。所谓"胤子段名"，当就是大理段氏之后末代总管段明。名、明同音，可以通用，南诏大理文献中多有同音通假之例。又洪武十五年腊月初七日所立名僧无极撰的《元故先生杨俊墓志铭》载："洪武十四年，汉室龙兴，遣名将讨云南。十二月二十一日平善

---

① 《明太祖洪武实录》卷143。
② 《明史》卷313《云南土司传·大理传》，亦见126《沐英传》，又见卷132《王弼传》。
③ 石钟先生：《大理喜州访碑记》（油印本）。

城，明年闰二月二十三日破龙关。"① 这也说的是洪武十五年破大理之事，所说的日期准确无误，这可从上引《明太祖洪武实录》之文证之。《实录》载破城在洪武十五年闰二月癸卯，上文还有"洪武十五年壬戌闰二月癸卯己朔"的话，依干支来推算，癸卯正当闰二月二十三日。② 合两碑所记考之，知段明是在洪武十五年闰二月二十三日大理城破时被擒的，《滇载记》、各本《南诏野史》记载的三月，《增订南诏野史》所记的二月，或误。

《明太祖洪武实录》《明史》《增订南诏野史》把破城被擒的大理段氏首脑记为段世，也是有问题的。世或无段世其人。段明变换为段世，乃是出于一种误解。这一点，前人已经注意到了。淡生堂本《南诏野史·段明传》"段明，宝之子"，注："皇明野史作段世。"从中可以看出两点：一、《南诏野史》的作者倪辂认定段明、段世实际是一个人；二、作者不取段世，而取段明，显然以为段世之说可疑。这是怎么回事？有一个明显的例证，各本《南诏野史》和《增订南诏野史》都载有洪武十五年二月（有的本子未著年月，此据王本、淡生堂本、《增订南诏野史》）大理首脑给明军统帅傅友德的一通战书，内容相同而书后署名各异，王本《南诏野史》署"后理国段明顿首具书"，淡生堂本《南诏野史》署"大理国段氏顿首具书"（他本也有如此署名的），到了《增订南诏野史》署名就变成"后理国段世顿首书"了。这使人悟出一个道理：段明在有的书中被泛称为"段氏"，氏、世同音，不知怎么一来，"氏"讹为"世"了，如淡生堂本《南诏野史》还知段明和段世是一个人，但有的书如《明太祖洪武实录》《明史》《增订南诏野史》则误认为是两个人，甚至连行辈也成了问题。《明史》说"（段）世与（段）明皆宝子"③，还可说是有《皇明野史》以段世为段宝之子为据，至于前举《增订南诏野史·段世传》说"段世，宝之弟，明之叔"，则把段世当作段功之子，段宝之弟。这就差误甚远而不知其所依据了。

总之，段明洪武十四年继任总管位，十五年闰二月为明兵所擒，在任一年多一点。段世当系诸书所载"段氏"之讹，而"段氏"当时指的就

---

① 据原碑拓片。
② 《明太祖洪武实录》卷143，参照《二十史朔闰表》，古籍出版社1956年版，第160页。
③ 《明史》卷313《云南土司传·大理传》。

是段明。

关于大理总管段氏世次年历，略考如此。根据以上所考，元代大理总管实为9位，至于历来所谓元代大理段氏11总管中的段庆、段光虽爵位甚尊，实际上并没有担任过总管的职务。欲语其详，俟别作考。

（刊于《广西民族研究》1996年第4期）

明代云南广邑州建置考

——蒲人历史新探之一

广邑州是明代宣德年间在云南境内设立的一个以蒲人为主的土州。由于设立的时间较短，又几经变迁，所以关于建州的始末，以及州治所在的具体地理位置，第一任知州和同知的姓名等，都不大清楚。《明史》《明实录》《明史稿》《肇域志》《蛮司合志》诸书所载有关史料，多有抵牾互歧之处，从无确说之者。至于广邑建州及变迁的意义，更属待发之覆。本文打算对此作一个初步考察。

先说广邑州治的具体位置。《明史·地理志》载：

  广邑州，本金齿军民司之广邑寨。宣德五年五月升为州，八年十一月直隶布政司，正统元年三月徙于顺宁府之右甸。①

这大概是关于广邑州位置最详细的记载。从中可知，广邑州始建时州治是在金齿军民司境内，后徙于顺宁府的右甸。但对于广邑州州治所在，无明文记载。《中国古今地名大辞典》作："广邑州，明置，后废，今厥，当在云南境。"② 泛无所指。《中国历史地图集》则标为在右甸（今之昌宁），③ 这就是正统元年三月广邑州治徙于顺宁府说的。那么，在这之前广邑州的州治究竟在什么地方呢？据前举《明史·地理志》，广邑州建置时州治是在广邑寨，可能是州以寨名，而广邑寨又属金齿军民司管辖，只要搞清广邑寨的位置，问题就不难解决。《明史·云南土司传》载：

---

① 《明史》卷46地理志·云南·广邑州条。
② 《中国古今地名大辞典》，商务印书馆1933年版，第1155页。
③ 《中国历史地图集》第七集，中华地图学社1975年版，第64—65页。

> 是年（宣德五年），置云南广邑州，时云仙还，言金齿广邑寨，本永昌副千户阿干所居。干尝奉命招生蒲五千户向化，今干孙阿都鲁同蒲酋莽塞等诣京贡方物，乞于广邑置州，使阿都鲁掌州事，以熟蒲并所招生蒲属之。帝从之。遂以阿都鲁为广邑州知州，莽塞为同知，铸印给之。①

可见广邑寨原系永昌副千户阿干所居。又据《明太祖实录》载：
洪武十七年五月己酉"置云南施甸长官司，以土酋阿干为副长官，赐以冠带"②。

这说明阿干当时是在施甸长官司任职，则其所居广邑寨应在施甸长官司境内。按明代永昌军民府领州一、县二、安抚司四、长官司三。③ 而施甸长官司就是其所领的三个长官司中的一个，永昌军民府一度曾改金齿军民指挥使司，这与《明史》所载"广邑州本金齿军民司之广邑寨"是相合的。又据《读史方舆纪要》：

> 施甸长官司，在（永昌）府南百里，唐时蒙氏为银生府北境，宋时段氏置广夷州，元至元十一年，置石甸长官司，后讹今名，明初因之。④

这里说，施甸宋时大理曾于此置广夷州。夷、邑同音，广邑当是广夷的讹名。再从地理位置上看，施甸东接顺宁，西连腾越，这一片地区自古是南亚语系孟高棉语族佤德语支的德昂、布朗族的先民——蒲人活动的区域。直到明代，仍是"（蒲人）、永昌、凤溪、施甸及十五喧二十八寨皆共种"⑤。《明史》中说阿干奉命招生蒲五千户向化，并连当地熟蒲合为一州。施甸既是当时蒲人居住和活动的地区之一，那么说广邑州在施甸境内，应该是可信的。又据雍正《顺宁府志》载，阿干的后人为明邑寨人

---

① 《明史》卷315，云南土司传·潞江条。
② 《明太祖实录》卷162，洪武十七年五月己酉条。
③ 《明史》卷46，地理志·云南·永昌军民府条。
④ 顾祖禹：《读史方舆纪要》卷118，云南永昌军民府条。
⑤ 天启《滇志》卷30，羁縻志·种人条，云南省图书馆所藏钞本。

氏，莽塞的后人为枯柯寨人氏。① 考明邑寨和枯柯寨是施甸和顺宁接界处的两个寨子，明初属永昌府施甸长官司管辖，道光《永昌府志》就有"……施甸长官司枯柯、明邑二寨，原系夷方，田亩免丈照纳"的著录。② 康熙《顺宁府志》也记有"附征永昌府经于吁恩转达等事案内，就近改归顺宁，顺宁府征收民赋，施甸长官司枯柯，明邑寨原系彝方，并无田亩照纳"③。看来此二寨后来究竟是属永昌府还是属顺宁府是有争论的，④ 但两府的府志都记为施甸长官司枯柯、明邑二寨，可见正统元年之前属施甸长官司无疑。据此，可证自宣德五年置广邑州到正统元年迁徙到顺宁府右甸（今昌宁县）之前，广邑州的州治应在永昌府施甸长官司（今施甸县）境内。

再考广邑州首任知府和同知的姓名。

广邑州首任知州姓名，史书所载异辞。《明史》《明实录》《蛮司合志》皆记为阿都鲁，唯《明英宗实录》中载为何牙子都鲁，⑤ 而《肇域志》则记为阿牙子都鲁，⑥ 但各书都载明，此人是永昌副千户阿干之孙，并受阿干之造诣京贡方物，请求建置广邑州的，所记事迹并无不同，可见阿都鲁、阿牙子都鲁、何牙子都鲁实为一人，即阿干之孙阿都鲁，其为广邑州首任知州，是没有疑问的。顺便说一下，《明英宗实录》中何牙子都鲁之何字，疑为阿字之讹。《明史·刘綎传》中有讹阿为何之例，已经王云先生检出。⑦

至于广邑州的首任同知，则记载更为混乱。《明史·云南土司传》中记为蒲酋莽塞；《明宣宗实录》记为蒲酋莽寒；《明史稿》则记为蒲酋莽寨；《云南蛮司志》又记为莽寒叔。看来莽塞、莽寒、莽寨，虽名字稍有不同，但所记主要事迹一致，都是阿干所招的生蒲酋长，后任广邑州同知，所以可以确定是一个人。塞、寨二字形似音近，寒字或为塞字之讹。

---

① 雍正《顺宁府志》卷5，官师，土司条，云南省图书馆所藏钞本。
② 道光《永昌府志》卷11田赋条，云南省图书馆所藏钞本。
③ 康熙《顺宁府志》卷2赋役志，云南省图书馆所藏钞本。
④ 康熙《永昌府志》卷3艺文志，张稷谟撰：《详枯柯均徭》篇。
⑤ 《明英宗实录》卷15正统元年三月庚辰条。
⑥ 《肇域志·云南》，云南省图书馆所藏钞本。
⑦ 王云：《读明史·刘綎传——方志校史一例》，《中国地方志通讯》1981年第3期。

塞、寒互讹,《元史》中也有其例。① 这没有问题。《云南蛮司志》记为莽寒叔则非,② 证以后文还有"至是,千遣阿都鲁同蒲人莽寒叔阿类诣京修贡"的话甚明。所谓莽寒叔阿类,乃指莽寒的叔父阿类。《明宣宗实录》中对此记载是很明确的。云:"宣德五年五月丁巳,云南右甸生蒲头目莽寒遣叔阿类来朝贡马……"③《云南蛮司志》把莽寒叔记为广邑州第一任同知,显然有误。《明宣宗实录》又载:宣德八年十一月丁未"改云南金齿广邑州隶云南布政司,以前永昌千户所百户莽赛为州同知"。④《肇域志》所载同。那么,莽塞和莽赛,都是州同知,是同一个人,还是两个人?或是莽赛取莽塞的职务而代之呢?不可无考。应当指出,广邑州成立于宣德五年五月,其时虽然已任命阿都鲁为知州,莽塞为同知,但看来一年之后,他们都还没上任。《明宣宗实录》载:宣德六年八月丙申"云南按察司奏:'广邑州土官知州阿都鲁等赴任过限,于律应罪。'上曰:'待远人,当略细故。'罢不问"⑤。而广邑州改隶云南布政司,是在宣德八年,时间仅仅隔两年,史料中又查不出这两年中广邑州内发生过什么重大变故。广邑州是以土人为主的土州,土酋任职依例是世袭的,倘在这两年中莽塞或死或废,史料中不会不著一字。今按塞和赛二字同音,若非形似而讹,也可能是译音无定字。所以在没有找到充分的反证之前,无妨认为莽塞和莽赛就是一个人。《雍正顺宁府志》载右甸守御所上千户蒋浪的情况为:"郡人,由枯柯寨土舍。其先莽寒在洪武三十二年从征,克复金齿,为百夫长……"⑥ 由此可知,莽寒(即莽塞)在明初曾任百夫长与《明宣宗实录》所记莽塞是永昌千户所百户相合,这也可以看作是莽塞和莽赛是同一个人之证。莽塞在宣德五年受命,那为什么宣德八年又出现任命莽赛为广邑州同知的记事呢?若非《明宣宗实录》记载失次,便当是莽塞在宣德五年受命之后,并没有去上任(宣德六年还未上任,已见上文),直到宣德八年重申前命,才去上任的缘故。

《明史·云南土司传》关于广邑州的记载,还有一个疑点是宣德五年

---

① 中华书局点校本《元史》第664页校勘记(一七),又第866页校勘记(一〇)。
② 据《云南备征志》所收本。
③ 《明宣宗实录》卷66宣德五年五月丁巳条。
④ 《明宣宗实录》卷107宣德八年十一月丁未条。
⑤ 《明宣宗实录》卷82宣德六年八月丙申条。
⑥ 雍正《顺宁府志》卷35官师·土司条。

到京进贡的人究竟是谁的问题。据《传》，诣京贡方物的是阿都鲁和莽塞，但《明宣宗实录》（《明史稿》同①）所载诣京贡方物的则是阿都鲁与蒲酋莽塞的叔父阿类，与《明史·云南土司传》互异。一般说来，《明实录》是当代人记当代事，应更为原始可靠。又据前引《明宣宗实录》中"至是，莽寨遣阿类随陈恺及阿干孙阿都鲁来朝贡马"的话来考察，说明这次诣京进贡的一共三人：千户陈恺、阿干孙阿都鲁和莽塞之叔阿类。由此看来，《明史·云南土司传》所记莽塞上京进贡之事属于误记了。

以上考证了广邑州治所在和第一任知州、同知姓名问题。以下对广邑建州的意义略作探讨。

在元代之前，澜沧江以西的地区广泛地分布着蒲人——现代德昂族和布朗族的先民。他们人数众多，力量强大，曾是该地区的主体民族。从《华阳国志》所记的闽濮，到《蛮书》中的扑子蛮，直到《元史》中的蒲蛮，有关的记载不少，在这里不复一一列举。在元代，随着行省的确立和强化封建制措施的推行，土官土司制逐步形成，金齿地区的政治、经济形势和民族关系都发生了巨大的变动。到元代后期，麓川思氏崛起，傣族逐渐成为金齿地区的统治民族，而蒲人力量随之衰微，及至元末明初，史书上有关蒲人的记载越来越稀见，好像澜沧江以西的蒲人比从前少了。那么，这些蒲人到哪里去了呢？不外三种情况：第一，一部分由于阶级压迫和民族压迫而被迫外迁，有的迁往内地，也有的移居境外；第二，另一部分在长期的民族杂居，共同生活的过程中，逐渐与其他民族同化，融合了；第三，还有一部分则留在原地，退居山区，较多地保持了蒲人的特点，德宏州境内的这一部分蒲人在清初分化形成了新的单一民族——崩龙族。前而所考察的广邑州成立及变迁的过程，正好是说明第二种情况的一个极为生动的例证。

从史料中可以看出，明初，金齿、顺宁等地依然居住着一些蒲人，明政府在集中主要精力对付麓川政权的同时，对此自然不能不予以注意。《明史·云南二土司传》中所说"干尝奉命招生蒲"，就多少透露出此中消息。而且《明史》中还指出这是永乐初年的事，前引《明宣宗实录》

---

① 参见《明史稿》卷189云南土司传。

宣德五年五月丁巳条，于记载云南右甸生蒲头目莽寒遣叔阿类来朝贡马之后，追叙说：

"先是，顺宁府生蒲阿答卜等出没为盗，夷民不安，云南三司请发兵捕之。上谓行在兵部臣曰：'彼窃盗耳，遽加兵，是激其为乱，且令黔国公沐晟遣人招抚，不服则用兵剿捕。'晟遂遣千户陈恺、阿干、通事段保等往谕之。恺闻知阿答卜等所潜处，径往谕以皇上不忍加兵之意，莽寒等感悦，以所属五千户向化，愿入朝贡。阿答卜亦散遣其党，不复为盗，民得安居。"

既然生蒲作乱已影响到地方治安，三司上奏，准备剿捕，这就不是小事了。明宣宗定了对生蒲先招抚，不服则用兵征讨的方针，黔国公沐晟遣陈恺、阿干、段保等前往招谕，可见《明史·云南土司传》中说阿干奉命招生蒲的事是有根据的。同年五月乙丑条亦载：

……今干令孙阿都鲁并蒲酋莽寒叔阿类诣京贡方物，且乞于广邑置州，使阿都鲁代己掌州事，以熟蒲并所招生蒲属之。

文中出现了"生蒲""熟蒲"之说，可注意。此后，其他关于蒲人的记载也多有"熟蒲""生蒲""野蒲"之分。这就是说，明代以后，由于生产力发展水平不同，蒲人内部的差异已渐渐明显。生产较为先进，各方面与内地比较接近的蒲人被称为"熟蒲"，阿干及广邑寨的蒲人应即属于"熟蒲"之列，而莽塞、阿答卜等则是"生蒲"酋长。"生蒲"就是指生产较为落后、保持原始习俗较多的那部分蒲人。看来明初滇西的"生蒲"为数不少，而且给当地政权造成一定的威胁，所以朝廷下令招抚。仅阿干一次就招抚了五千户，这在当时来说已经不是一个小的数字了。而且这一次接受招抚"向化"的除以莽塞为首的五千户"生蒲"外，顺宁府"生蒲"酋长阿答卜亦散遣其党，不复为"盗"。可见这次招抚的"生蒲"远不止五千户之数。这意味着在明初，永昌、顺宁地区蒲人中的相当一部分已归附了明政府。阿干盖因招抚"生蒲"有功，请求以这五千户"生蒲"和当地的"熟蒲"为基础，在他的驻地广邑寨成立广邑州的。按明代置州，须有一定手续。可是关于广邑州的成立，"事下行在兵部议，兵部请复勘其实，上曰：'地在边远，既是夷人慕化，不必复勘，其悉从之。'

命都鲁为广邑州知州，莽塞为同知……行在礼部铸印给之。"① 为什么朝廷对广邑州的设置破例放宽，下旨不必复勘呢？关键在于"地在边远"，"夷人慕化"。不难看出，广邑州的设置，主要是把所招"生蒲"纳入政府的行政管辖范围之内，使他们"安分守己，不再和朝廷作对"，这是明政府所求之不得的，所以对广邑州成立的手续并不与一般州成立手续同样要求。应当认为：从客观上来说，明政府的这些举措，广邑州的成立，对于推动。"生蒲"的发展、进步，促进蒲人和其他民族的融合，还是有其一定作用的。

令人感兴趣的是，从宣德五年广邑州的成立，到正统元年迁往顺宁右甸之前这短短的六年时间里，广邑州内发生的大事不少。一是宣德五年五月广邑州成立，但一年多以后，阿都鲁等仍不到位任职，云南按察司要求按律治罪，宣宗却说："待远人，当略细故。"罢不问。② 从表面上看，朝廷在广邑州设置问题上，对远夷很是宽宏大量。其实不然，这与其制定的对"生蒲""先招抚，不服则兵剿"的策略是一致的，广邑州的设置便是这种策略的继续和发展。只要州内蒲人遵"纪"守"法"，不闹事，对于州内的建置、土官任职、视事等具体问题朝廷是可以根据情况，予以变通办理的。但这丝毫也不意味着明朝廷对广邑州的控制会有所放松，恰恰相反，宣德八年十一月，即改云南广邑州隶云南布政司，③ 加强了对广邑州的管理和控制，而且一旦发现当地蒲人怀有"贰心"或有"不轨"行为，朝廷就另想对策了。

这从正统元年改建广邑州一事可以看出。《明英宗实录》关于这次改建的原因说得很清楚：

> 正统元年三月庚辰，改建云南广邑州。先是，永昌卫千户所故土官副千户何牙子都鲁（即阿都鲁）奏，世居金齿广邑塞（寨），祖千（干）永乐初招集生蒲五千余，马步官军一千七十余，请另立衙门掌管。宣德五年，准改塞为州，以都鲁为知州。既而本所千户杨广奏，

---

① 《明宣宗实录》卷66宣德五年五月乙丑条。
② 《明宣宗实录》卷82宣德六年八月丙申条。
③ 《明史》卷46地理志·云南·广邑州条；又《明宣宗实录》卷107宣德八年十一月丁未条。

都鲁以招集生蒲为由，希求升用，冒请为州，以军作民，畏惧征差。上命兵部移文都、布、按三司复实。至是，三司具奏，永昌千户所原管马步官军分去广邑州者，宜还隶本所，其余丁户籍并生蒲五十（千）余户宜隶本州，并改建州治于顺宁府右甸地方为便，从之。①

杨广所奏阿都鲁的"罪状"，一是图发展，想逐渐扩大自己的势力；二是逃避出征、差发。这显然是与明政府规定的土官土司"附辑诸蛮，谨守疆土，修职贡，供征调，无相携贰，有相雠者疏上，听命于天子"②的职责不符的。所以朝廷没有再像前两次一样宽容，予以"特免"，而是命令都、布、按三司复实，并采取了相应的措施：一是把原来隶永昌千户所的马步官军撤回原所，这无疑是削弱了广邑州的人口和兵力；二是把广邑州的州治由永昌府的广邑寨搬到顺宁府的右甸。因阿都鲁的祖父阿干是永昌府副千户，世居施甸长官司广邑寨，他的根基主要是在永昌，把广邑州州治搬到右甸，属顺宁府管辖，对阿都鲁个人势力的发展起到了钳制和约束的作用。

所以，从宣德五年到正统六年的时间内广邑州的变迁，显示了随着明政权在滇西地区的巩固和加强，其对滇西少数民族的治理也更进了一步，相当一部分蒲人已逐渐"向化"，即直接接受明政权的统治。其结果，明政权的统治强化了，蒲人酋长的势力逐渐削弱，从而为明代后期的改土设流创造了条件。当然，也应该看到，这对促进蒲人生产的发展，及与其他民族的交往，也不是没有好处的。

自正统元年广邑州改建为顺宁府右甸之后，史书上所见著录较少，至于何时废除，不获见于记载。但可以从《顺宁府志》中找出一些线索。《康熙顺宁府志》载："右甸原属矣堵十三寨，杂彝共穴而居，猛氏分人理之。明万历二十七年矣氏不法，致明邑、枯柯等寨蒲人蒋、段二头目导师剿平之。因其城适永、顺之中，设改右甸土千户，即以蒋、段之裔袭之，久废，裁。迨本朝定滇后听其废罢。"《明史·地理志》亦记："（顺宁）西南有矣堵寨，万历三十年置右句守御土千户所于此。"③《雍正顺宁府志》载：

---

① 《明英宗实录》卷15正统元午三月庚辰条。
② 《明史》卷76职官志·军民府土州县条。
③ 《明史》卷46地理志·顺宁府条。

"（顺宁）万历二十五年改土设流，以猛氏二里更定为十二里，复增矣堵十三寨地，编四里。"① 可见顺宁万历二十五年改土设流时，右甸的户口已编入顺宁府的里甲，属流官管辖。而万历二十七年右甸矣堵十三寨作乱时，蒋、段氏只为明邑、枯柯二寨头人，一语不及广邑州知州、同知之事。由此看来，在万历二十五年顺宁府改土设流之前，广邑州当已废，所以万历三十年才在右甸地方设右甸守御土千户。至于阿都鲁、莽塞后人的情况，也可以在《顺宁府志》中得知一、二。雍正《顺宁府志》载：

> 右甸守御所土千户蒋浪：郡人，由枯柯寨土舍。其先莽寒在武洪三十二年从征，克复金齿，为百夫长，至浪凡四世，改姓。万历二十三年随征矣堵口口贼有功，二十九年十三寨平，授土千户。
>
> 右甸守御所副土千户蒋从智：郡人，由明邑寨土舍。其先莽氏也，二传改姓为阿。于洪武十五年从征人理有功，授羊皮□，命管义兵。十八年设施甸长官司，以阿干为施甸副长官，四传改蒋姓。万历十年岳凤犯姚关，蒋从礼奉调杀贼有功，子从智袭。二十九年荡平十三寨，准授副千户。②

江应樑教授在《明代云南境内的土官与土司》一书中也指出，凤溪、施甸两司土官，先姓阿，二改后姓蒋。③

从上举史料可以发现，明初"熟蒲"阿干的后人和"生蒲"莽塞的后人，经历三代以后已没有什么区别。两人皆改汉姓，而且皆听从政府征调，受职为土千户、副千户，盖久已"向化"。民国《顺宁县志初稿》中有一段话对此作了绝好的说明：

> 顺郡在明初土司之世，汉民即与土夷杂处。然汉少夷多，无可稽考。自改流后，汉人流寓日众，落叶者渐繁，土夷或远迁边外，未徙者渐沾汉化，范围缩小……相传当时郡中著姓，有禹、鲁、毕、蒋、字、乐、茶、袁八大姓为大头目……诸大姓中又以蒋氏为著，世袭右

---

① 雍正《顺宁府志》卷7赋役·里甲条。
② 雍正《顺宁府志》卷5官师·土司条。
③ 江应樑：《明代云南境内的土官与土司》，云南人民出版社1958年版，第126页。

甸守御所土千户。清顺治六年，因蒋朝臣称乱，始削其职，自是华族之迁蒲门者日踵而至。①

很明显，到明代后期，阿都鲁和莽塞的后人蒋氏已成为顺宁府著名的大姓而逐渐与汉族融合。当然，蒲人之和汉族融合的不限于上层，一般蒲人中一定还要更多。那么，此后施甸和顺宁的蒲人在史书中的记载越来越难见到，也就不奇怪了。

通过对广邑州建置的考察，可以看出，元末明初金齿地区民族关系发生重大变化后，蒲人迅速减少的原因，除一部分迁往外地，还有相当一部分蒲人逐渐融合到汉族和其他民族中去了。广邑州的变迁可说是这种情况的一个缩影。其实，不止广邑州如此，永平、顺宁、云龙等地也有类似的情况。此地无从细说，俟别有考。

(刊于《民族研究》1985年第3期)

---

① 《民国顺宁县志初稿》卷9氏族·著姓纪略条，云南省图书馆藏本。

后　　记

这本书从策划到交稿，大约花了两年多的时间。主要是几十年来，自己没有注意保留已发表文章的习惯，随发随丢，时间长了自己都记不清究竟在哪些刊物、什么时候发表过什么文章了。更麻烦的事情是20世纪电脑还不普及，自己也不会用，大多数文章都是靠手写"爬格子"一个字一个字地爬出来的，原稿也没注意保存，好多找不到了，基本没有电子版，所以只有经过多方收集、查找，找到论文70余篇，请了同学帮忙，将找到的文章逐一扫描转换成电子版。但扫描出来的错误很多，特别是注释，而且有的文章是脚注，有的是尾注，必须统一，花了几个月时间，将扫描出来的电子版逐一校对，注释全部查对了原文。这些烦琐而细致的工作得到了同事陈淑静、罗玮玮、张仲锟、李稳华、王晶、阮玲燕等人的热情帮助，同学温宝宁、陈亮也放弃休息时间承担了论文的扫描工作。没有他们的努力，这本书是无法出版的，对他们要表示特别的感谢。

此外，这本书的出版也得到了云南大学法学院和云南大学滇池学院领导的关心和支持，使这本书能顺利出版，也在此表示衷心的感谢。

还要特别感谢中国社会科学出版社的老朋友任明编审，我的很多著作都是在他的关心支持下在他们出版社出版的。这本书的出版，也得到了他的大力支持和鼓励，了却多年的心愿。家人和朋友，永远是我幸福的港湾，也要感谢他们的支持和付出。

方慧
2016年8月